제2판

미래 CEO를 위한

재무관리

CORPORATE FINANCE FOR FUTURE CEOS

김덕영

도서출판 청람

■ 제2판 머리말 ■

기업은 시장경제의 핵심 주체로 국민경제에서 중요한 역할을 수행한다. 기업의 기능을 중심으로 기업을 정의하면 기업은 사람과 돈을 가지고 재화 또는 용역을 생산하여 판매하는 조직체로 정의할 수 있다. 그 중 돈과 관련된 이슈를 다루는 학문영역이 바로 재무이다. 오늘날 재무이론과 기법이 실제 기업경영에서 널리 적용되고 있어 훌륭한 CEO가 되기 위해서는 재무를 잘 이해하여야 한다. 그런데 보통 일반인과 학생들은 재무는 어려운 분야라고 생각하는 경향이 많다. 실제로 본인이 매학기초 수강생들을 대상으로 조사한 "과목에 대한 기대(expectation)"를 살펴보면 많은 학생들이 재무는 어렵다는 선입견을 가지고 수강신청을 하고 있음을 알 수 있었다. 그래서 학생 또는 일반인들이 재무를 어렵지 않게 느끼고 배울 수 있도록 본서의 초판을 집필한 후 어느덧 4년의 세월이 흘렀다.

그동안 강의실에서 본서를 가지고 공부한 학생 또는 일반인들이 얼마나 재무의 개념과 이론에 쉽게 다가갔는지는 저자도 알지 못한다. 다만 종종 학생들이 학기말 강의평가에서 "재무도 재미있어요" 또는 "알기 쉽게 차근차근 설명해주신다"는 의견을 보고 다소 보람을 느끼곤 하였다. 그러나 한편으로는 미처 발견하지 못했던 오타와 오류를 수정한 정오표를 사용하는 불편함을 주게 되어 미안한 마음을 떨칠 수 없었다. 이에 그동안 추가적으로 설명한 관련 개념 또는 이슈들을 체계적으로 추가 보완하고, 설명이 미흡했던 부분은 알기 쉽게 풀어서 설명하고, 아울러 기초개념이 고급개념으로 어떻게 확장될 수 있는지를 보여주는 내용을 포함하고자 2판을 준비하게 되었다.

본서 개정 방향은 다음과 같다. 초판에서 재무의 핵심내용을 13장으로 구성한 기존 체제를 유지하기로 하였다. 즉 추가 또는 보완되는 내용을 포함시키기 위해 새로운 장을 신설하기보다는 관련 이슈가 다루어지는 장의 말미 또는 부록에서 설명하는 방식을 취하였다. 구체적으로 각 장의 주요 개정내용은 다음과 같다.

먼저 파생상품의 개념에 대한 설명을 제1장 부록에 추가하였다. 주식, 채권에 비해 파생상품은 학생 또는 일반인들에게는 다소 생소한 개념이다. 따라서 대표적 파생상품인 옵션, 선도 및 선물의 기초개념을 설명하여 독자들의 이해를 돕도록 하였다. 아울러 적대적 기업인수의 참고자료로 기업의 인수와 합병에 대한 설명을 제1장 말미에 부록으로 추가하였다. 제3장에서는 현금흐름 간격과 복리기간이 다른 경우에 적용되는 실효기간이자율에 대한 설명을 추가하였다. 제4장에서는 듀레이션과 채권신용등급 부분을 보완하였다. 변동금리채권(이표채)의 가치평가방법론으로부터 변동금리채권의 듀레이션을 추정하는 방법을 소개하였다. 그리고 채권등급별 분포와 채권등급별 수익률을 포함시켰다. 스왑은 대표적 파생상품의 하나이다. 스왑거래의 대부분을 차지하는 금리스왑은 채권의 포트폴리오로 가치평가를 할 수 있다는 측면에서 제4장의 부록에 추가하여 간략히 설명하였다. 제5장에서는 주식시장의 주요 이슈 중의 하나인 최초주식공모(initial public offering: IPO)를 추가하였다. IPO는 재무에서 많이 다루어지는 정보비대칭과 불확실성을 소개하는 예로 적절하다고 판단하여 포함하였다. 제8장에서는 재무레버리지와 베타의 관계식을 다루는 Hamada모형을 소개하였다. 이를 통해 상이한 자본구조가 자기자본비용에 미치는 영향을 살펴보았다.

학생들이 기초개념을 확실히 이해하는 방법으로는 문제풀이가 가장 좋은 방법이다. 따라서 제2판에서도 새로운 개념의 확실한 이해를 위해 연습문제들을 일부 추가하고, 문제풀이에서 풀이를 제공하였다. 일부 단원에서 개념의 설명이 명확하지 않은 경우 다시 풀어서 이해가 편하도록 수정하였다. 그리고 발견된 오타들을 모두 수정하였다.

재무는 체계적으로 잘 배우면 미래 CEO의 역량을 갖추는 데에 도움이 된다고 생각한다. 아무쪼록 본서가 독자들의 미래의 꿈을 실현하는 데에 일조할 수 있기를 기대한다. 그러기 위해서는 "나는 할 수 있다"라는 자신감을 가지고 차근차근 꾸준히 자신의 역량을 키워 나아가길 기대한다. 그러면 멀게만 느껴지던 목표가 어느 순간 바로 눈앞에 보이게 될 것으로 확신한다.

본서의 출판에는 여러분들의 도움이 컸다. 특히 본서로 공부하면서 오류 또는 오타를 찾아준 독자 여러분의 노고에 감사드린다. 그리고 이번에도 바쁘신 업무 가운데에서도 제2판 출판을 흔쾌히 허락해주신 도서출판 청람의 이수영 사장님께 감사를 드린다. 또한 항상 원고를 훌륭한 책으로 잘 편집하여 주시는 이영란 편집실장님을 비롯한 편집진 분들께도 감사드린다. 마지막으로 본서가 개정될 수 있도록 관심과 격려를 보내준 가족에게도 감사의 마음을 전한다.

2018년 1월
저자 올림

■ 제1판 머리말 ■

재무(finance)가 좋아 무역회사와 은행의 실무를 뒤로 하고 유학길에 오른 것이 엊그제 같은데, 벌써 대학에 몸담고 학생들과 재무관리를 함께 한 것이 어언 20년이 넘었다. 그동안 본인은 주로 원서를 사용하면서 글로벌한 시야를 강조해 왔다. 이에 대해 본인의 강의 스타일을 선호하는 학생들도 있지만 한편으로는 어려운 과목을 왜 원서로 배우는지 의문을 제기하는 학생들도 있었다. 재무는 화폐의 시간가치(time value of money)와 위험과 수익률(risk and return)을 기본원리로 하여 발전된 학문으로 기초를 이해하면 어렵지 않은 과목이라고 생각한다. 그래서 기존의 재무관리 교재들이 다수 있지만 그동안의 강의경험을 바탕으로 학생들에게 재무에 대한 접근성을 제고시키고자 본서를 기획하게 되었다.

본서를 집필하면서 유념한 점은 다음과 같다. 재무의 기초개념을 가능한 한 쉽게 설명하여 재무를 처음 접하는 학생들과 일반인들이 쉽게 이해하도록 하려고 노력하였다. 재무의 기초개념은 복잡한 공식에 바탕을 두고 있는 것도 아니며, 상식적으로도 충분히 이해가 가능한 내용이다. 주요 개념의 설명 후에는 예제를 활용하여 응용력을 기르도록 하였다. 그리고 단원 말미에 핵심내용을 요약하였다. 마지막으로 연습문제에서 주요 개념을 복습하고, 아울러 계산문제들을 통해 다시금 기초개념의 적용을 연습할 수 있도록 하였다. 본서는 독자들이 재무의 중요한 원리 및 개념들에 대한 이해를 제고하고 재무에 대한 친화적인 마인드를 키워 궁극적으로 미래 글로벌 기업의 CEO의 자질을 닦을 수 있기를 기대한다.

본서는 재무관리의 핵심내용을 13장으로 압축하였다. 제1부에서는 재무관리를 개관하고 기업의 금융환경을 살펴본다. 특히 이자율의 결정요인을 알아본다. 제2부에서는 재무의 핵심요소인 현금흐름(cash flow)을 바탕으로 화폐의 시간가치를 살펴본다. 여러 공식들이 등장하지만 식의 유도과정을 이해함으로써 공식들이 독자친화적이 되기를 기대한다. 그리고 이의 직접적인 응용으로 대표적 금융자산인 주식과 채권의 가치평가를 살펴본다. 제3부에서는 포트폴리오이론과 자본자산가격결정모형을 통해 재무 마인드의 핵심인 위험(risk)과 수익률(return)의 관계를 공부한다. 제4부에서는 자본의 기회비용인 자본비용을 공부하고, 장기고정자산에 대한 투자결정인 자본예산을 상세히 공부한다. 이를 통해 투자사업 타당성 검토의 기본원리를 배우게 될 것이다. 제5부에서는 투자사업에 필요한 자본이 자기자본과 타인자본으로 어떻게 구성되어야 하는가를 공부한다. 그리고 기업의 순이익을 배당과 자사주매입 등으로 처분하는 이론들을 살펴본다. 이 부분은 다소 이론적으로 고급내용이지만 예를 들어 쉽게 설명하려고 노력하였다. 마지막으로 제6부에서는 기업의 일일 경영활동을 다루는 운전자본관리를 간략히 개관하였다. 본서가 재무의 전반적인 모든 분야의 기초를 다루는 것은 아니다. 본서를 통해 재무친화적인 마인드를 가진 독자는 보다 편안한 마음으로 투자론, 파생금융상품론, 금융기관경영론, 그리고 기업의 인수합병, 최초공모주, 지배구조 등의 고급내용을 다루는 고급기업재무론 등으로 자신의 관심영역을 확대해 나아갈 수 있을 것이다.

본서의 주요 독자는 재무에 첫발을 들여놓는 학부의 학생들이다. 본서를 공부하기 전에 회계원리를 수강하여 재무제표와 계정과목에 대한 이해를 높이고, 경제학원론 강의를 통해 경제의 흐름에 대한 안목을 높일 것을 권장한다. 본서에서는 회계의 기초를 다루지 않기 때문에 회계의 기초지식이 없는 사람은 회계의 기초를 공부한 후에 배우는 것이 바람직하다. 또 다른 독자는 재무의 기초개념에 대한 이해가 필요한 일반 독자들이다. 기업에서 재무관련 업무 도중에 재무에 대한 기초개념의 이해가 필요할 경우 본서는 좋은 참고서가 되리라 기대한다. 아무쪼록 본인의 작은 노력으로 독자들이 재무가 쉬워지고 재미있어져서 고급이론을 더 배우려는 열정으로 나타나고 그 결과 미래 CEO의 재무역량이 강화된다면 본서의 성과는 초과달성한 것으로 생각한다. 한편 앞으로도 미흡한 부분은 수정하고 필요한 부분은 보완하여 나아갈 것을 약속드린다.

본서의 제목을 『미래 CEO를 위한 재무관리』로 선택한 것은 독자들에게 꿈을

심어주고 싶었기 때문이다. 꿈을 가지는 사람은 자신의 일에 대하여 열정을 가지고 끊임없이 자기개발을 하며, 또한 어려움을 극복하면서 도전하는 용기를 가진다. 꿈을 이루기 위해 항상 자신을 믿고 격려하면 그 꿈은 언젠가는 이루어진다는 믿음을 가지라고 당부하고 싶은 마음을 책의 제목에 담았다.

본서는 본인의 그동안의 강의노트를 바탕으로 집필되었지만 집필 과정에서 많은 내용이 추가 보완되었다. 그동안 요약식 강의노트에 여러 의견들을 제시해 준 학생들에게 감사한다. 그리고 아직 원고가 다 완성되지도 않은 상태에서 본서의 출간을 흔쾌히 허락해 주신 도서출판 청람의 이수영 사장님께 감사를 드린다. 또한 항상 열정적으로 일을 도와주신 한근석 상무님과 원고를 책으로 잘 편집하여 주신 이영란 편집실장님을 비롯한 편집진 분들께도 감사드린다. 마지막으로 본서가 집필될 수 있도록 격려를 아끼지 않은 가족에게도 감사와 고마움을 전하고자 한다.

2014년 2월

저자 올림

■ 차 례 ■

Part 01 | 재무관리 입문

Chapter 01 | 재무관리 개관

Chapter 02 | 금융환경과 이자율

Part 02 | 화폐의 시간가치와 가치평가

Chapter 03 | 화폐의 시간가치

Chapter 04 | 채권의 가치평가

Chapter 05 | 주식의 가치평가

Part 03 | 위험과 수익률

Chapter 06 | 포트폴리오이론

Chapter 07 | 자본자산가격결정모형

Chapter 09 | 자본예산의 기초

Part 05 | 자본구조와 배당정책

Chapter 11 | 자본구조와 레버리지

Chapter 12 | 배당정책

Part 06 | 운전자본관리

Chapter 13 | 운전자본관리

Part 01

재무관리 입문

미래 CEO를 위한 재무관리

Chapter 01

재무관리 개관

본 장에서는 재무관리를 개관한다. 먼저 재무학의 범위를 살펴본 후, 본서가 다루는 재무관리가 무엇인지 공부한다. 또한 재무담당자가 기업에서 주로 어떤 업무를 수행하는지 알아본다. 그 다음에는 재무관점에서 기업 의사결정의 기준이 되는 기업의 목표는 무엇인지 살펴본다. 그리고 주주와 경영자 간의 대리인문제를 살펴본다. 마지막으로 재무에서 사용되는 주요 기초개념들을 간략히 공부한다.

1.1 재무학의 범위

경제활동의 주요 주체는 정부, 기업 및 가계이다. 그리고 시장경제의 발달로 그 중에서도 기업이 국민경제에서 차지하는 비중은 증대되어 왔다. **경영학**은 세 경제주체 중 기업에 관한 학문이라고 볼 수 있다.

그렇다면 경영학의 연구대상인 기업은 무엇이라고 정의할 수 있을까? 기업의 기능을 중심으로 다음과 같이 정의할 수 있을 것이다. 즉 **기업**은 사람과 돈을 가지고 재화 또는 용역을 생산하여 판매하는 조직체로 정의할 수 있다. 이 정의에는 기업의 네 가지 핵심기능이 포함되어 있다. 사람과 관련된 이슈를 다루는 영역이 인사조직 분야이며, 돈을 다루는 분야가 재무, 그리고 재화와 용역의 생산을 다루는 분야가 생산운영관리, 그리고 마지막으로 생산된 제품 및 용역의 판매가 마케팅 분야이다.

재무는 기업의 네 가지 핵심기능 중 돈과 관련된 이슈를 다루는 학문영역이라고 볼 수 있다. 다시 말하여 **재무학**(finance)은 경영학의 세부 전공분야의 하나로 기업과 관련된 여러 재무 분야를 다루는 응용학문이다.[01] 재무학은 협의로는 **기업재무**(corporate finance 또는 business finance),[02] **투자**(investments), 그리고 **금융기관**(financial institutions)의 세 분야로 나누어진다.[03] 광의로는 여기에 **보험**(insurance)과 **부동산**(real estate)이 추가된다. 아래에서는 각 세부 분야의 범위를 살펴보도록 하자.[04]

---

01 재무학의 학문 명칭은 과거 재무관리라고 불리어져 왔으며, 지금도 '재무학' 또는 '재무관리'로 혼용되고 있다.

02 corporate finance의 입문과목을 '재무관리' 그리고 corporate finance의 고급내용을 다루는 과목을 '기업재무'로 부르기도 한다.

03 국제재무(international finance)는 기업의 국제적 재무활동 관련 이슈들을 다루는 분야로 재무학에 포함되어야 하지만, 우리나라에서는 국제경영학의 범주에 포함시키고 있다.

04 우리나라에서는 일부 대학을 제외하고는 대부분의 대학에서 재무학이 경영학의 세부전공으로 편제되지만, 미국에서는 경영학과와는 별도로 재무학과를 편제한 대학들이 많다.

그림 1-1 | 재무학의 체계

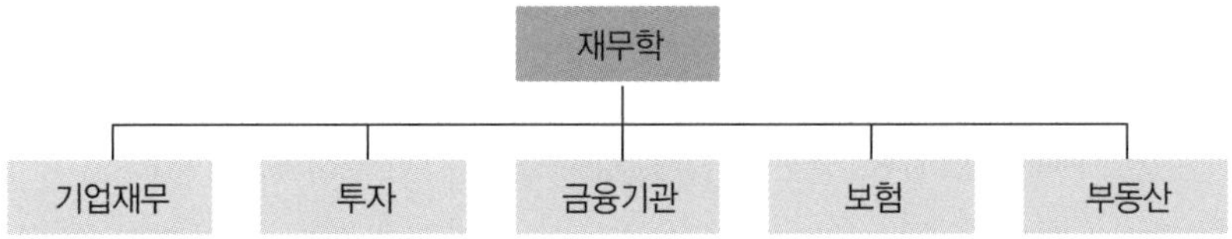

1.1.1 기업재무

기업재무는 기업의 재무활동과 관련된 내용을 다루는 분야로 재무학의 가장 기본이 되는 분야라고 할 수 있다. 핵심 내용은 기업의 장기투자, 장기자본조달 및 운전자본관리(working capital management)의 세 분야이다. 그 중 운전자본관리는 단기투자 및 단기자금조달을 지칭한다. 결국 기업의 장 · 단기 투자결정과 장 · 단기 자금조달결정과 관련된 이론과 실제를 다루는 것이 기업재무의 핵심영역이다. 그밖에 기업재무는 기업의 **기업인수합병(merger and acquisition)**, **기업지배구조(corporate governance)** 등의 이슈도 연구한다.[05]

1.1.2 투자

투자 분야는 자본시장과 관련된 여러 이론과 실제를 다루는 분야이다. 자본시장의 대표적 유가증권인 주식(stock)과 채권(bond)을 비롯하여 파생금융상품(derivative securities)에 관한 연구가 이루어지는 분야이다. 대표적 파생금융상품은 선도(forward)거래, 선물(futures), 옵션(options) 및 스왑(swaps)이다. 투자 분야는 1952년에 **마코위츠(Markowitz)**가 포트폴리오 선택이론(portfolio selection)을 제시한 이후 비약적인 발전을 이루어 온 분야이다.[06]

핵심 내용은 1960년대에 증권가치의 결정이론으로 선을 보인 **자본자산가격결**

05 제1장 '1.2 재무관리란 무엇인가'에서 보다 상세히 개관한다.
06 Markowitz, H. M., "Portfolio Selection," *Journal of Finance*, March 1952, pp.77-91.

정모형(capital asset pricing model: CAPM)과 1970년대의 옵션이론이 대표적인 가치평가이론이다. *CAPM*은 위험(risk)과 수익률(return)의 관계를 보여준다는 측면에서 지금도 가장 중요한 재무이론의 기초를 형성하고 있다. 그밖에 채권가치의 평가와 관련하여 듀레이션과 이자율의 기간구조(term structure),[07] 그리고 자본시장의 효율성(market efficiency), 포트폴리오의 성과평가 등을 연구한다. 투자 분야는 기업재무와 더불어 재무학의 가장 핵심 분야라고 할 수 있다.

1.1.3 금융기관

세 번째 세부 분야인 **금융기관** 분야는 재무이론이 은행으로 대표되는 금융기관에 어떻게 적용되는지를 연구하는 학문 분야이다. 국민경제에 미치는 영향이 커서 상대적으로 정부의 규제를 많이 받아온 금융산업은 일반 사기업과는 다른 학문적 접근이 필요한 영역이다. 과거 금융기관의 제도적 설명에 치중하던 이 분야는 투자 이론 및 관련 경제학의 발달로 최근에는 분석적 접근법이 일반화되고 있다.

핵심 내용은 은행, 증권, 보험 등의 금융기관이 위험을 어떻게 측정(measurement)하고, 측정된 위험을 어떻게 관리(management)하는가를 연구하는 학문분야이다. 즉 금융기관이 신용위험, 금리위험 및 유동성위험과 같은 주요 위험을 어떻게 측정하고 관리하는가를 다루고 있으며, 투자론 접근방법과 정보경제학 접근방법에 의하여 주로 연구되고 있다. 그밖에 대출, 예금, **증권화**(securitization), 예금보험 등의 이슈도 연구한다. 우리나라에서는 앞의 기업재무와 투자 분야에 비하여 상대적으로 다소 소홀히 다루어져 온 경향이 있으나, 금융환경의 변동성이 증대하고 금융기관의 자율경영 및 책임경영이 강조되는 추세에서 그 중요성이 점차 증대하고 있는 분야이다.

---

07 기간구조(term structure)가 만기에 따른 수익률(이자율)의 구조를 보여준다면, *CAPM*은 위험에 따른 수익률의 구조를 보여준다는 측면에서 위험구조(risk structure)라고 할 수 있다.

1.1.4 보험 및 부동산

위의 기업재무, 투자 및 금융기관이 재무학의 주요 핵심 분야라고 하면, 보험 및 부동산은 광의의 재무학에 포함될 수 있는 학문 분야이다. **보험**이란 개인이나 기업 입장에서 각종 위험으로 인한 금전적 손실가능성을 사전에 일정한 비용을 지급하고 제3자에게 전가하는 것이다.[08] 보험 분야에서는 생명보험, 손해보험 등의 보험상품을 비롯하여 보험 관련 이슈 등을 연구한다. 한편 **부동산(real estate)** 분야는 부동산 관련 금융, 평가, 투자, 법, 관리 등을 다루는 분야로 특히 **모기지 시장(mortgage markets)**, 즉 주택저당대출시장의 거래에 대한 분석이 이루어진다. 보험시장이 더욱 발전하고 부동산시장의 금융상품이 더욱 선진화됨에 따라 앞으로 많은 연구가 이루어질 것으로 기대되는 분야이다.

한편 재무학의 국제적인 응용을 다루는 분야가 국제재무이다. 이 분야는 국제적인 영업을 영위하는 기업의 관점에서 재무관리를 다루는 **국제재무관리(international financial management)**와 국제금융시장의 내용을 개별기업의 관점에서 다루는 **국제금융** 또는 **국제재무(international finance)**로 구분되기도 한다.

1.2 재무관리란 무엇인가?

1.2.1 재무상태표의 이해

기업의 재무상태를 나타내는 가장 중요한 재무제표는 **재무상태표(statement of financial position)**[09]와 **손익계산서(income statement)**이다. 그 중 재무상태

08 권재중 외 금융기관론(2016) 430쪽에서 인용. 이 책은 제14장에서 보험회사의 경영활동에 대하여 살펴보고 있다.

09 재무상태표는 기존의 대차대조표(balance sheet)가 한국채택국제회계기준(K-IFRS)의 도입(2011년)에 따라 변경된 명칭이다.

표는 특정 시점에 기업의 재무상태를 나타낸다. 재무상태표의 왼쪽은 자산(assets), 오른쪽은 부채(liabilities)와 자기자본(equity)으로 구성된다. 그리고 **재무상태표의 원리**에 의하여 다음과 같은 관계가 성립한다.

$$A(\text{자산}) = L(\text{부채}) + E(\text{자기자본})$$

재무상태표를 좀 더 자세히 살펴보면 다음과 같다. **자산**은 유동자산과 비유동자산으로 구성된다. 유동자산(current assets)에는 현금을 비롯하여 1년 이내에 현금화될 수 있는 매출채권, 재고자산 등이 포함되며, 비유동자산에는 토지, 건물, 기계 등의 유형자산과 영업권 등의 무형자산이 포함된다. **부채**는 **타인자본이라고도** 하며, 유동부채와 비유동부채로 구성된다. 유동부채(current liabilities)에는 매입채무, 단기차입금 등 1년 이내에 갚아야 하는 부채가 포함되며, 비유동부채에는 사채, 장기차입금과 같은 장기부채가 포함된다. **자기자본**은 주주(stockholder)들로부터의 출자금과 유보이익으로 구성된다.[10]

그림 1-2 | 재무상태표의 구성

재무상태표

자산(A)	유동자산	부채(L)	유동부채
	비유동자산		비유동부채
		자기자본(E)	

1.2.2 장기투자결정

재무관리, 즉 기업재무의 내용은 기본적으로 장기투자결정, 장기자금조달결정 및 운전자본관리의 세 영역으로 나누어 설명할 수 있다. 이 세 영역을 재무상태표를 이용하여 설명해 보도록 하자. 재무상태표의 왼쪽에는 비유동자산에 속하는 장기고정자산이 기록되는데, 이는 기업의 장기고정자산에 대한 투자결과

10 재무상태표, 손익계산서 등의 재무제표에 대한 일반적인 내용은 회계원리 교과서를 참조하기 바란다.

를 나타낸다. 즉 기업은 기계, 또는 설비 등에 얼마나 투자할 것인가 의사결정을 하는데 그 결과가 재무상태표의 왼쪽에 나타난다고 볼 수 있다. 따라서 재무관리에서는 이러한 장기투자결정을 어떤 기준에 의하여 어떤 방법으로 합리적으로 하는가를 다루게 된다. 이와 같은 기업의 장기고정자산(long-term fixed assets)에 대한 투자결정(investment decision)을 재무관리에서는 **자본예산(capital budgeting)**이라고 부른다.

1.2.3 장기자금조달결정

장기고정자산에 대한 투자가 결정되면 동시에 이와 같은 투자에 소요되는 장기자금의 조달이 이루어져야 한다. 장기자금은 일반적으로 부채와 자기자본으로 조달할 수 있다. 대표적인 부채는 채권의 발행이다. 즉 채권자로부터 타인자본을 조달하는 것이다. 또 다른 방법은 주식발행을 통하여 주주로부터 자기자본을 조달하는 것이다. 자기자본에는 당기순이익에서 주주들에게 배당으로 지급되지 않고 기업 내에 축적된 유보이익(retained earnings)도 포함된다. 그리고 이러한 장기자금조달결정(long-term financing decision)의 결과인 부채와 자기자본이 재무상태표의 오른쪽에 표시된다.

재무관리에서는 부채와 자기자본의 최적 구성비를 다루게 된다. 예를 들면 어떤 공장 설비를 구입하는데, 전액 타인자본으로 조달할 것인가 또는 자기자본만으로 충당할 것인가, 아니면 타인자본과 자기자본을 어떤 구성비로 조달하는 것이 최적인가 하는 이슈를 다루게 된다. 이와 같은 장기자금조달결정의 내용을 다루는 것을 재무관리에서는 **자본구조(capital structure)**의 문제라고 부른다.

1.2.4 운전자본관리

앞서 설명한 투자결정과 자금조달결정이 장기(long-term)라면, 단기투자(short-term investment)와 단기자금조달(short-term financing)의 문제를 다루는 나머지 영역이 운전자본관리(working capital management)이다. 즉 기업을 하루하루 운영하는 데에 필요한 재무활동으로서, 유동자산과 유동부채의 관리를 다룬다. 구체적으로는 현금관리, 매출채권관리, 매입채무관리, 재고자산관리, 유가증권관리, 은행단기차입 등이 그 내용이 된다. 여기서는 유동성과 수익성의 상반관계(trade-off)를 고려하여, 최적의 의사결정을 하여야 한다. 예를 들면 과도한 현금성 자산의 보유는 필요할 경우 즉시 지급할 수 있는 유동성은 증가되지만 수익성은 낮아질 수 있으며, 반면에 현금성 자산의 보유를 줄이고 장기성 자산의 보유를 증가시키면 수익성은 증가하겠지만, 현금의 적기 지급과 같은 유동성은 낮아질 수 있다.

그림 1-3 | 재무관리의 내용

재무상태표

자산 (assets)	부채(liabilities) 자기자본(equity)
장기고정자산에 대한 투자결정 (investment decision)	장기자금조달결정(주식, 채권) (financing decision)
자본예산 (capital budgeting)	자본구조 (capital structure)
단기투자 (short-term investment)	단기자금조달 (short-term financing)
운전자본관리 (working capital management)	

1.3 재무담당자의 역할

위의 재무관리 내용을 바탕으로 재무담당자의 역할을 살펴보면 다음과 같다.

1.3.1 투자결정

투자결정은 기업의 성공과 실패를 결정짓는 중요한 요소이다. 예를 들면 적절히 분석되지 않은 투자결정으로 기업의 현금흐름(cash flow)이 원활하지 못할 경우, 그 기업은 재무적 곤경에 처할 수 있으며, 심할 경우에는 그로 인하여 파산할 수도 있다. 반대로 투자결정이 잘 이루어지면 기업의 수익이 증대되어 성공적인 기업으로 발돋움할 수도 있다. 그러나 투자자금이 많이 소요되는 불확실한 장기투자안일수록, 그 투자안(project)이 기업의 장래에 미치는 영향은 증가한다. 따라서 이런 의사결정을 하는 기업의 재무담당자의 역할은 매우 중요하다. 재무담당자는 투자안 분석기법에 의하여 어떠한 장기고정자산에 얼마나 투자하는 것이 기업가치를 극대화할 수 있는지를 분석하게 되며, 최고경영자는 이를 참고로 하여 최종 의사결정을 합리적으로 할 수 있다.

1.3.2 자금조달결정

아무리 훌륭한 투자안이라 할지라도 자금이 없으면 그 투자안은 탁상공론에 그치기 쉽다. 그러므로 재무담당자의 역할은 투자안이 확정되면 그에 소요되는 자금을 조달하는 것이다. 주요 조달방법은 타인자본과 자기자본이다. 자기자본의 대표적 예는 주식으로 신주발행의 방법으로 주주(stockholder)로부터 자금을 조달할 수 있다. 그리고 주주들에게는 경영성과에 따라 배당금(dividend)이 지급된다. 또 다른 방법은 채권발행과 은행차입이다. 즉 채권을 발행하거나 은행으로부터 차입하여 투자한 후, 투자수익으로부터 채권자에게 일정기간마다 이자(interest)를 지급하고 만기에 원금을 상환한다. 재무담당자는 필요한 자금을 조달하기 위하여 타인자본 또는 자기자본만으로 조달하거나, 자기자본과 타인자본을 적절한 비율로 결합하여 자금을 조달할 수 있다.

1.3.3 금융시장에 대한 이해

기업의 자금조달을 원활히 하기 위하여 재무담당자는 **금융시장**(financial markets)에 대한 지식을 가지고 있어야 한다. 기업은 **자본시장**(capital markets)에서 채권과 주식 등을 발행하여 장기자본을 조달하거나, 또는 **단기금융시장**(money markets)에서 기업어음을 발행하거나 또는 은행에서 단기차입하는 방법으로 자금을 조달하게 된다. 따라서 전문적인 지식은 관련 전문가의 자문을 구하더라도 일반적인 금융시장에 대한 이해를 하고 있어야 한다.[11]

1.3.4 위험관리

오늘날 대부분의 기업은 다양한 위험에 노출되어 있다. 상품가격의 변동, 이자율의 변동, 환율의 변동으로부터 야기되는 **시장위험**(market risk), 거래 상대방의 **신용위험**(credit risk), 그리고 **유동성위험**(liquidity risk) 등의 위험에 직면하고 있다. 재무담당자는 이러한 위험에 대비하여 보험(insurance)을 구입하거나, 파생금융상품(derivatives)을 이용하여 위험을 관리하여야 한다.

1.3.5 재무예측 및 계획

재무담당자는 다른 부서의 사람들과 협조하여 기업의 미래에 대한 예측을 하고, 계획을 수립할 수 있어야 한다. 즉 재무담당자는 상품의 개발 및 생산을 담당하는 생산관리부문의 담당자, 그리고 제품의 판매와 홍보 등을 담당하는 마케팅담당자, 그밖에 회계담당자 등의 다른 부문의 사람들과 유기적인 협조와 조정의 관계를 유지하여야 한다. 예를 들면, 마케팅부서에서 예측하는 매출액 증가는 생산부서의 생산량 증가가 뒷받침되어야 하며, 필요한 경우 신규 설비투자가

11 우리나라의 단기금융시장, 자본시장 및 파생금융상품시장에 대하여는 한국은행이 발간한 '한국의 금융시장(2012)' 을 참조하기 바란다.

이루어져야 할 것이다. 따라서 재무담당자는 이들과의 상호 유기적인 협조에 의하여 투자분석과 자금조달의 업무를 수행할 수 있다.

1.4 기업의 목표

1.4.1 주식회사

오늘날 대표적인 기업형태는 **주식회사(corporation)**이다.[12] 주식회사는 독립된 법인으로서 영속성(unlimited life)을 가진다. 또 주식회사의 주주들은 **유한책임(limited liability)**의 특징을 가진다. 즉 주주들은 투자한 금액의 한도 내에서만 책임을 지며, 회사의 손실에 대하여 개인적으로 책임을 지지 않는다. 그리고 소유와 경영의 분리(separation of ownership and management)도 주식회사의 또 다른 특징이다. 다시 말하여 기업이 대기업으로 복잡해짐에 따라 주주들은 기업을 직접 경영하지 않고 전문경영자를 선출하여 기업의 경영을 위임하고 있다. 그밖에 기업에 대한 소유권은 주식으로 증권화되어 자본시장을 통하여 소유권의 이전이 쉽게 이루어진다.

기업의 소유자는 **주주**이다. 주주는 이사회의 이사들을 선출하고, 이사회는 경영자를 선임하여 기업을 경영하도록 한다. 즉 경영자는 주주의 위임을 받은 대리인이다. 경영자는 주주의 대리인이므로 주주들의 가치를 증대시키는 방향으로 일하여야 한다. 그러나 오늘날 경영자는 여러 이해관계자 집단 속에서 기업을 경영하고 있으며 경영자는 주주뿐만 아니라, 채권자, 종업원, 고객, 지역사회의 이익을 고려하는 방향으로 기업경영을 하여야 할 것이다. 또한 기업의 사회적 책임이 강조되는 만큼 경영자는 윤리경영도 염두에 두고 기업을 경영하여야 한다.

12 우리나라 상법에서는 회사의 종류로 합명회사, 합자회사, 주식회사 및 유한회사를 들고 있다. 오늘날 주식회사가 가장 대표적인 회사라고 볼 수 있다.

1.4.2 주주가치 극대화

기업의 목표는 기업가치를 극대화하는 것이다. 기업가치는 자산의 가치이므로, **기업가치 극대화**는 자산가치 극대화와 같다. 그런데 자산가치는 부채가치와 자기자본가치의 합으로 표시된다. 부채가치는 채권자들의 기업에 대한 청구권 가치를 나타낸다. 부채가치는 그 성격상 대부분 확정이자부 차입금으로 단기적으로 볼 때 미래 상환금의 현재가치가 고정되어 있다고 볼 수 있다. 부채가치가 고정되어 있다고 가정하면 결국 기업가치의 극대화는 자기자본가치의 극대화가 된다. 자기자본가치는 주주들의 기업에 대한 청구권 가치이므로 자기자본가치의 극대화는 **주주 부의 극대화(stockholder wealth maximization)**와 같다. 재무에서 시장가치로 표시되는 주주의 부는 주식의 가치에 주식 수를 곱한 값이다. 그런데 주식 수는 단기적으로 고정되어 있으므로 결국 최종적으로 기업가치의 극대화는 **주가의 극대화(stock price maximization)**로 귀결된다.

결론적으로 기업가치의 극대화, 주주 부의 극대화 및 주가의 극대화는 같은 의미를 갖는다고 볼 수 있다. 즉 주가를 극대화하면 주주의 부가 극대화되고, 그러면 기업가치도 극대화되는 것이다.

1.5 대리인문제

대리인관계(agency relationship)란 주인(principal)이 대리인(agent)로 하여금 자신의 이익을 위하여 일하도록 권한을 위임한 관계를 말한다.[13] 즉 경영자는 주주의 대리인으로서 대리인관계를 형성한다. **대리인문제(agency problem)**는 주인과 대리인 간의 이해상충(conflict of interest)을 의미한다. 즉 경영자가 주

13 대리인이론(agency theory)에 관심 있는 독자는 이 분야의 선구적 논문으로 알려진 다음 논문을 참고하기 바란다. Michael C. Jensen and William H. Meckling, "Theory of the Firm, Managerial Behavior, Agency Costs, Ownership Structure," *Journal of Financial Economics*, Vol. 3, No. 4, October 1976, pp.305-360.

주의 이익을 위하지 않고 자신의 이익을 위하여 일할 때 대리인문제가 발생한다. 그리고 이러한 대리인문제, 즉 주주와 경영자 간의 이해의 상충에 따른 비용이 대리인비용(agency costs)이다.

기업의 목표는 주주가치의 극대화이다. 그리고 주주의 대리인인 경영자는 주주의 이익을 위하여 일하여야 한다. 그러나 개인들은 자신의 사익(self-interest)을 추구하는 경향이 있다. 그 과정에서 자신이 추구하는 사익과 기업의 목표가 충돌할 수도 있다. 예를 들어 소규모 기업에서는 기업의 소유자가 동시에 경영자이다. 소유자와 경영자가 동일한 사람인 경우에는 경영자의 이익은 바로 소유자의 이익이 되므로 이해의 상충은 나타나지 않는다.

그러나 대기업의 경우에는 소유와 경영의 분리가 일반적이다. 소유자, 즉 주주들이 널리 분산되어 있기 때문에 주주들의 경영자 감시가 효과적으로 이루어지지 않을 수도 있어서 실질적으로 경영자가 기업을 경영하게 된다. 이 과정에서 경영자는 주주로부터 경영을 위임받았지만 주주가치 극대화보다는 주주의 이익과 상충되는 개인적 욕구의 충족을 추구할 수도 있다.

다수의 주주로 구성된 주식회사를 가정하자. 자신의 소유지분이 100%가 아닌 소유경영자는 기업경영의 이익이 모두 자신에게만 귀속되는 것은 아니므로 주주이익 극대화를 위하여 열심히 일하지 않을 것이다. 그리고 자신의 이익을 위해 사무실, 비품, 여행 등의 경비지출을 증가시킬 수 있다. 왜냐하면 이러한 비용의 일부는 외부 주주들에 의하여 부담되기 때문이다. 즉 모든 기업성과가 경영자 자신의 것이 아니며, 또한 모든 경비지출을 자신이 부담하지 않기 때문에 경영자가 주주들의 이익을 위하여 최선을 다하지 않을 유인을 제공한다. 그리고 그 유인은 경영자의 보유지분이 낮아질수록 더욱 증가한다. 이러한 대리인문제는 주주가치 극대화와 다소 거리가 있는 기업외형 키우기,[14] 자신의 신분보장 확실히 하기 등에서도 발생한다.

대리인비용을 예를 들어 보자. 다소 위험이 수반되는 투자안이 주가에 긍정적 영향을 미칠 것으로 예상되면 주주들은 그 투자안을 선호하지만, 경영자는 그

14 외형 키우기의 예는 수익성을 고려하지 않은 자산규모 확대, 타 기업의 인수합병 등을 들 수 있다.

투자안이 실패하면 경영자의 자리를 잃을 수도 있기 때문에 그 투자사업을 하려고 하지 않을 수도 있다. 이 경우 사업이 실행되었더라면 주주들이 혜택을 볼 수 있었을 것이기 때문에 이 기회비용이 일종의 간접적인 대리인비용이라고 볼 수 있다. 이에 반해 직접적인 대리인비용은 경영자에게는 유리하지만 주주들에게는 불필요한 과다한 경비지출, 그리고 경영자를 모니터링하기 위한 외부감사비용 등을 들 수 있다.

경영자가 주주의 이익을 위하여 일하도록 동기부여하기 위한 제도적 장치는 다음과 같다. 첫째, 경영자에 대한 **보상(compensation)**이다. 이는 기본급여 외에 경영성과에 연계된 보너스 또는 주가와 연계된 **주식옵션(stock option)** 등을 부여하여 경영자의 이익을 주주의 이익과 일치시키는 방법이다. 둘째는 주주의 직접 개입(direct intervention)으로 주주들이 직접 그들의 의사를 경영자에게 전달하는 방법이다. 세 번째는 **해고의 위협(threat of firing)**이다. 경영자의 경영성과가 기대에 미치지 못할 경우, 경영자가 해고될 가능성이 있으면, 그 경영자는 이를 방지하기 위하여 더욱 열심히 주주의 이익을 위하여 일할 가능성이 높다. 마지막으로 **기업인수의 위협(threat of takeover)**이다. 특히 경영자가 최선을 다하지 못했거나, 능력이 부족하여 기업의 성과가 좋지 못할 경우, 주가는 저평가되며, 그 결과 **적대적 기업인수(hostile takeover)**의 표적이 되기 쉽다. 적대적 기업인수 시에는 현재의 경영진은 대부분 교체될 것이므로 경영자는 이를 회피하기 위해서 주가의 극대화를 위하여 노력할 가능성이 커진다.

1.6 재무의 기초개념

이하에서는 재무관리에서 널리 사용되는 기초개념에 대하여 간략히 살펴보도록 한다.[15]

---

15 자세한 내용은 관련된 단원에서 다루어질 것이다.

1.6.1 현금흐름

재무의 주요 분석대상은 **현금흐름(cash flow)**이다. 기업을 중심으로 한 현금흐름은 다음과 같다. 기업이 투자결정을 하게 되면 기업은 금융시장에서 주식, 채권 또는 기업어음(CP)을 발행하거나 은행으로부터 장 · 단기자금을 차입하게 된다. 즉 시장에서 기업으로 현금흐름이 발생한다. 기업은 이 현금흐름과 내부의 유보이익으로 투자를 실행한다. 그 투자결과 발생하는 현금흐름은 주주에게는 배당금으로, 채권자와 은행에게는 원리금 상환으로 지급된다. 또한 일부의 현금흐름은 기업 내부에 유보이익으로 적립되고 정부에는 세금으로 납부된다. 이와 같이 기업을 중심으로 현금흐름의 유입(cash inflow)과 현금흐름의 유출(cash outflow)이 발생하며, 이 현금흐름이 재무의 주요 분석 대상인 것이다.

현금흐름은 회계자료의 수치와 다르다. 예를 들면 설비를 1억원 지급하고 구입한 경우, 감가상각기간이 5년이고 정액법을 적용한다고 가정하면 매년 2천만원을 비용처리하게 될 것이다. 따라서 5년간 매년 2천만원의 비용이 발생하는 것으로 회계처리될 것이나, 재무에서는 설비 구입 시 1억원의 현금유출이 중요한 고려 요인이다. 대부분 현금흐름의 자료는 회계자료로부터 얻어지게 되는데, 재무담당자들은 이를 현금흐름으로 조정하여야 한다. 재무담당자들은 투자안 분석 시 자본적 지출과 감가상각비 외에도 순운전자본의 변화, 매몰비용, 기회비용, 외부효과 등을 고려하여 현금흐름을 추정하여야 한다. 제10장에서 투자안 분석 시 현금흐름의 추정에 대하여 공부한다.

1.6.2 시장가치

재무에서 논하는 가치는 특별한 언급이 없는 한 **시장가치(market value)**를 의미한다. 이는 회계자료를 바탕으로 하는 **장부가치(book value)**와 구별된다. 예를 들어 5년 전에 구입한 자산의 역사적 가격이 기록된 장부가치가 1억원인데 현재의 시장가치가 5천만원이라면 재무에서는 5천만원의 시장가치가 중요한 의

미를 갖는다. 우리가 종종 재무상태표를 인용하여 자산(A), 부채(L) 및 자기자본(E)을 언급하는데, 그 경우 특별한 언급이 없으면 우리는 시장가치에 의한 자산, 부채 및 자기자본 가치를 의미한다.[16] 앞서 기업의 목표를 주주가치의 극대화라고 하였는데, 여기서 주주가치는 시장가치를 의미하며 그 가치는 주가에 주식수를 곱하여 산출하였다. 재무가 시장가치에 초점을 맞추기 때문에 주가는 시장가치의 중요한 요소라고 할 수 있다.

1.6.3 주주와 채권자의 현금흐름

기업의 가치, 즉 자산가치는 부채와 자기자본으로 구성된다. 부채는 채권자들의 청구권가치를 나타내고, 자기자본은 주주들의 청구권가치를 각각 나타내므로 기업가치는 주주가치와 채권자가치의 합으로 구성된다고 볼 수 있다. 즉 $A = E + L$이다.

분석의 편의상 사업목적이 충분히 이루어져 1년 후에 해체되는 기업이 있다고 가정하자. 그리고 1년 후에 상환되어야 하는 부채의 가치가 100만원이라고 가정하자. 먼저 주주들의 현금흐름을 살펴보자. 1년 후 주주들의 현금흐름은 확률변수(random variable)인 자산가치의 함수로 볼 수 있다. 그런데 주주들은 변제우선순위규칙(priority rule)에 따라 채권자들의 청구권에 이어 후순위이다. 즉 잔여지분청구권(residual claims)을 갖는다.[17] 아울러 주주들은 유한책임(limited liabilities)으로 자신이 투자한 한도 내에서만 책임을 진다.[18] 그러므로 만약 자산가치가 100만원을 초과하면 잔여지분청구권에 따라 주주들의 현금흐름은 자산가치(A)에서 부채가치(L)를 차감한 것이 된다. 반면에 만약 자산가치가 100만원 이하이면 주주들의 현금흐름은 영이 된다.[19]

16 부채의 시장가치는 대부분 거래가 이루어지지 않기 때문에 추정하기가 쉽지 않다. 이에 반해 자기자본가치는 주가에 바탕을 두고 있기 때문에 추정이 상대적으로 용이하다. 이 때문에 대부분 자산의 시장가치는 자기자본의 시장가치에 부채의 장부가치를 합하여 추정한다.

17 $E = A - L$로 표시할 수 있다.

18 $E \geq 0$으로 표시할 수 있다.

19 주주현금흐름 $= A - L$ if $A > L$. 주주현금흐름 $= 0$ if $A \leq L$. 즉 $\max(A - L, 0)$이다.

한편 채권자들의 현금흐름은 만약 자산가치가 100만원 이상이면 자산가치와 관계없이 100만원의 현금흐름이 있지만, 만약 자산가치가 100만원에 미치지 못하면 그 자산가치가 바로 채권자들의 현금흐름이 된다. 이를 그림으로 표시하면 다음과 같다.

그림 1-4 | 주주, 채권자 및 기업의 현금흐름

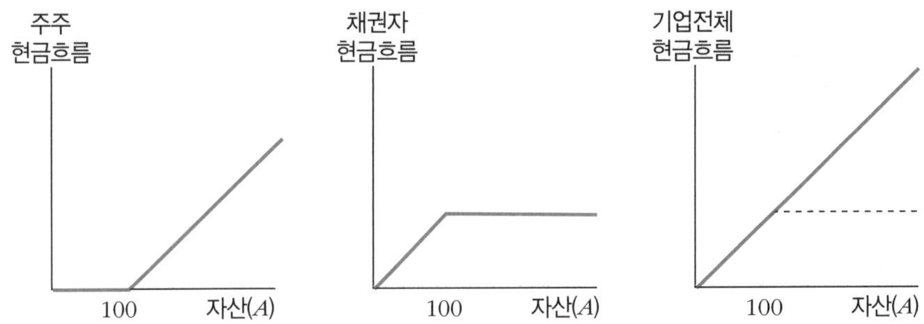

그림에서 보면 자산가치가 부채가치 이상으로 증가하면 비례하여 주주들의 현금흐름이 무한정 증가하지만, 자산가치가 부채가치보다 작아지면 주주들의 현금흐름은 영으로 제한된다. 이에 반해 채권자들의 현금흐름은 자산가치가 부채가치 이상으로 증가하더라도 현금흐름에는 변동이 없다(즉 수평선으로 표시된다). 이에 반해 자산가치가 부채가치 이하로 감소하면 그 영향을 직접적으로 받아 감소된 자산가치가 바로 채권자들의 현금흐름이 된다.[20]

1.6.4 화폐의 시간가치

재무에서는 현금흐름을 다루는데, 현금흐름의 시기(cash flow timing)는 매우 중요하다. 화폐의 시간가치(time value of money)란 오늘의 100원은 1년 후의 100원보다 더 가치가 있다는 것을 의미한다. 예를 들어 투자의 결과 1년 후 1

20 주주들의 현금흐름은 콜옵션의 매입포지션(long position)과 유사하다. 따라서 콜옵션의 가치가 기초자산 변동성의 증가함수인 것처럼, 주주들의 현금흐름도 자산가치 변동성의 증가함수이다.

억원의 현금흐름이 발생하는 투자안과 3년 후에 1억원의 현금흐름이 발생하는 투자안을 비교하면 현금흐름의 값은 동일하지만 시기가 서로 다르므로 1년 후에 1억원의 현금흐름을 가져오는 투자안이 더 좋은 투자안인 것이다.

이와 같이 재무에서는 서로 다른 시기의 현금흐름은 동일한 시기, 예를 들면 현재가치로 변환하여 비교하여야 한다. 투자안 자체의 사업성을 검토할 적에도 화폐의 시간가치를 고려하여 모든 현금유출(cash outflow)의 현재가치와 모든 현금유입(cash inflow)의 현재가치를 비교하여 현금유입의 현재가치가 더 큰 경우에 투자결정을 하게 된다.[21]

1.6.5 위험

현금흐름의 위험(cash flow risk) 또한 재무의 중요한 기초개념이다. **위험(risk)**이란 미래 현금흐름의 잠재적 변동가능성이라고 정의된다.[22] 즉 미래 일정 시점의 현금흐름이 일정한 값이 아닌 확률분포로 표시되는 불확실성(uncertainty)을 가지는 것을 의미한다.[23] 예를 들어 미래 수익률의 확률분포가 정규분포를 이룬다는 가정 하에 만약 수익률의 표준편차가 영이 아니라면 변동성, 즉 위험이 존재하는 것이 된다.[24] 이와 같이 표준편차가 영보다 큰 값을 가지는 자산을 **위험자산(risky assets)**이라고 하고, 표준편차가 영인 자산을 **무위험자산(riskfree assets)**이라고 부른다. 위험자산 중에서도 표준편차가 클수록 미래 불확실성이 더 크므로 위험이 더 크다고 말한다. 주식과 채권은 대표적인 위험자산이며, 정부가 발행한 단기국채는 대표적인 무위험자산이다.[25] 위험은 총위

---

21 투자안의 분석은 제9장에서 다루어지며, 현금유입의 현재가치와 현금유출의 현재가치의 차이를 순현가(net present value)라고 부른다.

22 potential variability of future cash flows. 협의로는 현금흐름의 변동성 중에서도 불리한(unfavorable) 변동성을 의미한다.

23 미래의 현금흐름이 확률변수가 아닌 확정적인 값으로 변동성을 가진다면 이는 엄밀한 의미의 위험이라고 할 수 없다. 예를 들어 미래에 확정된 현금흐름으로 100원, 300원, 200원, 500원 등의 현금흐름이 있다면 변동성은 있지만 위험이라고는 할 수 없다.

24 위험은 수익률의 표준편차 외에도 베타(β)로 나타내기도 한다.

25 장기국채는 이자율위험에 노출된다.

험, 체계적 위험, 비체계적 위험 등으로 구분되기도 하며, 위험의 원천에 따라 신용위험, 금리위험, 유동성위험 등으로 나누어지기도 한다.[26]

1.6.6 위험구조와 기간구조

일반적으로 투자분석 시에는 수익률을 검토하게 된다. 재무이론에서는 수익률이 위험과 기간(만기)의 관점에서 분석되어야 함을 시사하고 있다. 먼저 **위험구조(risk structure)**는 수익률과 위험 간의 관계를 보여준다. 이를 보여주는 모형이 자본자산가격결정모형(*CAPM*)이다.[27] *CAPM*에 의하면 위험이 증가할수록 수익률이 증가한다. 수익률은 무위험이자율과 위험보상(risk premium)의 합으로 구성되는데, 위험이 증가할수록 위험보상이 증가하여 수익률도 증가하게 된다.

반면에 **기간구조(term structure)**는 수익률과 기간(만기)의 관계를 보여준다.[28] 주식은 만기가 없으므로 이 관계는 채권에만 적용된다. 즉 모든 조건이 동일하고 만기만 다른 채권의 수익률은 만기에 따라 다르다는 것이다. 만기가 증가함에 따라 수익률이 증가하기도 하고, 감소하기도 한다. 이론적으로는 만기와 관계없이 수익률이 일정한 수평한(flat) 관계를 가정하기도 한다.

그림 1-5 | 위험구조와 기간구조

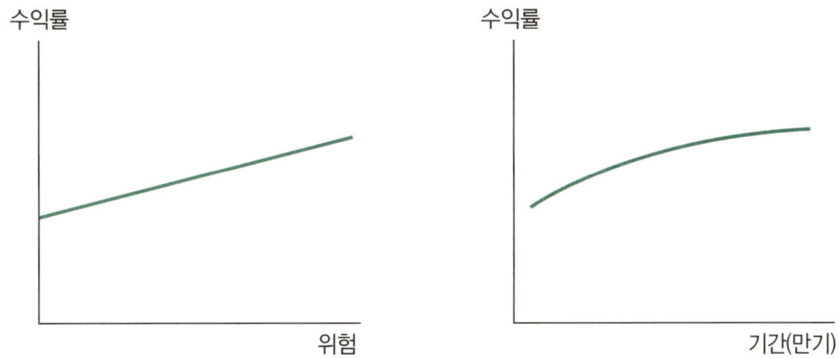

26 위험에 대한 논의는 제6~7장에서 논의된다. 원천별 위험은 금융기관론에서 주로 다루어진다.
27 *CAPM*모형의 증권시장선(security market line)이 대표적인 위험구조를 나타낸다.
28 만기와 채권수익률의 관계를 보여주는 것이 **수익률곡선(yield curve)**이다.

1.6.7 옵션과 선도거래

옵션과 선도거래는 대표적인 파생금융상품이다. 그 중 옵션(option)은 특정 자산을 만기일 또는 그 이전에 미리 정한 가격으로 사거나 팔 수 있는 권리(right)를 의미한다.[29] 주식을 살 수 있는 권리의 보유자는 주가가 미리 정한 가격(행사가격)보다 크면 권리를 행사하는 것이 유리하며, 주가가 행사가격 이하일 경우에는 권리를 행사하지 않는 것이 유리하다.[30]

한편 선도(forward)거래는 미리 계약을 체결하고 미래에 반드시 계약을 반드시 이행하여야 하는 의무(obligation)가 있다는 면에서 옵션과 구별된다. 따라서 선도거래의 매입자는 미래 해당 자산의 가격이 계약가격보다 높으면 유리하지만, 반대로 자산의 가격이 계약가격보다 낮으면 손해를 보게 된다. 선도거래는 장외시장에서 고객의 요구에 맞춘 거래이지만, 선물(futures)은 거래소시장에서 표준화된 상품으로 일일정산(marking to market)한다는 점에서 차이가 있다.[31]

1.6.8 시장의 효율성

주식시장에서는 매일 기업에 관한 정보가 유입되고 있다. 효율적 시장(efficient markets)이란 주가가 그 기업에 관한 정보(information)를 신속하고 정확하게 반영하는 시장을 말한다. 여기서 정보의 범위는 과거의 주가자료, 또는 주가자료를 포함한 모든 공개된 정보, 또는 이 두 종류의 정보를 포함한 내부자 정보의 세 범주로 나누어 각각 약형, 준강형 및 강형의 효율적 시장으로 정의한다. 예를 들어 시장이 준강형으로 효율적이라면 이미 과거의 주가자료를 포함한 모든 공개된 정보의 가치가 주가에 이미 반영된 상태를 말한다. 그러므로 투

---

29 특정 자산을 기초자산(underlying assets), 미리 정한 가격을 행사가격(exercise price)이라고 한다. 만기일에만 권리를 행사하는 옵션을 European option, 만기일 이전에도 권리를 행사할 수 있는 옵션을 American option이라고 부른다. 그리고 살 수 있는 권리를 콜옵션(call option), 팔 수 있는 권리를 풋옵션(put option)이라고 한다.

30 제1장 부록에 수록된 옵션, 선도 및 선물의 기초개념을 참고하기 바란다.

31 일일정산이란 선물계약가치의 변화를 매일 정산하는 것을 의미한다.

자자가 동일한 정보를 가지고 분석하면 주가도 동일하게 분석될 것이다. 이때는 현재 반영된 정보보다 더 큰 정보를 가지고 주가분석을 하여야 과대평가 또는 과소평가된 주식을 찾아낼 수 있다. 시장이 효율적이라면 현재의 주가가 균형가격을 나타낸다는 면에서 효율시장은 자본시장에서 중요한 의미를 갖는다.

1.6.9 정보비대칭

시장에는 수많은 정보가 있는데, 모든 사람들의 정보 보유량이 다른 것을 **정보비대칭(information asymmetry)**이라고 한다. 예를 들면 정보경제학에서 유명한 예인 중고차시장의 예를 들면 차를 팔려는 사람은 자신의 차에 대하여 잘 알지만, 구매자는 구매하려는 차에 대한 정보가 부족하다. 대출을 신청하는 기업과 은행의 관계에서도 은행은 대출 신청하는 기업만큼 그 기업에 대하여 잘 알지 못한다. 또는 주식이나 채권을 발행하는 기업과 투자자 간의 관계에서도 정보의 양이 다르다. 투자자 간에도 정보가 많은 투자자(informed investor)가 있고 상대적으로 정보가 적은 투자자(uninformed investor)가 있다. 정보비대칭은 자본시장을 비롯한 재무의 여러 분야에서 투자자 또는 기업과 금융기관의 행태를 설명하는 데에 유용한 개념이다.

부록 1 옵션, 선도 및 선물

본 부록에서는 대표적 파생상품인 옵션, 선도 및 선물의 기초개념에 대하여 간단히 살펴본다.

A1.1 옵션

옵션(option)은 특정 자산을 만기일 또는 그 이전에 미리 정한 가격으로 사거나 팔 수 있는 권리이다. 특정 자산을 **기초자산(underlying assets)**, 미리 정한 가격을 **행사가격(exercise price)**이라고 부른다. 옵션은 만기일에만 권리를 행사하는 유럽식 옵션(European option)과 만기일 이전에도 권리를 행사할 수 있는 미국식 옵션(American option)으로 구분된다. 그리고 살 수 있는 권리를 **콜옵션(call option)**, 팔 수 있는 권리를 **풋옵션(put option)**이라고 한다. 옵션을 취득하기 위하여 지급하는 비용을 **옵션가격(option price)** 또는 **옵션프리미엄(option premium)**이라고 한다. 옵션은 '선택'이라는 원래의 의미가 시사하듯이 권리를 보유한 자가 자신에게 유리할 경우에만 권리를 행사하는 특징을 가진다.

어떤 주식의 현재주가가 9,800원이라고 하자. 이 주식의 콜옵션 행사가격은 10,000원이고, 만기일은 3달 후이며 주식 한 주를 살 수 있는 콜옵션가격은 500원이라고 가정하자. 이 콜옵션은 유럽식으로 만기일에만 권리를 행사한다고 하면 콜옵션 매입자의 만기일 현금흐름은 다음과 같다. 먼저 주가가 만기일에 10,000원보다 높으면 콜옵션 매입자는 권리를 행사한다. 예를 들어 만기일에 주가가 12,000원이라면 콜옵션 매입자는 권리를 행사하여 10,000원을 지급하고 주식을 매입한 후 즉시 시장에서 매도하면 2,000원의 현금흐름이 발생한다. 이와 같이 만기일에 주가(S_T)가 행사가격(E)보다 높으면 $S_T - E$의 현금흐름이 발생한다. 여기에 콜옵션 매입 시 지급한 콜옵션가격 500원을 차감하면 1,500원의

순현금흐름(순이익)이 발생한다.[32]

반면에 만기일에 주가가 10,000원보다 낮으면 콜옵션 매입자는 권리를 행사하지 않는다. 시장에서 10,000원보다 낮게 거래되는 주식을 행사가격인 10,000원에 살 이유가 없기 때문이다. 이와 같이 만기일에 주가(S_T)가 행사가격(E)보다 낮으면 콜옵션 매입자는 권리를 행사하지 않으며 그 결과 현금흐름은 0이 된다. 그런데 콜옵션 매입 시에 콜옵션가격을 지급했으므로 콜옵션가격만큼 음의 현금흐름(순손실)이 발생하게 된다.

콜옵션 매입자(long position)의 거래상대방은 콜옵션 매도자(short position)이다. 따라서 콜옵션 매도자의 현금흐름은 콜옵션 매입자 현금흐름의 반대이다. [그림 A1-1]은 콜옵션 매입자와 콜옵션 매도자의 만기일 현금흐름을 그림으로 표시한 것이다. 한편 콜옵션 매입자는 콜옵션 매입 시 콜옵션가격을 지급하고, 반대로 콜옵션 매도자는 콜옵션가격을 수취한다. [그림 A1-1]에서 점선은 이와 같은 옵션가격(옵션프리미엄)을 반영한 현금흐름을 나타낸다. 콜옵션 매입자는 콜옵션가격만큼 현금흐름이 낮아지고, 콜옵션 매도자는 콜옵션가격만큼 현금흐름이 높아진다.

그림 A1-1 | 콜옵션 매입자와 매도자의 만기일 현금흐름

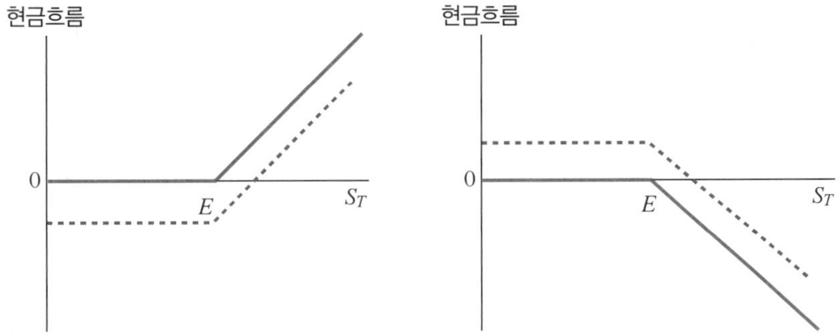

(a) 콜옵션 매입자 (b) 콜옵션 매도자

주: (1) E는 행사가격, S_T는 기초자산가격. (2) 점선은 콜옵션프리미엄을 반영한 현금흐름

32 단순한 계산을 위해 화폐의 시간가치를 고려하지 않았다. 화폐의 시간가치를 고려하면 2,000원에서 500원의 3개월 후의 미래가치를 차감하여야 한다.

[그림 A1-1]에서 콜옵션 매입자의 현금흐름은 $\max(S_T - E, 0)$이다. 다시 말하면 기초자산가격, 예를 들어 주가가 행사가격보다 높으면 $S_T - E$이고, 주가가 행사가격보다 낮으면 0이다. 반대로 콜옵션 매도자의 현금흐름은 $-\max(S_T - E, 0)$ 즉 $\min(E - S_T, 0)$이다. 다시 말하면 주가가 행사가격보다 높으면 $E - S_T$이고, 주가가 행사가격보다 낮으면 0이다.

이제 풋옵션에 대해 살펴보자. 콜옵션 매입자는 주가상승을 기대하지만, 풋옵션 매입자는 주가하락을 기대한다. 어떤 주식의 현재주가가 9,800원이라고 하자. 이 주식의 풋옵션 행사가격은 10,000원이고, 만기일은 3달 후이며 주식 한 주를 팔 수 있는 풋옵션가격은 500원이라고 가정하자. 이 풋옵션은 유럽식으로 만기일에만 권리를 행사한다고 하면, 풋옵션 매입자의 만기일 현금흐름은 다음과 같다. 먼저 주가가 만기일에 10,000원보다 낮으면 풋옵션 매입자는 권리를 행사한다. 예를 들어 만기일에 주가가 8,000원이라면 풋옵션 매입자는 시장에서 8,000원에 주식을 매입하여 10,000원에 매도함으로써 주당 2,000원의 현금흐름이 발생한다. 이와 같이 만기일에 주가(S_T)가 행사가격(E)보다 낮으면 $E - S_T$의 현금흐름이 발생한다. 여기에 풋옵션 매입 시 지급한 풋옵션가격 500원을 차감하면 1,500원의 순현금흐름(순이익)이 발생한다.[33]

반면에 만기일에 주가가 10,000원보다 높으면 풋옵션 매입자는 권리를 행사하지 않는다. 시장에서 10,000원보다 높게 거래되는 주식을 사서 10,000원에 팔 이유가 없기 때문이다. 이와 같이 만기일에 주가(S_T)가 행사가격(E)보다 높으면 풋옵션 매입자는 권리를 행사하지 않으며 그 결과 현금흐름은 0이 된다. 그런데 풋옵션 매입 시에 풋옵션가격을 지급했으므로 풋옵션가격만큼 음의 현금흐름(순손실)이 발생하게 된다.

풋옵션 매입자(long position)의 거래상대방은 풋옵션 매도자(short position)이다. 따라서 풋옵션 매도자의 현금흐름은 풋옵션 매입자 현금흐름의 반대이다. [그림 A1-2]는 풋옵션 매입자와 풋옵션 매도자의 만기 시 현금흐름을 나타낸다. 마찬가지로 [그림 A1-2]에서 점선은 풋옵션가격을 반영한 현금흐름이다.

33 마찬가지로 단순한 계산을 위해 화폐의 시간가치를 고려하지 않았다.

그림 A1-2 | 풋옵션 매입자와 매도자의 만기일 현금흐름

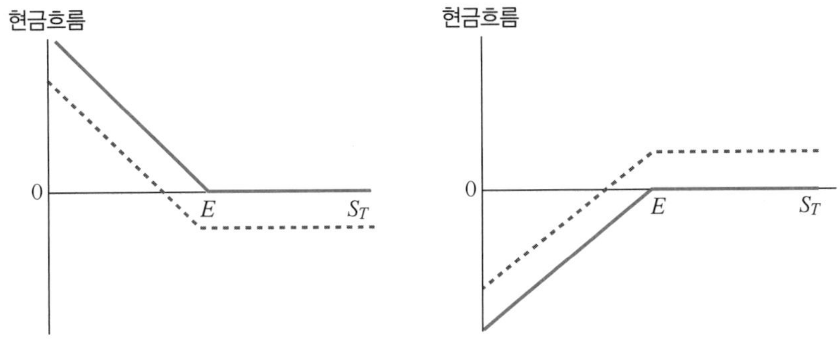

(a) 풋옵션 매입자　　　　(b) 풋옵션 매도자

주: (1) E는 행사가격, S_T는 기초자산가격. (2) 점선은 풋옵션프리미엄을 반영한 현금흐름

풋옵션 매입자는 풋옵션가격만큼 현금흐름이 낮아지고, 풋옵션 매도자는 풋옵션가격만큼 현금흐름이 높아진다.

[그림 A1-2]에서 풋옵션 매입자의 현금흐름은 $\max(E-S_T,\ 0)$이다. 다시 말하면 기초자산가격, 예를 들어 주가가 행사가격보다 낮으면 $E-S_T$이고, 주가가 행사가격보다 높으면 0이다. 반대로 풋옵션 매도자의 현금흐름은 $-\max(E-S_T,\ 0)$ 즉 $\min(S_T-E,\ 0)$이다. 다시 말하면 주가가 행사가격보다 낮으면 S_T-E이고, 주가가 행사가격보다 높으면 0이다.

옵션가격의 결정요인

먼저 기초자산가격과 행사가격이 옵션가치에 미치는 영향을 살펴보자. 콜옵션의 만기일 현금흐름 $\max(S_T-E,\ 0)$으로부터 기초자산가격이 상승하면 콜옵션가격은 상승하고, 행사가격이 높을수록 콜옵션가격은 하락함을 알 수 있다. 반대로 풋옵션의 만기일 현금흐름 $\max(E-S_T,\ 0)$으로부터 기초자산가격이 상승하면 풋옵션가격은 하락하고, 행사가격이 높을수록 풋옵션가격은 상승함을 알 수 있다.

기초자산가격과 행사가격 외에 옵션가격에 영향을 미치는 중요한 변수는 **기초자산가격의 변동성(volatility)**이다. 콜옵션 매입자는 기초자산가격이 행사가격 이상으로 상승할수록 더 많은 이익이 기대되지만, 기초자산가격이 행사가격 이하로 하락하면 콜옵션가격만큼만 손해(limited downside risk)를 본다. 마찬가지로 풋옵션 매입자도 기초자산가격이 행사가격 이하로 하락할수록 더 많은 이익이 기대되지만, 기초자산가격이 행사가격 이상으로 상승하면 풋옵션가격만큼만 손해를 보게 된다. 따라서 기초자산가격의 변동성이 증가할수록 콜옵션과 풋옵션의 가격은 증가하게 된다. 즉 옵션가치는 기초자산가격 변동성의 증가함수이다.[34]

A1.2 선도와 선물

선도(forward)계약은 특정 자산을 미래 특정 시점에 미리 정한 가격으로 사거나 파는 계약을 말한다.[35] 예를 들어 3달 후인 가을에 옥수수 물량을 확보하려는 상인이 옥수수를 재배하는 농장주인과 미리 옥수수의 인도시기, 물량 및 가격을 정하는 계약을 체결하는 경우를 생각할 수 있다. 여기서 상인은 기초자산(옥수수)을 사는 매입포지션(long position)을 취하고, 농장주인은 기초자산을 파는 매도포지션(short position)을 취한다.

상인과 농장주인이 3달 후에 100만원어치의 옥수수를 매매하는 선도계약을 체결하였다고 가정하자. 3달 후 옥수수의 시장가격이 120만원이 된다면 상인은 선도가격인 100만원을 주고 옥수수를 인수하여 시장에서 매도하면 20만원의 이익이 발생한다. 반면에 농장주인은 시장가격이 120만원인 옥수수를 100만원에 인도하여야 하므로 20만원의 손실을 보게 된다. 반대로 옥수수의 시장가격이 80만원이 된다면 상인은 100만원을 지급하고 인수한 옥수수를 80만원에 팔 수 있으므로 20만원의 손실이 발생하고, 농장주인은 시장가격이 80만원인 옥수수를 100만원에 인도하므로 20만원의 이익을 보게 된다. 여기서 선도계약 당사자들은 옵션과 달리 계약을 이행할 의무(obligation)를 진다. 선도계약 매입자와 매

34 옵션가격 결정요인에 대한 더 자세한 내용은 투자론이나 파생상품론 서적들을 참고하기 바란다.

35 이에 반해 특정 자산을 오늘 사거나 파는 계약은 현물(spot)계약이라고 부른다.

그림 A1-3 | 선도계약 매입자와 매도자의 만기일 현금흐름

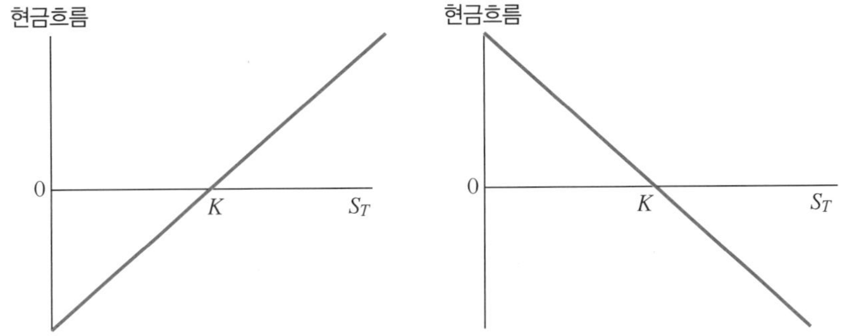

(a) 선도계약 매입자 (b) 선도계약 매도자

주: K는 인도가격, S_T는 기초자산가격

도자의 만기일 현금흐름을 그림으로 표시하면 [그림 A1-3]과 같다.

일반적으로 선도계약 매입자(long position)의 현금흐름은 S_T-K이고, 선도계약 매도자(short position)의 현금흐름은 $K-S_T$이다. 여기서 K는 인도가격(delivery price), S_T는 만기일에 기초자산의 현물가격(spot price)이다. 양당사자가 만나 거래가 이루어지므로 한쪽의 이익은 다른 거래 상대방의 손실을 의미한다. 다시 말하여 이익과 손실을 합하면 영이 되는 **제로섬게임(zero-sum game)**의 성격을 가진다. 옵션매입자가 계약 시에 옵션가격(옵션프리미엄)을 지급하고 권리를 취득한 것과 달리 선도계약에서는 초기지출이 없으며 최종결제는 만기에 이루어진다. 선도계약은 장외에서 매입자(buyer)와 매도자(seller) 간에 체결되는 계약으로 비표준화된 계약형태를 가지는 것이 일반적이다.

선물(futures)도 선도계약과 마찬가지로 특정 자산을 미래 특정 시점에 미리 정한 가격으로 사거나 파는 계약을 말한다. 다만 선도계약과의 차이점은 선물은 거래소에서 거래가 이루어지며, 표준화된 계약형태가 특징이다. 선물의 매입자와 매도자는 서로 알 필요가 없으며, 중간에서 거래소가 거래의 이행을 보증하는 역할을 수행한다.

선물거래에서는 시장참여자들의 계약불이행 가능성을 감소시키고자 증거금 제도를 운영하며 동시에 **일일정산(marking to market)**제도를 실시한다.[36] 선물의 중요한 특징인 일일정산의 개념을 간단한 예를 들어 설명하면 다음과 같다.

투자자가 90일 거래일 후에 100만원의 선물가격으로 특정 자산을 매입하는 계약을 체결(t=0)하였다고 가정하자. 계약 다음 거래일(t=1)에 선물가격이 98만원으로 하락하였다면 이 투자자는 2만원의 손실이 발생한다. 왜냐하면 투자자가 100만원에 매입하기로 한 자산이 이제 98만원에 거래되기 때문이다. 따라서 당일 투자자의 증거금계좌에서 2만원이 인출되어 거래소를 통해 선물계약의 매도자의 증거금 계좌로 전달된다. 다음 거래일(t=2)에 선물가격이 99만원으로 상승하면 이번에는 선물계약 매입자는 전일 대비 1만원의 이익이 발생하므로 자신의 증거금계좌로 1만원의 현금흐름이 들어온다. 그리고 만기일까지 이 과정이 계속된다. 만기일(t=90)의 선물가격이 80만원이라면 선물계약 매입자는 만기일에 80만원을 지급하고 기초자산을 인도받게 된다. 그동안의 누적손실 20만원은 이미 증거금계좌에서 인출되었으므로 총지급액은 계약금액인 100만원이 된다. 이런 방식으로 매일매일 선물가격의 변화에 기인한 손익을 고객의 증거금계좌에 반영하는 일련의 과정이 일일정산이다. 결국 미리 매일 정산함으로써 만기일 또는 최종결제일의 결제불이행 확률을 감소시키는 효과가 있다.

| 표 A1-1 | 일일정산의 예

거래일(t)	0	1	2	3	…	89	90
선물가격(만원)	100	98	99	97	…	82	80
일일손익(만원)		−2	+1	−2	…	−1	−2
누적손익(만원)		−2	−1	−3	…	−18	−20

36 증거금은 상품의 거래가격과 가격변동성 등을 감안하여 상품마다 차등화되어 있다. 선물거래를 시작할 때 예치하는 금액은 개시증거금(initial margin)이라고 하며, 코스피200선물의 경우 계약금액의 15%를 예치한다. 유지증거금(maintenance margin)은 선물거래를 하는 동안 유지해야 하는 최소한의 증거금이며, 코스피200선물의 경우 10%이다. 매일매일 일일정산의 결과 증거금계좌의 잔고가 유지증거금 이하로 하락하면 투자자는 거래소로부터 **마진콜(margin call)**을 받고, 이에 따라 증거금계좌의 잔고를 개시증거금 수준으로 올려야 한다. 한국거래소, 알기 쉬운 증권 · 파생상품시장 지표 해설, 2010.

부록 2 기업인수합병(mergers and acquisitions: M&A)

합병(mergers)은 두 개 이상의 기업이 법률적으로 하나의 기업으로 합쳐지는 것이다. 그리고 **인수(acquisitions)**는 주식이나 자산을 취득함으로써 피인수기업을 인수하는 방법이다.[37] 흡수합병은 인수기업(acquiring firm)이 자신의 상호를 유지하면서 피인수기업(acquired firm)의 모든 자산과 부채를 인수하고, 피인수기업은 더 이상 존재하지 않게 되는 합병이다. 신설합병(consolidation)은 인수기업과 피인수기업이 새로운 기업으로 합쳐지는 것이다. 흡수합병과의 차이점은 인수기업과 피인수기업은 더 이상 존재하지 않는다는 것이다.

예를 들어 A기업이 B기업을 흡수합병하고, B기업의 주주들은 자신의 2주식을 A기업의 주식 1주로 교환받는다고 하자. 합병의 결과 B기업의 주식은 더 이상 존재하지 않고 A기업의 주식만 남는다. 반면에 신설합병에서는 A기업과 B기업의 주식은 새로 탄생하는 C기업의 주식으로 모두 교환된다.

인수에서는 주식 또는 자산을 취득하여 피인수기업을 인수한다. 주식 매입을 통한 대표적 인수가 **공개매수(tender offer)**이다. 공개매수에서는 인수기업이 인수대상으로 선정된 기업(target firm)의 주식을 일정기간 동안 특정 가격에 공개모집(public offering)한다. 공개매수에서 인수기업은 표적으로 선정된 기업의 경영진과 이사회를 우회하여 주주들로부터 직접 주식을 매입한다. 이 경우 피인수기업의 경영진은 인수에 반대할 수도 있으며, 그렇게 되면 인수가 순조롭게 이루어지지 않게 된다. 또한 일부 주주들은 공개매수에 참여하지 않을 수도 있다. 이러한 소수 주주들의 저항을 우회하는 방법으로 피인수기업의 자산을 모두 인수하는 방법이 사용되기도 한다.

기업인수합병의 이유로는 시너지(synergy)효과가 언급된다. 즉 합병 후의 기업가치가 합병 전 두 기업의 가치의 합보다 크다는 것이다. 예를 들어 합병 후의 기업가치를 V_{AB}, 합병 전 두 기업의 가치를 각각 V_A, V_B라고 하면 시너지는 다음

37 합병과 인수 등을 통해 기업의 경영권이 이전되는 것을 포괄적으로 기업인수(takeover)라고 부른다.

과 같이 정의된다.

$$Synergy = V_{AB} - (V_A + V_B)$$

그리고 시너지는 현금흐름의 증가에서 온다고 볼 수 있다. 제10장에서 살펴보는 바와 같이 총현금흐름은 수익－비용－세금－자본적지출과 순운전자본의 변화로 정의된다. 따라서 기업인수합병은 수익의 증가, 비용의 감소, 세금의 감소 및 자본적지출과 순운전자본의 감소를 가져온다.

기업인수(takeover)는 기업 경영권의 이전을 의미하는 포괄적 용어이다. 기업인수는 **우호적 기업인수(friendly takeover)**와 **적대적 기업인수(hostile takeover)**로 구분한다. 기업합병은 주로 인수기업에 의해 시작된다. 인수기업이 피인수기업을 선정한 후 합병의향을 피인수기업의 경영진에게 알리고 피인수기업의 경영진이 합병을 받아들이면 합병조건에 대한 협상, 이사회 승인, 주주총회 승인 등을 거쳐 합병은 순조롭게 진행될 수 있다. 이런 기업인수를 우호적 기업인수라고 한다.

반면에 피인수기업의 경영진이 반대하는 경우도 있다. 이 경우에 인수기업은 인수전략의 일환으로 주식공개매수를 할 수 있다. 주식공개매수에서 인수기업은 피인수기업의 주주들에게 현재주가에 프리미엄을 붙인 가격으로 일정기간 동안 주식을 매수하는 제안을 한다. 인수기업은 주식 전체 또는 일부에 대해 매수할 수 있으며, 최저매수규모에 미달하면 공개매수를 하지 않을 수도 있다. 이 과정에서 합병에 반대하는 경영진은 이를 막기 위한 조치들을 취하게 된다. 이와 같이 피인수기업의 의사에 반해 이루어지는 기업인수를 적대적 기업인수라고 한다. 그리고 적대적 기업인수를 추진하는 인수자를 **기업사냥꾼(corporate raider)**이라고 부른다.

인수기업은 주식공개매수 외에도 시장에서 점진적으로 피인수기업의 주식을 매수함으로써 궁극적으로 이사회에서 경영권을 확보할 수도 있다. 경영권이 확보되면 기존 경영진을 교체하고 새로운 기업정책을 추구하여 기업가치를 제고하려고 할 것이다. 따라서 적대적 기업인수는 경영자가 주주의 이익을 위해 일하도록 동기부여하는 역할을 수행하는 제도적 장치라고 볼 수 있다.

요 약

01 재무학은 기업과 관련된 재무 분야를 다루는 학문으로, 기업재무, 투자, 금융기관, 보험 및 부동산을 포함한다.

02 재무상태표는 왼쪽의 자산(A)은 오른쪽의 부채(L)와 자기자본(E)의 합으로 표시됨을 나타낸다. 즉 $A = L + E$이다.

03 재무관리의 주요 내용은 장기고정자산에 대한 투자결정, 장기자금조달결정 및 운전자본관리이다. 운전자본관리는 단기투자와 단기자금조달을 다룬다.

04 기업의 재무담당자는 투자결정, 자금조달결정, 금융시장에 대한 이해, 위험관리 및 재무예측 및 계획 등의 업무를 수행한다.

05 대표적인 기업 형태는 주식회사이다. 주식회사는 영속성을 가지며, 소유와 경영의 분리를 특징으로 한다. 주주들은 유한책임과 잔여지분청구권을 가진다.

06 기업의 목표는 기업가치 극대화이다. 이는 주주가치 극대화와 같으며, 결국 주가의 극대화로 귀결된다.

07 주인인 주주는 대리인인 경영자에게 기업경영을 위임한 대리인관계를 형성한다. 경영자는 자신의 이익을 추구할 유인이 있어 대리인문제가 발생한다. 그리고 대리인문제에 따른 주주와 경영자 간의 이해상충으로 대리인비용이 발생한다.

08 대리인비용을 최소화하기 위한 방안으로는 경영자 보상, 주주의 직접 개입, 경영자 해고의 위협, 적대적 기업인수 등이 있다.

09 재무에서는 현금흐름과 시장가치 기준으로 분석한다. 주주와 채권자의 현금흐름으로부터 주주는 상대적으로 위험경영을 선호하지만 채권자는 주주(경영자)의 위험추구를 선호하지 않음을 알 수 있다.

10 화폐의 시간가치와 위험은 중요한 기초개념이다. 오늘의 100원이 1년 후의 100원보다 더 가치가 있다. 위험은 미래 현금흐름의 변동가능성, 즉 불확실성을 의미하며, 이를 기준으로 위험자산과 무위험자산으로 구분한다.

11 위험구조란 수익률은 위험이 증가할수록 증가함을 나타내고, 기간구조란 채권수익률이 기간(만기)에 따라 다르다는 것을 나타낸다.

12 옵션은 특정 자산을 만기일 또는 그 이전에 미리 정한 가격으로 사거나 팔 수 있는 권리(right)를 나타내며, 선도거래는 미래에 반드시 계약을 이행하여야 하는 의무(obligation)를 나타낸다는 면에서 차이가 있다.

13 효율적 시장(efficient markets)이란 주가가 그 기업에 관한 정보(information)를 신속하고 정확하게 반영하는 시장을 말한다. 여기서 반영된 정보의 범위에 따라 각각

약형, 준강형 및 강형의 효율적 시장으로 분류한다.

14 정보비대칭은 모든 사람들의 정보 보유량이 다른 것을 지칭하는 것으로 채권 또는 주식발행 기업과 투자자, 대출신청 고객과 은행 등의 관계에서 볼 수 있다.

E X E R C I S E

| 연 | 습 | 문 | 제 |

1-1 재무학의 범위를 설명하시오.

1-2 재무관리의 주요 내용은 무엇인가?

1-3 재무담당자의 역할을 설명하시오.

1-4 기업의 목표를 설명하시오.

1-5 대리인관계, 대리인문제, 및 대리인비용을 주주와 경영자 관계를 이용하여 설명하시오.

1-6 주주와 채권자의 현금흐름을 설명하고, 주주와 채권자 중 누가 더 위험을 선호하는지 설명하시오.

1-7 위험구조와 기간구조를 설명하시오.

1-8 옵션과 선도거래를 비교 · 설명하시오.

1-9 정보와 관련된 시장효율성과 정보비대칭을 설명하시오.

Chapter 02

금융환경과 이자율

본 장에서는 금융환경과 이자율을 개관한다. 먼저 금융환경에서는 자금의 흐름을 나타내는 금융시스템의 내용을 살펴보고, 그 다음에 금융시스템의 중요 구성 내용인 금융시장과 금융기관을 살펴본다. 그 다음에는 자금의 수요자가 부담하는 비용인 이자율에 대하여 살펴본다. 이자율을 결정하는 요인들을 살펴본 후, 기간(만기)에 따른 이자율의 움직임을 나타내는 수익률곡선을 공부한다. 마지막으로 현물이자율로부터 미래의 이자율인 선도이자율을 추정하는 방법에 대하여 알아본다.

2.1 금융환경

기업의 경영활동, 즉 자금을 조달하고 투자하여 얻은 산출물을 배분하는 활동은 금융시스템 내에서 이루어진다. 따라서 이러한 과정이 이루어지는 금융환경, 즉 금융시스템에 대한 이해는 재무 의사결정에 매우 중요하다. 이하에서는 금융제도, 금융시장 및 금융기관에 대하여 살펴본다.

2.1.1 금융제도

금융은 자금의 흐름(flow of funds)을 의미한다. 예를 들어 가계나 기업은 소득을 바탕으로 소비하고 저축하는데, 이 중 자금이 남는 경제주체는 자금의 공급자(순저축자)가 되고, 자금이 부족한 경제주체는 자금의 수요자(순차입자)가 되어 자금의 공급자로부터 자금의 수요자로 자금의 흐름이 발생한다. 그리고 **금융제도** 또는 금융시스템은 자금의 공급자와 수요자 간 자금의 흐름에 관한 모든 체계와 규범을 총칭하는 개념으로 금융시장, 금융기관 등으로 구성된다.[01] 이를 그림으로 나타내면 [그림 2-1]과 같다.

그림 2-1 | 자금의 흐름

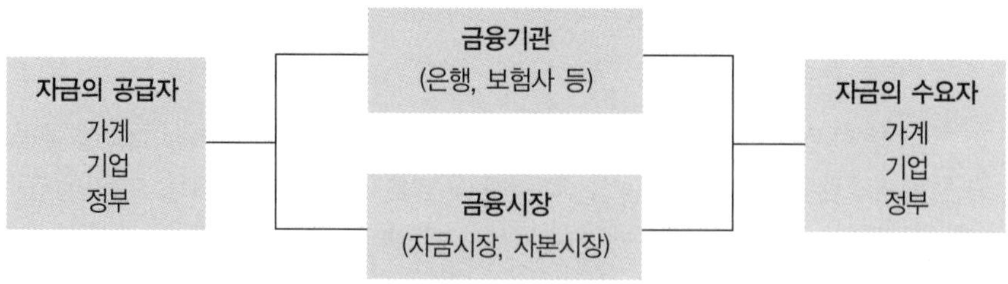

01 금융제도는 금융시장, 금융기관 외에도 **금융하부구조**(financial infrastructure)도 포함한다. 여기서 금융하부구조란 금융거래를 지원하고 감시하는 제도 그리고 공적 금융안전망 등을 지칭한다. 상세한 설명은 한국은행이 발간한 한국의 금융제도(2011) 및 한국의 금융시장(2012)을 참조하기 바란다.

기업이 재무활동을 하는 제도인 금융제도는 크게 **은행중심 금융제도**(bank-based financial system)와 **시장중심 금융제도**(market-based financial system)로 구분한다. 이는 편의상 한 나라의 금융제도가 은행중심인지 시장중심인지 분류하는 것이다. 독일, 일본 및 우리나라는 은행중심 금융제도로 분류되며, 미국, 영국은 시장중심의 금융제도로 분류된다.[02]

2.1.2 금융시장

금융시장은 자금의 공급자와 수요자가 만나 금융거래(financial transaction)를 하는 장소를 말한다. 재무담당자들은 단기 및 장기자금을 금융시장으로부터 조달하기 위하여 금융시장을 이해하여야 한다.[03]

실물시장과 금융시장

자산은 크게 기계, 토지, 컴퓨터 등의 **실물자산**(real assets)과 주식, 채권 등의 **금융자산**(financial assets)으로 나누어진다. 실물자산이 거래되는 시장을 실물자산시장(real asset markets) 또는 **실물시장**이라 하고, 금융자산이 거래되는 시장을 금융자산시장(financial asset markets) 또는 **금융시장**이라고 한다. 이 중 금융시장이 재무관리의 주요 연구대상이다.

간접금융시장과 직접금융시장

금융거래의 금융기관 중개 여부에 따라 간접금융시장과 직접금융시장으로 구분한다. **간접금융시장**은 금융기관을 경유하여 자금공급자로부터 자금수요자로 자금의 흐름이 발생하는 시장을 말하며, 간접금융시장의 대표적 예는 은행이 예

02 상세한 비교는 한국은행이 발간한 한국의 금융제도(2011) 6-9쪽을 참조하기 바란다. 다음 논문은 금융제도와 경제성장 간의 관계를 다루고 있다. Levine, R., Bank-Based or Market-Based Financial Systems: Which is Better?, *Journal of Financial Intermediation*, Vol. 11, Issue 4, October 2002, pp.398-428.

03 우리나라의 제도는 한국은행이 발간한 한국의 금융제도(2011)를 참조하였다.

금으로 자금을 조달하여 대출하는 금융거래이다. 직접금융시장은 자금수요자가 발행한 증권을 자금공급자가 직접 매입하는 시장을 말한다. 직접금융시장의 대표적 예는 회사채시장과 주식시장이다.

단기금융시장과 자본시장

금융시장은 크게 단기금융시장(money market)[04]과 자본시장(capital market)으로 나누어진다. 단기금융시장은 만기가 1년 이내인 금융상품이 거래되는 시장으로 콜시장, 기업어음(commercial paper)시장, 양도성예금증서(negotiable certificate of deposit)시장, 환매조건부매매(repurchase agreement: RP)시장[05] 등으로 구분된다. 자본시장은 만기가 1년 이상인 장기부채와 주식이 거래되는 시장으로 주식시장과 채권시장으로 구분된다. 자본시장에는 자산유동화증권(asset-backed securities: ABS)시장도 포함한다.[06] [07]

외환시장과 파생금융상품시장

외환시장(foreign exchange market)은 외환의 수요자와 공급자 간에 금융거래가 이루어지는 시장을 말한다. 파생금융상품시장(derivative market)은 주식, 채권, 외환, 예금 등과 같은 기초자산으로부터 파생된 금융상품이 거래되는 시장을 말한다. 대표적인 파생금융상품은 선도(forward), 선물(futures), 옵션(options) 및 스왑(swaps)이다.[08]

04 단기금융시장은 자금시장으로도 불린다.

05 일정기간이 경과한 후에 다시 매입하는 조건으로 채권을 매도함으로써 수요자가 단기자금을 조달하는 금융거래방식이다.

06 자산유동화증권은 부동산, 매출채권, 주택저당채권, 기타 재산권 등을 기초로 하여 발행된 증권을 말한다.

07 2010년 현재 우리나라의 단기금융시장과 자본시장의 구성비는 단기금융시장 9.9%, 자본시장은 90.1%이다. 자료: 한국은행, 한국의 금융제도(2011).

08 이 중 주식을 기초자산으로 하는 주식옵션(stock option)의 경우 주식을 만기 또는 그 이전에 미리 정한 가격(행사가격)으로 매입할 수 있는 권리를 콜옵션(call option), 매도할 수 있는 권리를 풋옵션(put option), 옵션을 매입한 포지션을 long position, 옵션을 매도한 포지션을 short position이라고 한다.

발행시장과 유통시장

기업이 자금을 조달하기 위하여 주식과 채권을 발행하는 시장을 **발행시장**(primary market)이라 하며, 이미 발행된 주식과 채권이 투자자 간에 거래되는 시장을 **유통시장**(secondary market)이라 한다. 예를 들면 신주의 발행은 발행시장에서 이루어지지만, 발행된 주식이 거래되는 시장은 유통시장이다.

현물시장과 선물(선도)시장

거래대상의 자산이 즉시 또는 수일 내로 거래가 이루어지는 시장을 **현물시장**(spot market)이라 하고, 미래에 거래가 이루어지는 시장을 **선물시장**(futures markets) 또는 **선도시장**(forward markets)이라 한다. 예를 들어 주유소에서 기름을 넣고 돈을 지급하는 거래는 현물시장의 거래이지만, 3달 후에 인도받기로 하고 원유를 매입하는 계약을 체결하였다면 이는 선물시장 또는 선도시장의 거래에 해당한다. 선물시장은 거래가 조직화된 거래소에서 표준화된 거래로 이루어지는 시장이고, 이에 반해 선도시장은 장외에서 당사자 간에 사적으로 이루어지는 시장이다.

공적시장과 사적시장

금융거래가 불특정 다수를 대상으로 이루어지는 시장을 **공적시장**(public markets)이라 하고, 양 당사자 또는 일부를 대상으로 이루어지는 시장을 **사적시장**(private markets)이라고 한다. 예를 들면 주식은 공적시장에서 거래가 이루어지는 대표적 예이며, 은행대출은 사적시장의 대표적 예라고 할 수 있다.

기업의 자금흐름

기업은 금융시장으로부터 자금을 공급받는다. 구체적으로는 은행으로 대표되는 간접금융시장과, 자본시장과 단기금융시장으로 구성된 직접금융시장으로부터 자금을 조달한다. 즉 은행대출, 기업어음발행, 주식발행, 채권발행 등으로 자금을 조달한다. 기업은 이 자금으로 양의 순현가를 가지는 사업에 투자한다.[09]

09 본서 제9장 자본예산에서 다루어진다.

투자의 결과 발생한 자금으로 은행 및 채권자에게는 원리금 상환, 주주에게는 배당금 또는 자사주매입으로 지급하며, 일부는 세금으로 정부에 납부한다. 그리고 남는 현금흐름은 사내에 유보이익으로 적립한다.

기업의 성숙도에 따른 자금차입[10]

기업이 신생 기업인 경우에는 담보로 제공할 유형자산이 거의 없고, 아직 기업경영의 전문지식이 부족한 경우가 많다. 이 경우에는 자금공급자가 지분참여를 할 수 있는 벤처투자자(venture capitalist)가 자금조달원이 될 수 있다. 기업이 성장함에 따라 담보로 제공할 수 있는 유형자산이 축적되면 은행이 적절한 자금공급원이 된다. 담보는 차입자의 도덕적 해이를 완전히 제거하지 못하므로 은행의 모니터링이 수반되어야 한다. 마지막으로 성숙한 기업은 평판이 누적되어 감에 따라 위험추구 행태가 감소하고, 기업들은 차입비용이 상대적으로 저렴한 자본시장에서 자금을 조달한다. 자본시장의 자금조달에서는 정보비대칭 문제가 있어, 투자은행이나 신용평가기관의 역할이 중요해진다. 벤처투자자로부터 자본시장으로 이동함에 따라 조달비용은 저렴해진다. 그리고 벤처투자자는 자금, 모니터링 및 경영능력을 제공하지만, 은행은 자금과 모니터링, 그리고 자본시장은 주로 자금을 제공한다.

그림 2-2 | 자금조달의 단계

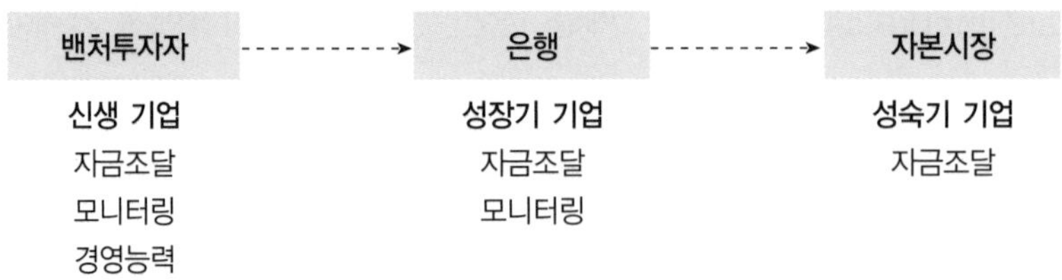

자료: Greenbaum, Thakor and Boot(2016), pp.78-79.

10 Greenbaum, Thakor and Boot(2016), pp.78-79.

2.1.3 금융기관

금융기관은 자금공급자와 자금수요자 사이에서 자금의 흐름을 중개하는 기관이다. 기본적으로 금융기관은 정보취급기관이며 브로커(broker) 기능과 질적 자산변환자(qualitative asset transformer) 기능을 수행한다.[11][12]

브로커 기능

브로커 역할의 금융기관은 단지 양 당사자 간의 거래를 주선하면서 수수료를 수입으로 받는다. 브로커는 자신이 자산을 구매하여 다시 자신의 이름으로 거래를 하는 것이 아니기 때문에 위험을 부담하지 않는다. 일반적으로 브로커는 정보의 해석능력이 뛰어나며, 업무상 취득한 기존 정보를 재사용하는 우위를 가진다.

브로커는 계약전(precontract) 정보비대칭 문제를 해소한다. 예를 들어 은행이 차입자의 평균 신용도를 반영하여 대출금리를 결정하면 우량차입자는 대출을 받지 않고 고위험 차입자만 대출을 받는 역선택(adverse selection)이 발생한다. 이 경우 신용분석기관은 차입자의 신용도를 분석하는 브로커 기능을 수행함으로써 차입자와 대출자 간의 역선택 문제를 최소화할 수 있다. 또한 브로커는 수집한 정보를 재사용할 수 있기 때문에 개인들의 중복심사(duplicated screening)에 따른 정보비용을 감소시켜준다. 개인들이 정보를 공유하지 않는다면 모두 개별적으로 정보수집에 소요되는 비용을 부담하여야 하며 이는 국민경제적으로 낭비이다.

브로커는 단순 브로커로부터 고급 브로커까지 계층이 있는데, 증권의 발행을 주선하는 투자은행은 브로커의 상층부에 위치한다고 볼 수 있다. 브로커는 계약후(postcontract) 정보비대칭 문제 해소에도 기여한다. 예를 들면 대출을 받은 차입자는 과도한 위험추구 행태의 도덕적 해이(moral hazard)를 보일 가능성이 있는데, 브로커는 모니터링을 통해 이를 완화하는 기능을 수행한다.

---

11 Greenbaum, Thakor and Boot(2016), pp.24-28.

12 앞서 [그림 2-1]에서 자금공급자와 자금수요자를 매개하는 금융기관을 브로커 기능의 금융기관과 자산변환 기능의 금융기관으로 나누어 생각할 수 있다.

그림 2-3 | 브로커의 기능

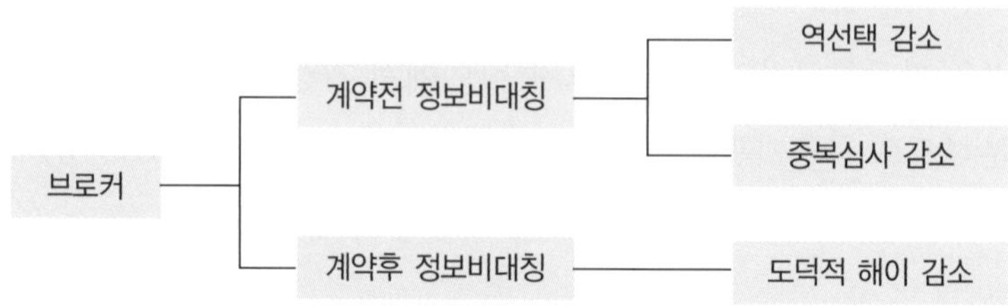

자료: Greenbaum, Thakor and Boot(2016), p.27.

자산변환 기능

한편 금융기관은 질적 자산변환 기능을 수행한다. 즉 변환되는 자산의 속성은 듀레이션(또는 만기), 거래규모, 유동성, 신용위험, 화폐단위 등이다. 예를 들어 은행은 부채로 만기가 짧은 예금을 보유하고 자산으로는 상대적으로 만기가 긴 자산을 보유한다. 은행은 또 유동성이 큰 예금을 보유하고 자산으로는 유동성이 적은 대출을 보유한다. 또는 부채로는 미 달러화 부채를 보유하고, 자산으로는 원화 대출을 보유하기도 한다.

예를 들어 자금공급자가 회사채 매입의 방법으로 직접금융을 제공하게 되면 듀레이션이 길고, 유동성도 적으며, 신용위험에도 직접 노출되지만, 자산변환기관인 은행에 예금으로 자금을 예치하면 듀레이션이 짧아지고, 거래규모도 작아도 되며, 유동성도 좋아지고, 신용위험도 감소한다. 즉 은행은 각 자산의 속성을 변화시킴으로써 자산변환 기능을 수행한다. 그리고 금융기관은 이 과정에서 위험을 부담한다. 신용위험, 이자율위험, 유동성위험, 환위험 등에 노출되는데, 금융기관은 이 위험을 분산하거나 타 기관으로 이전하거나 또는 수용한다.[13]

우리나라 금융기관

우리나라의 금융기관은 은행, 비은행예금취급기관, 금융투자업자, 보험회사, 기타 금융기관, 그리고 금융보조기관의 6개 그룹으로 나눌 수 있다.[14]

13 상세한 논의는 Greenbaum, Thakor and Boot(2016), 권재중 외(2016) 등을 참조하기 바란다.
14 한국은행, 한국의 금융제도, 2011, pp.27-30.

은행은 일반은행과 특수은행으로 구분되며, 일반은행에는 시중은행, 지방은행, 외국은행 국내지점으로 구성된다. 특수은행은 은행법이 아닌 개별법에 의하여 설립된 금융기관으로 한국산업은행, 한국수출입은행, 중소기업은행, 농업협동조합중앙회, 수산업협동조합중앙회가 있다. 비은행예금취급기관으로는 상호저축은행, 신용협동기구(신용협동조합, 새마을금고 및 상호금융), 우체국예금 및 종합금융회사가 포함된다. 금융투자업자는 유가증권의 거래와 관련된 업무를 주로 다루는 금융기관으로 투자매매중개업자(증권회사 및 선물회사), 집합투자업자, 투자일임자문업자, 그리고 신탁업자가 있다. 그밖에 보험회사로는 생명보험회사, 손해보험회사, 우체국보험 및 공제기관이 있다. 기타금융기관으로는 금융지주회사, 여신전문금융회사(리스, 카드, 할부금융, 신기술사업금융), 벤처캐피탈회사, 증권금융회사, 한국무역보험공사, 한국주택금융공사, 한국자산관리공사, 한국투자공사, 한국정책금융공사가 있다. 마지막으로 금융보조기관으로는 금융감독원, 예금보험공사, 금융결제원, 한국예탁결제원, 한국거래소, 신용보증기관, 신용정보회사, 자금중개회사가 있다.[15]

이와 같이 다양한 금융기관은 자금의 수요자와 공급자 간의 자금흐름이 원활히 이루어지도록 기여한다. 자금의 수요자인 기업은 주로 브로커 기능을 수행하는 증권회사 또는 투자은행을 통하여 주식과 채권을 발행함으로써 자금을 조달하거나, 은행과 같은 금융기관을 통하여 대출을 받음으로써 장기투자자본 또는 운전자본을 조달한다. 기업의 최적 자금조달은 기업의 재무구조, 조달자금의 규모, 자본시장의 동향 및 자금조달소요시간 등을 종합적으로 고려하여 이루어져야 한다.

15 각 기관 수를 포함한 상세한 내용은 한국은행(2011) 29쪽의 우리나라 금융기관 현황을 참조하기 바란다.

2.2 이자율

2.2.1 이자율의 결정요인

경제발전 과정에서 자본은 산업발전의 원동력 역할을 하여 왔다. 자유시장경제에서 사회의 여러 부문이 필요로 하는 자본은 **이자율**에 의하여 가장 효율적으로 각 자금수요자에게 배분된다.[16]

기본적으로 이자율은 자금에 대한 수요와 공급에 의하여 결정된다. 자금수요가 공급을 초과하면 이자율은 상승한다. 반면에 자금공급이 자금수요를 초과한다면 이자율은 하락한다. 이자율은 장기자금시장, 단기자금시장과 같이 자금의 기간에 따라 다르며, 기업자금시장, 가계자금시장과 같이 자금수요자에 따라서도 다르다. 그리고 이자율은 국채, 회사채 등 자금조달 주체에 따라 그리고 회사채, 은행대출, 기업어음 등 자금조달 방식에 따라서도 다르다. 아울러 이자율은 자금시장의 움직임에 따라 끊임없이 변동한다.

이하에서는 재무관리의 관점에서 **시장이자율**(시장금리)의 결정요인에 대하여 알아보자.[17] 일반적으로 기업이 발행하는 채권의 이자율은 **실질무위험이자율(real risk-free rate of interest)**과 여러 **위험프리미엄(risk premium)**의 합으로 결정된다. 위험프리미엄은 인플레이션, 지급불이행위험, 유동성위험 및 이자율위험 등에 의하여 결정된다. 그러므로 채권의 **명목이자율**은 다음과 같이 나타낼 수 있다.

$$\begin{aligned}\text{명목이자율} &= \text{실질무위험이자율} + \text{위험프리미엄} \\ &= \text{실질무위험이자율} + IP + DRP + LP + MRP\end{aligned}$$

여기서 IP(inflation premium)는 인플레이션 프리미엄, DRP(default risk premium)는 지급불이행위험 프리미엄, LP(liquidity premium)는 유동성 프리

16 이자율은 금리라고도 한다.
17 Brigham and Houston(2013)을 참조하였다.

미엄, 그리고 MRP(maturity risk premium)는 만기위험 프리미엄을 나타낸다.

무위험이자율

무위험이자율(riskfree rate)은 무위험자산(riskfree asset)에 대하여 투자자가 요구하는 이자율이다. 대표적인 무위험자산은 정부가 발행하는 단기국채이다. 정부는 파산 가능성이 없고, 정해진 기일에 이자와 원금을 상환할 것으로 기대되기 때문이다. 실질무위험이자율은 인플레이션이 없는 경우 무위험자산의 이자율이다. 만약 인플레이션이 존재한다면, 실질무위험이자율에 인플레이션 프리미엄(IP: inflation premium)을 합한 값이 명목무위험이자율이 된다.

$$명목무위험이자율 = 실질무위험이자율 + IP$$

이는 명목이자율을 구하는 어림계산법이다.[18]

인플레이션 프리미엄

인플레이션은 화폐의 구매력을 잠식한다. 따라서 돈을 빌려주는 사람은 미래에 받게 될 원리금의 구매력이 잠식당하지 않도록 인플레이션에 대한 보상, 즉 프리미엄을 이자율에 포함시키게 된다. 예를 들어 향후 1년 동안 모든 상품에 10%의 인플레이션율이 동일하게 적용되고 편의상 실질무위험이자율이 영(zero)이라고 가정하자. 액면가가 10,000원인 1년 만기 무위험증권이 적어도 동일한 구매력을 갖기 위해서는 1년 후에 11,000원을 받아야 한다. 여기서 1,000원, 즉 10%는 인플레이션 프리미엄이다. 그리고 만약 3년 만기의 채권이라면, 첫해, 두 번째 해, 그리고 세 번째 해에 각각 예상되는 인플레이션을 구한 후, 그 평균값이 인플레이션 프리미엄으로 결정된다. 인플레이션이 증가하면 명목무위험이자율도 증가하게 된다.

---

18 일반적으로 명목이자율(nominal interest rate), 실질이자율(real interest rate) 및 인플레이션율(inflation rate) 간에는 다음 관계가 성립한다. 1+명목이자율=(1+실질이자율)×(1+인플레이션율). 자세한 내용은 본서 제10장 자본예산을 참조하기 바란다.

지급불이행위험 프리미엄

지급불이행위험은 차입자가 정해진 시기에 원금 또는 이자를 갚지 못할 위험으로 **신용위험(credit risk)**이라고도 한다. 기업은 신용도에 따라 신용위험이 달라진다. 그리고 신용위험이 큰 기업은 자본시장에서 높은 이자율로 자금을 조달하며, 우량한 기업은 상대적으로 낮은 이자율로 자금을 차입할 수 있다. 채권발행 시 신용평가기관이 부여하는 신용등급은 그 기업의 채권발행금리에 직접적인 영향을 미친다.

유동성 프리미엄

유동성 프리미엄은 유동성 부족에 대한 보상이다. **유동성(liquidity)**이란 제값(fair market value)을 받고 신속히 현금화할 수 있는 정도를 말한다. 따라서 증권을 필요할 때에 제값을 받고 바로 현금화할 수 없다면, 그에 대한 보상이 이자율에 포함되어야 한다.

만기위험 프리미엄

만기위험 프리미엄은 **이자율위험(interest rate risk)**이라고 할 수 있다. 동일한 회사가 발행하는 회사채라 하더라도 단기채권과 장기채권은 그 위험 정도가 다르다. 일반적으로 장기채권은 이자율의 변동에 대하여 그 가치가 크게 변동한다. 예를 들면 동일한 이자율 5%의 상승에 대하여 1년 만기 채권보다 10년 만기 채권의 가치가 더 크게 하락한다. 반대로 동일한 이자율 하락에 대하여는 장기채권의 가치가 단기채권보다 더 크게 상승한다. 따라서 장기채권에 대하여는 이자율위험에 대한 보상이 더 커야 할 것이다.[19]

이상 살펴본 시장이자율의 결정요인은 개별 기업의 미시적 관점에서 바라본 것이고, 이자율은 이외에도 거시적인 경제의 전반적인 흐름, 자본시장의 동향, 정부의 통화정책 등에 의하여 영향을 받으므로 이들에 대한 이해도 갖추어야 한다.

19 이자율위험은 본서 제4장 채권의 가치평가에서 상세히 다루게 된다.

2.2.2 이자율의 기간구조

이자율의 기간구조(term structure of interest rates)는 동일한 지급불이행 위험을 가진 채권의 만기별 이자율(수익률)을 나타낸다. 즉 채권의 만기와 이자율의 관계를 나타낸다. 그리고 이 관계를 보여주는 선을 **수익률곡선(yield curve)**이라고 한다.

수익률곡선은 단기채권금리는 낮고, 상대적으로 장기채권금리는 높은 우상향(upward sloping) 수익률곡선이 일반적이다. 이에 반해 단기금리가 높고 장기금리가 낮은 수익률곡선을 우하향(downward sloping) 수익률곡선이라고 부른다. 또는 중기금리가 단기금리 및 장기금리에 비하여 높은 혹모양의(humped shaped) 수익률곡선의 형태도 있다. 본서에서는 종종 편의상 만기와 관계없이 이자율이 일정한 수평한(flat) 수익률곡선을 가정한다.

무이표 국채(discount bond)의 만기별 명목이자율을 나타낸 기간구조를 고려하자. 국채이므로 지급불이행위험 프리미엄은 없다. 기간구조의 결정요인은 크게 세 가지로 나누어 볼 수 있다. 실질무위험이자율, 인플레이션 프리미엄(IP) 및 만기위험 프리미엄(MRP)이다. 첫째 **실질무위험이자율**은 기대경제성장률에 의하여 만기별로 영향을 받지만 기간구조의 형태에는 거의 영향을 미치지 않는다. 둘째 **인플레이션 프리미엄**은 기간구조에 크게 영향을 미친다. 미래 인플레이션율이 높을 것으로 기대되면 장기 명목이자율이 단기 명목이자율보다 더 높을 것이다. 따라서 우상향 수익률곡선은 인플레이션율이 상승할 것이라는 기대를 반영한다. 반대로 우하향 수익률곡선은 미래 인플레이션율이 하락할 것이라는 기대를 반영한다. 세 번째는 **만기위험 프리미엄**이다. 만기가 길수록 만기위험(이자율위험)이 더 크므로 만기위험(이자율위험) 프리미엄도 만기와 더불어 증가한다.

그림 2-4 | 수익률곡선의 형태

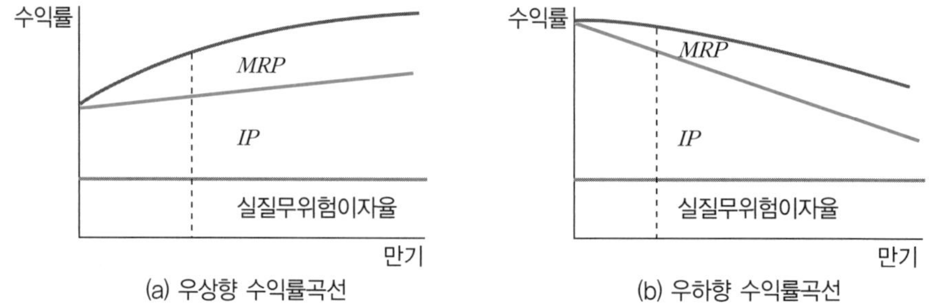

자료: Ross, S. A., Westerfield, R. W., and Jaffe, J., *Corporate Finance*, 9th ed., McGraw-Hill, 2010, p.259.

국채의 수익률곡선이 [그림 2-4]와 같다면 회사채의 이자율은 각 만기별로 리스크 프리미엄이 추가되어 수익률이 더 높을 것이다. 그 결과 기업의 수익률곡선은 국채의 수익률곡선의 위쪽에 그려지게 된다. 일반적으로 신용도가 낮아질수록, 예를 들면 AAA에서 BBB로 내려갈수록 수익률곡선은 더 위쪽에 그려진다.

2.2.3 선도이자율의 추정

현재부터 미래 일정시점까지의 기간에 적용되는 이자율을 현물이자율(spot interest rate)이라고 한다. 이에 반해 미래 일정시점으로부터 일정기간의 이자율을 선도이자율(forward interest rate)이라고 한다. 예를 들어 자금담당자가 지금으로부터 2년 후 1년 만기 이자율을 알고 싶어 한다면 그 이자율은 선도이자율이 된다.

예를 들어 시장에서 확인된 수익률곡선으로부터 1년 만기 무이표채의 만기수익률이 4%, 2년 만기 무이표채의 만기수익률이 5%라고 가정하자. 이로부터 1년 후 1년 만기 선도이자율을 추정할 수 있다. 여기서 적용되는 원리가 차익거래(arbitrage)이다. 먼저 1원을 2년간 투자한다고 가정하면 우리는 두 가지 투자전략을 생각할 수 있다.

① 2년 만기 무이표채를 구입하여 2년간 보유

② 1년 만기 무이표채를 구입하여 1년간 보유한 후, 다시 1년 후에 1년 만기 무이표채에 재투자

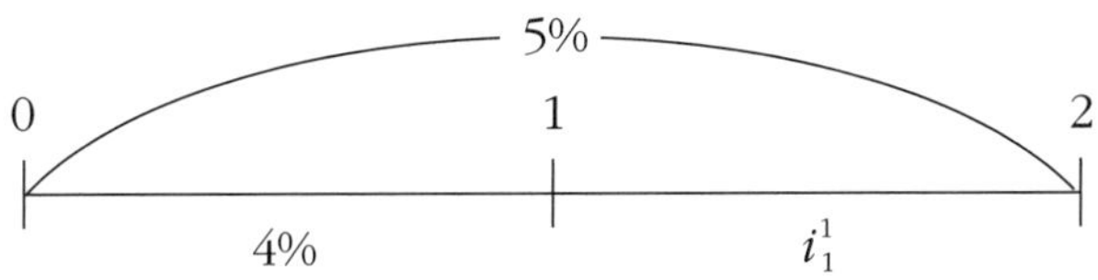

첫 번째 전략에 의하면 2년 말의 현금흐름은 다음과 같다.

$$CF_2 = (1 + 0.05)^2 = 1.1025 \tag{2.1}$$

1년 후 1년간 적용되는 이자율을 i_1^1이라고 하면 두 번째 투자의 현금흐름은 다음과 같다.

$$CF_2 = (1 + 0.04)(1 + i_1^1) \tag{2.2}$$

이 두 가지 투자전략 중 2년 말 미래 현금흐름이 더 많은 투자전략이 있다면, 모든 투자자들은 2년 말에 현금흐름이 많은 투자전략을 선호할 것이다. 그리고 그 결과 그 채권의 가격이 상승하여 수익률이 하락할 것이다. 결국 투자자들이 더 많은 미래현금흐름을 추구하는 과정에서 두 투자전략은 동일한 미래현금흐름을 갖도록 조정된다.

$$(1 + 0.05)^2 = (1 + 0.04)(1 + i_1^1) \tag{2.3}$$

풀면 $i_1^1 = 0.060096$, 즉 1년 후 1년 만기 선도이자율은 6.0096%이다.

이 관계식을 일반식으로 나타내면 다음과 같다.

$$(1 + i_0^2)^2 = (1 + i_0^1)(1 + i_1^1) \tag{2.4}$$

이를 3년간으로 확장하면 다음과 같이 표시할 수 있다.[20]

$$(1+i_0^3)^3=(1+i_0^1)(1+i_1^1)(1+i_2^1) \tag{2.5}$$

식 (2.5)에서 i_2^1은 지금부터 2년 후 1년 만기 선도이자율을 나타낸다.

예제 2-1 ››› 선도이자율 추정

만기별 무이표채 수익률이 다음과 같다. 2년 후 1년 만기 선도이자율(i_2^1)을 추정하시오.

만기	1년	2년	3년
수익률	4%	5%	5.5%

풀이

3년 만기 무이표채에 1원을 투자하면 3년 후 미래가치는 다음과 같다.

$$(1+i_0^3)^3=(1+0.055)^3=1.17424 \tag{2.6}$$

그런데 2년 만기 무이표채 투자 후 1년 만기 선도이자율로 투자하면 다음과 같다.

$$(1+i_0^2)^2(1+i_2^1)=(1+0.05)^2(1+i_2^1) \tag{2.7}$$

식 (2.6)과 (2.7)의 값은 차익거래 원리에 의하여 동일하여야 하므로 다음과 같다.

$$1.17424=(1.05)^2(1+i_2^1) \tag{2.8}$$

풀면 $i_2^1=0.065072$이다.
그러므로 2년 후 1년 만기 선도이자율(i_2^1)은 6.5072%이다.[21]

20 식 (2.1)을 이용하여 다음과 같이 표시할 수도 있다. $(1+i_0^3)^3=(1+i_0^2)^2(1+i_2^1)$
21 $i_0^1=4\%$ 및 앞서 구한 $i_1^1=6.0096\%$를 이용하여 풀어도 동일한 답을 얻을 수 있다. $(1.055)^3=(1.04)(1.060096)(1+i_2^1)$. 풀면 $i_2^1=6.5072\%$.

요 약

01 금융은 자금의 흐름을 의미한다. 금융제도는 자금의 공급자와 수요자 간 자금의 흐름에 관한 모든 체계와 규범을 총칭하며, 금융시장, 금융기관 및 금융하부구조로 구성된다.

02 금융제도는 자본중심 금융제도와 은행중심 금융제도로 구분된다. 우리나라는 은행중심 금융제도에 속한다.

03 금융시장은 간접금융시장과 직접금융시장, 단기금융시장(자금시장)과 자본시장, 발행시장과 유통시장, 현물시장과 선물시장 등으로 구분된다. 외환시장과 파생금융상품시장도 자본시장에 포함된다.

04 기업은 금융시장에서 자금을 공급받아 투자를 실시한다. 투자결과 발생한 자금은 채권자에게는 원리금 상환, 주주에게는 배당금 또는 자사주 매입, 그리고 정부에게는 세금을 납부하며, 잉여현금은 사내에 유보이익으로 적립한다.

05 기업의 성숙도에 따른 자금조달방법을 분류하면, 신생 기업은 벤처투자자, 성장기 기업은 은행, 성숙기 기업은 자본시장에서 자금을 조달한다.

06 금융기관은 브로커 기능과 자산변환 기능을 수행한다.

07 우리나라 금융기관은 은행, 비은행예금취급기관, 금융투자업자, 보험회사, 기타 금융기관 및 금융보조기관의 6개 그룹으로 분류된다.

08 시장이자율(시장금리)은 실질무위험이자율과 위험프리미엄의 합으로 구성된다. 그리고 이 중 실질무위험이자율과 인플레이션 프리미엄의 합은 명목무위험이자율이다. 그밖의 위험프리미엄에는 지급불이행위험 프리미엄, 유동성 프리미엄, 만기위험 프리미엄이 있다.

09 이자율의 기간구조는 동일한 지급불이행위험을 가진 채권의 만기별 이자율(수익률)을 나타낸다. 만기와 수익률 간의 관계를 보여주는 선을 수익률곡선이라고 하며, 우상향, 우하향, 혹모양 수익률곡선 등이 있다.

10 지금부터 미래 일정기간에 적용되는 이자율을 현물이자율(spot interest rate)이라고 하고, 미래 일점시점부터 미래 일정기간의 이자율을 선도이자율이라고 한다. 선도이자율은 차익거래의 원리를 적용하여 추정한다.

EXERCISE

| 연 | 습 | 문 | 제 |

2-1 자금의 공급자와 수요자 간의 자금의 흐름이 금융시장에서 어떻게 이루어지는지 설명하시오.

2-2 단기금융시장, 자본시장, 외환시장 및 파생금융상품시장을 간략히 설명하시오.

2-3 기업의 성숙도에 따른 자금차입방법을 설명하고, 아울러 자금 외에 경영능력과(또는) 모니터링이 수반되는 조달방법을 설명하시오.

2-4 금융기관의 브로커 기능과 자산변환 기능을 설명하시오.

2-5 시장이자율(시장금리)의 구성요소를 설명하시오.

2-6 우상향 및 우하향 이자율의 기간구조를 설명하시오.

2-7 선도이자율 추정방법을 설명하시오.

2-8 4년 만기 무이표채의 수익률은 연 4.5%, 3년 만기 무이표채의 수익률은 연 4%이다. 지금부터 3년 후 1년 만기 무이표채의 연수익률(%)을 추정하시오(반올림하여 소수점 넷째 자리까지 답하시오).

2-9 5년 만기 무이표채의 수익률이 연 5%, 3년 만기 무이표채의 수익률이 연 4%이다. 지금부터 3년 후 2년 만기 무이표채의 연수익률(%)을 추정하시오(반올림하여 소수점 넷째 자리까지 답하시오).

Part 02

화폐의 시간가치와 가치평가

미래 CEO를 위한 재무관리

Chapter 03

화폐의 시간가치

본 장에서는 화폐의 시간가치를 공부한다. 먼저 화폐의 미래가치, 현재가치의 개념 및 계산방법을 살펴보고, 미래가치와 현재가치가 이자율 및 기간의 변화에 어떻게 변화하는지 알아본다. 다음에는 연금의 개념 및 종류를 배우고, 연금의 미래가치와 현재가치 계산법에 대하여 논의한다. 연금이 적용되는 현금흐름인 적금, 대출금의 예제도 살펴본다. 아울러 연금의 특수형태인 영속연금에 대하여 살펴본다. 그리고 1년 중 복리기간이 복수일 때의 미래가치와 현재가치의 일반식을 도출하고, 그 과정에서 실효이자율의 개념을 살펴본다. 마지막으로 현금흐름과 복리기간이 일치할 경우와 일치하지 않을 경우에 화폐의 시간가치가 어떻게 적용되는지 살펴본다.

3.1 시간선

현금흐름분석에서는 시간선(timeline)을 활용하는 것이 유용하다. 시간선에서 시점 0은 현재를 지칭한다. 시점 1은 지금부터 1기간 후로 첫 번째 기간 말 또는 두 번째 기간 초를 의미한다. 마찬가지로 시점 2는 지금부터 2기간 후를 나타낸다. 그리고 시점 밑에 기록되는 현금흐름은 양의 값이면 현금흐름유입(cash inflows)이고 음의 값이면 현금흐름유출(cash outflows)을 나타낸다.

시점	0	1	2	3
현금흐름	−10,000	1,000	1,000	11,000

위의 시간선은 현재 10,000원이 지출되고 1기간 후와 2기간 후에는 각각 1,000원의 현금유입과 3기간 말에는 11,000원의 현금유입이 발생함을 표시하고 있다.

3.2 미래가치

화폐의 시간가치(time value of money)는 오늘의 10,000원과 1년 후의 10,000원은 가치가 다르다는 말로 요약할 수 있다. 오늘의 10,000원은 1년 동안 예금을 하면 이자를 받을 수 있어 미래의 10,000원보다 가치가 더 크다.[01] 즉 동일한 금액의 현금흐름이라 하더라도 시점이 다르면 그 가치가 동일하지 않다.

01 춘추전국시대 송나라의 저공이라는 사람이 원숭이들을 키우고 있었는데 하루는 원숭이들에게 아침에 도토리 3개, 저녁에 도토리 4개를 주겠다고 하자 원숭이들이 화를 내서, 이번에는 아침에 4개 저녁에 3개를 주겠다고 하자 원숭이들이 모두 좋아하였다는 '조삼모사(朝三暮四)' 의 고사가 있다. 간사한 꾀로 남을 속임을 이르는 말이지만, 원숭이들은 아침에 더 많은 도토리를 원함으로써 화폐의 시간가치 측면에서 옳은 선택을 하였다고 볼 수 있다.

따라서 현금흐름 가치를 비교하기 위해서는 동일시점의 현금흐름으로 바꾸어서 비교하여야 한다.

기업의 재무담당자는 투자결정과 자금조달을 비롯한 기업경영에서 발생하는 현금흐름의 가치를 평가하기 위하여 화폐의 시간가치 개념을 이해하여야 한다. 화폐의 시간가치는 현금흐름이 수반되는 채권, 주식과 같은 금융상품의 가치평가 그리고 투자안의 사업성 검토 등에 널리 활용된다. 일상생활의 예금, 적금 및 대출 등에서도 화폐의 시간가치가 적용된다. 재무에서는 위험과 수익률의 개념과 함께 가장 중요한 기초개념이 화폐의 시간가치라고 할 수 있다.

미래시점의 현금흐름 가치가 미래가치(future value)이다. 이제 지금 10,000원을 연이자율이 5%인 예금에 예치하였다면, 3년 후의 미래가치는 얼마인가를 살펴보자.[02]

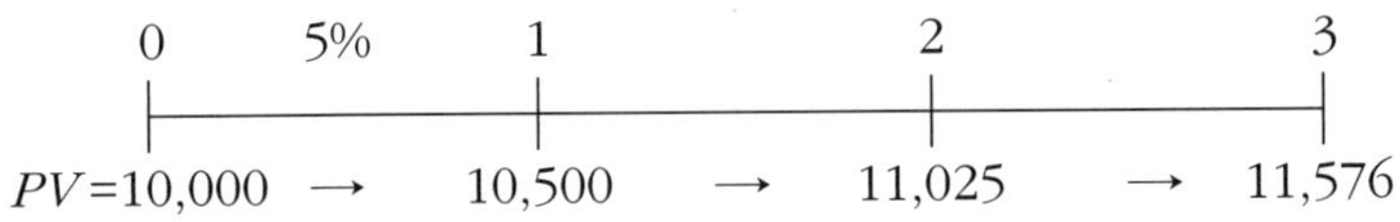

1년 후의 현금흐름은 10,000원에 (1+이자율)을 곱하여 다음과 같이 계산된다.[03]

$$FV_1 = 10,000(1+0.05) = 10,500\text{원}$$

2년 후의 현금흐름은 1년 말의 가치에 다시 (1+0.05)를 곱하여 계산된다.

$$FV_2 = FV_1(1+0.05) = 10,000(1+0.05)^2 = 11,025\text{원}$$

같은 방법으로 3년 후의 현금흐름은 다음과 같다.

$$FV_3 = FV_2(1+0.05) = 10,000(1+0.05)^3 = 11,576\text{원}$$

02 이자율의 기간구조가 수평(flat)하다고 가정하여, 만기에 관계없이 일정한 이자율 5%를 적용한다.

03 계산은 공학용 계산기(scientific calculator) 또는 재무계산기(financial calculator)를 사용할 수 있다. 독자는 각 계산기의 매뉴얼에 따라 사용법을 알아두어야 한다.

첫 번째 1년 동안의 이자는 500원이지만, 두 번째 1년 동안의 이자는 525원이다. 왜냐하면 1년 후의 이자 500원에 대하여 5%의 이자인 25원이 더 추가되었기 때문이다. 이와 같이 이자에 이자가 붙는 과정(interest on interest)을 복리(compounding)라고 한다.[04] 여기서 현재가치 10,000원과 3년 말의 11,576원의 차이는 화폐의 시간가치(time value of money)를 나타낸다. 화폐의 시간가치로 인하여 시점이 다른 현금흐름은 서로 다른 가치를 가지므로 현금흐름의 가치를 비교할 때에는 동일시점의 가치로 바꾸어서 비교하여야 한다.

일반적으로 현금흐름 C를 미래로(forward) n기간 만큼 이동한 미래가치는 현금흐름에 이자율요인인 $(1 + r)$을 n번 복리하여 계산한다.

$$FV = C(1 + r)^n \tag{3.1}$$

여기서 FV은 n기간(연) 후의 미래가치, C는 현금흐름, r은 기간(연)[05]이자율, n은 기간(연) 수를 나타낸다.[06] 따라서 미래가치는 이자율(r)과 기간(n)이 증가할수록 더 크게 증가함을 보여준다.

예제 3-1 ⟫ **미래로 이동한 미래가치 계산**

연이자율이 5%로 고정되어 있을 때, 1년 후의 10,000원을 2년간 예치하면 3년 말의 미래가치는 얼마인가?

▮ 풀이 ▮

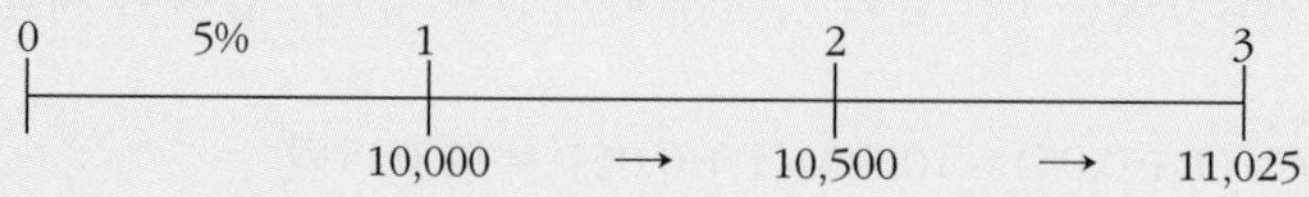

$FV = 10,000\,(1 + 0.05)^2 = 11,025$원

04 이에 반하여 원금에 대해서만 이자가 붙는 것을 단리(simple interest)라고 한다. 이 경우 단리에 의한 3년 후의 가치는 10,000+(10,000)(0.05)(3)=11,500이다. 공식은 $FV_n = PV(1 + rn)$이다. 여기서 r은 기간(연)이자율, n은 기간(연) 수를 나타낸다.

05 기간(period)이 일반적으로 연(year)이므로 기간이자율 또는 연이자율로 표시될 수 있음을 의미한다.

06 여기서는 현금흐름에 지급불이행위험(default risk)은 없는 것으로 가정한다.

예제 3-2 ››› 미래가치 계산

현재의 10,000원을 연이자율 10%로 5년, 10년, 20년 예치할 때의 미래가치를 구하시오.

풀이

$FV_5 = 10{,}000\,(1 + 0.1)^5 = 16{,}105$원

$FV_{10} = 10{,}000\,(1 + 0.1)^{10} = 25{,}937$원

$FV_{20} = 10{,}000\,(1 + 0.1)^{20} = 67{,}275$원

복리 효과로 원리금이 기하급수적으로 증가함을 보여준다.

3.3 현재가치

이제 미래 현금흐름을 과거로(backward) 이동한 현재가치 계산법을 살펴보자. 3년 후에 10,000원의 수취가 예정되어 있는 예금이 있다고 하자. 연이자율이 5%일 때 이 예금의 현재가치(present value)는 다음과 같이 계산된다.

$$PV = \frac{10{,}000}{(1 + 0.05)^3} = 8{,}638\text{원}$$

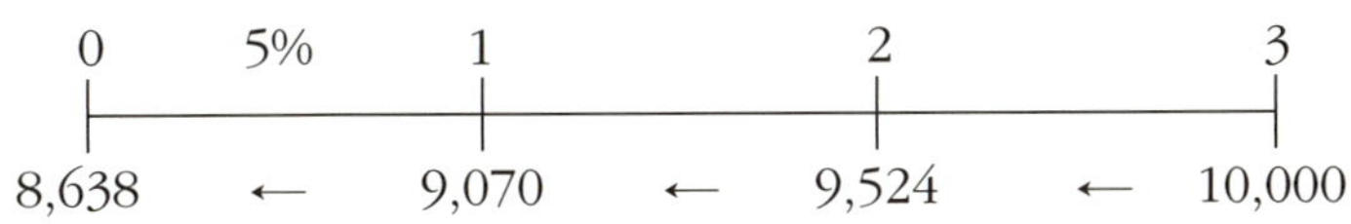

즉 시점 0에서의 현재가치는 10,000원보다 1,362원 적은 8,638원이다. 이와 같이 현금흐름을 과거로 이동하는 과정을 할인(discounting)이라고 한다.

일반적으로 현금흐름 C를 과거로(backward) n기간 만큼 이동한 현재가치는 현금흐름을 이자율요인인 $(1 + r)$을 n번 할인하여 계산한다.

$$PV = \frac{C}{(1 + r)^n} \tag{3.2}$$

여기서 PV는 n기간 전의 현재가치, C는 현금흐름, r은 기간(연)이자율, n은 기간(연) 수를 나타낸다.[07] 따라서 현재가치는 이자율(r)과 기간(n)이 증가할수록 더 크게 감소함을 보여준다.

예제 3-3 ››› 과거로 이동한 현재가치 계산

이자율이 연 5%로 고정되어 있을 때, 3년 후의 10,000원을 1년 말의 가치로 환산하시오.

| 풀이 |

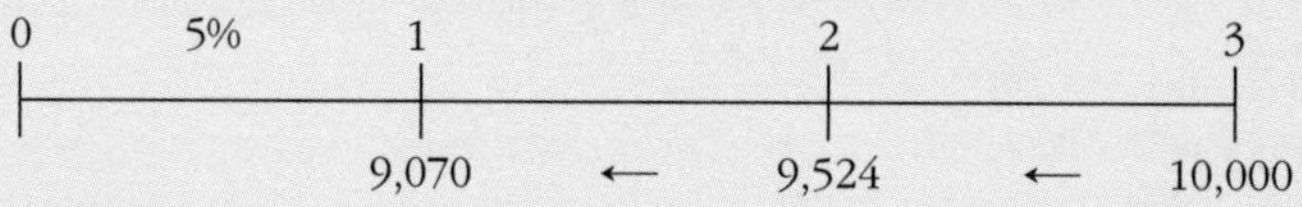

$$PV = \frac{10{,}000}{(1+0.05)^2} = 9{,}070\text{원}$$

따라서 우리는 복리와 할인을 이용하여 특정 시점의 현금흐름을 미래로 또는 과거로 이동한 미래가치 또는 현재가치를 계산할 수 있다.

예제 3-4 ››› 이자율의 계산

현재가치가 10,000원인 채권이 10년 후에 14,000원의 현금흐름이 예상된다고 하자. 이 채권을 지금 매입하면 수익률은 얼마인가?

| 풀이 |

$FV = C(1+r)^n \quad \therefore 14{,}000 = 10{,}000(1+r)^{10}$

$(1+r)^{10} = 1.4 \quad \therefore (1+r) = (1.4)^{\frac{1}{10}}$

풀면 $r = 0.0342$ 약 3.42%

07 여기서도 현금흐름에 지급불이행위험(default risk)은 없는 것으로 가정한다.

예제 3-5 ››› 기간(연) 수의 계산

현재의 1,000,000원을 연이자율 5%로 예치한다고 할 때, 미래가치가 원금의 2배가 되려면 얼마의 기간(연)이 소요되겠는가?

풀이

$FV = C(1+r)^n \quad \therefore 2{,}000{,}000 = 1{,}000{,}000(1+0.05)^n$

$(1.05)^n = 2$ 양변을 log를 취하면

$n \log 1.05 = \log 2$ 풀면 $n = 14.2067$ 약 14.21년

3.4 복수 현금흐름의 가치평가

우리 주변에는 은행의 적금 납입, 은행대출금의 상환, 회사채 이자, 주식의 배당, 노후연금의 수령 등 현금흐름이 반복적으로 발생하는 경우가 많다. 이와 같은 일련의 현금흐름의 n기말의 미래가치는 다음과 같이 구한다.

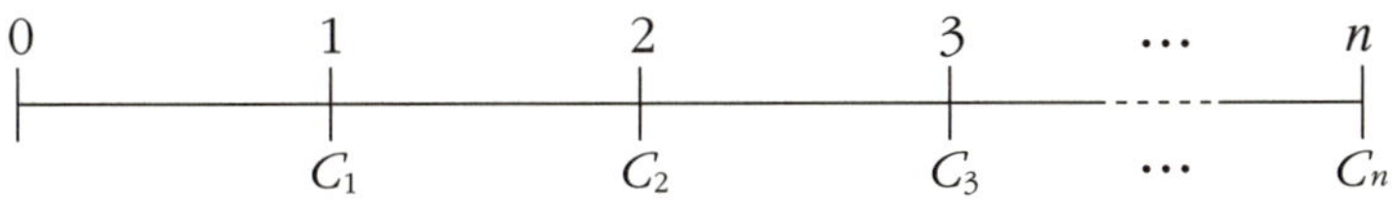

먼저 r이 기간(연)이자율이라면 각각의 현금흐름의 미래가치를 구한 후, 그 합을 구한다.

$$FV = C_1(1+r)^{n-1} + C_2(1+r)^{n-2} + \cdots + C_{n-1}(1+r) + C_n = \sum_{t=1}^{n} C_t(1+r)^{n-t} \quad (3.3)$$

마찬가지로 위와 같은 복수의 현금흐름의 현재가치는 다음과 같다.

$$PV = \frac{C_1}{(1+r)} + \frac{C_2}{(1+r)^2} + \frac{C_3}{(1+r)^3} + \cdots + \frac{C_n}{(1+r)^n} = \sum_{t=1}^{n} \frac{C_t}{(1+r)^t} \quad (3.4)$$

3.5 연금

복수의 현금흐름 중에서 일정한 기간 동안(for a specified number of periods) 일정한 간격의(at fixed intervals) 일정한 현금흐름(a series of equal payments)을 **연금**이라고 부른다.[08] 현금흐름이 기말(end of each period)에 발생하는 연금을 **기말급 연금(ordinary annuity)**이라고 부르고, 현금흐름이 기초(beginning of each period)에 발생하는 연금을 **기초급 연금(annuity due)**이라 부른다.[09]

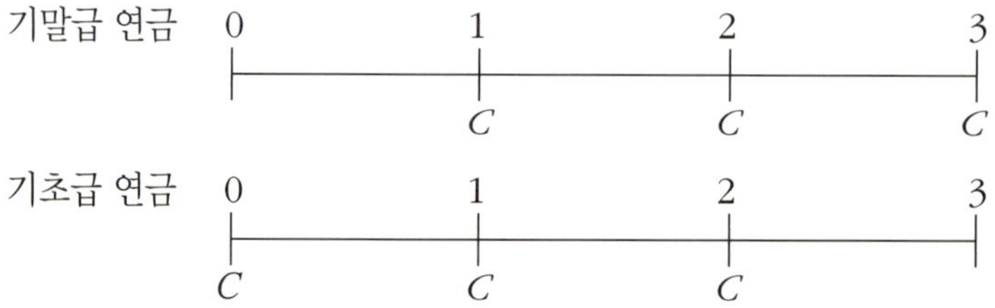

3.5.1 연금의 미래가치

향후 3년 동안 1년 간격으로 매 연말에 10,000원씩 연이자율 5%로 예금하고자 하면, 3년 말 연금의 미래가치는 얼마인가?

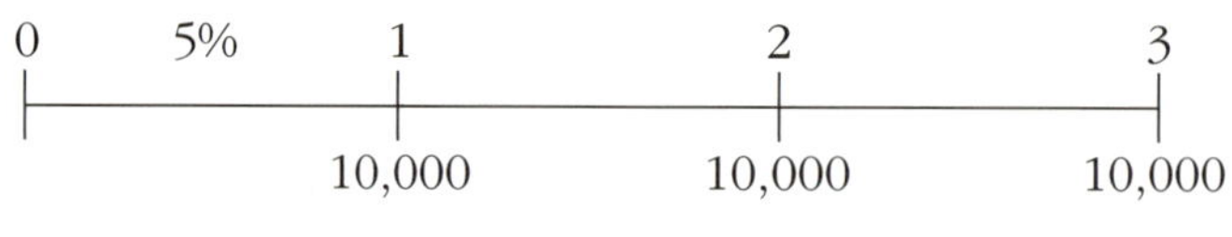

기말급 연금의 미래가치(future value of annuity)는 다음과 같다.

---

08 Brigham, E. F. and Houston, J. F., *Essentials of Financial Management*, Cengage Learning, 3rd ed., 2013, p.154.

09 기말급 연금이 더 일반적이며, 본 교재에서는 특별한 언급이 없으면 연금은 기말급 연금을 지칭한다.

$$FV = 10{,}000 + 10{,}000(1.05)^1 + 10{,}000(1.05)^2 = 31{,}525\text{원}$$

이제 일반화하면 다음과 같다.

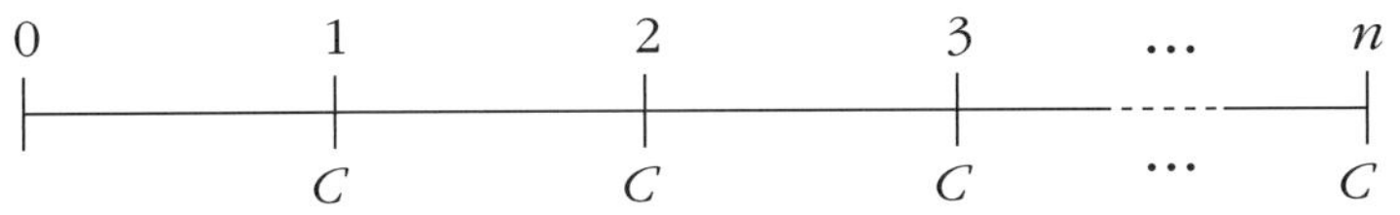

$$FV = C + C(1+r) + C(1+r)^2 + \cdots + C(1+r)^{n-1} = \sum_{t=1}^{n} C(1+r)^{t-1}$$

정리하면,[10] 다음과 같은 공식이 된다.

$$FV = C\left[\frac{(1+r)^n - 1}{r}\right] \tag{3.5}$$

여기서 C는 규칙적인 현금흐름, r은 기간(연)이자율, n은 일정한 기간(연) 수를 나타낸다.

식 (3.5)를 이용하여 위의 문제를 다시 풀면 다음과 같다.

$$FV = 10{,}000\left[\frac{(1.05)^3 - 1}{0.05}\right] = 31{,}525\text{ 원}$$

기초에 현금흐름이 발생하는 기초급 연금의 미래가치도 동일한 방식으로 유도하면 다음과 같다. 직관적으로는 모든 현금흐름이 기말급 연금 현금흐름에 $(1+r)$만큼 곱해지므로 기말급 연금의 공식에 $(1+r)$이 곱해지는 것을 알 수 있을 것이다.

$$FV = C\left[\frac{(1+r)^n - 1}{r}\right](1+r) \tag{3.6}$$

10 $FV = C + C(1+r) + C(1+r)^2 + \cdots + C(1+r)^{n-1}$을 ①식이라고 하고, 양변에 $(1+r)$을 곱하여 구한 식을 ②식이라고 하자. 그 다음 ②식에서 ①식을 차감한 후 정리하면 식 (3.5)가 구해진다.

예제 3-6 ››› 연금의 미래가치 계산

은퇴에 대비하여 향후 10년간 매년 말에 1,000,000원씩 연이자율 5%로 저축하려고 한다. 10년 말에 얼마를 수취할 것으로 예상되는가?

▎풀이 ▎

$$FV = C\left[\frac{(1+r)^n - 1}{r}\right]$$

$$\therefore \; FV = 1{,}000{,}000\left[\frac{(1.05)^{10} - 1}{0.05}\right] = 12{,}577{,}893\text{원}$$

3.5.2 연금의 현재가치

이제는 연금의 현재가치를 계산하여 보자. 예를 들어 연금을 일시불로 받기를 원하는 경우에 얼마를 받을 수 있는지 알아볼 수 있다. 또는 미래에 균일한 현금흐름이 발생하는 금융상품의 가치평가 등에도 활용될 수 있다.

향후 3년 동안 연이자율 5%로 1년 간격으로 매 연말에 10,000원씩 예금하고자 하면, 이 기말급 연금의 현재가치는 얼마인가?

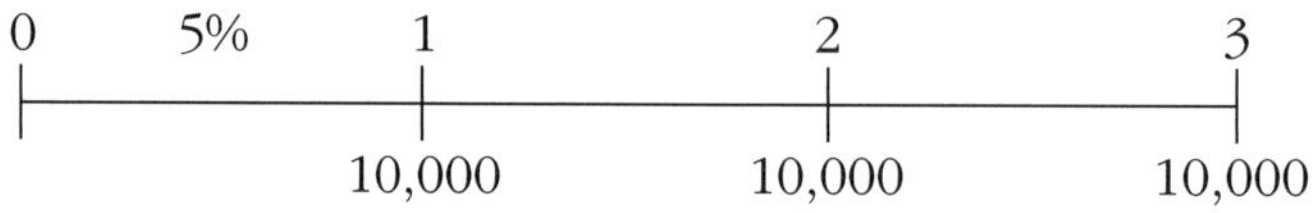

기말급 연금의 현재가치(present value of annuity)는 다음과 같다.

$$PV = \frac{10{,}000}{(1.05)} + \frac{10{,}000}{(1.05)^2} + \frac{10{,}000}{(1.05)^3} = 27{,}232\text{원}$$

이를 일반화하면 다음과 같다.

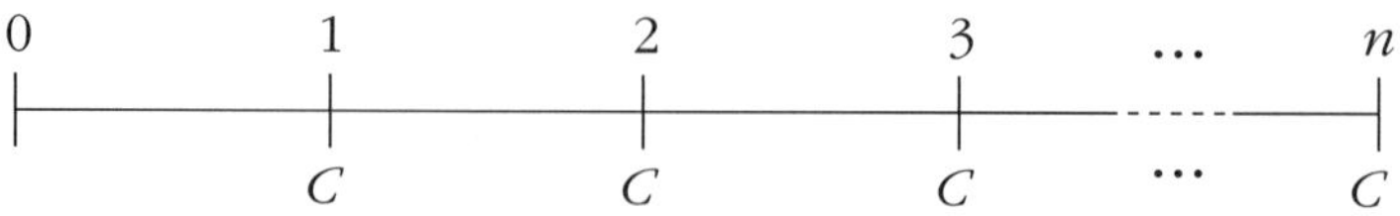

$$PV = \frac{C}{(1+r)} + \frac{C}{(1+r)^2} + \frac{C}{(1+r)^3} + \cdots + \frac{C}{(1+r)^n} = \sum_{t=1}^{n} \frac{C}{(1+r)^t}$$

정리하면[11] 다음과 같은 공식이 된다.

$$PV = C\left[\frac{1-\frac{1}{(1+r)^n}}{r}\right] \tag{3.7}$$

여기서 C는 규칙적인 현금흐름, r은 기간(연)이자율, n은 일정한 기간(연) 수를 나타낸다.

식 (3.7)을 이용하여 위의 문제를 다시 풀면 다음과 같다.

$$PV = 10{,}000\left[\frac{1-\frac{1}{(1.05)^3}}{0.05}\right] = 27{,}232\text{원}$$

기초에 현금흐름이 발생하는 기초급 연금의 현재가치도 동일한 방식으로 유도하면 다음과 같다. 직관적으로는 모든 현금흐름이 기말급 연금 현금흐름에 $(1+r)$만큼 곱해지므로 기말급 연금의 공식에 $(1+r)$이 곱해지는 것을 알 수 있을 것이다.[12]

$$PV = C\left[\frac{1-\frac{1}{(1+r)^n}}{r}\right](1+r) \tag{3.8}$$

예제 3-7 ››› 연금의 현재가치 계산

금융회사에서 매년 말에 100,000원씩 10년간 지급하는 연금상품을 고려하고 있다. 이 상품에 적용되는 연이자율이 5%라고 하면, 이 연금상품의 현재가치는 얼마인가?

---

11 $PV = \frac{C}{(1+r)} + \frac{C}{(1+r)^2} + \frac{C}{(1+r)^3} + \cdots + \frac{C}{(1+r)^n}$을 ①식이라고 하고, 양변에 $\frac{1}{(1+r)}$을 곱하여 구한 식을 ②식이라고 하자. 그 다음 ①식에서 ②식을 차감한 후 정리하면 식 (3.7)이 구해진다.

12 기초급 연금의 미래가치와 현재가치 모두 기말급 연금의 가치에 $(1+r)$을 곱해준다는 것을 유의하여야 한다.

풀이

$$PV = C\left[\frac{1-\frac{1}{(1+r)^n}}{r}\right]$$

$$\therefore\ PV = 100,000\left[\frac{1-\frac{1}{(1.05)^{10}}}{0.05}\right] = 772,173\text{원}$$

예제 3-8 ››› 연간 현금흐름의 계산

지금부터 5년 후에 1,000,000원을 마련하기 위하여 1년 후부터 5년간 연 1회 적금을 납입하려고 한다. 연이자율은 5%이라고 할 때, 매회 납입금은 얼마가 되겠는가?

풀이

$$FV = C\left[\frac{(1+r)^n - 1}{r}\right]$$

$$\therefore\ 1,000,000 = C\left[\frac{(1.05)^5 - 1}{0.05}\right] \quad \text{풀면 } C = 180,975\text{원}$$

예제 3-9 ››› 기간(연) 수의 계산

1년 후부터 1년 간격으로 120,000원을 저축하려고 한다. 연이자율이 5%라고 할 때, 총저축액의 미래가치가 1,000,000원이 되려면 얼마의 기간(연)이 소요되겠는가?

풀이

$$FV = C\left[\frac{(1+r)^n - 1}{r}\right]$$

$$\therefore\ 1,000,000 = 120,000\left[\frac{(1.05)^n - 1}{0.05}\right]$$

$(1.05)^n = 1.4167$ 양변을 log를 취하면

$n \log 1.05 = \log 1.4167$ 풀면 $n = 7.1394$년 약 7.14년

예제 3-10 ››› 이자율의 계산

1년 후부터 1년 간격으로 120,000원을 저축하여 6년 후에 1,000,000원을 만들려고 한다. 연이자율은 얼마가 되어야 하겠는가?

풀이

$$FV = C\left[\frac{(1+r)^n - 1}{r}\right]$$

$$\therefore 1{,}000{,}000 = 120{,}000\left[\frac{(1+r)^6 - 1}{r}\right]$$

재무계산기로 풀면[13] $r = 13.0505\%$ 약 13.05%

예제 3-11 ››› 연금의 현재가치와 미래가치 계산

1년 후부터 4년간 매년 1,000,000원씩 저축한 다음 5년 후부터 10년간 매년 연금으로 수령하려고 한다. 이자율이 5%라고 할 때 미래 매년의 연금수령액은 각각 얼마인가?

풀이

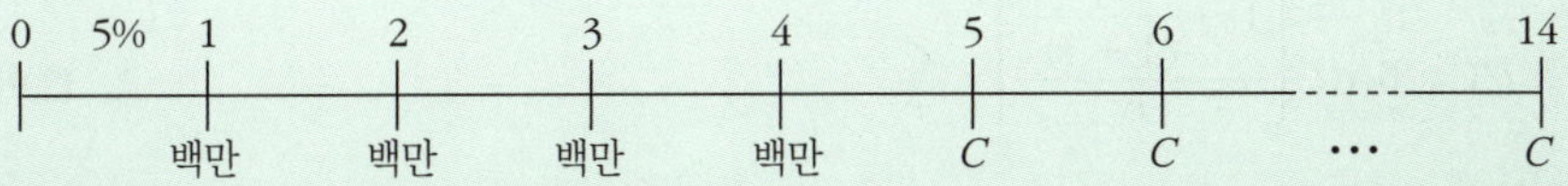

4년 말의 연금의 미래가치가 그 이후 10년간 지급되는 연금의 현재가치와 일치하여야 한다.

$$1{,}000{,}000\left[\frac{(1.05)^4 - 1}{0.05}\right] = C\left[\frac{1 - \frac{1}{(1.05)^{10}}}{0.05}\right]$$

$$4{,}310{,}125 = C\left[\frac{1 - \frac{1}{(1.05)^{10}}}{0.05}\right]$$ 풀면 $C = 558{,}181$원

13 BA II Plus 계산기의 경우 다음과 같이 계산한다. 6, (N), 0, (PV), 120,000, (+/−), (PMT), 1,000,000, (FV), (CPT), (I/Y). 여기서 괄호는 계산기 키를 나타낸다.

3.6 영구연금, 성장영구연금 및 성장연금

지금까지 살펴본 연금들은 모두 일정한 기간 동안의 현금흐름에 관한 것이었다. 일정한 기간 대신에 무한히 계속되는 현금흐름의 연금을 영구연금(perpetuity)이라고 한다.[14] 기말에 일정액 C가 무한히 계속되는 영구연금의 현재가치는 다음과 같이 표시된다.

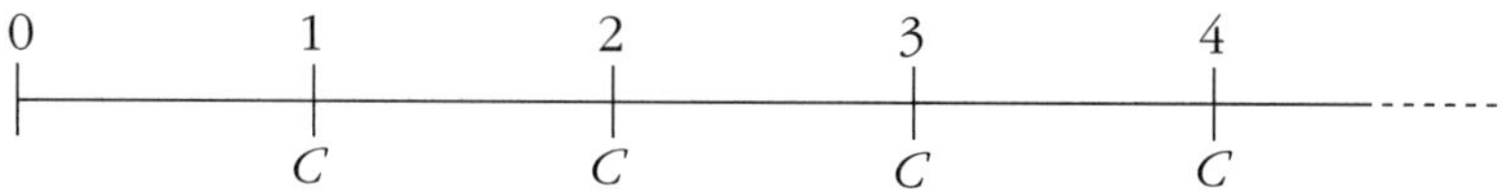

$$PV=\frac{C}{(1+r)}+\frac{C}{(1+r)^2}+\frac{C}{(1+r)^3}+\cdots=\sum_{t=1}^{\infty}\frac{C}{(1+r)^t}$$

이것은 앞서 연금의 현재가치를 구하는 것과 같은 방법으로 공식을 구할 수 있다. 그러나 더 간단한 방법은 식 (3.7)을 이용하는 것이다. 즉 식 (3.7)에서 n이 무한대(∞)로 가는 경우이다.[15]

$$PV=\lim_{n\to\infty}C\left[\frac{1-\frac{1}{(1+r)^n}}{r}\right]=\frac{C}{r} \quad (3.9)$$

여기서 C는 첫 기말의 현금흐름, r은 기간(연)이자율, n은 일정한 기간(연) 수를 나타낸다.

---

14 1749년 영국은 이자를 무한히 지급하는 소위 consol이라 불리는 채권을 발행한 바 있다. 영속연금이라고도 한다.

15 다른 방법으로 설명되기도 한다. 예를 들면 은행에 P를 예치하면 영원히 매년 말에 이자 $P\times r=C$를 인출할 수 있다. 따라서 매년 말에 영원히 C를 인출하는 영속연금의 비용은 P, 즉 $\frac{C}{r}$이다. Berk and DeMarzo(2014), p.113.

예제 3-12 ››› 영구연금의 현재가치 계산

이자율이 5%일 때, 1년 후부터 1년 간격으로 매년 100,000원씩 지급하는 영구연금의 현재가치는 얼마인가?

▮ 풀이 ▮

$$PV = \frac{100{,}000}{0.05} = 2{,}000{,}000\text{원}$$

한편, 매년 일정한 성장률 g로 증가하는 영구연금을 **성장영구연금(growing perpetuity)**이라고 한다. 첫 기말에 C, 그 후 성장률 g로 무한히 증가되는 성장영구연금의 현재가치는 다음과 같이 표시된다.

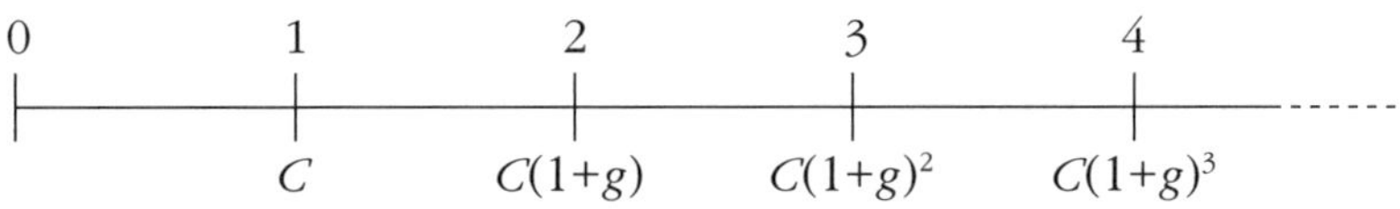

$$PV = \frac{C}{(1+r)} + \frac{C(1+g)}{(1+r)^2} + \frac{C(1+g)^2}{(1+r)^3} + \cdots = \sum_{t=1}^{\infty} \frac{C(1+g)^{t-1}}{(1+r)^t}$$

정리하면,[16] 다음과 같은 공식이 된다.

$$PV = \frac{C}{r-g} \tag{3.10}$$

여기서 C는 첫 기말의 현금흐름, r은 기간(연)이자율, n은 일정한 기간(연)수를 나타낸다. 그리고 분모의 $r-g$는 0보다 커야 하므로 $r > g$의 조건하에서 성립한다.

16 $PV = \frac{C}{(1+r)} + \frac{C(1+g)}{(1+r)^2} + \frac{C(1+g)^2}{(1+r)^3} + \cdots$을 ①식이라고 하고, 양변에 $\left(\frac{1+g}{1+r}\right)$을 곱하여 구한 식을 ②식이라고 하자. 그 다음 ①식에서 ②식을 차감한 후 정리하면 식 (3.10)이 구해진다.

예제 3-13 ››› 성장영구연금의 현재가치 계산

이자율이 5%일 때, 1년 후에 100,000원을 지급하고, 그 후에는 지급액이 매년 3%로 증가하는 성장영구연금의 현재가치는 얼마인가?

풀이

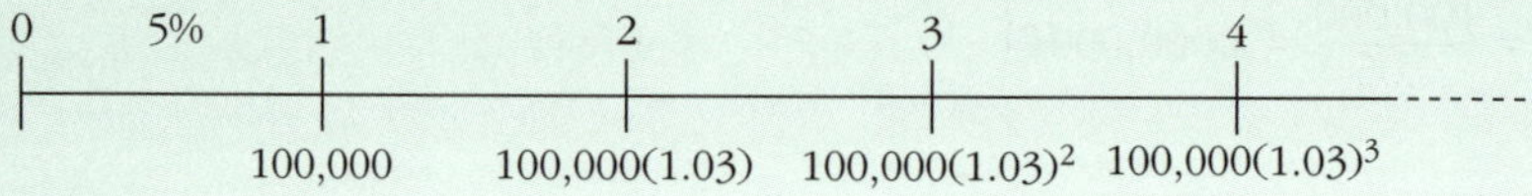

$$PV = \frac{100,000}{0.05 - 0.03} = 5,000,000\text{원}$$

앞서 일정한 기간 동안 일정한 간격의 일정한 현금흐름을 연금이라고 하였다. 그런데 일정한 현금흐름보다는 일정한 성장률 g로 증가하는 현금흐름을 고려할 수 있다. 이와 같이 최초의 현금흐름이 C이고, 일정한 기간 동안 성장률 g로 증가하는 일정한 간격의 현금흐름을 성장연금(growing annuity)이라고 한다.

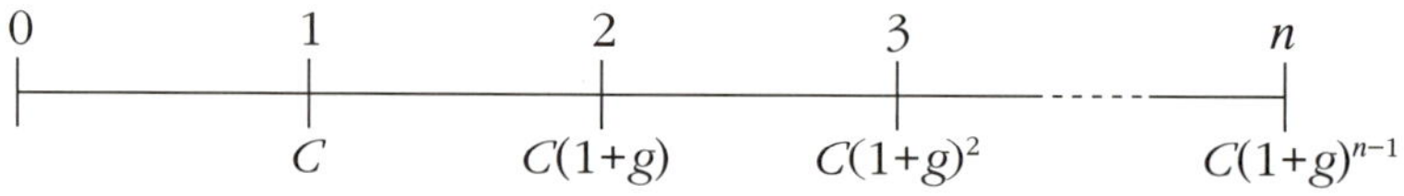

$$PV = \frac{C}{(1+r)} + \frac{C(1+g)}{(1+r)^2} + \frac{C(1+g)^2}{(1+r)^3} + \cdots + \frac{C(1+g)^{n-1}}{(1+r)^n} = \sum_{t=1}^{n} \frac{C(1+g)^{t-1}}{(1+r)^t}$$

정리하면,[17] 다음과 같은 공식이 된다.

$$PV = C\left[\frac{1-\left(\frac{1+g}{1+r}\right)^n}{r-g}\right] \tag{3.11}$$

17 $PV = \frac{C}{(1+r)} + \frac{C(1+g)}{(1+r)^2} + \frac{C(1+g)^2}{(1+r)^3} + \cdots + \frac{C(1+g)^{n-1}}{(1+r)^n}$을 ①식이라고 하고, 양변에 $\left(\frac{1+g}{1+r}\right)$을 곱하여 구한 식을 ②식이라고 하자. 그 다음 ①식에서 ②식을 차감한 후 정리하면 식 (3.11)이 구해진다.

여기서 C는 첫 기말의 현금흐름, r은 기간(연)이자율, n은 일정한 기간(연) 수를 나타낸다. 마찬가지로 분모의 $r-g$는 영보다 커야 하므로 $r>g$의 조건하에서 성립한다.

예제 3-14 ››› 성장연금의 현재가치 계산

금융회사에서 첫해 말에는 100,000원, 그 이후에는 매년 말 지급액이 3%씩 증가하는 10년 기간의 연금상품을 고려하고 있다. 이 상품에 적용되는 연이자율이 5%라고 하면, 이 연금상품의 현재가치는 얼마인가?

풀이

$$PV = C\left[\frac{1-\left(\frac{1+g}{1+r}\right)^n}{r-g}\right]$$

$$\therefore \quad PV = 100{,}000\left[\frac{1-\left(\frac{1.03}{1.05}\right)^{10}}{0.05-0.03}\right] = 874{,}760\text{원}$$

앞서 구한 성장영구연금의 식 (3.10)은 성장연금의 식 (3.11)의 극한값($n \to \infty$)임을 알 수 있다.

3.7 불규칙한 현금흐름

지금까지 다룬 연금은 매기마다 규칙적인 현금흐름을 가정하고 있다. 그러나 현실적으로 주식의 배당금, 회사채의 이자, 자본예산의 현금흐름 등은 모든 현금흐름이 규칙적이지 않음을 보여준다. 이와 같이 불규칙적인 현금흐름의 미래가치와 현재가치의 계산을 살펴본다.

예제 3-15 ››› 불규칙한 현금흐름의 미래가치 계산

다음과 같은 현금흐름의 5년 후 미래가치를 계산하시오. 단, 연이자율은 5%이다.

풀이

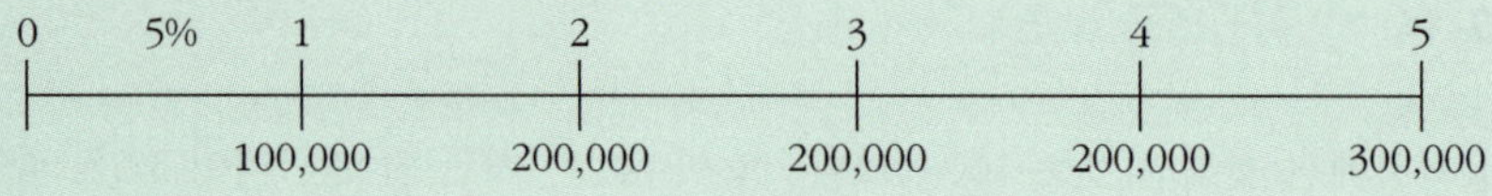

각각의 현금흐름을 미래가치로 복리하여 구하면 다음과 같다.

$$FV = 100,000(1.05)^4 + 200,000(1.05)^3 + 200,000(1.05)^2 + 200,000(1.05) + 300,000$$

그러나 2년 말부터 4년 말까지는 동일한 현금흐름의 연금이므로 이를 4년 말의 기말급 연금의 미래가치로 구한 다음에 다시 1기간 복리하여 구할 수도 있다.

$$\begin{aligned} FV &= 100,000(1.05)^4 + 200,000\left[\frac{(1.05)^3 - 1}{0.05}\right](1.05) + 300,000 \\ &= 1,083,576\text{원} \end{aligned}$$

예제 3-16 ››› 불규칙한 현금흐름의 현재가치 계산

위의 [예제 3-15]에 제시된 현금흐름의 현재가치를 구해보시오.

풀이

$$PV = \frac{100,000}{(1.05)} + \frac{200,000}{(1.05)^2} + \frac{200,000}{(1.05)^3} + \frac{200,000}{(1.05)^4} + \frac{300,000}{(1.05)^5} = 849,010\text{원}$$

마찬가지로 2년 말부터 4년 말까지는 동일한 현금흐름의 연금이므로 이를 1년 말의 기말급 연금의 현재가치로 구한 다음에 다시 1기간 할인하여 구할 수도 있다.

$$PV = \frac{100,000}{(1.05)} + \frac{1}{(1.05)}\left[200,000\left(\frac{1 - \frac{1}{(1.05)^3}}{0.05}\right)\right] + \frac{300,000}{(1.05)^5} = 849,010\text{원}$$

3.8 분할상환대출

분할상환대출(amortized loan)은 상환일정에 따라 대출원금의 일부가 주기적으로 상환되는 대출을 말한다.[18] 대부분의 분할상환대출은 연, 분기 또는 매월 주기적 지급액이 일정한 형태를 띠고 있다. 분할상환대출은 연금의 현재가치 공식이 응용되는 예이다.

연금 공식을 활용하여 분할상환대출의 매년 상환액을 계산하는 예를 살펴보자. 은행으로부터 1,000만원을 연이자율 6%로 5년간 대출받았다. 1년 후부터 1년 간격으로 5회에 걸쳐 균등분할상환한다고 할 때, 현금흐름은 다음과 같다.

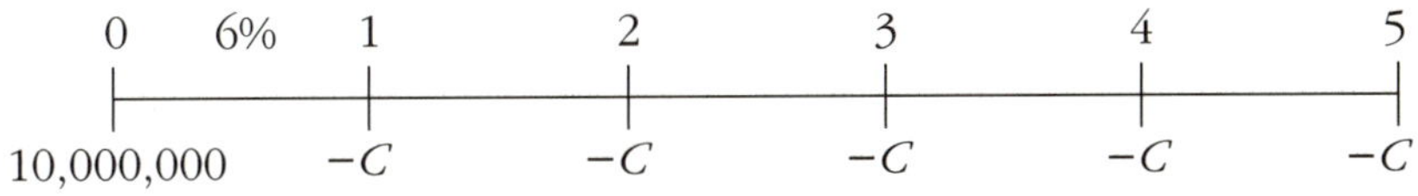

먼저 연금의 현재가치 공식을 활용하여 균등분할상환액을 계산하면 다음과 같다.

$$PV = C\left[\frac{1-\frac{1}{(1+r)^n}}{r}\right]$$

$$\therefore\ 10{,}000{,}000 = C\left[\frac{1-\frac{1}{(1.06)^5}}{0.06}\right] \quad \text{풀면} \quad C = 2{,}373{,}964\text{원}$$

균등상환액을 바탕으로 대출상환표를 작성하면 다음과 같다.

18 이에 반해 만기에 일시상환되는 대출을 만기일시상환대출(bullet loan)이라고 부른다.

연	기초원금(A)	상환내역			기말원금($A-B$)
		상환액	이자	원금상환액(B)	
1	10,000,000	2,373,964	600,000	1,773,964	8,226,036
2	8,226,036	2,373,964	493,562	1,880,402	6,345,634
3	6,345,634	2,373,964	380,738	1,993,226	4,352,408
4	4,352,408	2,373,964	261,144	2,112,820	2,239,588
5	2,239,588	2,373,964	134,375	2,239,589	0

주: 마지막 원금상환액 1원의 차이는 반올림에 의한 오차이다.

첫해의 이자는 원금 10,000,000원에 연이자율 6%를 곱한 600,000원이다. 첫해의 원금상환액은 전체상환액 2,373,964원 중에서 이자 600,000을 차감한 1,773,964원이다. 따라서 1년 말의 기말원금은 기초원금 10,000,000원에서 원금상환액 1,773,964원을 차감한 8,226,036원이다. 나머지 연도도 같은 방식으로 계산한 결과가 위의 표이다.

이 표를 보면 초기에는 원금상환액이 적고 만기로 갈수록 원금상환액이 증가함을 알 수 있다. 즉 상환이 이루어짐에 따라 미상환원금이 감소하여 이자가 감소하게 되며, 그 결과 원금상환액이 증가한다.

3.9 복리기간 및 연간실효이자율

금융기관 등이 통상 인용하는 이자율은 명목이자율(nominal interest rate), 표시이자율(stated interest rate), 인용이자율(quoted interest rate) 또는 APR(annual percentage rate)이라고 불린다.[19] 이 이자율을 활용하여 지금까지 우리는 1기간을 1년으로 가정하고 복리 또는 할인을 이용하여 미래가치 또는 현재가치를 계산하였다.

19 *APR*은 복리의 효과가 반영되지 않은 이자율을 나타낸다. Berk and DeMarzo(2014), p.144.

3.9.1 복리기간이 고려된 미래가치

복리기간(compounding period)이 1년 동안 1번이면 연간복리(annual compounding)이다. 예를 들면 10,000원을 연간복리 10%의 이자율로 1년간 예치하면 1년 후의 미래가치는 다음과 같다.

$$FV = 10{,}000(1 + 0.1) = 11{,}000\text{원}$$

복리기간이 단축되어 1년에 두 번, 즉 6개월마다 복리가 적용된다고 하자. 그러면 6개월간에 적용되는 기간이자율(periodic rate)은 10%/2인 5%이고, 6개월 후의 미래가치는 $10{,}000(1 + 0.05) = 10{,}500$원이 된다.[20] 그리고 다시 6개월 후인 1년 말의 미래가치는 $10{,}500(1 + 0.05) = 11{,}025$원이 된다.

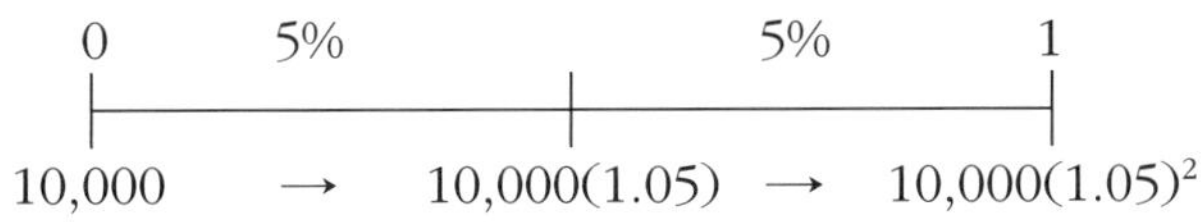

이를 통해 우리는 6개월복리(semiannual compounding) 기준의 연이자율 10%는 연간복리(annual compounding) 기준의 10.25%와 동일함을 알 수 있다. 여기서 기간이자율은 다음과 같이 정의된다.[21]

$$\text{기간이자율} = \frac{APR}{\text{1년 중 복리기간수}(m)} \tag{3.12}$$

즉 표시이자율 *APR*을 1년 중 복리기간수로 나누어주면, 복리기간에 적용되는 이자율이 된다. 예를 들어 *APR*이 10%인데, 1년 중 두 번 복리된다면 기간이자율은 5%이다.

일반적으로 1년 중 복리기간이 m인 현금흐름(C)의 n년 후의 미래가치는 다음과 같다.

---

20 기간이자율(periodic rate)은 실효기간이자율(effective rate per period)이라고도 불린다. 예를 들면 effective semiannual rate, effective monthly rate 등으로 표기하기도 한다. Pinches, G. E., *Essentials of Financial Management*, 5th ed., 1996, HarperCollins, p.77.

21 *APR*은 다음과 같이 계산된다. $APR = (\text{기간이자율}) \times (\text{1년 중 복리기간 수})$

$$FV = C\left(1+\frac{r}{m}\right)^{mn} \tag{3.13}$$

여기서 FV은 n년 후의 미래가치, C는 현금흐름, r은 명목이자율, m은 1년 중 복리기간수, n은 연(year) 수를 나타낸다. 아울러 $\frac{r}{m}$은 기간이자율, mn은 총복리기간수를 나타낸다.

명목이자율이 10%일 때, 10,000원의 1년 후 미래가치를 여러 종류의 복리기간에 따라 구하면 다음과 같다.

연간복리(annual compounding)	$10{,}000(1+0.1) = 11{,}000$원
6개월복리(semiannual compounding)	$10{,}000\left(1+\frac{0.1}{2}\right)^{2} = 11{,}025$원
3개월복리(quarterly compounding)	$10{,}000\left(1+\frac{0.1}{4}\right)^{4} = 11{,}038$원
1개월복리(monthly compounding)	$10{,}000\left(1+\frac{0.1}{12}\right)^{12} = 11{,}047$원
1일복리(daily compounding)	$10{,}000\left(1+\frac{0.1}{365}\right)^{365} = 11{,}051.6$원

1년 중 복리기간수가 증가함에 따라 이자에 이자가 붙는 복리의 효과로 인하여 미래가치는 증가한다.

예제 3-17 ⟫ 1년 중 복리기간이 2회인 미래가치의 계산

1,000,000원을 6개월복리 기준 연 10%의 이자율로 5년간 투자하려고 한다. 5년 후의 미래가치는 얼마인가?

풀이

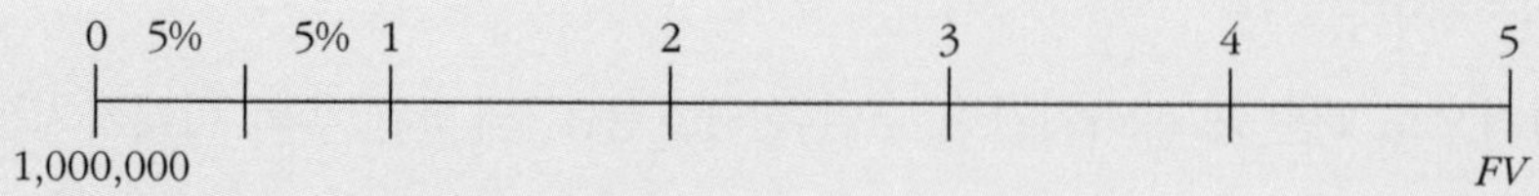

6개월의 기간이자율은 0.1/2=0.05이고, 총복리기간수는 2×5 = 10이므로 다음과 같다.

$$FV = 1{,}000{,}000\left(1+\frac{0.1}{2}\right)^{10} = 1{,}628{,}895\text{원}$$

1년 중 복리기간이 m인 현금흐름(C)의 n년 전의 현재가치는 다음과 같다.

$$PV = \frac{C}{\left(1+\frac{r}{m}\right)^{mn}} \tag{3.14}$$

3.9.2 연속복리

우리는 복리기간을 더 작게, 시간, 분 등으로 나눌 수 있으며 그 극한은 매 순간 복리가 적용되는 연속복리(continuous compounding)이다. 연속복리에 의한 C의 미래가치는 다음과 같다.

$$FV = Ce^{rn} \tag{3.15}$$

여기서 $e = 2.71828$이다.

예제 3-18 ⟫ 연속복리의 계산

명목이자율이 10%일 때, 연속복리를 이용하여 10,000원의 1년 후 미래가치를 계산하시오.

▮ 풀이 ▮

$FV = 10{,}000e^{0.1} = 11{,}051.7$원

연속복리의 미래가치는 일복리의 미래가치와 차이가 거의 없음을 알 수 있다.

연속복리에 의한 C의 n년 전 현재가치는 다음과 같다.

$$PV = Ce^{-rn} = \frac{C}{e^{rn}} \tag{3.16}$$

3.9.3 연간실효이자율

우리는 앞에서 살펴본 바와 같이 복리기간이 다르면 각각 1년 말의 미래가치가 서로 상이함을 확인하였다. 이를 비교하기 위해서는 공통의 척도가 필요하다. 그 방법은 1년 동안 여러 번 복리계산되는 현금흐름을 1년에 한 번 복리계산되는 이자율로 환산하는 것이다.

10,000원에 대하여 10%의 연이자율이 6개월마다 복리로 적용된다고 하자. 그러면 1년 말의 미래가치는 $10,000(1+0.05)^2 = 11,025$원이 된다.

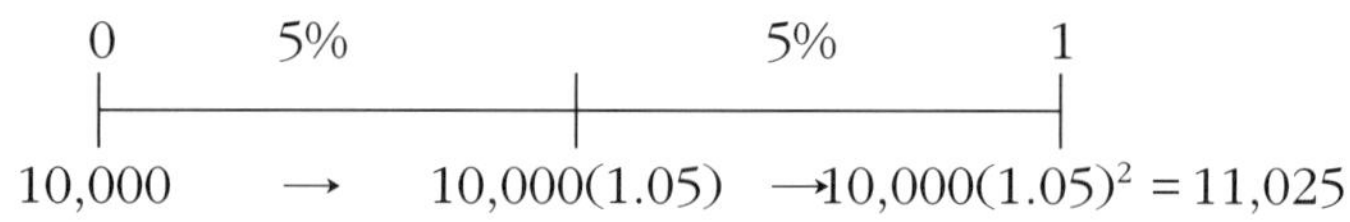

우리는 6개월복리 기준의 연이자율 10%는 연간복리 기준의 10.25%와 동일함을 알 수 있다. 즉 6개월복리 연이자율 10%는 연간실효이자율이 10.25%이다.

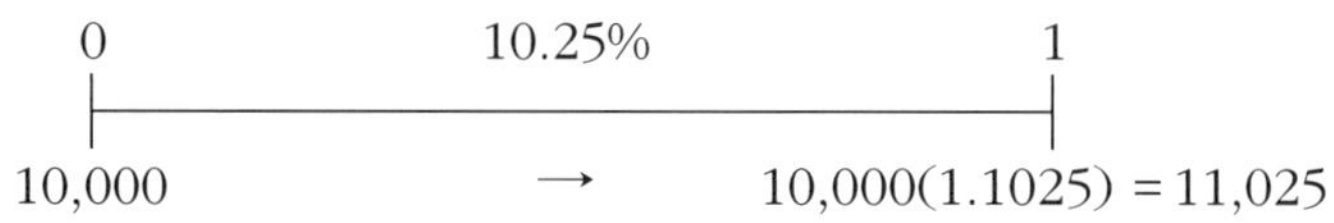

일반적으로 **연간실효이자율(effective annual rate: EAR)**은 다음과 같이 계산된다.[22]

$$EAR = \left(1+\frac{r}{m}\right)^m - 1 \tag{3.17}$$

여기서 r은 명목이자율, m은 1년 중 복리기간수, $\frac{r}{m}$은 기간이자율을 나타낸다.

22 식 (3.13)에서 1원을 1년간 예치한 미래가치에서 원금인 1원을 차감하면 이자가 된다. 그리고 이 이자는 이자율로 볼 수 있다.

예제 3-19 ››› 연간실효이자율 계산

미래은행은 명목이자율이 10%이고 매월 복리계산되는 예금상품을 출시하였다. 이 예금의 연간실효이자율은 얼마인가?

풀이

$$EAR = \left(1 + \frac{0.1}{12}\right)^{12} - 1 = 0.1047 \quad \text{약 } 10.47\%$$

3.10 기간이자율

지금까지 우리는 주로 1년 간격의 현금흐름에 대하여 *APR*을 이용하여 복리 또는 할인 계산을 하였다. 그러나 우리의 일상생활에서는 많은 현금흐름이 6개월, 1개월 등 1년 이내의 간격으로 발생하고 있다. 이와 같은 현금흐름의 경우에 기간이자율이 어떻게 적용되는지 살펴본다.

3.10.1 현금흐름과 복리기간이 일치하는 경우

일반적으로 명목이자율(*APR*)의 복리기간이 명시되지 않으면, 복리기간은 현금흐름 사이의 간격과 같다.[23] 그리고 이러한 현금흐름에는 *APR*을 복리기간수로 나눈 기간이자율을 적용한다.

23 Berk and DeMarzo(2014), p.146.

예제 3-20 ››› 매월 납입하는 적금의 미래가치 계산

향후 5년간 매월 말에 100,000원씩 납입하는 적금에 가입하였다. 명목이자율(APR)이 6%일 때, 5년 후의 미래가치는 얼마인가?

풀이

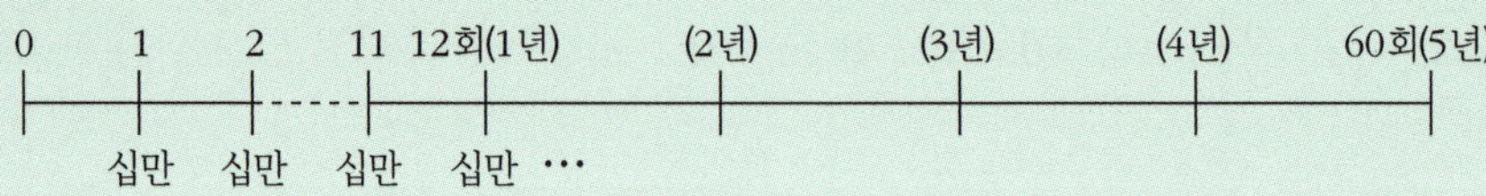

복리기간은 현금흐름의 간격과 같다고 본다. 따라서 복리기간은 연 12회로 총복리기간은 12회×5년=60회이다. 아울러 매월의 기간이자율은 6%/12=0.5%이다.

일반적인 연금의 미래가치 공식을 기간이자율이 포함된 공식으로 변형하면 다음과 같다.

$$FV = C\left[\frac{(1+r)^n - 1}{r}\right] \quad \Rightarrow \quad FV = C\left[\frac{\left(1+\frac{r}{m}\right)^{mn} - 1}{\frac{r}{m}}\right]$$

대입하면 다음과 같다.

$$FV = 100{,}000\left[\frac{\left(1+\frac{0.06}{12}\right)^{12(5)} - 1}{\frac{0.06}{12}}\right] = 100{,}000\left[\frac{(1+0.005)^{60} - 1}{0.005}\right]$$

풀면 $FV = 6{,}977{,}003$원

예제 3-21 ››› 분할상환대출의 월상환금 계산

은행으로부터 1,000만원을 명목이자율 6%로 5년간 대출받았다. 1개월 후부터 1개월 간격으로 매달 균등분할상환한다면 매달의 상환액은 얼마인가? 그리고 1개월 후의 미상환원금(기말원금)은 얼마인가?

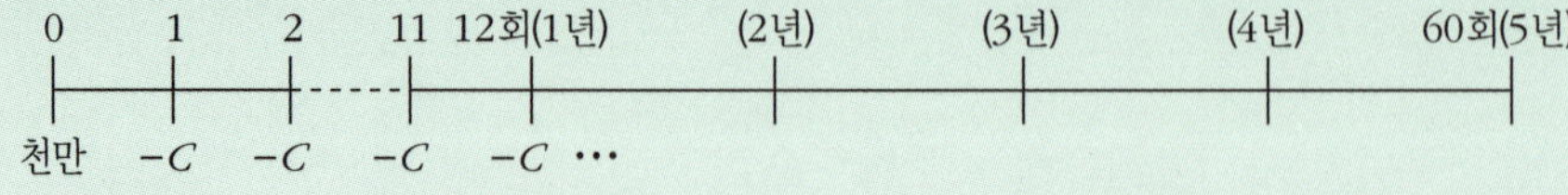

| 풀이 |

연금의 현재가치 공식을 활용하여 균등분할상환액을 계산한다. 먼저 일반적인 연금의 현재가치 공식을 기간이자율이 포함된 공식으로 변형하면 다음과 같다.

$$PV = C\left[\frac{1-\frac{1}{(1+r)^n}}{r}\right] \Rightarrow PV = C\left[\frac{1-\frac{1}{\left(1+\frac{r}{m}\right)^{mn}}}{\frac{r}{m}}\right]$$

대입하면 다음과 같다.

$$10{,}000{,}000 = C\left[\frac{1-\frac{1}{\left(1+\frac{0.06}{12}\right)^{12(5)}}}{\frac{0.06}{12}}\right] = C\left[\frac{1-\frac{1}{(1+0.005)^{60}}}{0.005}\right]$$

풀면 상환액(C)은 193,328원이다. 1달치의 이자는 10,000,000×(0.005)=50,000원이므로 첫 달 지급액 중 상환원금은 193,328−50,000=143,328원이다. 그러므로 미상환원금은 10,000,000−143,328=9,856,672원이다.

예제 3-22 ››› 영구연금의 현재가치

지금부터 매달 100,000원씩 영원히 지급받는 영구연금을 일시금으로 수령하고자 한다. 명목이자율이 6%라면 일시금은 얼마인가?

| 풀이 |

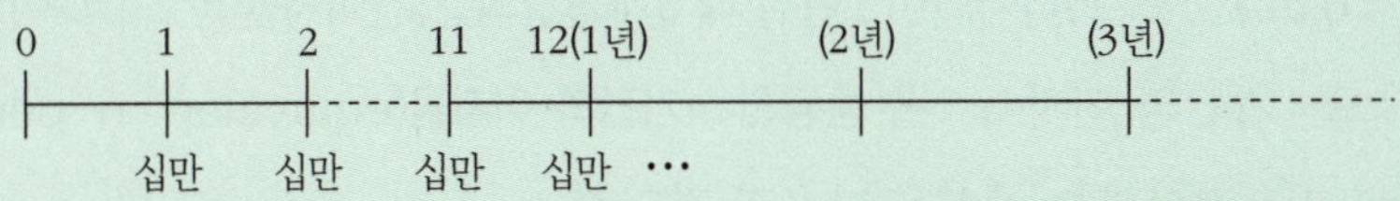

영구연금의 현재가치 공식을 기간이자율이 포함된 공식으로 변형하면 다음과 같다.

$$PV = \frac{C}{r} \Rightarrow PV = \frac{C}{\left(\frac{r}{m}\right)}$$

기간이자율은 6%/12=0.5%이므로 대입하면 다음과 같다.

$$PV = \frac{100{,}000}{0.005} = 20{,}000{,}000\text{원}$$

3.10.2 현금흐름과 복리기간이 일치하지 않는 경우

현금흐름의 간격과 복리기간이 일치하지 않는 경우에는 현금흐름의 간격과 일치하는 기간이자율, 즉 실효기간이자율을 계산하여 연금 등의 공식에 적용한다.

연간실효이자율(*EAR*)이 5%라고 하자.[24] 그런데 2년마다 현금흐름이 발생하고 있어 2년의 기간에 적용되는 기간이자율이 필요하다고 하자. 이 경우 기간이자율인 실효2년이자율(effective two year rate)은 다음과 같이 계산된다.

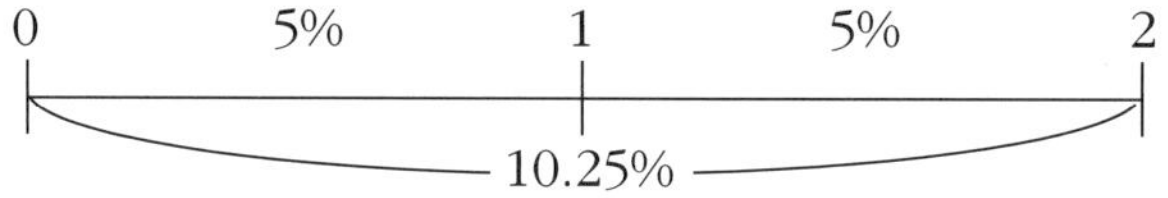

$(1+0.05)^2-1=0.1025$. 즉 복리기간이 1년일 때, 2년간의 기간이자율은 10.25%이다.

한편 *EAR*이 5%인데, 6개월 간격으로 현금흐름이 발생하고 있어 6개월에 적용되는 기간이자율이 필요하다고 하자. 이 경우 기간이자율인 실효6개월이자율(effective semiannual rate)은 다음과 같이 계산된다.

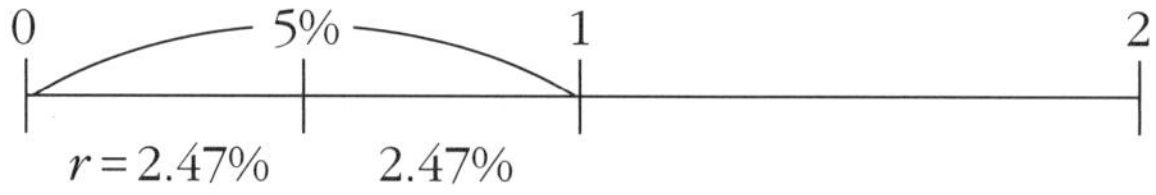

6개월에 적용되는 기간이자율을 r이라고 하면 $(1+r)^2-1=0.05$. $r=(1+0.05)^{\frac{1}{2}}-1=0.0247$. 즉 복리기간이 1년일 때 6개월간의 기간이자율은 2.47%이다.[25]

일반적으로 1기간의 이자율 r을 **동등한 n기간의 이자율(equivalent n-period interest rate)**로 전환하는 공식은 다음과 같다.[26]

$$\text{동등한 } n\text{기간 이자율} = (1+r)^n - 1 \tag{3.18}$$

24 *EAR* 10%는 연간복리 *APR* 10%와 동일한 표현이다.

25 *EAR*공식 식 (3.17)을 활용하여 *APR*을 계산할 수도 있다. $EAR=\left(1+\frac{APR}{2}\right)^2-1$. 대입하면 $0.05=\left(1+\frac{APR}{2}\right)^2-1$. 풀면 $APR=0.0494\%$. 그러므로 6개월 기간이자율은 $\frac{0.0494}{2}=0.0247$이다.

26 Berk and DeMarzo(2014), p.142.

이 공식에서 1기간 이상의 기간이자율 계산 시에는 n이 1보다 크고, 1기간의 일부의 기간이자율 계산 시에는 n은 1보다 작다(위의 예에서 본 바와 같다).

예제 3-23 ››› 기간이자율

향후 20년간 매 2년마다 1,000,000원씩 수취하는 연금이 있으며, 지금부터 2년 후에 최초의 지급이 발생한다. 연간 실효이자율이 5%라면 이 연금의 현재가치는 얼마인가?

풀이

복리기간은 1년이고, 현금흐름의 간격은 2년이므로 현금흐름 간격의 기간이자율의 계산이 필요하다. 2년간의 실효기간이자율은 $(1.05)^2 - 1 = 0.1025$이다. 그리고 총기간수는 10기간이다.

$$PV = 1,000,000\left[\frac{1-\frac{1}{(1+0.1025)^{10}}}{0.1025}\right] = 6,079,127\text{원}$$

예제 3-24 ››› 기간이자율

향후 3년간 3회에 걸쳐 1,000,000원의 연금을 수취할 예정이고, 지금부터 1년 후에 최초의 지급이 발생한다. 명목이자율은 연 5% 6개월 복리라면 3년 말 연금의 미래가치는 얼마인가?

풀이

복리기간은 6개월이고, 현금흐름 간격은 1년이므로 현금흐름 간격의 기간이자율이 필요하다. 즉 기간이자율인 1년간의 실효기간이자율은 $(1+0.025)^2 - 1 = 0.050625$. 그러므로 연금의 미래가치 공식에 대입하면 다음과 같다.[27]

$$FV = 1,000,000\left[\frac{(1.050625)^3 - 1}{0.050625}\right] = 3,154,438\text{원}$$

27 연금 공식을 활용하지 않고, 직접 구하면 다음과 같다. 6개월 기간이자율이 2.5%이므로 $1,000,000 + 1,000,000(1.025)^2 + 1,000,000(1.025)^4 = 3,154,438$원이다.

현금흐름 간격과 일치하는 실효기간이자율을 계산하는 예를 더 살펴보자.

예제 3-25 ››› 실효기간이자율

지금부터 향후 10년간 10회에 걸쳐 1,000,000원씩 지급되는 연금이 있다. 최초의 지급은 지금부터 1년 후에 발생한다. 연간 명목이자율(*APR*)이 12%일 때 연복리, 6개월복리, 3개월복리 및 월복리 각각의 경우에 10년 후 연금의 미래가치 계산에 필요한 실효기간이자율을 각각 계산하시오.

▌풀이▌

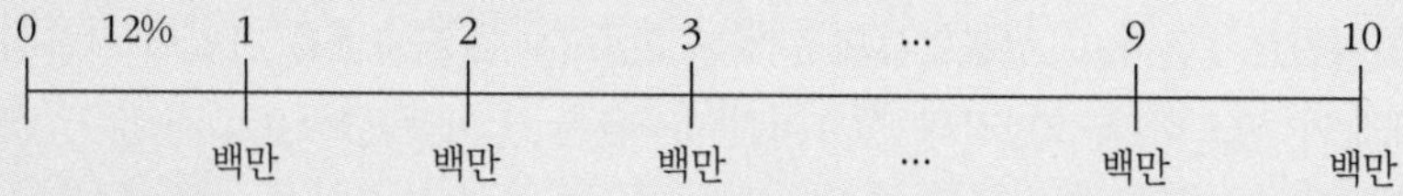

(1) 연간복리

현금흐름 간격과 복리기간이 일치한다. 실효1년이자율은 명목이자율 12%이다.

(2) 6개월복리

현금흐름 간격과 복리기간이 일치하지 않는다. 먼저 6개월 기간이자율은 12%/2=6%. 1년 동안 복리가 2번 발생하므로 실효1년이자율은 $(1+0.06)^2-1=0.1236$, 즉 12.36%.

(3) 3개월복리

마찬가지로 3개월 기간이자율은 12%/4=3%. 그리고 1년 동안 복리가 4번 발생하므로 실효1년이자율은 $(1+0.03)^4-1=0.125509$, 즉 12.5509%.

(4) 월복리

같은 방법으로 1개월 기간이자율은 12%/12=1%. 그리고 1년 중 복리가 12번 발생하므로 실효1년이자율은 $(1+0.01)^{12}-1=0.126825$, 즉 12.6825%. 그러므로 월복리를 가정한 연금의 미래가치는 다음과 같이 계산된다.

$$FV=1{,}000{,}000\left[\frac{(1.126825)^{10}-1}{0.126825}\right]=18{,}138{,}276\text{원}$$

예제 3-26 ››› 실효기간이자율

지금부터 향후 5년간 6개월마다 10회에 걸쳐 1,000,000원씩 지급되는 연금이 있다. 최초의 지급은 지금부터 6개월 후에 발생한다. 연간 명목이자율(*APR*)이 6%일 때 3개월복리 및 월복리 각각의 경우에 5년 후 연금의 미래가치를 계산하시오.

▮ 풀이 ▮

(1) 3개월복리

현금흐름 간격인 6개월과 복리기간 3개월이 일치하지 않는다. 3개월 기간이자율은 6%/4=1.5%. 현금흐름 간격에 해당하는 실효6개월이자율은 $(1+0.015)^2-1=0.030225$. 그러므로 실효6개월이자율을 사용하여 연금의 미래가치 공식에 대입하면 다음과 같다.

$$FV=1{,}000{,}000\left[\frac{(1.030225)^{10}-1}{0.030225}\right]=11{,}475{,}765\text{원}$$

(2) 월복리

현금흐름 간격인 6개월과 복리기간 1개월이 일치하지 않는다. 1개월 기간이자율은 6%/12=0.5%. 현금흐름 간격에 해당하는 실효6개월이자율은 $(1+0.005)^6-1=0.030378$. 그러므로 이 실효6개월이자율을 사용하여 계산한 연금의 미래가치는 다음과 같다.

$$FV=1{,}000{,}000\left[\frac{(1.030378)^{10}-1}{0.030378}\right]=11{,}483{,}856\text{원}$$

요 약

01 서로 다른 시점 간의 현금흐름은 화폐의 시간가치가 다르므로 합산 또는 비교를 위해서는 동일시점의 현금흐름으로 복리 또는 할인되어야 한다.

02 현금흐름을 미래의 시점으로 이동(forward)하기 위해서는 복리를 하며, 과거의 시점으로 이동(backward)하기 위해서는 할인을 한다.

03 현금흐름 C를 미래로 n기간만큼 이동한 미래가치는 다음과 같다.

$$FV = C(1+r)^n \tag{3.1}$$

04 현금흐름 C를 과거로 n기간만큼 이동한 현재가치는 다음과 같다.

$$PV = \frac{C}{(1+r)^n} \tag{3.2}$$

05 복수 현금흐름의 미래가치는 다음과 같다.

$$FV = \sum_{t=1}^{n} C_t(1+r)^{n-t} \tag{3.3}$$

06 복수 현금흐름의 현재가치는 다음과 같다.

$$PV = \sum_{t=1}^{n} \frac{C_t}{(1+r)^t} \tag{3.4}$$

07 연금(annuity)은 일정한 기간 동안 일정한 간격의 일정한 현금흐름이다. 이 중 현금흐름이 기말에 발생하는 연금을 기말급 연금(ordinary annuity)이라고 부르고, 현금흐름이 기초에 발생하는 연금을 기초급 연금(annuity due)이라고 부른다.

08 기말급 연금의 미래가치는 다음과 같다.

$$FV = C\left[\frac{(1+r)^n - 1}{r}\right] \tag{3.5}$$

09 기말급 연금의 현재가치는 다음과 같다.

$$PV = C\left[\frac{1 - \frac{1}{(1+r)^n}}{r}\right] \tag{3.7}$$

10 기초급 연금의 미래가치와 현재가치는 모두 기말급 연금의 공식에 $(1+r)$이 곱해진다.

11 기말에 일정액 C가 무한히 계속되는 영구연금(perpetuity)의 현재가치는 다음과 같다.

$$PV = \frac{C}{r} \tag{3.9}$$

12 첫 기말에 C, 그 후 성장률 g로 무한히 증가되는 성장영구연금(growing perpetuity)

의 현재가치는 다음과 같다.

$$PV = \frac{C}{r-g} \quad (3.10)$$

13 최초의 현금흐름이 C이고, 일정한 기간 동안 성장률 g로 증가하는 성장연금(growing annuity)의 현재가치는 다음과 같다.

$$PV = C\left[\frac{1-\left(\frac{1+g}{1+r}\right)^{n}}{r-g}\right] \quad (3.11)$$

14 1년 중 복리기간이 m인 현금흐름(C)의 n년 후의 미래가치는 다음과 같다. 여기서 $\frac{r}{m}$은 기간이자율이다.

$$FV = C\left(1+\frac{r}{m}\right)^{mn} \quad (3.13)$$

15 연속복리에 의한 C의 미래가치는 다음과 같다.

$$FV = C\,e^{rn} \quad (3.15)$$

16 연간실효이자율(effective annual rate: EAR)은 다음과 같이 계산된다.

$$EAR = \left(1+\frac{r}{m}\right)^{m} - 1 \quad (3.17)$$

17 일반적으로 명목이자율(APR)의 복리기간이 명시되지 않으면 복리기간은 현금흐름 사이의 간격과 같다. 그리고 이러한 현금흐름에는 APR을 복리기간수로 나눈 기간이자율을 복리 및 할인에 적용한다. 현금흐름의 간격과 복리기간이 일치하지 않는 경우에는 현금흐름의 간격과 일치하는 기간이자율, 즉 실효기간이자율을 계산하여 연금 등의 공식에 적용한다.

EXERCISE

| 연 | 습 | 문 | 제 |

3-1 복수 현금흐름의 미래가치와 현재가치 공식을 설명하시오. 단, 수평한 이자율의 기간구조를 가정한다.

3-2 연금을 설명하고, 기말급 연금과 기초급 연금을 설명하시오.

3-3 영구연금, 성장영구연금 및 성장연금에 대하여 설명하시오.

3-4 1년 중 복리기간이 m인 현금흐름의 미래가치를 설명하고, 이로부터 연간실효이자율(*EAR*)을 유도하시오.

3-5 연속복리의 미래가치와 현재가치를 설명하시오.

3-6 현금흐름의 간격과 복리기간이 일치하지 않는 경우에 복리와 할인에 적용되는 이자율은 어떻게 결정되는지 설명하시오.

3-7 연이율 8%, 6개월마다 복리의 연간실효이자율은 얼마인가? (단위는 %로 소수점 둘째 자리까지 구하시오)

3-8 100,000원을 연이율(*APR*) 10%로 예치하고자 한다. 연복리를 가정할 때, 미래가치가 원금의 3배가 되는 것은 몇 년 후인가? ('5년 후' 와 같이 정수로 답하시오)

3-9 6개월복리, 연이자율 8%를 가정할 때, 100,000원의 3년 후의 미래가치는 얼마인가? (반올림하여 원으로 표시하시오)

3-10 앞으로 3년간 매월 말에 10,000원씩 저축하려고 한다. 3년 말의 미래가치는 얼마인가? 단, 이자율은 연 6%이다(반올림하여 원으로 표시하시오).

3-11 지금은 1월 1일이다. 앞으로 3월 말, 6월 말 등으로 3개월 간격으로 100,000원씩 2년간 받는 연금의 현재가치를 계산하시오. 단, 연이자율은 8%이다(반올림하여 원으로 표시하시오).

3-12 매월 말에 100,000원씩 영원히 받는 연금이 있다. 현재 적용되는 연이자율이 12%라고 할 때, 이를 현재 일시금으로 수령한다면 얼마를 받게 되겠는가? (반올림하여 원으로 표시하시오)

3-13 지금은 1월 1일이다. 앞으로 3년 동안 매 연말에 100,000원씩 전부 3번 저축한 다음에 4년 말부터 1년 간격으로 5번 일정액을 인출하여 사용하려고 한다. 이자율이

4%라면 4년 말부터 매년 얼마를 인출하여 사용할 수 있겠는가? (반올림하여 원으로 표시하시오)

3-14 1,000,000원을 2년 만기 연 명목이자율 6%로 대출받았다. 대출 후 1달 후, 2달 후와 같이 매달 말에 균등분할상환(amortized loan)한다면 각각의 월상환액은 얼마인가? 그리고 1달이 지나 첫 번째 상환 후의 원금잔액은 얼마인가? (반올림하여 원으로 표시하시오)

3-15 은행 A는 6개월마다 복리가 되는 연이자율 6%의 정기예금을 판매하고 있다. 그런데 은행 B는 3개월마다 복리가 되는 정기예금을 판매하고 있다. 은행 B가 은행 A와 동일한 실효이자율(effective annual rate)을 제공하기 위해서는 명목이자율을 얼마로 제공하여야 하는가? (단위는 %이며, 소수점 둘째 자리까지 구하시오)

3-16 지금부터 1년 후에 1,000,000원이 필요하다. 이를 준비하기 위해서 동일한 금액을 3개월 후 및 6개월 후에 각각 은행에 예금하려고 한다. 은행은 연이자율 4%로 분기복리(quarterly compounding)를 적용한다고 할 때, 각각의 예금액은 얼마이어야 하는가? (반올림하여 원으로 표시하시오)

3-17 지금부터 1년 간격으로 5년 동안 5회에 걸쳐 100,000원씩 지급되는 기말급 연금이 있다. 명목이자율(*APR*)은 10%이고 이자는 6개월마다 복리계산된다면 이 연금의 현재가치는 얼마인지 연금공식을 활용하여 계산하시오(반올림하여 원으로 표시하시오).

3-18 지금부터 6개월 간격으로 5년 동안 10회에 걸쳐 100,000원씩 지급되는 기말급 연금이 있다. 명목이자율은 8%이고 이자는 3개월마다 복리계산된다면 5년 말 연금의 미래가치는 얼마인지 연금공식을 활용하여 계산하시오(반올림하여 원으로 표시하시오).

3-19 대학 졸업예정인 학생이 입사시험에 합격하여 연봉 4,000만원의 일자리를 제의받았다. 학생은 30년 후 퇴직할 때까지 연봉이 매년 3%씩 증가할 것으로 기대한다. 이자율이 5%일 때, 학생의 직장생활 30년간 급여의 현재가치는 얼마인가? 단, 최초의 급여 연봉 4,000만원은 지금부터 1년 후에 지급되며 이후 연봉은 1년마다 지급된다고 가정한다.

Chapter 04

채권의 가치평가

본 장에서는 채권의 가치평가를 공부한다. 먼저 채권의 정의, 종류 및 주요 구성요소를 살펴본다. 그리고 화폐의 시간가치의 개념을 적용하여 채권의 가치평가에 관하여 공부한다. 아울러 만기수익률의 개념과 계산방식에 대하여 살펴본다. 그 다음에는 채권의 가치가 시장금리의 변화에 의하여 어떻게 영향을 받는지를 살펴본다. 또한 액면가, 할인 또는 할증으로 거래되는 채권의 가치가 시계열적으로 시간의 흐름에 따라 어떻게 변화하는지 공부한다. 그리고 시장금리의 변화에 따른 단기채권 및 장기채권의 가치 변화를 통하여 채권의 금리위험을 공부한다. 그 다음에 채권의 금리위험의 지표인 듀레이션의 개념 및 계산방법을 간략하게 소개한다. 마지막으로 채권의 여러 형태와 채권등급평가에 대하여 공부한다.

4.1 채권의 정의 및 종류

앞서 제1장에서 살펴본 바와 같이 기업의 재무 관련 주요 의사결정은 장기고정자산에 대한 투자결정과 그에 따른 장기자금조달결정이다. 그리고 장기자금조달은 채권발행을 통한 채권자로부터의 조달과, 주식발행을 통한 주주로부터 조달로 구성된다. 본장에서는 그 중 채권에 대하여 살펴본다.

채권(bond)은 차입자가 채권 소지인에게 미리 약정한 날에 이자 및 원금을 상환할 것을 약속한 장기계약이다. 장기자금을 조달하고자 하는 기업은 자본시장에서 채권을 발행하며, 투자자는 자본시장에서 이 채권을 매입함으로써 기업에 장기자금을 공급한다. 그리고 기업은 그 대가로 만기가 도래할 때까지 매년 채권의 이자를 지급하고 만기일에 원금을 상환한다.

채권은 발행 주체에 따라 국채, 지방채, 회사채, 특수채, 금융채, 외국채 등으로 구분된다.[01] 국채(government bond)는 국가가 발행하는 채권으로 국고채권, 재정증권, 국민주택채권 등이 있다.[02] 국채는 일반적으로 지급불이행위험(default risk)이 없는 것으로 가정된다. 하지만 장기국채는 금리위험에 노출되므로 단기국채를 무위험자산으로 간주하는 경향이 있다.[03] 지방채(municipal bonds)는 지방자치단체에서 발행하는 채권이다. 도시철도채권, 지역개발채권, 상수도공채 등이 포함된다.[04] 지방채는 국채와 달리 지급불이행위험에 노출된다. 회사채(corporate bonds)는 주식회사가 발행하는 채권으로 보증사채, 무보증사채, 담보부사채, 전환사채, 신주인수권부사채 등이 있으며 사채라고도 한다. 회사

---

01 그밖에 이자지급방법에 따른 분류, 회사채의 종류 등은 후술하는 4.7.1 채권의 여러 형태에서 살펴본다.

02 국채를 비롯한 우리나라 채권시장에 대하여는 한국은행이 발간한 한국의 금융시장(2012. 12)을 참조하기 바란다.

03 미국의 연방정부가 발행하는 국채는 만기에 따라 다음과 같이 구분된다. 단기국채(Treasury bills)는 만기가 1년 이하로 무이표채(zero-coupon bond)이다. 중기국채(Treasury notes)는 만기가 2, 3, 5 및 10년으로 발행되며, 장기국채(Treasury bonds)는 10년 이상의 만기로 발행된다. 중기국채와 장기국채는 6개월마다 이자를 지급하는 이표채(coupon bond)이다.

04 미국의 지방채는 연방세(federal tax)로부터 면제되며, 채권소지인이 발행주의 거주자라면 주세(state tax)로부터도 면제되는 조세상의 이점을 가지고 있다.

채도 지방채와 마찬가지로 지급불이행위험에 노출된다.[05] 특수채는 특별법에 의하여 설립된 법인이 발행하는 채권으로 예금보험기금채권, 한국전력채권, 부실채권정리기금채권 등이 있다. 특수채 중에서 금융기관이 발행한 채권은 금융채라고 하며, 이에는 통화안정증권, 산업금융채권, 중소기업금융채권, 은행채 등이 있다. 마지막으로 외국채(foreign bonds)는 외국정부 또는 외국기업이 발행한 채권이다. 투자자가 자신의 통화가 아닌 다른 통화표시의 외국채를 보유할 경우에는 지급불이행위험 뿐만 아니라 환위험(foreign exchange risk)에도 노출된다.

| 표 4-1 | 발행주체에 따른 채권의 종류

국채	국고채권, 재정증권, 국민주택채권
지방채	도시철도채권, 지역개발채권, 상수도공채
회사채	보증사채, 무보증사채, 담보부사채, 전환사채, 신주인수권부사채
특수채	예금보험기금채권, 한국전력채권, 부실채권정리기금채권
금융채	통화안정증권, 산업금융채권, 중소기업금융채권, 은행채
외국채	외국정부 또는 외국기업이 발행한 채권

4.2 채권의 구성요소

채권은 채권의 종류에 따라 다양한 특징을 가지지만 공통적인 구성요소는 액면가, 표면금리 및 만기일이다.

4.2.1 액면가

액면가(par value)는 채권의 권면에 기재된 금액(face value)으로 1만원권, 10

05 기업의 지급불이행 확률에 따라 신용평가기관이 채권의 신용등급을 부여하며, 지급불이행위험이 클수록 회사채의 금리는 상승한다.

만원권, 100만원권 등의 금액을 지칭한다.[06] 액면금액이라고도 한다. 액면가는 일반적으로 기업의 차입금액으로 만기일에 기업이 상환하는 금액을 의미한다.

4.2.2 표면금리

표면금리(coupon interest rate)는 채권의 액면가에 대한 연간 이자지급률을 채권 표면에 표시한 것이다. 일반적으로 표면금리는 채권발행기업의 신용도가 반영된 시장금리로 결정되어 투자자는 채권을 액면가 또는 그에 근접한 가격에 매입한다. 이렇게 결정된 고정금리채권의 표면금리는 채권의 만기까지 고정되어 있다.[07]

채권의 액면가에 표면금리를 곱하면 연간 이자지급액(coupon payment)이 된다. 예를 들어 10,000원 권종의 채권의 표면금리가 10%라면 연간 이자지급액은 다음과 같다.

$$\text{이자지급액} = (\text{액면가}) \times (\text{표면금리}) = (10{,}000\text{원}) \times (0.1) = 1{,}000\text{원}$$

채권의 만기까지 표면금리가 고정된 채권을 고정금리채권(fixed rate bond)이라고 하며, 반면에 표면금리가 변동되어 이자지급액이 변화하는 채권을 변동금리채권(floating rate bond)이라고 한다.[08]

일부 채권은 이자를 전혀 지급하지 않고, 대신에 액면가 이하로 할인발행을 하고 만기에 액면가를 상환함으로써 자본이득으로 이자를 대신하는 경우도 있다. 이와 같은 채권을 무이표채(zero-coupon bond)라고 부른다. 이에 반해 정기적으로 이자를 지급하는 채권은 이표채(coupon bond)라고 한다.

---

06 채권에 따라 500만원, 1천만원, 1억원, 10억원 등의 권종으로도 발행된다.
07 이에 반해 채권의 시장금리는 계속 변한다는 것을 주목할 필요가 있다.
08 변동금리채권은 이자지급일로부터 일정기간 이전의 기준금리에 가산금리를 합해서 결정되는데, 기준금리는 리보(LIBOR) 또는 양도성예금증서(CD) 3개월물 등으로 시장의 실세금리를 반영하며, 가산금리는 발행기업의 신용도에 따라 고정된다.

4.2.3 만기일

채권의 액면가가 상환되는 날을 만기일(maturity date)이라고 한다. 만기가 없는 주식과 달리 채권은 만기를 가진다.[09] 만기는 회사채의 경우 일반적으로 1, 2, 3, 5, 10년 등으로 발행되며 대체로 3년 이하가 주종을 이루고 있다.[10] 잔존 만기는 시간이 흐름에 따라 감소한다. 예를 들어 10년 만기 채권이 발행되어 1년이 경과하면 잔존 만기는 9년이 된다.

4.3 채권의 가치평가

4.3.1 채권가치 평가의 일반식

이자지급이 연 1회인 채권

앞서 제3장에서 살펴본 바와 같이 채권이나 주식과 같은 금융자산의 가치는 그 자산이 창출할 것으로 기대되는 각 현금흐름의 현재가치들의 합으로 정의된다. 이제 대표적인 채권인 고정금리채권의 가치평가를 살펴보자. 예를 들어, 이자가 1년마다 지급되는 n년 만기 이표채의 현금흐름은 1년 후부터 1년 간격으로 만기인 n년까지의 이자지급액과 만기일에 지급되는 원금 즉 액면가로 구성된다.

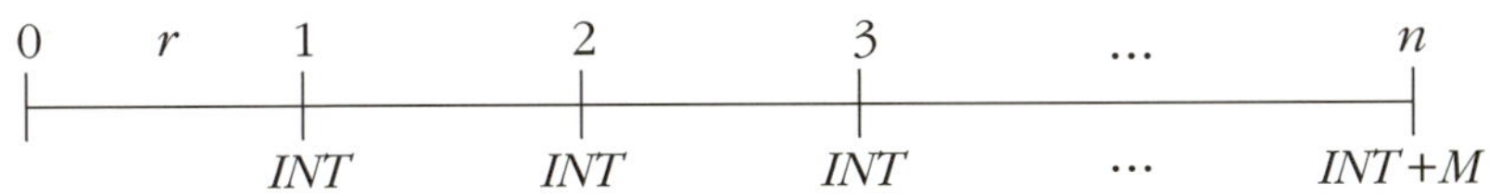

[09] 예외적으로 원금은 상환하지 않고 이자만 영구히 지급하는 채권을 영구채(consol bond)라 하며, 영국의 British Consol, 미국의 TVA공채가 대표적이다. 우리나라는 두산인프라코어가 2012년 11월 처음으로 5억 달러 규모의 영구채를 발행하여 싱가포르 증시에 상장하였다(매일경제신문, 두산인프라, 만기 없는 영구채 국내 첫 발행, 2012년 10월 7일).

[10] 2012년 1~6월 중 회사채 발행액 중 만기 3년 이하의 비중은 55.4%이다(한국은행, 한국의 금융시장, 2012, p.177).

여기서 INT는 연간 이자지급액, M은 액면가, 그리고 r은 시장금리를 지칭한다.[11]

따라서 위와 같은 현금흐름을 가지는 채권의 가치평가는 다음과 같다.

$$V = \frac{INT}{(1+r)^1} + \frac{INT}{(1+r)^2} + \cdots + \frac{INT}{(1+r)^n} + \frac{M}{(1+r)^n}$$

$$= \sum_{t=1}^{n} \frac{INT}{(1+r)^t} + \frac{M}{(1+r)^n} \qquad (4.1)$$

위의 식에서 이자지급액의 현금흐름은 기말급 연금(ordinary annuity)이므로 연금의 현재가치 공식을 이용하면 다음과 같이 표시된다.

$$V = INT\left[\frac{1 - \frac{1}{(1+r)^n}}{r}\right] + \frac{M}{(1+r)^n} \qquad (4.2)$$

예제 4-1 ››› 이자지급이 연 1회인 채권의 가치평가

액면가 10,000원, 표면금리 10%, 만기 10년, 1년마다 이자지급, 그리고 시장금리가 10%인 채권의 가치를 계산하시오.

풀이

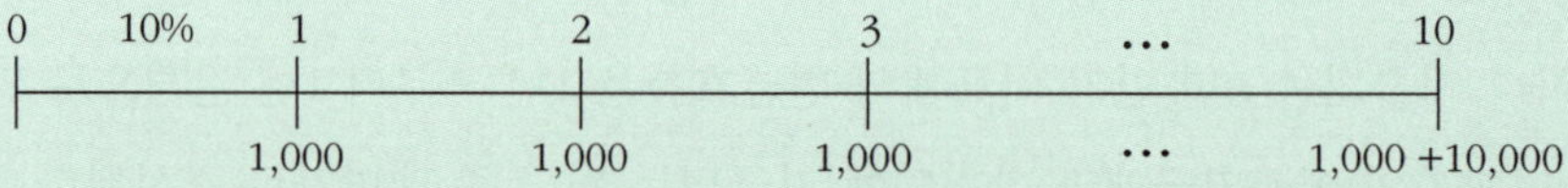

이 채권의 현금흐름은 매년 말에 이자지급액이 (10,000원)×(10%)인 1,000원이고 만기일에 상환되는 원금이 10,000원이다. 채권의 가치를 구하기 위해 식 (4.1)과 (4.2)에 대입하면 다음과 같다.

$$V = \sum_{t=1}^{10} \frac{1{,}000}{(1.1)^t} + \frac{10{,}000}{(1.1)^{10}}$$

$$= 1{,}000\left[\frac{1 - \frac{1}{(1.1)^{10}}}{0.1}\right] + \frac{10{,}000}{(1.1)^{10}}$$

11 여기서는 수평(flat)한 금리의 기간구조 가정 하에 만기와 관계없이 동일한 시장금리 r을 적용한다.

$= 10{,}000$

그러므로 채권의 가치(가격)는 10,000원이다.[12][13]

위의 경우에 채권의 가치는 액면가인 10,000원과 동일하다. 채권의 시장금리가 채권의 표면금리와 동일할 때는 고정금리채권의 가치는 액면가와 동일하다. 이런 형태의 채권을 **액면가채권** 또는 **액면채권(par bond)**이라고 한다. 보통 표면금리는 채권이 발행될 당시의 시장금리로 정하기 때문에 처음에 채권의 가치는 액면가로 거래된다.

이자지급이 연 2회 또는 연 4회인 채권

정부가 장기자금을 마련하기 위하여 발행하는 채권인 국고채는 매6개월마다 이자가 지급된다. 이와 같이 6개월마다 이자가 지급되는 채권의 가치평가식은 다음과 같다.[14]

$$V = \sum_{t=1}^{2n} \frac{\frac{INT}{2}}{\left(1+\frac{r}{2}\right)^t} + \frac{M}{\left(1+\frac{r}{2}\right)^{2n}}$$

$$= \frac{INT}{2}\left[\frac{1-\frac{1}{\left(1+\frac{r}{2}\right)^{2n}}}{\frac{r}{2}}\right] + \frac{M}{\left(1+\frac{r}{2}\right)^{2n}} \tag{4.3}$$

여기서 INT는 연간 이자지급액, M은 액면가, 그리고 r은 시장금리를 나타낸다.

12 채권의 가치는 채권의 시장가치라고도 표현한다. 또한 가치는 가격과 같은 의미로 사용된다.

13 BA II Plus 계산기로는 다음과 같이 계산한다. 여기서 괄호는 계산기 키를 나타낸다. 10, (N), 10, (I/Y), 1,000, (PMT), 10,000, (FV), (CPT), (PV). 그러면 PV=−10,000원이 나온다.

14 이는제3장에서 다룬 1년 중 복리기간이 m인 현금흐름의 미래가치 계산에 적용된 기간이자율의 개념을 적용한 것이다. 1년 중 2번의 현금흐름이 있으므로 기간이자율은 $r/2$가 되며 총기간수는 $2n$이 된다. 그 다음에 이를 연금공식에 적용한 것이 식 (4.3)이다.

예제 4-2 ››› 이자지급이 연 2회인 채권의 가치평가

액면가 1천만원, 표면금리 5%, 잔존만기 9년, 이자는 지금부터 6개월마다 지급, 그리고 시장금리가 4%인 국고채의 시장가치를 계산하시오.

풀이

먼저 이자지급액은 다음과 같다. (10,000,000원)×(0.05)×(1/2)=250,000원

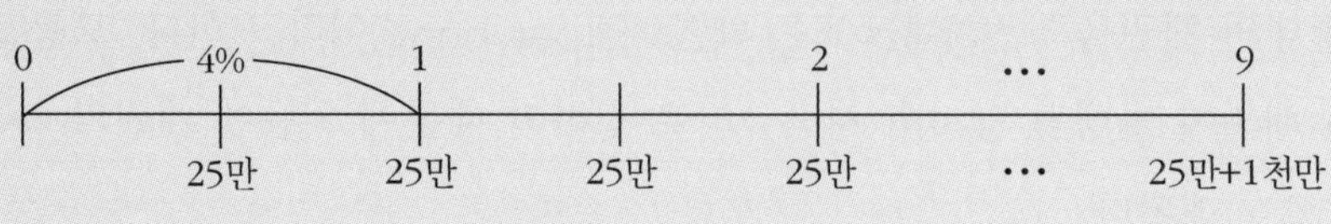

기간이자율은 $r/2 = 2\%$, 기간수는 $2n = 18$이므로 채권의 가치는 다음과 같다.

$$V = 250{,}000\left[\frac{1 - \frac{1}{(1.02)^{18}}}{0.02}\right] + \frac{10{,}000{,}000}{(1.02)^{18}} = 10{,}749{,}602$$

채권의 가치는 10,749,602원이다.[15]

한편 회사채는 일반적으로 3개월마다 이자를 지급한다. 이 경우 채권의 가치평가는 다음과 같다.

$$V = \sum_{t=1}^{4n} \frac{\frac{INT}{4}}{\left(1 + \frac{r}{4}\right)^{t}} + \frac{M}{\left(1 + \frac{r}{4}\right)^{4n}}$$

$$= \frac{INT}{4}\left[\frac{1 - \frac{1}{\left(1 + \frac{r}{4}\right)^{4n}}}{\frac{r}{4}}\right] + \frac{M}{\left(1 + \frac{r}{4}\right)^{4n}} \qquad (4.4)$$

15 BA II Plus 계산기로는 다음과 같이 계산한다. 18, (N), 2, (I/Y), 250,000, (PMT), 10,000,000, (FV), (CPT), (PV). 그러면 PV=−10,749,602.

4.3.2 시장금리와 채권가치의 관계

고정금리채권은 표면금리와 액면가는 고정되어 있는데 반해, 채권의 시장금리는 시간의 흐름에 따라 변동한다. 따라서 이 시장금리에 의하여 할인된 미래이자지급액과 만기 액면가의 현재가치들의 합도 변동한다. 즉 채권의 시장가치는 변동한다. 다시 말하면, 식 (4.1)에서 시장금리 r이 상승하면 채권의 가치는 감소하고, 반면에 시장금리 r이 하락하면 채권의 가치는 증가한다.

앞서 [예제 4-1]에서 우리는 액면가 10,000원, 표면금리 10%, 만기 10년, 1년마다 이자 지급되는 채권의 경우 시장금리가 10%라면 채권의 시장가치가 10,000원임을 보았다. 이제 시장금리의 변화가 채권의 시장가치에 미치는 영향을 보기 위하여 편의상 채권이 발행되자마자 즉시 시장금리가 13%로 상승하였다고 가정하자. 식 (4.2)를 이용한 채권의 가치는 다음과 같다.

$$V = 1{,}000\left[\frac{1-\dfrac{1}{(1.13)^{10}}}{0.13}\right] + \frac{10{,}000}{(1.13)^{10}} = 8{,}372$$

그러므로 채권의 가치는 8,372원으로 하락한다.[16]

채권의 가치는 시장금리의 상승으로 액면가 이하인 8,372원으로 감소한다. 시장금리가 표면금리보다 상승하면 고정금리채권의 가치는 액면가보다 작아진다. 이런 채권의 형태를 **할인채권(discount bond)**이라고 한다.

반면에 앞서의 [예제 4-1]에서 채권이 발행되자마자 즉시 시장금리가 7%로 하락하였다고 가정하자. 식 (4.2)를 이용한 채권의 가치는 다음과 같다.

$$V = 1{,}000\left[\frac{1-\dfrac{1}{(1+0.07)^{10}}}{0.07}\right] + \frac{10{,}000}{(1+0.07)^{10}} = 12{,}107$$

그러므로 채권의 가치는 12,107원으로 상승한다.[17]

---

16 BA II Plus 계산기로는 다음과 같이 계산한다. 10, (N), 13, (I/Y), 1,000, (PMT), 10,000, (FV), (CPT), (PV).

17 BA II Plus 계산기로는 다음과 같이 계산한다. 10, (N), 7, (I/Y), 1,000, (PMT), 10,000, (FV),

이와 같이 시장금리가 표면금리보다 하락하면 고정금리채권의 가치는 액면가보다 커진다. 이런 형태의 채권을 **할증채권(premium bond)**이라고 한다.

시장금리(*r*)와 채권가치(*V*)와의 관계를 정리하면 다음과 같다.

① $r =$ 표면금리 → $V =$ 액면가 (액면채권)

② $r >$ 표면금리 → $V <$ 액면가 (할인채권)

③ $r <$ 표면금리 → $V >$ 액면가 (할증채권)

액면가 10,000원, 표면금리 10%, 만기 10년, 1년마다 이자 지급되는 채권이 발행 후 다음과 같이 시장금리가 변동하는 경우 각 채권의 시장가치를 구해보면

| 표 4-2 | 시장금리와 채권가치의 관계

시장금리		4%	7%	10%	13%	16%
채권가치	10년 만기	14,867	12,107	10,000	8,372	7,100
	가치의 변화	할증(premium)		액면가	할인(discount)	

그림 4-1 | 시장금리와 채권가치의 관계

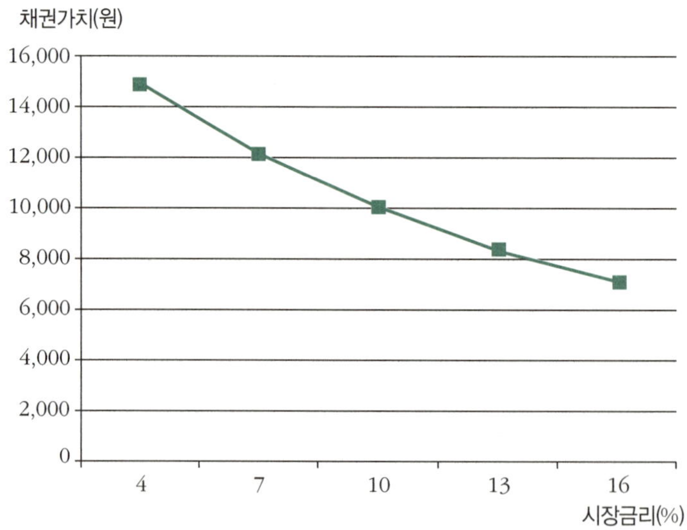

(CPT), (PV).

[표 4-2]와 같다. 여기서 시장금리의 변화가 클수록 채권의 시장가치의 변화도 커짐을 알 수 있다. 시장금리의 상승으로 채권의 가치가 하락한 경우 액면가와 채권가치의 차이를 할인(discount)이라고 하며, 시장금리의 하락으로 채권가치가 상승하는 경우 채권가치와 액면가의 차이를 할증(premium)이라고 한다. 이를 그림으로 표시하면 [그림 4-1]과 같다.

4.3.3 만기수익률

앞서 공부한 바와 같이 채권의 액면가, 표면금리, 만기, 이자지급시기 그리고 시장금리를 알고 있으면 채권의 가치를 평가할 수 있다. 반면에 채권의 가치를 알고 그밖에 채권의 액면가, 표면금리, 만기 및 이자지급시기가 주어지면 그 채권을 매입하여 만기까지 보유할 경우에 기대되는 수익률을 계산할 수 있다. 이와 같이 채권을 매입하여 만기까지 보유할 경우의 채권수익률을 **만기수익률(yield to maturity: YTM)**이라고 한다. 식 (4.1)이 시장금리가 주어졌을 때 채권의 가치를 구하는 식이라면, 이번에는 식 (4.1)을 이용하여 채권의 가치가 주어졌을 때 시장금리, 즉 만기수익률을 계산한다.

$$V = \sum_{t=1}^{n} \frac{INT}{(1+r)^t} + \frac{M}{(1+r)^n}$$

액면가 10,000원, 표면금리 10%, 잔존만기 9년, 1년마다 이자가 지급되는 채권의 시장가격이 11,249원이라면, 이 채권에 투자하여 만기까지 보유할 경우의 수익률은 얼마인가?

식 (4.1)과 (4.2)에 대입하면 다음과 같다.

$$11,249 = \sum_{t=1}^{9} \frac{1,000}{(1+r)^t} + \frac{10,000}{(1+r)^9}$$

$$11,249 = 1,000\left[\frac{1 - \frac{1}{(1+r)^9}}{r}\right] + \frac{10,000}{(1+r)^9}$$

이는 r에 관한 9차방정식으로 시행착오(trial and error) 방식으로 풀면 $r=8\%$이다.

시행착오방법은 적절한 값을 대입하여 식을 만족시키는 값을 찾아가는 방법으로 시간이 많이 소요된다. 재무계산기(financial calculator)의 내부수익률(internal rate of return: IRR) 기능을 사용하면 쉽게 계산할 수 있다. 위 채권의 현금흐름을 다음과 같이 나타낼 수 있다.

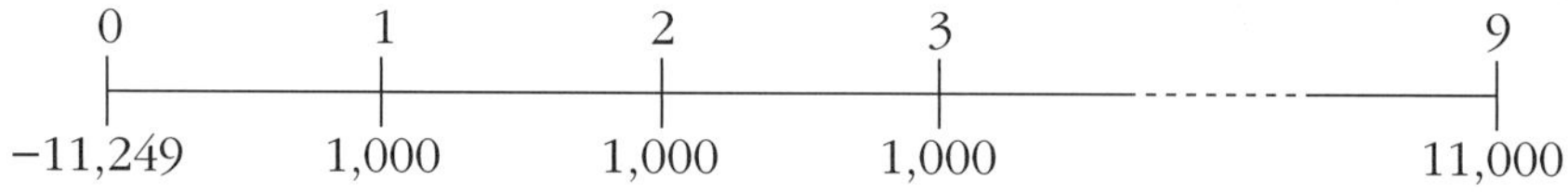

즉 지금 11,249원을 투자하면 1년 후부터 8년 후까지 1,000원씩 그리고 9년 말에는 11,000원의 현금유입이 있는 것과 같다. 이를 식으로 표현하면 다음과 같다.

$$-11{,}249+\frac{1{,}000}{(1+r)}+\frac{1{,}000}{(1+r)^2}+\cdots+\frac{1{,}000}{(1+r)^8}+\frac{11{,}000}{(1+r)^9}=0$$

위 식의 왼쪽은 현금유입과 현금유출 현재가치의 합으로 순현가(net present value: NPV)를 나타낸다.[18] 순현가를 영으로 하는 수익률을 내부수익률이라고 한다. 그러므로 채권의 만기수익률은 내부수익률을 구하는 현금흐름과 동일하다고 볼 수 있다. 재무계산기의 IRR 기능을 활용하면 만기수익률은 8%이다.[19]

만기수익률은 모든 현금흐름이 발생하면 투자자가 기대할 수 있는 수익률이다. 즉 채권의 지급불이행 확률이 영이고, 발행자가 만기 이전에 조기상환하지 않는 경우의 기대수익률이다. 주목할 점은 채권의 매입 시에 계산된 만기수익률은 채권을 만기까지 보유할 경우에만 기대되는 수익률이라는 점이다. 채권의 매입시점 이후 만기까지의 기간 동안 만기수익률은 계속 변화한다.

---

18 순현가 및 내부수익률은 제9장 자본예산에서 상세히 다룬다.

19 BA II Plus 계산기로는 다음과 같이 계산한다. 여기서 괄호는 계산기 키를 나타낸다. (CF), (2ND), (CE/C), 11,249, (+/−), (ENTER), (↓), 1,000, (ENTER), (↓), 8, (ENTER), (↓), 11,000, (ENTER), (↓), (IRR), (CPT). 그러면 IRR 즉 YTM이 8%로 나온다. 또는 다음과 같이 해도 가능하다. 9, (N), 11,249, (+/−), (PV), 1,000, (PMT), 10,000, (FV), (CPT), (I/Y).

예제 4-3 ››› 만기수익률

미래기업은 2011년 1월 1일 액면가 10,000원, 표면금리 12%, 만기 10년의 회사채를 액면가로 발행하였다. 만기일은 2020년 12월 31이고, 이자는 6개월마다 지급된다. (1) 2년 후 시장금리가 연 10%로 하락하였다면 2013년 1월 1일 현재 채권의 가치는 얼마인가? (2) 잔존만기가 6년 6개월 남은 2014년 7월 1일 현재의 채권가격은 9,164원이다. 만기수익률은 얼마인가?

▮ 풀이 ▮

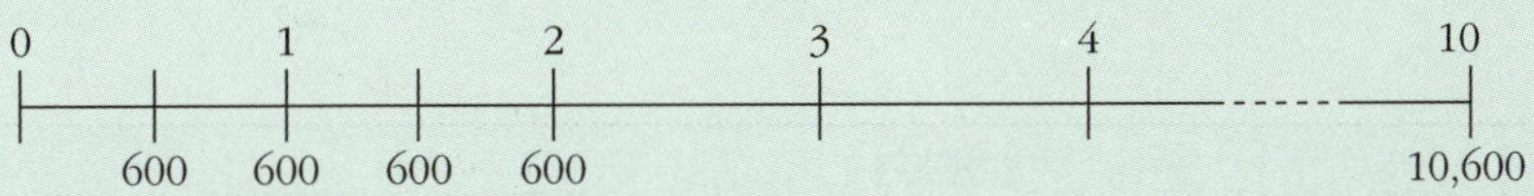

(1) 이자지급액은 10,000원×12%×(0.5) = 600원

시장금리 연 10%. 그러므로 6개월 기간이자율 = 0.1/2 = 0.05

2년 경과하여 잔존만기는 8년. 그러므로 기간 수 = 16

$$V = 600\left[\frac{1-\frac{1}{(1.05)^{16}}}{0.05}\right] + \frac{10,000}{(1.05)^{16}} = 11,084\text{ 원}$$

그러므로 채권의 가치는 11,084원이다.[20]

(2) 잔존만기 6.5년. 그러므로 기간수 = 13

만기수익률을 r이라고 하면 6개월 기간이자율 = $r/2$

$$9,164 = 600\left[\frac{1-\frac{1}{\left(1+\frac{r}{2}\right)^{13}}}{\frac{r}{2}}\right] + \frac{10,000}{\left(1+\frac{r}{2}\right)^{13}}$$

재무계산기로 풀면[21] $\frac{r}{2} = 7\%$. 그러므로 만기수익률(YTM)은 14%이다.

---

20 BA II Plus 계산기로는 다음과 같이 계산한다. 16, (N), 5, (I/Y), 600, (PMT), 10,000, (FV), (CPT), (PV).

21 BA II Plus 계산기로는 다음과 같이 계산한다. 13, (N), 9,164, (+/−), (PV), 600, (PMT), 10,000, (FV), (CPT), (I/Y). 그러면 I/Y=7%.

4.4 만기 접근에 따른 채권가치의 변화

채권은 발행 당시에는 표면금리가 시장금리와 일치하도록 발행되어 액면가에 가까운 가격으로 거래되지만, 시간이 흐르면 시장금리의 변화로 인하여 기발행된 채권(seasoned issue)은 할인 또는 할증된 가격으로 거래된다. 그러나 잔존만기가 짧아져 만기일에 접근함에 따라 채권의 가치는 액면가로 수렴한다.

미래기업이 이미 발행한 채권에는 다음의 세 종류가 있다고 하자.

채권	발행시기	발행조건			잔존만기	시장금리	채권가치
		액면가	만기	표면금리			
A	방금 전	10,000원	5년	10%	5년	10%	10,000원
B	5년 전	10,000원	10년	5%	5년	10%	8,105원
C	10년 전	10,000원	15년	15%	5년	10%	11,895원

채권 *A*는 이제 막 발행된 채권이고, 채권 *B*는 5년 전에 발행된 채권, 그리고 채권 *C*는 10년 전에 발행된 채권이지만 모두 잔존만기는 5년이다. 세 채권 모두 동일한 기업이 발행한 채권이고 잔존만기가 동일하므로 채권 *A*에 적용된 시장금리가 마찬가지로 채권 *B*, *C*에도 적용되어 세 채권 모두 동일한 시장금리 10%가 적용된다. 그러나 세 채권은 표면금리가 서로 달라 세 채권의 가치도 서로 다르다. 시장금리(r)와 채권가치(V)와의 관계에 따라 다음의 관계가 예상된다.

채권 *A*: $r =$ 표면금리(10%), $V =$ 액면가(10,000원)
채권 *B*: $r >$ 표면금리(5%), $V <$ 액면가(10,000원)
채권 *C*: $r <$ 표면금리(15%), $V >$ 액면가(10,000원)

이제 시장금리가 향후 5년 동안 10%로 변화하지 않는다는 가정하에 각 채권의 가치가 시간의 흐름에 따라 만기까지 5년 동안 어떻게 변화하는지 살펴보자.

① 채권 A의 가치의 변화

$$\text{잔존만기 5년:} \quad V = 1{,}000\left[\frac{1-\frac{1}{(1.1)^5}}{0.1}\right] + \frac{10{,}000}{(1.1)^5} = 10{,}000$$

같은 방법으로 잔존만기 4년, 3년 등으로 계산하면 모두 10,000원으로 동일하다.

② 채권 B의 가치의 변화

$$\text{잔존만기 5년:} \quad V = 500\left[\frac{1-\frac{1}{(1.1)^5}}{0.1}\right] + \frac{10{,}000}{(1.1)^5} = 8{,}105$$

같은 방법으로 잔존만기 4년, 3년 등으로 계산하면 아래 [표 4-3]과 같다.

③ 채권 C의 가치의 변화

$$\text{잔존만기 5년:} \quad V = 1{,}500\left[\frac{1-\frac{1}{(1.1)^5}}{0.1}\right] + \frac{10{,}000}{(1.1)^5} = 11{,}895$$

같은 방법으로 잔존만기 4년, 3년 등으로 계산하면 아래 [표 4-3]과 같다.

| 표 4-3 | 채권의 잔존만기 변화에 따른 채권가치의 변화

잔존만기(년)	채권의 가치(원)		
	A	*B*	*C*
5	10,000	8,105	11,895
4	10,000	8,415	11,585
3	10,000	8,757	11,243
2	10,000	9,132	10,868
1	10,000	9,545	10,455
0	10,000	10,000	10,000

그림 4-2 | 채권의 잔존만기 변화에 따른 채권가치의 변화

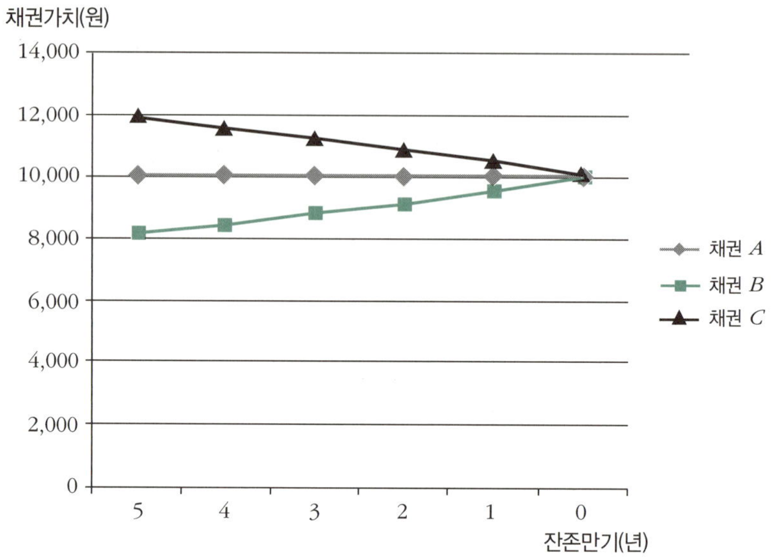

[그림 4-2]는 [표 4-3]의 자료를 그래프로 그린 것으로 시장금리가 10%로 일정하다는 가정에서 각 채권의 가치가 만기로 접근함에 따라 어떻게 변화하는지를 보여준다. 액면가채권인 채권 *A*는 액면가로 만기까지 일정하다. 할인채권인 채권 *B*는 점차 가격이 상승하여 액면가로 접근해 가고, 할증채권인 채권 *C*는 점차 가격이 하락하여 액면가로 접근해 간다.

4.5 채권의 금리위험

앞서 시장금리와 채권가치는 역의 관계(inverse relationship)에 있다고 공부하였다. 시장금리가 상승하면 채권의 가치는 감소하고, 반면에 시장금리가 하락하면 채권의 가치는 증가한다. 즉 시장금리가 변동하면 채권의 가치도 변동한다. 이와 같이 금리의 변동에 따른 채권가치의 변동을 **금리위험(interest rate risk)** 또는 **이자율위험**이라고 부른다.[22]

[예제 4-1]에서 설명하였듯이 액면가 10,000원, 표면금리 10%, 만기 10년, 시장금리 10%인 채권의 발행 시 여러분이 투자자로서 채권을 매입한다면 채권가치는 10,000원이다. 그러나 발행 후 즉시 시장금리가 13%로 상승하였다면 채권가치는 10,000원에서 8,372원으로 하락한다.[23] 즉 투자자는 금리상승으로 인한 채권가치 하락의 금리위험에 노출된다.

그런데 금리위험은 만기가 긴 채권일수록 더 크다. 앞서 [표 4-3]과 [그림 4-2]에서 각각의 채권은 모든 조건이 동일하고 만기만 다른 경우의 채권의 가치를 보여준다. 예를 들어 채권 B의 경우 잔존만기가 5년일 경우에는 8,105원으로 액면가 10,000원보다 1,895원이 하락하지만 잔존만기가 1년일 경우에는 9,545원으로 단지 455원이 하락한다. 즉 시장금리가 표면금리보다 높은 경우에 잔존만기가 긴 장기채권의 가치가 잔존만기가 짧은 단기채권의 가치보다 더 많이 하락한다는 것을 알 수 있다. 다시 말하여 동일채권의 경우라도 만기가 긴 채권의 금리위험이 만기가 짧은 채권의 금리위험보다 더 크다는 것을 보여준다. 이를 다시 조명하기 위하여 이번에는 만기가 다른 두 채권의 가치가 금리변화에 따라 어떻게 변화하는지 다음의 예를 통하여 살펴본다.

액면가 10,000원, 표면금리 10%, 만기 1년, 1년마다 이자지급의 이표채인 단기채권의 가치와 다른 조건은 동일하고 만기만 10년인 장기채권의 가치가 시장금리의 변화에 따라 어떻게 변화하는지 살펴보자.

동일한 시장금리가 만기까지 지속된다는 가정하에 각각의 시장금리에 따른 두 채권의 가치를 구하면 다음과 같다.

---

22 금리위험을 협의로 해석해서 금리의 변동성 중에서 금리의 상승으로 인한 채권가치의 하락을 금리위험으로 정의하기도 한다. 그러나 본서에서는 위험을 미래현금흐름의 변동성으로 정의하는 것과 같은 맥락에서 금리위험을 금리의 변동성에 기인한 채권가치의 변동성으로 정의하고자 한다.

23 채권을 매각하면 자본손실 1,628원이 발생한다. 그러나 만기까지 보유한다면 만기수익률은 매입 시와 동일한 10%이다. 그러나 13%의 수익률을 낼 수 상황에서 10%의 수익률을 내기 때문에 기회비용 측면에서는 손실이라고 볼 수 있다.

| 표 4-4 | 시장금리 변화에 따른 단기채권 및 장기채권의 가치 변화

시장금리		4%	7%	10%	13%	16%
채권가치	1년 만기	10,577	10,280	10,000	9,735	9,483
	10년 만기	14,867	12,107	10,000	8,372	7,100

그림 4-3 | 시장금리 변화에 따른 단기채권 및 장기채권의 가치 변화

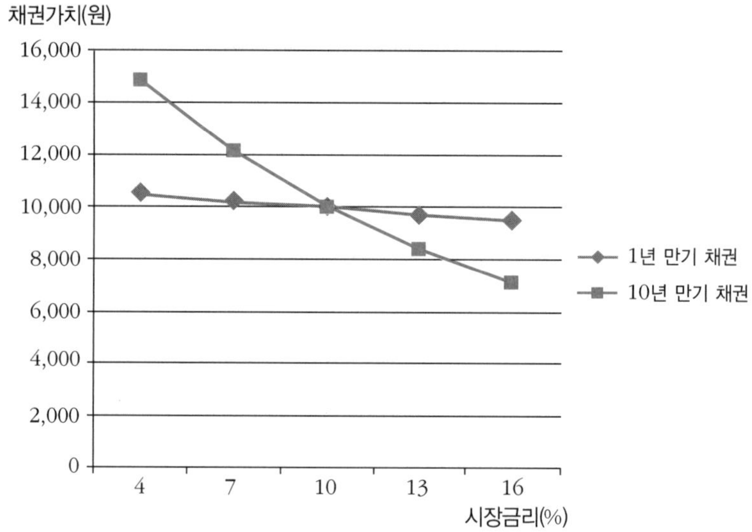

[그림 4-3]은 [표 4-4]를 그래프로 그린 것으로 동일한 시장금리하에서 10년 만기 채권의 가치가 1년 만기 채권의 가치보다 더욱 민감하게 변화함을 보여준다. 예를 들어 시장금리가 13%로 상승한 경우에 1년 만기 채권의 가치는 9,735원으로 265원 하락한 데 비하여, 10년 만기 채권의 가치는 8,372원으로 1,628원이나 하락함을 보여준다. 반면에 시장금리가 7%로 하락한 경우에는 1년 만기 채권의 가치는 10,280원으로 280원 상승한 데 비하여 10년 만기 채권의 가치는 12,107원으로 2,107원이나 상승함을 보여준다. 즉 10년 만기 채권의 금리위험이 1년 만기 채권의 금리위험보다 더 크다.

그러므로 주어진 시장금리의 변화에 대하여 만기가 긴 채권일수록 금리변화에 대한 채권가치의 민감도(sensitivity), 즉 금리위험이 더 크다. 따라서 장기채

권이 금리상승에 기인한 금리위험에 더 크게 노출된다.

4.6 듀레이션

4.6.1 듀레이션의 정의 및 계산

앞에서 만기가 길수록 채권의 금리위험이 더 크다는 것을 공부하였다. 그렇다면 만기가 동일하면 모든 채권이 동일한 금리위험에 노출되는가 하면 그렇지 않다. 동일한 만기의 채권이라 할지라도 이표채는 만기 이전이라도 정기적으로 이자를 지급받지만 무이표채는 만기 이전에는 이자의 지급이 없으므로 금리의 변화에 의하여 영향을 받는 정도가 각각 다르다. 따라서 단순히 현금흐름이 언제 종료되느냐를 나타내는 만기보다는 실질적으로 현금흐름이 언제 발생하느냐를 고려하는 것이 중요하다. 만기가 금리위험의 척도이기는 하지만, 현금흐름의 시기와 규모(timing and magnitude of cashflows)를 고려하지 못하는 한계를 가진다. 이를 해소하는 개념이 듀레이션이다.

듀레이션(duration)은 현금흐름의 시기와 규모가 고려된 가중평균만기를 나타낸다. 단순한 만기에 비하여 만기 이전의 현금흐름을 고려하여 조정된 만기라고 볼 수 있다. 현금흐름이 1년 간격으로 발생할 때 듀레이션의 계산식은 다음과 같다.[24]

$$D=\frac{\sum_{t=1}^{n} PV_t \cdot t}{\sum_{t=1}^{n} PV_t}=\frac{1}{\sum_{t=1}^{n} PV_t}[(PV_1\times 1)+(PV_2\times 2)+\cdots+(PV_n\times n)] \qquad (4.5)$$

24 아래에서 살펴보는 듀레이션은 맥콜리(Macaulay)듀레이션으로 수익률곡선이 수평한 금리의 기간구조를 가정하여 만기와 관계없이 모두 동일한 할인율을 사용한다. 듀레이션의 개념, 계산방법 및 특징에 대한 상세한 설명은 권재중 외(2016), 16장, 494–500쪽을 참조하기 바란다.

따라서 듀레이션은 현금흐름이 발생하는 시점 t에 가중치를 곱하여 다 더하는 방법으로 계산된다. 그리고 가중치는 전체 현금흐름의 현재가치 중에서 그 시점 현금흐름의 현재가치가 차지하는 비중을 말한다. 따라서 현금흐름이 조기에 발생할수록 듀레이션은 짧아지는 효과가 있다. 현금흐름이 먼 미래에 많이 발생할수록 듀레이션은 길어진다. 아래에서는 채권 금리위험의 척도인 듀레이션의 계산 예를 살펴본다.

액면가 10,000원, 만기 3년, 표면금리 10%, 1년마다 이자지급, 그리고 이 채권의 시장금리가 12%일 때 이 채권의 듀레이션을 계산하면 다음과 같다. 계산 방법은 5단계로 이루어진다.

1단계 현금흐름(cash flow)을 추정한다.

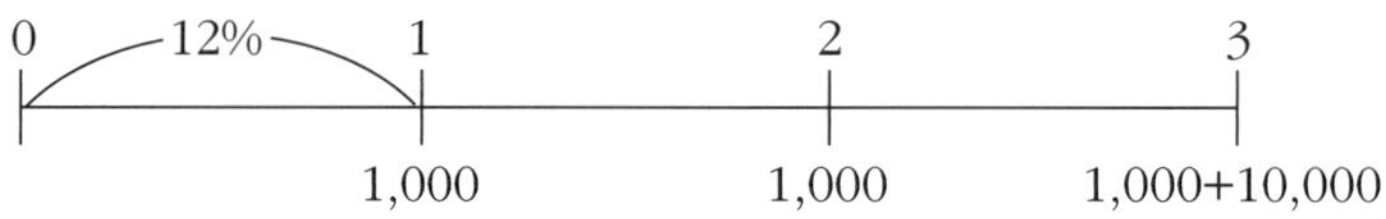

2단계 각 현금흐름의 현재가치(present value)를 계산한다.

$t = 1$년 말 $\quad PV_1 = \dfrac{1,000}{(1.12)} = 892.86$원

$t = 2$년 말 $\quad PV_2 = \dfrac{1,000}{(1.12)^2} = 797.19$원

$t = 3$년 말 $\quad PV_2 = \dfrac{11,000}{(1.12)^3} = 7,829.58$원

3단계 현금흐름 현재가치의 합을 계산한다.

$$\sum_{t=1}^{3} PV_t = 892.86 + 797.19 + 7,829.58 = 9,519.63 \text{ 원}$$

4단계 현금흐름의 현재가치의 합을 분모로 하고 각 시점의 현재가치를 분자로 하는 가중치(weight)를 계산한다.

$$w_1 = \frac{PV_1}{\sum PV} = \frac{892.86}{9,519.63} = 0.0938$$

$$w_2 = \frac{PV_2}{\sum PV} = \frac{797.19}{9{,}519.63} = 0.0837$$

$$w_3 = \frac{PV_3}{\sum PV} = \frac{7{,}829.58}{9{,}519.63} = 0.8225$$

그러므로 $\sum_{t=1}^{3} w_t = 0.0938 + 0.0837 + 0.8225 = 1$

5단계 각 시점의 가중치에 각 시점(년)을 곱하여 전부 더한다.

$$D = \sum_{t=1}^{3} w_t \times t = (0.0938)(1) + (0.0837)(2) + (0.8225)(3) = 2.7287\text{년}$$

그러므로 이 채권의 듀레이션은 약 2.73년이다.

따라서 위와 같이 이자가 지급되는 이표채(coupon bond)는 만기는 3년이지만 만기 이전의 현금흐름을 고려한 듀레이션은 약 2.73년이다. 듀레이션은 현가기준의 가중치를 각 현금흐름의 발생시점에 곱해줌으로써 모든 현금흐름이 회수되는 데에 평균적으로 얼마의 시간이 소요되는지를 나타낸다.

이 계산방법에서 알 수 있듯이 가까운 미래의 가중치가 크면 클수록 조기에 현금흐름이 회수되기 때문에 듀레이션은 상대적으로 짧아지며, 먼 미래의 가중치가 클수록 많은 현금흐름이 먼 미래에 회수되므로 듀레이션은 상대적으로 길어진다. 만기 이전에 중간 현금흐름이 없는 무이표채는 만기시점의 가중치가 1이므로 1×만기에 의하여 듀레이션은 만기와 같게 된다.

그러므로 이표채의 듀레이션은 만기보다 작고($D < M$), 무이표채의 듀레이션은 만기와 동일하다($D = M$). 일반적으로 만기가 길수록 채권의 금리위험이 크다고 말한다. 그러나 현금흐름이 고려된 듀레이션의 관점에서는 듀레이션이 길수록 채권의 금리위험이 더 크다는 내용으로 바뀌어야 한다. 즉 장기채권의 금리위험이 단기채권의 금리위험보다 더 크다는 말은 듀레이션이 긴 채권의 금리위험이 듀레이션이 짧은 채권의 금리위험보다 더 크다고 표현되어야 한다.

예제 4-4 ››› 듀레이션의 계산

잔존만기 2년, 액면가 10,000원, 표면금리 10%, 이자는 6개월마다 4회에 걸쳐 지급하고, 만기에 액면가가 상환되는 채권이 있다. 시장금리가 12%일 때, 이 채권의 듀레이션을 계산하시오(단위는 연(year)으로 소수점 둘째자리까지 계산).

풀이

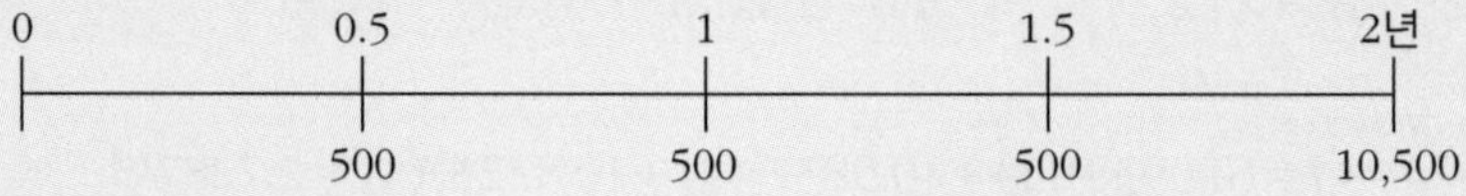

1단계 이자지급액은 10,000원×10%×(0.5)=500원
따라서 현금흐름(CF)은 위의 시간선과 같다.

2단계 시장금리가 연 12%이므로 6개월 기간이자율은 0.12/2=0.06으로 6%이다.
그러므로 각 현금흐름의 현가(PV)는 다음과 같다.

$$PV_{0.5} = \frac{500}{(1.06)} \quad PV_1 = \frac{500}{(1.06)^2} \quad PV_{1.5} = \frac{500}{(1.06)^3} \quad PV_2 = \frac{10,500}{(1.06)^4}$$

3단계 현가의 합($\sum PV$)은 각 현가의 합 또는 채권가치 공식으로 구할 수 있다.

$$\sum PV = 500\left[\frac{1 - \frac{1}{(1.06)^4}}{0.06}\right] + \frac{10,000}{(1.06)^4} = 9,653.49\text{원}$$

4단계 각 시점의 가중치는 다음과 같다.

$$w_{0.5} = \frac{PV_{0.5}}{\sum PV} = \frac{471.70}{9,653.49} = 0.0489$$

$$w_1 = \frac{PV_1}{\sum PV} = \frac{445.00}{9,653.49} = 0.0461$$

$$w_{1.5} = \frac{PV_{1.5}}{\sum PV} = \frac{419.81}{9,653.49} = 0.0435$$

$$w_2 = \frac{PV_2}{\sum PV} = \frac{8,316.98}{9,653.49} = 0.8616$$

$$\sum_{t=0.5}^{2} w_t = 0.0489 + 0.0461 + 0.0435 + 0.8616 = 1.0001$$

5단계 각 시점의 가중치에 시점을 곱해서 전부 더한다.

$$D = \sum_{t=0.5}^{2} w_t \times t = (0.0489)(0.5) + (0.0461)(1) + (0.0435)(1.5) + (0.8616)(2) = 1.859$$

듀레이션은 약 1.86년이다.

다음과 같이 한번에 구할 수도 있다.

$$D = \frac{1}{9,653.49}\left[\frac{500}{(1.06)}(0.5) + \frac{500}{(1.06)^2}(1) + \frac{500}{(1.06)^3}(1.5) + \frac{10,500}{(1.06)^4}(2)\right] = 1.859$$

4.6.2 만기, 표면금리 및 시장금리와의 관계

지금까지 살펴본 바와 같이 만기(maturity)가 증가하면 듀레이션이 증가한다. 다시 말해 듀레이션은 만기와 양의 관계, 즉 비례관계에 있다. 반면에 표면금리(coupon rate)와 시장금리(yield)는 듀레이션과 음의 관계, 즉 반비례관계에 있다. 먼저 표면금리가 듀레이션에 미치는 영향을 직관적으로 살펴보자.

액면가가 각각 100원, 만기가 3년, 이자는 1년마다 지급되는 이표채 A, B의 표면금리가 각각 10%, 20%라고 가정하자. 그리고 듀레이션 계산의 5단계를 각각 순차적으로 적용하면 다음과 같다. A채권의 현금흐름은 10(t=1), 10(t=2) 및 110(t=3)이다. B채권의 현금흐름은 20(t=1), 20(t=2) 및 120(t=3)이다. 2단계로 단순화를 위해 시장금리를 0%로 가정하면 현금흐름이 현재가치가 된다. 3단계로 A채권의 현재가치는 130원, B채권의 현재가치는 160원이 된다. 4단계로 A채권의 가중치를 구하면 10/130(t=1), 10/130(t=2) 및 110/130(t=3)이다. B채권의 가중치는 20/160(t=1), 20/160(t=2) 및 120/160(t=3)이다.

이제 가중치를 살펴보면 A채권의 3년말 가중치 110/130은 B채권의 3년말 가중치 120/160보다 크다. 그리고 A채권의 1년말 가중치 10/130은 B채권의 1년말 가중치 20/160보다 작다. 3년말 가중치에는 시점 3년이 곱해지므로 3년말 가중치가 큰 A채권의 듀레이션이 3년말 가중치가 작은 B채권의 듀레이션보다 더 크다. 즉 표면금리가 10%(A채권)에서 20%(B채권)로 증가하면 B채권의 듀레이션이 A채권의 듀레이션보다 작아진다. 정리하면 표면금리가 증가하면 현재가치 기준으로 가까운 미래의 가중치가 커지고 먼 미래(예를 들면 만기)의 가중치가 작아지므로 듀레이션은 작아진다. 마지막으로 시장금리가 듀레이션에 미치는 영향을 보면 시장금리의 증가는 먼 미래(예를 들면 만기) 현금흐름의 현재가치를 크게 감소시켜, 먼 미래의 가중치는 상대적으로 크게 감소하고, 가까운 미래의 가중치는 상대적으로 증가하므로 듀레이션은 작아진다.

요약하면 듀레이션은 만기와 비례하고, 표면금리와 시장금리와는 반비례한다.[25] 즉 채권은 만기가 짧을수록 표면금리가 높을수록 시장금리가 증가할수록 채권의 듀레이션은 작아지며 그 결과 채권의 금리위험은 작아지게 된다.

4.6.3 변동금리채권(floating rate bond)

변동금리채권(이표채)은 만기까지 주기적으로 지급되는 이자가 변동되는 채권을 말한다. 예를 들어 1년마다 이자가 지급되는 5년 만기 변동금리채권의 경우, 발행 당시에 정해진 표면금리(coupon rate)에 의하여 1년 후 이자지급이 이루어지며, 1년 후에는 그 당시의 시장금리를 반영하여 다시 새로운 표면금리가 정해지게 된다. 그리고 이 표면금리에 의하여 2년 후의 이자지급액이 결정된다. 이와 같이 일련의 과정을 통해 매년 결정되는 이자지급액이 시장금리의 변화에 따라 함께 변화한다. 다시 말하여 만기까지 **변동표면금리**(variable coupon rate)를 가진 채권이다.

가치평가(valuation)

변동금리채권은 주기적(1년, 6개월, 3개월 간격 등)으로 변화되는 표면금리가 그 당시의 시장금리(prevailing interest rate)를 반영하여 결정되는 채권이다. 이론적으로 예를 들면 1년마다 이자가 지급되는 5년 만기 채권이 처음 발행되는 경우 최초의 표면금리는 발행 당시의 시장금리를 반영하여 결정되며 그 결과 채권은 액면가(at par)로 거래될 것이다. 발행 당시에는 아직 두 번째 이후의 이자

25 $\frac{\partial D}{\partial M} > 0$, $\frac{\partial D}{\partial C} < 0$, $\frac{\partial D}{\partial R} < 0$으로 표시할 수 있다.

지급액은 확정되지 않은 상태이다. 왜냐하면 변동표면금리가 주기적으로 결정되고 그에 따라 이자가 지급되기 때문이다.

두 번째 결정되는 표면금리는 그 시점의 시장금리를 반영하여 결정된다. 즉 변동표면금리가 시장금리와 일치하는 방식으로 표면금리가 정해지는 것으로 생각할 수 있으며, 그 결과 채권의 가치는 액면가가 된다. 세 번째 이후에도 동일한 방식으로 표면금리가 정해지면 채권가치는 다시 액면가가 된다. 이와 같이 시장금리와 연동되어 표면금리가 결정되는 변동금리채권은 만기까지의 기간 동안 채권가치의 변화가 상대적으로 작다.

따라서 변동금리채권은 최초 도래하는 이자지급시기에 이자와 액면가가 상환되는 채권이라고 생각할 수 있다. 최초 도래하는 이지지급시기 전에는 현금흐름이 없으므로 최초 도래하는 이자지급시기가 만기인 **무이표채(zero-coupon bond)**처럼 평가한다.

듀레이션

변동금리채권의 가치평가는 무이표채처럼 평가한다. 무이표채의 듀레이션은 만기와 같으므로 변동금리채권의 듀레이션은 지금부터 최초 도래하는 이자지급시기까지의 기간(time until the next repricing)이다. 예를 들어 이자가 1년마다 변동되어 지급되는 채권의 듀레이션 최대값은 1년 이하가 된다.

4.7 채권의 여러 형태와 채권등급평가

4.7.1 채권의 여러 형태

이자지급방법에 따른 분류

이자지급방법에 따라 이표채, 무이표채(할인채), 복리채, 단리채, 거치채 등으로 구분한다. **이표채**는 채권의 권면에 이표(coupon)가 붙어 있어 이자지급일에 이표와 교환으로 이자가 지급되는 채권으로 회사채와 금융채의 일부가 해당되며 매 3개월마다 이자를 지급한다. **무이표채**(할인채)는 액면금액에서 상환일까지의 이자를 공제한 금액으로 발행되고 만기에 액면금액을 상환받는 채권으로 통화안정채권 및 산업금융채권이 해당된다. **복리채**는 이자가 채권발행 후 만기까지 이자지급 단위기간 수만큼 복리로 재투자되어 만기에 원금과 이자가 한꺼번에 지급되는 채권으로 국민주택채권, 지역개발채권, 금융채 중 일부가 이에 해당된다. **단리채**는 단리방식에 의한 이자가 원금과 함께 만기에 일시에 지급되는 채권으로 양곡채와 토지채 일부가 해당된다. 마지막으로 **거치채**는 일정기간 거치 후 이자가 지급되는 채권으로 서울도시철도채권이 해당된다.[26]

회사채의 종류

주식회사가 발행하는 채권으로 보증사채, 무보증사채, 담보부사채, 전환사채, 신주인수권부사채, 교환사채, 옵션부사채 등이 있다. **보증사채**는 원금상환 및 이자지급을 금융기관이 보증하는 회사채이다. 원리금 보증기관은 은행, 신용보증기금, 기술신용보증기금, 종합금융회사, 보증보험회사 등이 있다. **무보증사채**는 금융기관의 보증이나 담보제공 없이 발행회사의 신용에 의하여 발행되는 회사채이다. **담보부사채**는 원금상환 및 이자지급을 물적으로 담보하기 위하여 물적담보가 붙여진 회사채이다. **전환사채(convertible bond: CB)**는 채권을 발행한 회사의 주식으로 전환할 수 있는 권리가 부여된 회사채로 발행회사는 비전환사채보다 낮은 표면금리로 자금을 조달할 수 있다. **신주인수권부사채(bond with warrants: BW)**는 일정 기간이 경과한 후 일정한 가격으로 발행회사의 일정 수의 신주를 인수할 수 있는 신주인수권이 부여된 채권이다. 전환사채와 마찬가지로 일반회사채보다 표면금리가 낮다. **교환사채(exchangeable bond: EB)**는 교환사채 소지인에게 소정의 기간 내에 사전에 합의된 조건으로 당해 발행회사가 보유하고 있는 유가증권으로 교환청구를 할 수 있는 권리가 부여된 채권이다. **후순위채(subordinated bond)**는 회사파산 시 은행대출을 포함한 모든 부채가

26 국토해양부, 국민주택채권 업무편람, 2012 참조

상환된 이후에 상환되는 채권이며, 일반회사채보다 표면금리가 높다. 마지막으로 **옵션부사채**는 일정조건이 성립하면 만기 전에 발행회사가 조기상환을 청구하거나, 또는 채권소지인이 조기상환을 청구할 수 있는 권리가 부여된 채권이다. 전자를 수의상환사채(callable bond), 후자를 **수의상환청구사채(putable bond)**이라고 한다.[27] 수의상환채권은 아래에서 다시 살펴본다.

수의상환사채

수의상환사채(callable bond)는 만기일 이전에 미리 정한 조기상환가격으로 채권을 조기상환(call)할 권리가 채권발행회사에 부여된 회사채이다. 조기상환 경우의 상환금액은 액면가에 **콜 프리미엄(call premium)**이 더해진 형태가 되는데, 콜 프리미엄으로는 종종 1년 동안의 이자가 적용된다. 예를 들면 액면가 10,000원, 이표가 5%인 이표채의 콜 프리미엄은 500원이 되며, 그 결과 발행회사는 10,500원을 투자자에게 상환하여야 한다. 대부분의 경우 콜 프리미엄은 채권이 만기에 접근함에 따라 감소한다. 한편 채권발행 후 일정기간, 예를 들어 5~10년까지는 조기상환규정의 적용이 배제되기도 하는데, 조기상환의 지연을 deferred call이라고 부르며, 이러한 채권은 **조기상환보호(call protection)**를 받는다고 한다.

고정금리채권의 발행회사는 채권발행 이후 금리가 크게 하락하면 조기상환할 유인을 갖게 된다. 즉 과거에 고금리로 채권을 발행하였는데 그 후 금리가 크게 하락하였다면 저금리의 신규채권을 발행하여 조달된 자금으로 과거의 고금리채권을 조기상환한다면 차입비용을 절감할 수 있다. 따라서 이 채권은 발행인에게는 유리하지만, 장기투자자에게는 불리하다. 왜냐하면 투자자는 상환받은 자금을 이제는 저금리로 운용하여야 하기 때문이다. 따라서 수의상환사채의 표면금리는 비수의상환사채(noncallable bond)의 표면금리보다 높다.

투자자가 보유한 채권이 수의상환사채이고 현재의 금리가 이표보다 낮아 조기상환이 행사될 가능성이 크다면 만기수익률 대신에 **조기상환수익률(yield to**

27 국토해양부, 국민주택채권 업무편람, 2012 참조

call)이 적절한 수익률이다. 이자가 연 1회 지급되는 채권의 조기상환수익률은 다음의 식을 만족하는 r로 계산된다.

$$V=\sum_{t=1}^{n}\frac{INT}{(1+r)^t}+\frac{Call\ Price}{(1+r)^n} \quad (4.5)$$

여기서 V는 채권의 가치, n은 조기상환까지의 기간(year), call price는 조기상환 시 상환액, 그리고 r은 조기상환수익률이다.[28]

예제 4-5 ››› 조기상환수익률의 계산

액면가 10,000원, 만기 10년 및 표면금리가 10%, 이자는 1년에 1회 지급되는 수의상환사채의 매입을 고려하고 있다. 이 채권은 발행 후 5년간은 조기상환보호를 받으며, 5년 후 콜 프리미엄은 5%이다. 발행 후 1년이 경과한 지금 금리가 하락하여 이 채권의 현재가격이 11,782원이다. 이 경우 이 채권의 조기상환수익률은 얼마인가?

풀이

잔존 조기상환보호기간은 4년, 조기상환액은 10,500원이다.

$$11,782=1,000\left[\frac{1-\frac{1}{(1+r)^4}}{r}\right]+\frac{10,500}{(1+r)^4}$$

이를 만족하는 r을 찾으면 6%이다.[29] 따라서 조기상환수익률은 6%이다.

4.7.2 채권등급평가

신용평가기관[30]들이 회사채의 지급불이행(default) 확률을 반영한 신용등급을

28 만기수익률은 식 (4.1)을 만족시키는 r이었다. 조기상환수익률은 식 (4.5)를 만족시키는 r인데, 이 경우 식 (4.1)의 액면가(M)는 조기상환액(call price)으로 바뀌고, 그리고 n의 의미는 만기로부터 조기상환 시까지의 기간(연)으로 바뀌는 것을 알 수 있다. 이자가 연 2회 또는 연 4회 지급되는 경우에는 식 (4.3)과 (4.4)를 마찬가지로 변형하여 적용하면 된다.

29 BA II Plus 계산기로 확인할 수 있다. 4, (N), 11,782, (+/−), (PV), 1,000, (PMT), 10,500, (FV), (CPT), (I/Y).

30 우리나라의 주요 신용평가기관으로는 한국기업평가, 한국신용평가, NICE신용평가 등이 있다.

회사채에 부여하는 것을 채권등급평가(bond rating) 또는 신용평가라고 한다.[31] 우리나라는 금융투자업자가 무보증회사채를 인수하거나 신탁자산에 편입하는 경우에는 두 기관 이상의 신용평가기관으로부터 신용평가를 받도록 하고 있다.[32] 회사채의 평가등급은 AAA부터 D까지 10등급으로 분류되며, 이 중 BBB 등급 이상의 채권을 투자적격채권(investment grade bond), 그리고 BB 이하의 채권을 정크본드(junk bond)라고 한다. [표 4-5]는 한국신용평가의 회사채 신용등급 체계를 보여준다.[33]

| 표 4-5 | 회사채 신용등급 체계

등급	정의
AAA	원리금 지급능력이 최상급임
AA	원리금 지급능력이 매우 우수하지만 AAA의 채권보다는 다소 열위임
A	원리금 지급능력은 우수하지만 상위등급보다 경제여건 및 환경악화에 따른 영향을 받기 쉬운 면이 있음
BBB	원리금 지급능력이 양호하지만 상위등급에 비해서 경제여건 및 환경악화에 따라 장래 원리금의 지급능력이 저하될 가능성을 내포하고 있음
BB	원리금 지급능력이 당장은 문제가 되지 않으나 장래 안전에 대해서는 단언할 수 없는 투기적인 요소를 내포하고 있음
B	원리금 지급능력이 결핍되어 투기적이며 불황 시에 이자지급이 확실하지 않음
CCC	원리금 지급에 관하여 현재에도 불안요소가 있으며 채무불이행의 위험이 커 매우 투기적임
CC	상위등급에 비하여 불안요소가 더욱 큼
C	채무불이행의 위험성이 높고 원리금 상환능력이 없음
D	상환 불능상태임

주: AA부터 B등급까지는 +, − 부호를 부가하여 동일 등급 내에서의 우열을 나타냄.
자료: 한국신용평가

세계 3대 신용평가기관은 미국의 경우에는 무디스(Moody' s Investor' s Service)와 스탠더드 앤드 푸어스(Standard & Poor' s Corporation), 그리고 영국의 피치(Fitch Investor' s Service)가 있다.

31 신용평가기관들은 회사채의 신용평가 외에도 기업어음, 유동화증권 등의 다양한 평가업무를 수행한다. 각 신용평가기관의 홈페이지를 참조하기 바란다.

32 증권인수업무에 관한규정 제11조(무보증사채의 인수), 제14조(원화표시채권의 인수) 및 금융투자업 규정 제4-63조(불건전 영업행위의 금지).

33 각 신용등급별 기업의 숫자와 금리는 각 신용평가기관의 홈페이지를 참조하기 바란다.

신용평가는 발행자인 기업과 수요자인 투자자 모두에게 중요하다. 먼저 채권의 등급은 지급불이행 지표로서 회사채의 금리 및 기업의 타인자본비용에 직접적인 영향을 미친다. 또한 대부분의 채권은 개인보다는 기관투자자에게 매각되는데, 많은 기관투자자들은 BBB 이상의 채권으로 투자가 제한되어 있다. 따라서 기관투자자들의 매입대상에서 제외되는 정크본드는 제한된 시장과 높은 위험으로 높은 수익률을 보인다.

신용평가기관들은 정기적으로 이미 발행된 채권의 신용평가를 검토하여 신용등급을 상향 또는 하향하기도 한다. 그러나 종종 신용등급의 조정은 신용도의 변화와 함께 즉시 이루어지지 않으며, 경우에 따라서는 신용도의 변화와 신용등급의 조정 간에는 상당한 시차가 발생할 수도 있다. 서브프라임 모기지로 야기된 2007~2009년의 금융위기 동안 신용평가기관의 등급이 적절한 신용도의 지표가 되지 못하였다는 많은 비판도 제기된 바 있다.

[표 4-6]은 회사채의 등급별 분포를 나타내고 [표 4-7]은 회사채의 주요 등급별 국고채 대비 스프레드(basis point)를 나타낸다. 예를 들어 3년 만기 AA회사채의 수익률은 2.5%(2.15%+35bp)이다. 만기가 증가할수록 회사채의 수익률이 증가하는 우상향 수익률곡선 형태를 보이고 있으며, 신용등급이 하락할수록 수익률이 증가하는 것을 알 수 있다.

| 표 4-6 | 회사채의 신용등급 분포

구분	AAA	AA	A	BBB	BB	B	CCC 이하	계
기업수 %	55 (14.5)	148 (38.9)	122 (32.1)	30 (7.9)	13 (3.4)	10 (2.6)	2 (0.5)	380 (100)
구분	투자등급				투기등급			계
기업수 %	355 (93.4)				25 (6.6)			380 (100)

자료: 한국신용평가 홈페이지(2018. 1. 12 기준)

| 표 4-7 | 회사채의 신용등급별 스프레드(basis point)

등급	1년	3년	5년
국고채	1.81%	2.15%	2.41%
AAA	22	25	25
AA	29	35	45
A	79	119	155
BBB	316	522	526
BB	664	945	996
B	1,146	1,500	1,593

주: (1) 무보증 회사채(공모 이표채) (2) 자료: KIS채권평가
자료: 한국신용평가 홈페이지(2018. 1. 11 기준)

부록 스왑의 가치평가

스왑(swap)은 거래당사자가 미리 정한 방식에 따라 미래에 현금흐름을 서로 교환하는 협약이다. 스왑거래의 대부분을 차지하는 금리스왑(interest rate swap)은 일정기간 동안 명목상의 원금(notional principal)에 대하여 고정금리(fixed rate) 또는 변동금리(floating rate)에 의한 현금흐름을 교환하는 협약이다. 실제로는 지급액과 수취액의 차액인 순현금흐름만 양 당사자 간에 발생한다.

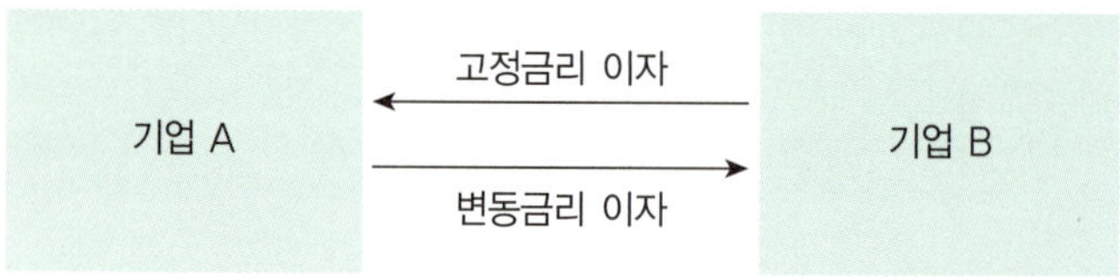

스왑의 가치평가는 채권 또는 주식과 같이 현금흐름을 바탕으로 이루어진다. 채권의 가치는 미래 현금흐름인 이자와 액면가를 각각 할인한 현재가치의 합이다. 주식의 가치도 배당평가모형에 의하면 미래 배당금의 현재가치의 합으로 결정된다. 스왑도 만기까지의 기간 동안 발생하는 현금흐름의 현재가치의 합으로 평가한다.

금리스왑의 가치는 계약 당시에는 이론적으로 0(zero)이다. 스왑은 양 당사자 간의 거래로 제로섬게임(zero-sum game)의 성격을 가진다. 예를 들어 한쪽에 10원의 현금흐름이 발생하면 거래상대방에는 -10원의 현금흐름이 발생함을 의미한다. 스왑 계약 체결 시에 평가한 스왑가치가 양(+)이라면 거래상대방의 스왑가치는 음(-)이 됨을 의미하며, 그 상황에서 스왑가치가 음이 되는 당사자는 거래를 할 유인이 없다. 따라서 스왑의 계약이 이루어지기 위해서는 스왑가치가 영(zero)이어야만 양 거래당사자를 만족시킬 수 있다. 그러나 일단 체결된 금리스왑은 시간의 흐름에 따라 순지급 또는 순수취가 발생하면서 스왑가치도 양 또는 음으로 변화한다. 스왑가치는 채권의 포트폴리오(채권가치의 차이) 또는 선도계약의 포트폴리오로 평가한다.

A4.1 채권의 포트폴리오

금리스왑 매입자(고정금리를 지급하고 변동금리를 수취)의 미래 현금흐름은 고정금리채권을 발행(short position)하고, 변동금리채권을 보유(long position)한 것과 같다. 즉 고정금리부채와 변동금리자산을 보유한 것과 같다. 따라서 자산의 현금흐름은 양으로, 부채의 현금흐름은 음으로 표시하여 합한 가치가 스왑가치가 된다. 금리스왑 매도자(변동금리 지급하고 고정금리를 수취)는 변동금리채권을 발행하고 고정금리채권을 보유한 것과 같다.

A4.2 선도계약의 포트폴리오

금리스왑은 만기까지 주기적으로 고정금리이자와 변동금리이자를 서로 교환한다. 따라서 미래에 주기적으로 현금흐름을 교환하는 각각의 거래는 각각 선도계약으로 볼 수 있다. 그러므로 금리스왑의 가치는 선도계약의 포트폴리오로도 평가할 수 있다.

이자율의 기간구조가 우상향(upward sloping)하는 경우 금리스왑 매입자는 현금흐름이 초기에는 순지급, 후기에는 순수취가 발생할 것으로 기대된다. 예를 들어 5년 만기 1년마다 이자를 교환하는 금리스왑을 가정하자. 그리고 계약 당시에 예측된 변동금리가 실현된다는 가정에서 1년 후 이자교환 직후의 스왑가치는 양이 될 것으로 기대되며, 같은 논리로 나머지 기간에도 스왑가치는 양이 된다. 그리고 현금흐름의 부호가 반대인 거래상대방(금리스왑 매도자)은 현금흐름이 초기 순수취, 후기 순지급이 발생하여 스왑가치는 음이 된다.

이자율의 기간구조가 우하향(downward sloping)하는 경우 금리스왑 매입자는 현금흐름이 초기에는 순수취, 후기에는 순지급이 발생하며 그 결과 스왑가치는 계약기간 동안 음이 된다. 반대로 금리스왑 매도자는 현금흐름이 초기 순지급, 후기에는 순수취가 발생하여 스왑가치는 양이 된다.

요 약

01 채권은 차입자가 채권 소지인에게 미리 약정한 날에 이자 및 원금을 상환할 것을 약속한 장기계약이다.

02 채권은 발행주체에 따라 국채, 지방채, 회사채, 특수채, 금융채, 외국채 등으로 구분된다.

03 채권의 주요 구성요소는 액면가, 표면금리 및 만기일이다.

04 이자가 연 1회 지급되는 채권의 가치평가는 다음과 같다.

$$V = INT\left[\frac{1-\frac{1}{(1+r)^n}}{r}\right] + \frac{M}{(1+r)^n} \tag{4.2}$$

05 이자가 연 2회 지급되는 채권의 가치평가는 다음과 같다.

$$V = \frac{INT}{2}\left[\frac{1-\frac{1}{\left(1+\frac{r}{2}\right)^{2n}}}{\frac{r}{2}}\right] + \frac{M}{\left(1+\frac{r}{2}\right)^{2n}} \tag{4.3}$$

06 시장금리와 채권가치는 역의 관계를 갖는다. 즉 시장금리가 표면금리보다 상승하면 채권가치는 감소(할인채권)하고, 반면에 시장금리가 표면금리보다 하락하면 채권가치는 증가(할증채권)한다. 시장금리가 표면금리와 일치하면 채권가치는 액면가로 거래된다.

07 채권을 매입하여 만기까지 보유할 경우의 수익률을 만기수익률(yield to maturity)이라고 한다.

08 채권이 발행된 후 시장금리의 변화로 할인 또는 할증된 가격으로 거래되는 채권은 다른 조건이 변화가 없다면 만기일에 접근할수록 액면가로 수렴한다.

09 시장금리의 변동에 따른 채권가치의 변동을 금리위험(interest rate risk)이라고 한다. 협의로는 금리상승에 따른 채권가치의 하락을 금리위험으로 보기도 한다.

10 모든 것이 동일하면 채권의 만기가 길수록 채권의 금리위험은 더 크다.

11 듀레이션은 현금흐름의 시기와 규모를 고려한 가중평균만기이다. 무이표채의 듀레이션은 잔존만기와 같으며, 이표채의 듀레이션은 잔존만기보다 작다.

12 듀레이션은 금리위험의 지표로, 듀레이션이 길수록 채권의 금리위험이 더 큼을 나타낸다. 듀레이션은 만기가 증가할수록 길어지며, 이표 및 시장이자율이 증가할수록 짧아진다.

13 변동금리채권(이표채)은 변동표면금리를 가진 채권이다. 변동금리채권은 최초 도래하는 이자지급시기가 만기인 것처럼 평가한다. 따라서 변동금리채권의 듀레이션은 최초 도래하는 이자지급시기까지의 기간이다.

14 회사채에는 보증사채, 무보증사채, 담보부사채, 전환사채, 신주인수권부사채, 교환사채, 옵션부사채, 후순위채 등이 있다.

15 수의상환사채(callable bond)는 만기일 이전에 미리 정한 조기상환가격으로 채권을 조기상환할 권리가 발행인에게 부여된 채권이다. 시장금리가 표면금리보다 크게 하락한 경우 조기상환을 행사할 수 있으며, 이 같은 행사가능성이 큰 경우에는 만기수익률 대신 조기상환수익률(yield to call)이 적절한 수익률이다.

$$V = \sum_{t=1}^{n} \frac{INT}{(1+r)^t} + \frac{Call\ Price}{(1+r)^n} \tag{4.5}$$

16 신용평가기관들은 지급불이행확률을 반영한 신용등급을 부여하며, BBB 이상의 등급을 투자등급, BB 이하의 채권을 투기등급이라고 부르며, 특히 투기등급의 채권을 정크본드(junk bond)라고 부른다.

EXERCISE

| 연 | 습 | 문 | 제 |

4-1 국채와 회사채의 차이를 설명하시오.

4-2 채권의 구성요소를 각각 설명하시오.

4-3 채권가치의 평가식을 설명하시오.

4-4 표면금리 대비 시장금리의 변화에 따른 채권가치의 변화를 설명하시오. 그리고 시계열적으로 만기일로 접근함에 따라 채권가치는 어떻게 변화하는지 설명하시오.

4-5 채권가치의 평가식을 이용하여 만기수익률을 구하는 방법을 설명하시오.

4-6 채권의 금리위험은 만기의 차이(단기, 장기)에 따라 어떻게 변화하는지 설명하시오.

4-7 듀레이션의 계산방법을 설명하고, 만기, 이표 및 시장금리와의 관계를 설명하시오.

4-8 수의상환사채는 언제 조기상환권리가 행사되며, 조기상환수익률은 어떻게 계산되는지 설명하시오.

4-9 채권의 신용평가 중 투자등급과 투기등급을 설명하시오.

4-10 정크본드에 대하여 설명하시오.

4-11 지금은 1월 1일이다. 액면가 10,000원, 표면금리 10%, 잔존만기 5년, 이자는 연 1회 연말에 지급되는 채권의 현재가치는 얼마인가? 단 시장금리는 12%이다(반올림하여 원으로 답하시오).

4-12 액면가 10,000원, 표면금리 10%, 잔존만기 5년인 채권의 가치를 구하시오. 이자는 6개월마다 지급되고 시장금리는 12%이다. 반올림하여 원으로 답하시오.

4-13 액면가 10,000원, 표면금리 10%, 잔존만기 5년, 이자는 향후 6개월마다 10회 지급되는 채권이 8,000원에 거래되고 있다. 이 채권의 만기수익률(*YTM*)(%)을 추정하시오. 반올림하여 소수점 둘째 자리까지 구하시오(재무계산기 필요).

4-14 액면가 10,000원, 표면금리 10%, 잔존만기 10년, 그리고 이자는 지금부터 1년 후인 연말부터 매 연말에 지급되는 이표채가 현재 시장금리가 크게 하락하여 12,000원에 거래되고 있다. 이 채권은 5년 후 액면가의 110%에 조기상환될 수 있다. 이 채권의 조기상환수익률(yield to call)(%)을 추정하시오. 반올림하여 소수점 둘째

자리까지 구하시오(재무계산기 필요).

4-15 다음 채권의 현재가치와 듀레이션을 계산하시오. 잔존만기 3년, 액면가 10,000원, 표면금리 5%, 이자는 1년 후부터 3회에 걸쳐 1년마다 지급된다. 단 시장금리는 6%이다. 단위는 원과 연(year)으로 반올림하여 소수점 둘째 자리까지 구하시오.

4-16 액면가 100,000원, 잔존만기 10년, 표면금리 10%, 이자는 6개월마다 지급되는 이표채가 있다. 이 채권에 투자하는 경우 연간실효이자율(effective annual rate: EAR)이 12.36%가 되기 위해서는 채권의 현재 매입가격은 얼마가 되어야 하는가? 반올림하여 원으로 답하시오.

4-17 액면가 100,000원, 표면금리 8%, 잔존만기 15년, 이자는 1년마다 지급되는 이표채에 5년간 투자하여 연 10%의 수익률을 올리려고 한다. 5년 후 이 채권과 동일한 신용위험을 가진 10년 만기 채권의 만기수익률이 7.5%가 예상된다면 이 채권의 현재 매입가는 얼마가 되어야 하는가? 반올림하여 원으로 답하시오.

4-18 바른 답을 선택하시오.

(1) 동일한 기업의 수의상환사채(callable bond)는 비수의상환사채(noncallable bond)에 비하여 표면금리가 (낮다, 높다).

(2) 동일한 기업의 전환사채의 표면금리는 비전환사채의 표면금리보다 (낮다, 높다).

(3) 신용등급 BBB의 채권은 어떻게 분류되는가? (투자적격채권, 정크본드)

(4) 모든 조건이 동일하면 표면금리가 높을수록 듀레이션은 더 (짧아진다, 길어진다)

(5) 듀레이션이 긴 채권일수록 금리위험이 더 (작다, 크다)

4-19 다음 중 금리위험이 가장 큰 채권은?

① 잔존 만기 4년 고정금리 이표채(이자는 1년마다 지급)

② 잔존 만기 5년 변동금리 이표채(이자는 6개월마다 지급)

③ 잔존 만기 6년 변동금리 이표채(이자는 1년마다 지급)

④ 잔존 만기 4년 무이표채

Chapter 05

주식의 가치평가

본 장에서는 주식의 가치평가를 공부한다. 먼저 주식의 정의 및 종류, 그리고 주식의 특성을 살펴본다. 그 다음에 주식의 가치평가모형들을 살펴본다. 먼저 가장 널리 언급되는 배당평가모형의 일반식을 도출하고, 그 모형을 바탕으로 성장률이 일정한 경우, 성장률이 영인 경우 그리고 성장률이 일정하지 않은 경우의 예를 공부한다. 그 다음에는 배당평가모형에서 핵심적인 역할을 하는 성장률의 추정에 관하여 살펴본다. 한편 현금흐름 성격으로 볼 때 주식과 채권의 중간 형태인 우선주의 가치평가도 함께 살펴본다. 아울러 배당평가모형의 대체적인 평가방법인 총지급모형, 기업가치평가모형 및 상대가치평가모형을 살펴본다. 마지막으로 효율시장가설과 최초주식공모(IPO)를 간략히 개관한다.

5.1 주식의 정의 및 종류

우리는 제1장에서 장기고정자산에 대한 투자결정과 그에 따른 장기자금조달이 기업의 주요 의사결정이라고 배웠다. 그리고 제4장에서는 그 중 채권자로부터의 자금조달과 관련하여 채권의 가치평가를 공부하였다. 본 장에서는 또 다른 장기 자금조달원인 주주로부터의 자금조달과 관련하여 주식의 가치평가를 살펴본다.

주식(stock)은 주식회사의 소유권을 의미하며 주식회사의 자산 및 이익(earning)에 대한 청구권을 나타내는 유가증권이다. 그리고 그 소유권의 정도는 발행 주식수에 대한 보유 주식수에 의하여 결정된다.[01] 다시 말하여 주식은 주식회사의 자본을 이루는 단위로서의 금액을 나타내며 동시에 회사에 대한 주주의 권리와 의무를 나타낸다.[02]

주식은 보통주와 우선주로 나누어진다. 보통주(common stock)의 소유자는 일반적으로 주주총회에서 의결권을 보유하며 배당금을 수취할 권리를 가진다. 이에 반해 우선주(preferred stock)의 소유자는 대개 의결권을 보유하지 않지만 회사의 자산 및 이익에 대하여 보통주보다 우선적인 청구권을 가진다. 예를 들면 우선주의 주주들은 보통주의 주주들보다 우선적으로 배당금을 받으며 회사가 파산 또는 청산 시에 우선적 지위를 가진다.[03]

5.2 주식의 특성

주식을 소유한 투자자를 주주(stockholder)라고 부른다. 이하에서는 보통주

01 예를 들어 회사의 주식발행잔고가 1,000주인데, 어떤 주주가 100주의 주식을 소유하였다면 그 주주는 회사 자산에 대한 10%의 소유권, 즉 청구권을 가진다.

02 매일경제신문사, 신증권금융사전, 2006.

03 www.investopia.com의 정의 참조. 우리나라 주식에 대한 보다 상세한 내용은 상법 내의 주식회사 편을 참조하기 바란다.

를 소유한 주주들의 특성을 간단히 살펴본다. 먼저 주주들은 **의결권(voting right)**을 갖는다. 즉 주주총회에 참석하여 이사회의 이사를 선출할 권리를 갖는다. 의결권 행사 시 주주들은 앞서 설명한 바와 같이 발행주식 잔고 대비 소유주식수에 비례한 의결권을 보유한다. 소기업의 경우에는 회사 규모가 작아 주요주주들이 이사회 의장 또는 대표이사를 하는 경우도 많으나, 대기업의 경우에는 소유와 경영의 분리로 이사회가 전문경영인을 선출하는 것이 일반적이다.

두 번째로 주주들은 현금흐름(payoff)의 관점에서 잔여지분청구권과 유한책임의 특성을 가진다. 먼저 **잔여지분청구권(residual claims)**을 설명하면 다음과 같다. 기업의 장기고정자산에 대한 투자결정이 이루어지면 장기자금조달이 이루어져야 하며, 그 대표적 방법이 채권자(bondholder)를 통한 자금조달과 주주(stockholder)를 통한 자금조달이다. 채권자와 주주들은 기업에 대한 자금의 공급자로서 회사 자산에 대한 청구권을 가진다. 그런데 기업의 파산 또는 청산 시 청구권 우선순위(priority rule)에 따라 채권자들이 주주들보다 우선적 청구권을 가진다. 따라서 주주들은 채권자들의 우선적 순위가 충족된 후의 잔여자산에 대한 청구권을 보유하는 것이 잔여지분청구권이다. 이를 수식으로 표현하면 다음과 같다.

$$E = A - L \tag{5.1}$$

여기서 E=자기자본(equity), A=자산(assets), 그리고 L=부채(liabilities)이다.

주주의 **유한책임(limited liabilities)**이란 주주들이 자신이 투자한 한도 내에서 책임을 지는 것을 의미한다. 주식회사가 오늘날과 같이 크게 성장하게 된 여러 요인 중의 하나가 주주의 유한책임이라고 볼 수 있다. 이를 수식으로 표현하면 다음과 같다.

$$E \geq 0 \tag{5.2}$$

예를 들어 미래기업의 현재 총자산가치는 100억원, 그리고 미래에 지급될 부채의 원금과 이자의 현재가치는 80억원, 그리고 주주의 부를 나타내는 자기자본가치는 20억원이라고 가정하자.

$$A = L + E \qquad \text{그러므로 } 100\text{억원} = 80\text{억원} + 20\text{억원}$$

그런데 기업의 자산가치는 향후 경영성과 또는 경영환경의 변화에 따라 변동되는 확률변수(random variable)이다. 그에 반해 부채는 원리금상환액이 확정되어 있는 상수(constant)로 볼 수 있으므로 결국 잔여지분청구권인 자기자본가치는 확률변수인 자산가치의 함수로 다음과 같이 표시할 수 있다.

$$E = \tilde{A} - L \qquad \text{그러므로 } E = \tilde{A} - 80\text{억원}$$

위의 식을 보면 만약 경영성과가 좋아 자산의 가치가 110억원이 기대되는 경우에는 자기자본의 현금흐름(payoff)은 30억원이 된다. 그러나 경영성과가 부진하여 자산가치가 70억원이 예상되면 자기자본의 현금흐름은 −10억원이 되어야 한다. 그러나 주주는 유한책임의 특성을 가지므로 자신이 투자한 한도 내에서만 책임을 지게 되어 결국 자기자본가치는 영이 된다. 즉 자기자본가치는 다음의 두 식, 잔여지분청구권과 유한책임을 동시에 만족하여야 한다.

$$\begin{cases} E = \tilde{A} - 80\text{억원} \\ E \geq 0 \end{cases}$$

이를 합쳐서 일반적으로 표시하면 다음과 같이 표시할 수 있다.

$$E = \max[\tilde{A} - L, 0] \tag{5.3}$$

이는 **콜옵션(call option)**과 유사한 현금흐름(payoff)이다. 즉 채권자가 기초자산으로 기업($\tilde{A}$)을 보유하고 있고, 주주는 기초자산의 행사가격이 부채(L)인 콜옵션을 보유하고 있는 것과 유사하다.[04]

그밖에 기존 주주들의 권리를 보호하기 위하여 기존 주주들에게 **신주인수권**

---

04 주식옵션(stock option)과 비교하면 x축의 주가(S) 대신에 자산(A)이 대응하고, y축의 콜옵션가치(c) 대신에 주주의 현금흐름(E)이 대응한다. 그리고 행사가격에 해당하는 것이 부채가치(L)이다. 콜옵션의 가치가 기초자산인 주식가치 변동성의 증가함수인 것처럼, 주주가치도 자산가치 변동성의 증가함수임을 알 수 있다. 즉 콜옵션적 현금흐름은 주주들이 위험추구(risk-taking) 인센티브를 가지고 있음을 시사한다.

(preemptive right)이 부여되기도 한다.[05] 예를 들어 시장에서 주당 만원에 거래되는 주식의 발행잔고가 1,000주라면 자기자본의 시장가치는 1,000만원이다. 만약 추가적으로 1,000주의 주식을 주당 5,000원에 발행한다면 자기자본의 시장가치는 1,500만원으로 증가한다. 새로운 자기자본 시장가치를 2,000주로 나누면 주당 가치는 7,500원이 된다. 따라서 기존 주주(old stockholder)에게는 주당 2,500원의 가치하락이 발생하고, 반대로 신주주(new stockholder)에게는 2,500원의 가치상승이 발생된다. 따라서 신주를 시장가치 이하로 매각하면 주가를 희석(dilution)시켜 구주주들의 부가 신주주들의 부로 이전되는 현상이 발생한다. 기존 주주들의 신주인수권은 이러한 왜곡을 방지할 수 있다.

5.3 주식가치평가의 중요성

투자자들은 주식에 투자하기 전에 시장에서 형성된 주식의 시장가치가 주식의 **내재가치(intrinsic value** 또는 true value)와 어떻게 다른지 알고자 한다. 주가는 내재가치를 나타낼 수도 있지만, 내재가치 대비 **고평가(overvalued)** 또는 **저평가(undervalued)**될 수도 있다. 이 경우에 투자자들은 저평가된 주식을 매입하고 고평가된 주식은 매도하려고 할 것이다. 이와 같이 주식의 가치평가는 투자자들에게 중요한 의미를 갖는다.

또한 기업의 경영자들은 제1장에서 살펴본 바와 같이 주주의 대리인으로 경영활동이 어떻게 주가에 영향을 미치는지 관심을 갖게 된다. 또한 현재의 주가가 내재가치 대비 저평가 또는 고평가되고 있는지도 관심을 가질 것이다. 예를 들어 경영자는 현재의 주가가 주식의 내재가치보다 저평가되었다고 판단한다면 신주발행을 주저하게 될 것이다. 왜냐하면 저평가된 가격으로 신주발행을 하게

---

05 상법제418조 제1항은 "주주는 그가 가진 주식수에 따라서 신주의 배정을 받을 권리가 있다"라고 정하고 있다. 그 외 주식의 권리와 의무에 대한 분석은 본서의 범위를 넘으므로 관련 전문서적을 참조하기 바란다.

되면 **주가의 희석(dilution)**효과에 의하여 구주들로부터 신주주로 부가 이전하는 현상이 발생하기 때문이다. 반대로 경영자가 현재의 주가가 고평가되었다고 판단하면 지금을 주식발행의 적기로 판단할 수도 있을 것이다. 이와 같이 경영자는 주가의 결정요소 및 주식의 가치평가에 관심을 가지고 있다.

이와 같이 투자자 또는 경영자들에게 주식의 가치평가는 매우 중요한 이슈이다. 이와 관련하여 본장에서는 주식의 가치평가모형으로 배당평가모형, 총지급모형, 기업가치평가모형, 그리고 상대가치평가모형을 공부한다.

5.4 배당평가모형

유가증권의 가치는 유가증권을 소유하는 동안 기대현금흐름의 할인된 현재가치의 합으로 정의된다. **배당평가모형(dividend valuation model)**은 주식을 보유하는 동안 주기적으로 수취하는 배당금과 미래 시점 매각가격의 현금흐름을 할인한 현재가치로 주식을 가치평가하는 방법이다.

5.4.1 배당평가모형의 일반식

먼저 투자기간(investment horizon)이 1년인 투자자를 고려하자. 투자자의 주식매입가격을 P_0, 편의상 1년 말에 지급되는 **배당금**을 D_1, 그리고 1년 말의 주가를 P_1이라고 가정하면 투자자의 현금흐름은 다음과 같다.

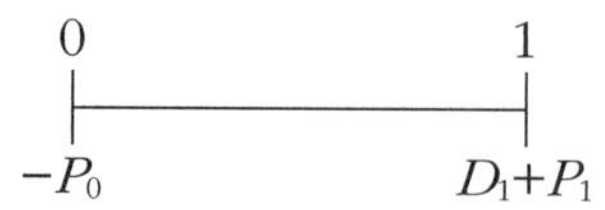

투자자는 현재의 주가(P_0)를 미래의 배당금(D_1)과 주가(P_1)의 현재가치와 비교하여 매입 여부를 결정한다. 그런데 미래의 배당금과 주가의 현재가치는 그 현

금흐름의 위험을 반영하는 할인율, 즉 자기자본의 자본비용(cost of equity capital), r_E로 할인되어야 한다.[06] 그리고 투자자는 현재의 주가가 미래 현금흐름의 현재가치보다 같거나 낮을 경우에 그 주식을 매입한다.

$$P_0 \leq \frac{D_1 + P_1}{1 + r_E}$$

한편 현재 주가가 미래 현금흐름의 현재가치보다 같거나 높으면 투자자는 그 주식을 매도한다.

$$P_0 \geq \frac{D_1 + P_1}{1 + r_E}$$

각 주식의 매입자가 있으면 동시에 매도자가 있으므로 결국 균형상태에서는 다음의 식이 성립한다.

$$P_0 = \frac{D_1 + P_1}{1 + r_E} \tag{5.4}$$

식 (5.4)의 양변에 $(1 + r_E)$을 곱하고 P_0로 나누어 정리하면 다음과 같다.

$$r_E = \frac{D_1}{P_0} + \frac{P_1 - P_0}{P_0} \tag{5.5}$$

여기서 등호 오른쪽의 첫 번째 항은 1년 말의 배당금을 현재의 주가로 나눈 배당수익률(dividend yield)을 나타내고, 두 번째 항은 자본이득(capital gain)인 $P_1 - P_0$을 현재의 주가로 나눈 자본이득수익률(capital gains yield)을 나타낸다. 즉 배당금과 주가의 현재가치에 사용되는 할인율, 즉 자기자본의 자본비용은 배당수익률과 자본이득수익률의 합으로 표시할 수 있다.[07]

---

06 자본비용은 제8장에서 다루어진다. 여기서는 주식과 배당의 위험과 동일한 위험을 갖는 투자안의 수익률을 지칭한다.

07 기업 관점의 자기자본의 자본비용은 투자자 관점에서는 주식에 투자한 투자자가 요구하는 수익률로 주식의 수익률이 배당수익률과 자본이득수익률로 구성됨을 나타내고 있다.

예제 5-1 ››› 주식의 가치평가

지금부터 1년 후 행복기업의 주가는 10,000원, 주당 배당금은 200원으로 예상된다. 행복기업의 주식과 동일한 위험을 가지는 투자안의 기대수익률이 7%라면, 행복기업의 현재주가는 얼마인가? 그리고 이 현재주가로 예상되는 배당수익률과 자본이득수익률은 얼마인가?

풀이

식 (5.4)를 이용하여 현재주가를 계산하면 다음과 같다.

$$P_0 = \frac{D_1 + P_1}{1 + r_E} = \frac{200 + 10{,}000}{1 + 0.07} = 9{,}533\text{ 원}$$

이 현재주가를 바탕으로 배당수익률과 자본이득수익률을 계산하면 다음과 같다.

$$\frac{D_1}{P_0} = \frac{200}{9{,}533} = 0.021$$

$$\frac{P_1 - P_0}{P_0} = \frac{10{,}000 - 9{,}533}{9{,}533} = 0.049$$

그러므로 배당수익률은 2.1%, 자본이득수익률은 4.9%로 자기자본의 자본비용, 즉 총수익률은 2.1% + 4.9% = 7%임을 알 수 있다.

이제 투자기간이 2년인 투자자를 고려하자. 투자자의 현금흐름은 다음과 같다.

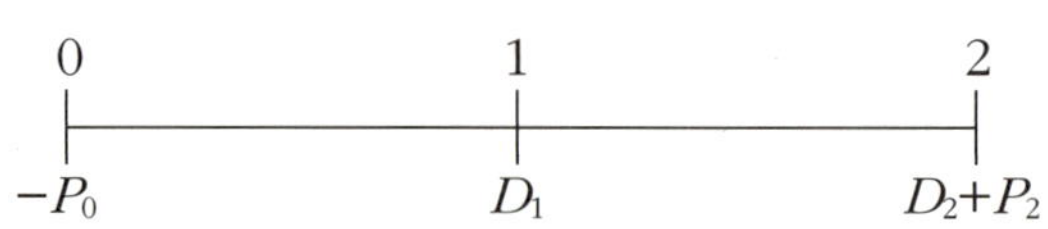

현재주가는 다음과 같이 표시된다.

$$P_0 = \frac{D_1}{1 + r_E} + \frac{D_2 + P_2}{(1 + r_E)^2} \tag{5.6}$$

식 (5.6)은 주식의 보유기간이 2년인 투자자의 주식가치평가모형인데, 이는 보유기간 1년인 투자자가 1년 말에 다시 보유기간 1년인 투자자에게 매도했을 때의 현금흐름과 같다. 이를 확인하기 위해 1년 말 보유기간 1년 투자자 현금흐름의 시간선을 표시하고 매입주가를 계산하면 다음과 같다.

$$P_1 = \frac{D_2 + P_2}{1 + r_E}$$

위 식의 P_1에 관한 식을 식 (5.4)에 대입하면 다음과 같다.

$$P_0 = \frac{D_1 + P_1}{1 + r_E} = \frac{1}{1 + r_E}\left[D_1 + \frac{D_2 + P_2}{1 + r_E}\right] = \frac{D_1}{1 + r_E} + \frac{D_2 + P_2}{(1 + r_E)^2}$$

이로부터 2년간 투자하는 투자자의 주식가치평가는 연속적인 1년 투자자의 현금흐름을 가치평가하는 것과 동일함을 알 수 있다.

이를 n년으로 확장하면 투자자들의 총보유기간이 n년인 투자자의 주식의 가치평가는 다음과 같다.[08]

$$P_0 = \frac{D_1}{1 + r_E} + \frac{D_2}{(1 + r_E)^2} + \frac{D_3}{(1 + r_E)^3} + \cdots + \frac{D_n + P_n}{(1 + r_E)^n} \tag{5.7}$$

주식은 만기가 없으므로 무한정 보유하는 경우의 평가식은 다음과 같다.

$$P_0 = \frac{D_1}{1 + r_E} + \frac{D_2}{(1 + r_E)^2} + \frac{D_3}{(1 + r_E)^3} + \cdots = \sum_{t=1}^{\infty} \frac{D_t}{(1 + r_E)^t} \tag{5.8}$$

따라서 주식의 가치는 기대되는 미래 배당금의 현재가치의 합과 같다.

5.4.2 배당평가모형의 특수한 경우

배당평가모형의 일반식에 의하면 주가는 추정된 미래 배당금의 현재가치를 계산함으로써 계산할 수 있다. 이하에서는 배당금이 특별한 형태를 가지는 경우, 즉 배당금의 성장률이 일정한 경우, 성장률이 영인 경우, 그리고 성장률이

08 식 (5.7)은 한 투자자가 n년 동안 수취하는 배당금과 주식의 매도가격을 나타낸다고도 볼 수 있고, 또는 여러 투자자가 연이어 n년간 투자한 현금흐름의 합이라고도 볼 수 있다.

일정하지 않은 경우의 세 가지에 관하여 살펴본다.

성장률이 일정한 주식

미래 배당금에 관한 가장 간단한 가정은 미래 배당금의 성장률이 g로 일정하다고 가정하는 것이다.[09] 즉 성장률이 일정한 주식(constant growth stock)의 첫 번째 연말 배당금을 D_1이라고 하면 이 주식배당금의 현금흐름은 다음과 같이 표시할 수 있다.

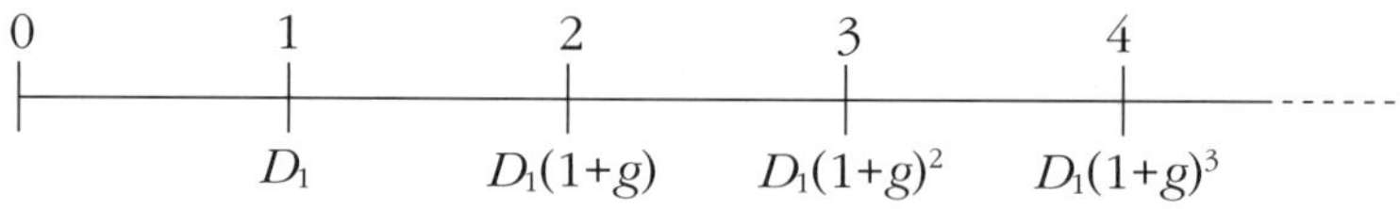

$$P_0 = \frac{D_1}{(1+r_E)} + \frac{D_1(1+g)}{(1+r_E)^2} + \frac{D_1(1+g)^2}{(1+r_E)^3} + \cdots = \sum_{t=1}^{\infty} \frac{D_1(1+g)^{t-1}}{(1+r_E)^t} \tag{5.9}$$

위 식은 제3장 식 (3.10)의 성장영구연금의 형태이므로 정리하면 다음과 같은 공식이 된다.[10]

$$P_0 = \frac{D_1}{r_E - g} \tag{5.10}$$

여기서 D_1은 첫 번째 연말에 지급되는 배당금, r_E는 자기자본의 자본비용, 그리고 g는 배당금의 성장률을 각각 나타낸다. 그리고 분모의 $r_E - g$는 영보다 커야 하므로 $r_E > g$의 조건에서 성립한다.

식 (5.10)의 양변에 $r_E - g$를 곱하여 r_E에 관하여 정리하면 다음과 같다.

$$r_E = \frac{D_1}{P_0} + g \tag{5.11}$$

식 (5.11)을 식 (5.5)와 비교하면 성장률 g는 자본이득수익률(capital gains

09 기업의 성장주기(life cycle)에서 성숙기의 기업들은 일정한 배당성향을 유지할 가능성이 높다. 자세한 내용은 배당정책에서 다루게 된다.

10 또는 $D_1 = D_0(1+g)$이므로 식 (5.10)은 $P_0 = \frac{D_0(1+g)}{r_E - g}$로 표시되기도 한다.

yield)과 동일함을 알 수 있다. 다시 말하면 성장률이 일정한 주식의 배당평가모형에서 주가의 증가율, 즉 자본이득수익률은 배당금의 성장률과 동일함을 알 수 있다.

예제 5-2 ››› 성장률이 일정한 주식의 가치평가

지금부터 1년 후 주당 300원의 배당금을 지급할 예정인 주식을 가정하자. 향후 배당금은 매년 6%로 성장할 것으로 기대된다. 이 기업의 자기자본 자본비용은 10%라면 주가는 얼마로 추정되는가? 만약 성장률이 8%일 때의 주가는 얼마로 추정되는가?

▮ 풀이 ▮

성장률이 6%일 경우의 주가는 다음과 같다.

$$P_0 = \frac{D_1}{r_E - g} \text{에 대입하면 } P_0 = \frac{300}{0.1 - 0.06} = 7{,}500\text{원}$$

성장률이 8%라면 주가는 다음과 같다.

$$P_0 = \frac{300}{0.1 - 0.08} = 15{,}000\text{원}$$

따라서 배당평가모형을 적용할 때 성장률이 6%에서 8%로 약 33%만 증가해도 주가는 7,500원에서 15,000원으로 두 배로 증가함을 알 수 있다. 이로부터 우리는 주가가 성장률 g에 매우 민감하여 성장률의 정확한 추정이 매우 중요함을 알 수 있다.

성장률이 영인 주식

또 다른 간단한 가정은 향후 배당금이 일정하다고 가정하는 것이다. 즉 성장률이 영인 주식(zero growth stock)의 현금흐름은 다음과 같다.

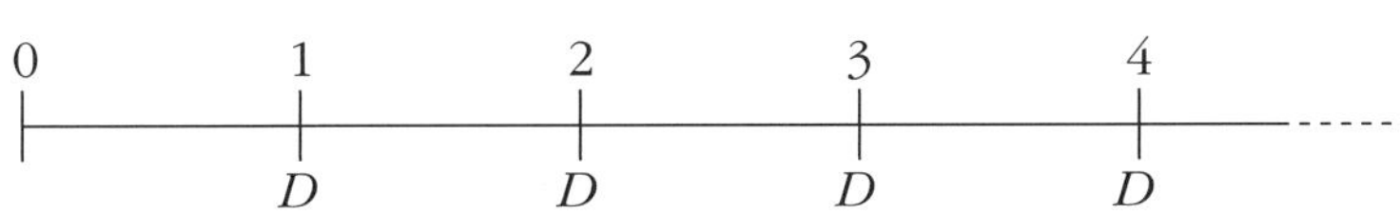

$$P_0 = \frac{D}{(1+r_E)} + \frac{D}{(1+r_E)^2} + \frac{D}{(1+r_E)^3} + \cdots = \sum_{t=1}^{\infty} \frac{D}{(1+r_E)^t} \tag{5.12}$$

위 식은 성장률이 일정한 주식의 가치를 나타내는 식 (5.10)에서 $g=0$인 경우이므로 다음과 같이 간단히 나타낼 수 있다.[11]

$$P_0 = \frac{D}{r_E} \tag{5.13}$$

여기서 D는 일정한 배당금, r_E는 자기자본의 자본비용 또는 요구수익률을 각각 나타낸다.

예제 5-3 》 성장률이 영인 주식의 가치평가

지금부터 1년 후 주당 300원의 배당금을 지급할 예정이며, 배당금의 성장률이 영으로 기대되는 주식이 있다고 가정하자. 이 기업의 자기자본 자본비용이 10%라면 주가는 얼마로 추정되는가?

풀이

$P_0 = \frac{D}{r_E}$에 대입하면 $P_0 = \frac{300}{0.1} = 3{,}000$원

[예제 5-2]와 비교하면 성장률이 6%일 때 7,500원 그리고 성장률이 8%일 때 15,000원에 비해 감소함을 알 수 있다.

성장률이 일정하지 않은 주식

기업의 성장주기에서 유망한 신생 기업들은 초기에 고도성장을 이룬 후 성숙기로 접어들어서는 성장률이 안정되는 경향을 보인다. 이와 같이 **성장률이 일정하지 않은 주식(nonconstant growth stock)** 또는 성장률이 변화하는 주식(differential growth stock)의 가치평가를 살펴보자.

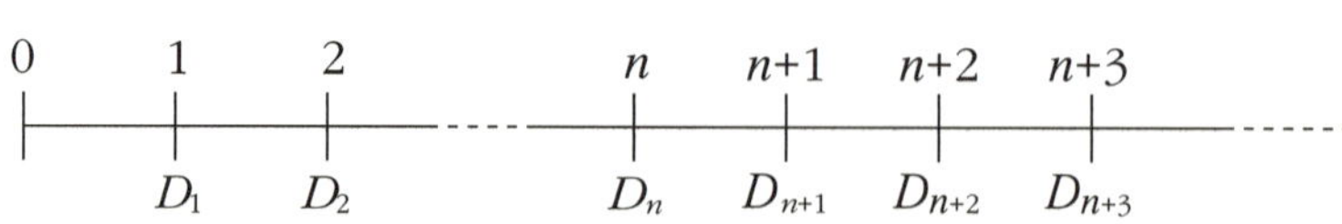

11 이는 제3장의 영구연금의 식 (3.9)의 응용의 예라고도 생각할 수 있다.

처음 n년 동안은 일정하지 않은 성장(nonconstant growth)을 이룬 후, $n+1$년 이후에는 일정한 성장률 g로 성장한다고 가정하면, $D_{n+2} = D_{n+1}(1+g)$, $D_{n+3} = D_{n+1}(1+g)^2$ 등으로 표시할 수 있다.

이 경우 기업이 성숙기로 접어들어 일정한 성장률을 갖는 기간 동안은 앞서 배운 성장률이 일정한 주식의 가치평가식 (5.10)을 적용할 수 있다.

$$P_n = \frac{D_{n+1}}{r_E - g} \tag{5.14}$$

이제 n년 동안의 배당금($D_1, D_2, \ldots, D_n$)과 P_n을 배당평가모형의 일반식인 식 (5.7)에 대입하면 다음과 같다.

$$P_0 = \frac{D_1}{1+r_E} + \frac{D_2}{(1+r_E)^2} + \cdots + \frac{D_n}{(1+r_E)^n} + \frac{1}{(1+r_E)^n}\left[\frac{D_{n+1}}{r_E - g}\right] \tag{5.15}$$

예제 5-4 ⟫ 성장률이 일정하지 않은 주식의 가치평가

어제 지급된 주당 배당금(D_0)이 1,000원인 기업이 있다. 앞으로 3년간은 배당금 증가율이 20%, 그 이후에는 영원히 6%로 예상된다. 이 기업의 할인율(요구수익률)이 10%라면 이 기업의 현재주가는 얼마인지 배당평가모형을 이용하여 추정하시오(반올림하여 원으로 표시하시오).

풀이

시간선에 표시하면 다음과 같다.

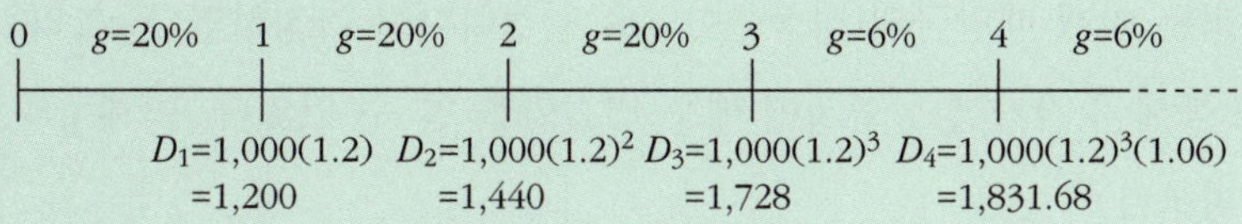

먼저 P_3를 구하면 다음과 같다.

$$P_3 = \frac{D_4}{r_E - g} = \frac{1{,}000\,(1.2)^3(1.06)}{0.1 - 0.06} = 45{,}792\text{ 원}$$

그러므로 P_0는 다음과 같다.

$$P_0 = \frac{1{,}200}{1.1} + \frac{1{,}440}{(1.1)^2} + \frac{1{,}728}{(1.1)^3} + \frac{P_3}{(1.1)^3} = 37{,}983.47\text{ 원}$$

현재주가는 37,983원이다.

5.4.3 우선주의 가치평가

우선주의 소유자는 주기적으로 고정 배당금을 수취한다. 성장률이 영인 우선주의 현금흐름은 다음과 같다.

$$P_0 = \frac{D_P}{(1+r_P)} + \frac{D_P}{(1+r_P)^2} + \frac{D_P}{(1+r_P)^3} + \cdots = \sum_{t=1}^{\infty} \frac{D_P}{(1+r_P)^t} \qquad (5.16)$$

위 식은 영구연금(perpetuity)이므로 다음과 같이 간단히 나타낼 수 있다.[12]

$$P_0 = \frac{D_P}{r_P} \qquad (5.17)$$

여기서 D_P은 일정한 배당금, r_P는 우선주의 자본비용 또는 요구수익률을 각각 나타낸다.

5.4.4 성장률의 추정

앞서 우리는 미래 배당금의 성장률이 g로 일정하다고 가정하였다. 그리고 [예제 5-2]를 통해 주가가 성장률 g에 매우 민감함을 알 수 있었다. 이제 g의 추정방법을 살펴보자.[13]

내년도 이익(earnings)은 순투자(net investment)가 이루어지지 않으면 금년도 이익과 동일하다. 즉 투자가 이루어지지 않으면 기업은 성장하지 않는다고 가정한다. 여기서 순투자는 총투자액에서 감가상각비를 차감한 금액이다. 따라서 순투자가 영이라면 총투자액이 감가상각액과 동일한 경우로 이 경우는 단지

12 이는 성장률이 영인 보통주의 평가식 (5.13)의 응용이라고 볼 수 있다.

13 Ross, S. A., Westerfield, R. W., and Jaffe, J., *Corporate Finance*, 9th ed., McGraw-Hill, 2010, p.274.

유지에 그치고 이익의 성장은 이루어지지 않는다.

이익의 일부가 배당으로 지급되지 않고 유보되어야만 순투자가 양(+)이 되고, 이익의 성장이 이루어진다.

$$내년\ 이익 = 금년\ 이익 + (금년\ 유보이익 \times 유보이익수익률) \tag{5.18}$$

양변을 금년도 이익으로 나누면 다음과 같다.

$$\frac{내년\ 이익}{금년\ 이익} = \frac{금년\ 이익}{금년\ 이익} + \left(\frac{금년\ 유보이익}{금년\ 이익}\right)(유보이익수익률) \tag{5.19}$$

식의 왼편은 (1+이익의 증가율)이므로 $1+g$로 표시할 수 있다. 그리고 유보이익의 수익률은 **자기자본수익률**(return on equity: ROE)이므로 정리하면 다음과 같다.

$$1 + g = 1 + (유보율)(ROE) \tag{5.20}$$

여기서 **유보율**(retention ratio)은 (금년 유보이익/금년 이익)이다. ROE는 과거의 자기자본수익률이 앞으로도 지속된다는 가정하에 역사적 자기자본수익률을 사용한다. 식 (5.20)으로부터 이익의 성장률 g는 다음과 같이 추정한다.

$$g = 유보율 \times ROE \tag{5.21}$$

기업이 배당성향을 일정하게 유지한다면 이익의 성장률 추정치 g는 배당금의 성장률 추정치와 같다. 여기서 **배당성향**(dividend payout ratio)은 (배당금/이익)을 나타낸다. 유보율은 (1−배당성향)으로 표시할 수 있으므로 식 (5.21)은 다음과 같이 표시할 수도 있다.

$$g = (1-배당성향) \times ROE \tag{5.22}$$

결국 배당금의 성장률은 유보율과 ROE가 증가할수록 증가하고, 배당성향이 증가할수록 감소한다.

한편 **주당배당금**(dividend per share)은 이익을 주식수로 나누어 구한 **주당순**

이익(earnings per share: EPS)에 배당성향을 곱하여 구한다. 모든 이익을 배당한다면, 즉 배당성향이 1이면 주당순이익(EPS)은 주당배당금과 일치한다.

$$D = \frac{\text{이익}}{\text{발행주식수}} \times \text{배당성향} = EPS \times \text{배당성향} \quad (5.23)$$

여기서 D는 주당배당금을 나타낸다.

예제 5-5 ››› 성장률의 추정

이익의 유보율이 40%, 즉 배당성향이 60%인 주식의 과거 자기자본수익률(ROE)이 10%이다. 배당성향 및 ROE는 향후에도 변화가 없을 것으로 기대된다. 이 기업의 이익 또는 배당금의 성장률은 얼마인가?

풀이

식 (5.22) 또는 (5.23)을 이용하여 계산한다.

$$g = (0.4) \times (0.1) = 0.04 \text{ 또는 } g = (1 - 0.6) \times (0.1) = 0.04$$

그러므로 이익의 성장률 또는 배당금의 성장률은 4%이다.

성장기회의 추정

배당금의 성장률과 관련하여 성장기회(growth opportunity)에 대하여 살펴보자. 기업의 순이익이 향후 일정한 영구연금(perpetuity)의 형태라고 가정하자. 이익을 모두 배당한다면 기업의 주당순이익(EPS)이 주당배당금과 동일하다. 이 경우 주식의 가치는 다음과 같다.

$$P_0 = \frac{EPS}{R_E} = \frac{D}{R_E} \quad (5.24)$$

여기서 R_E는 주식의 할인율(자본비용)이다.

만약 양의 순현가를 가져오는 투자기회, 즉 성장기회(growth opportunity)가 있다면 이익을 모두 배당하는 것은 최적의 의사결정이 될 수 없다. 기업이 특정 투자안에 투자하고자 $t = 1$ 시점의 배당금을 모두 유보한다고 하자. 이 경우 투자안의 $t = 0$ 시점의 주당 성장기회순현가를 $NPVGO$(net present value(per share) of the growth opportunity)라고 부른다.

기업이 $t=1$ 시점에 투자하기로 결정하였다면 $t=0$ 시점의 주가는 다음과 같이 결정된다.

$$P_0 = \frac{EPS}{R_E} + NPVGO \tag{5.25}$$

즉, 주가는 두 부분으로 구성된다. 첫 번째 항은 이익을 모두 배당할 경우의 주가이다. 두 번째 항은 투자하기 위하여 이익을 유보할 경우의 추가가치(additional value)이다.

예제 5-6 ››› 성장기회의 추정

미래기업은 신규 투자를 하지 않으면 영원히 매년 5천만원의 이익을 기대한다. 현재 발행주식수는 50,000주이므로 *EPS*는 1,000원이다. 미래기업은 1년 후 5천만원의 투자기회가 있으며 투자 후에는 매년 1,050만원의 이익(주당 210원의 이익)이 증가할 것으로 기대된다. 할인율이 10%일 때 투자 전과 후의 주가는 얼마인가?

풀이

투자 전의 주가는 다음과 같다.

$$P_0 = \frac{EPS}{R_E} = \frac{1{,}000\text{원}}{0.1} = 10{,}000\text{원}$$

1년 후의 투자기회의 가치는 다음과 같다.

$$V_1 = -50{,}000{,}000 + \frac{10{,}500{,}000}{0.1} = 55{,}000{,}000\text{ 원}$$

그러므로 $t=0$의 현재가치는 다음과 같다.

$$V_0 = \frac{55{,}000{,}000}{1.1} = 50{,}000{,}000\text{ 원}$$

그러므로 주당성장기회순현가(*NPVGO*)는 다음과 같다.

$$NPVGO = \frac{50{,}000{,}000\text{원}}{50{,}000\text{주}} = 1{,}000\text{원/주}$$

따라서 식 (5.25)에 대입하면 현재주가는 다음과 같다.

$$P_0 = \frac{EPS}{R_E} + NPVGO = 10{,}000 + 1{,}000 = 11{,}000\text{원}$$

또는 시간선을 이용하여 분석하면 다음과 같다. $t=1$에서는 투자로 인해 배당금은 없다.

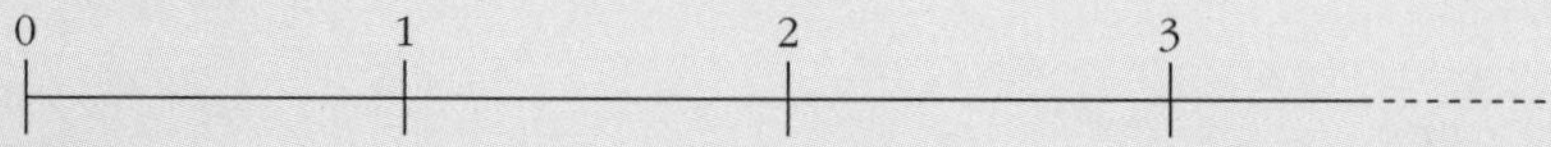

	0	1	2	3
원래배당금			50,000,000	50,000,000
추가배당금			10,500,000	10,500,000
총배당금			60,500,000	60,500,000
주당배당금			1,210원	1,210원

$t=1$에서의 주가 $P_1 = \frac{1,210}{0.1} = 12,100$원

$t=0$에서의 주가 $P_0 = \frac{12,100}{1.1} = 11,000$원

마찬가지로 주가는 11,000원으로 동일하다.

5.4.5 배당평가모형의 한계

배당평가모형은 미래 배당금의 예측에 바탕을 두고 있다. 그런데 미래 배당금의 예측은 많은 불확실성에 노출되어 있다. [예제 5-2]와 [예제 5-3]에서 공부한 바와 같이 1년 후의 배당금이 300원이고 자기자본비용이 10%인 주식의 경우를 살펴보자.

배당금 성장률이 영이면 주가는 3,000원, 배당금 성장률이 6% 및 8%로 증가하면 주가는 각각 7,500원과 15,000원으로 증가하였다. 즉 부정확한 배당금 성장률은 주가의 큰 변화를 가져온다. 그리고 이익의 증가 없이도 배당금을 증가 또는 감소시킬 수 있기 때문에 이익의 추정도 필요하다. 아울러 배당성향 및 미래 발행주식수의 추정도 주가에 큰 영향을 미친다.

5.5 총지급모형

배당평가모형은 기업이 주주들에게 지급하는 현금흐름은 배당금이라고 가정하고 주당배당금을 기준으로 주식가치를 평가한다. 그러나 기업은 배당뿐만 아니라 현금으로 자신의 주식을 다시 사들이는 **자사주매입**(stock repurchase)의 방법으로도 주주들에게 현금을 지급한다. 그 결과 기업은 자사주매입을 하면 할수록 배당할 현금이 감소한다. 아울러 발행주식수가 감소하기 때문에 주당순이익(*EPS*)과 주당배당금이 증가하는 효과가 있다.

이에 반해 **총지급모형**(total payout model)은 한 주(single stock)를 가치평가하는 것이 아니라 자사주매입의 효과를 반영하기 위하여 기업의 모든 자기자본가치를 평가하는 모형이다. 총지급모형에서는 기업이 주주들에게 지급하는 총지급액(total payout)을 할인한다. 즉 배당금과 자사주매입에 소요된 총지급액을 자기자본비용으로 할인하여 현재가치를 구한 후, 발행주식수로 나누어 주가를 구하는 방법이다.

$$P_0 = \frac{\text{미래배당금 및 자사주매입의 현재가치}}{\text{발행주식수}} \tag{5.26}$$

이 모형에서는 주당순이익의 성장률이 아니라 총이익의 성장률이 사용된다는 점을 주목하여야 한다.

예제 5-7 ››› 총지급모형에 의한 주식의 가치평가

미래기업의 현재 주식수는 2백만 주이며, 금년 말 6억원의 이익이 예상되고 있다. 이익의 40%는 배당금으로, 20%는 자사주매입으로 지급할 예정이다. 미래기업의 이익은 연 7%로 성장할 것으로 기대되고 주주들 지급계획(40%: 배당금, 20%: 자사주매입)은 향후 변화가 없다고 가정한다. 자기자본비용을 10%라고 가정할 때 미래기업의 주가를 계산하시오.

풀이

금년도 총지급액은 3.6억원(6억원×0.6)이다. 성장률이 일정한 현금흐름의 공식(성장영구연금(growing perpetuity))을 사용하여 미래 지급액의 현재가치를 계산하면 다음과 같다.

$$PV(\text{총지급액}) = \frac{3.6\text{억}}{0.1 - 0.07} = 120\text{억원}$$

주식의 총가치가 120억원이므로 이를 현재의 발행주식수로 나누면 주가가 된다.

$$P_0 = \frac{12{,}000{,}000{,}000}{2{,}000{,}000} = 6{,}000\text{원}$$

그러므로 주가는 6,000원이다.

5.6 기업가치평가모형

기업가치평가모형(corporate valuation model)은 기업의 총가치(total value of the firm)를 평가하는 모형이다. 이 모형의 장점은 배당금, 자사주매입, 부채의 사용 등을 고려함이 없이 기업가치를 평가한다는 점이다. 총지급모형이 주주들에게 지급되는 총지급액의 현재가치를 계산하였듯이, 기업가치모형은 주주와 채권자를 포함한 모든 투자자들에게 지급할 수 있는 **총현금흐름(total cash flow)**의 현재가치를 계산한다.

총현금흐름은 **잉여현금흐름(free cash flow: FCF)**이라고도 부른다.[14] 또한 총현금흐름은 이자지급을 고려하지 않은 현금흐름이므로 **무차입현금흐름(unlevered cash flow)**으로도 불린다.

총현금흐름은 다음과 같이 계산한다.

---

14 잉여현금흐름(free cash flow)을 이용한 모형이라는 의미로 기업가치평가모형을 잉여현금흐름할인모형(discounted free cash flow model)이라고도 부른다. Berk and DeMarzo(2014), p.284.

$$총현금흐름 = 영업현금흐름 - 자본적지출 - 순운전자본의 변화 \quad (5.27)$$

영업현금흐름(operating cash flow: OCF)은 세금은 포함하지만 자금조달비용, 즉 이자는 고려하지 않은 현금흐름이다.[15] 영업현금흐름의 정의를 이용한 총현금흐름은 다음과 같다.

$$총현금흐름 = EBIT(1-T) + 감가상각비 - 자본적지출 - 순운전자본의 변화 \quad (5.28)$$

여기서 T는 법인세율이다. 순투자는 총투자액(자본적지출)에서 감가상각비를 차감한 금액이므로 다음과 같이 표시할 수도 있다.

$$총현금흐름 = EBIT(1-T) - 순투자 - 순운전자본의 변화 \quad (5.29)$$

배당평가모형에서는 주주들의 현금흐름을 할인하는 것이기 때문에 현재가치를 구하기 위하여 자기자본비용(r_E)으로 할인하였다. 그런데 총현금흐름은 주주와 채권자에게 지급되기 전의 현금흐름이다. 따라서 할인율은 원천별 자본비용을 가중평균한 **가중평균자본비용**(weighted average cost of capital: WACC)으로 할인한다.[16] 할인된 총현금흐름의 현재가치, 즉 기업가치를 V_0라고 하면 자기자본가치는 기업가치(V_0)에서 부채가치를 차감한 값이다. 자기자본가치를 현재의 발행 주식수로 나누어 주가를 계산한다.[17]

$$P_0 = \frac{V_0 - 부채가치}{발행주식수} \quad (5.30)$$

배당평가모형과 기업가치평가모형을 비교하면 다음과 같다. 성숙한 기업으로 배당금의 성장률이 안정된 기업들의 경우에는 배당평가모형을 이용하여 단지

15 영업현금흐름 = 이자 및 법인세전 영업이익($EBIT$)×$(1-T)$ + 감가상각비. 영업현금흐름 및 총현금흐름은 제10장 자본예산의 실제에서 더 살펴본다.

16 가중평균자본비용은 제8장 자본비용에서 살펴본다.

17 기업가치를 기업인수 순비용(net cost)으로 정의하여 기업가치=(자기자본시장가치+부채−현금)으로 정의하기도 한다. 여기서 현금(cash)은 운전자본 소요분 초과금액이다. 이 경우 식 (5.30)의 분자는 (V_0−부채+현금)으로 바뀐다. Berk and DeMarzo(2014), p.285.

성장률의 추정만으로 주가를 추정하는 것이 간편하다. 그러나 고성장 단계의 기업, 배당금을 전혀 지급하지 않은 기업 또는 신생기업의 경우에는 추정 재무제표를 바탕으로 총현금흐름을 추정하는 기업가치평가모형을 사용하는 것이 바람직하다.[18]

5.7 상대가치평가모형

상대가치평가모형(relative valuation model)은 미래 유사한 현금흐름을 발생시킬 것으로 기대되는 유사 기업(comparable firm)의 가치에 근거하여 기업가치를 추정하는 방법이다.[19] 상대가치평가모형의 주가 추정방법은 다음과 같다. 첫째, 상대적으로 가치평가하기 위하여 주가를 이익(earning), 장부가치(book value), 매출액(sale) 등의 **배수(multiple)**로 전환함으로써 주가를 표준화한다. 둘째는 유사한 기업을 찾는다. 물론 유사한 기업을 찾는 것은 쉬운 일이 아니다. 동일산업에 속한 기업일지라도 기업의 위험, 성장잠재력 및 현금흐름 등에서 차이가 날 수 있다.

상대가치평가모형이 널리 이용되는 이유는 다음과 같다. 첫째, 배수를 이용한 가치평가는 현금흐름할인모형에 비해 훨씬 더 적은 가정으로 신속하게 이루어질 수 있다. 둘째, 배수모형은 현금흐름할인모형보다 이해하기 쉽고 고객에게 설명하기도 쉽다. 셋째, **배수모형**은 현재의 시장분위기를 더 잘 반영할 가능성이 더 크다. 그 결과 상대가치평가모형이 현금흐름할인모형에 비해 시장가치에 더 근접한 평가를 하는 경향이 더 크다.

---

18 기업가치평가를 통한 주식가치평가의 상세한 내용은 다음 교재 제15장을 참고하기 바란다. Damodaran, A., *Investment Valuation: Tools and Techniques for Determining the Value of Any Asset*, 2nd ed., 2002, John Wiley & Sons, Inc.

19 상대가치평가의 정의, 장점 및 단점은 제17장을 참조하였다. Damodaran, A., *Investment Valuation: Tools and Techniques for Determining the Value of Any Asset*, 2nd ed., 2002, John Wiley & Sons, Inc.

한편 장점이 단점도 될 수 있다. 서로 상이한 위험, 성장잠재력 및 현금흐름 등이 충분히 고려되지 않은 획일적 배수의 적용은 일관성 없는 가치평가를 할 가능성이 있다. 둘째, 시장상황을 반영한다는 것은 시장이 유사기업들을 고평가할 때는 같이 고평가하고, 시장이 유사기업들을 저평가하고 있을 때에는 마찬가지로 저평가하는 결과를 가져올 수 있다. 세 번째는 어느 가치평가모형도 편의(bias)가 있겠지만 상대가치평가 가정의 투명성 부족으로 조작의 위험에 노출될 수 있다. 조작의 의도를 가진 분석가는 자기가 원하는 주가를 충족시키는 배수를 선택할 수 있기 때문이다.

5.7.1 주가이익비율

가장 일반적인 배수는 이익배수(earnings multiple)이다. 그 중에서도 주가이익비율(price-earnings ratio, P/E ratio: PER)이 가장 대표적인 상대가치평가모형이다.[20] 주가이익비율은 주가를 주당순이익(earnings per share: EPS)으로 나눈 값이다.

$$PER = \frac{P_0}{EPS} \tag{5.31}$$

주식을 매입한다는 것은 기업의 순이익에 대한 권리를 매입하는 것이다. 그런데 기업 순이익의 차이가 지속할 것으로 기대한다면 순이익이 높은 기업의 주가가 더 높을 것이다. 따라서 우리는 현재의 주당순이익에 유사기업의 평균 주가이익비율을 곱해서 주가를 추정할 수 있다.

$$P_0 = EPS \times PER \tag{5.32}$$

여기서 *EPS*는 주가를 구하려는 기업의 주당순이익, *PER*는 유사기업의 평균 주가이익비율을 나타낸다.

20 *PER*은 '주가수익비율' 또는 '주가순이익비율' 이라고도 한다.

성장률이 일정한 주식의 가치평가식은 $P_0 = D_1/(r_E - g)$이다. 이 식의 양변을 EPS_1으로 나누면 다음과 같다.

$$PER = \frac{P_0}{EPS_1} = \frac{D_1/EPS_1}{r_E - g} = \frac{\text{배당성향}}{r_E - g} \quad (5.33)$$

위 식은 향후 1년간의 주당순이익(EPS_1)을 바탕으로 계산한 *PER*이라는 의미에서 선도 주가이익비율(forward PER)이라고 부른다. 이 식은 성장률이 높고 배당성향이 높을수록 주가이익비율 배수는 더 커진다는 것을 보여준다.

예제 5-8 ⟫ 주가이익비율로 주식의 가치평가

행복기업의 주당순이익(*EPS*)은 1,000원이고, 유사기업의 평균 주가이익비율(*PER*)은 20이다. 유사기업의 평균 *PER*을 배수로 사용하여 행복기업의 주가를 추정하시오.

풀이

식 (5.32)에 대입하여 다음과 같이 계산한다.

$$P_0 = EPS \times PER = 1{,}000 \times 20 = 20{,}000\text{원}$$

그러므로 추정된 주가는 20,000원이다.

5.7.2 주가장부가치비율

장부가치배수(book value multiple)를 이용하는 모형 중에서 가장 대표적인 모형은 주가장부가치비율(price-book value ratio: PBR)이다.

$$PBR = \frac{P_0}{\text{주당 장부가치}} \quad (5.34)$$

주가장부가치비율(*PBR*)은 주식의 시장가치를 주식의 장부가치로 나누어 계산한다.[21] 그러므로 주가는 주가를 구하려는 기업의 주당 장부가치에 유사기업의 평균 주가장부가치비율(*PBR*)을 곱해서 다음과 같이 추정할 수 있다.

$$P_0 = \text{주당 장부가치} \times PBR \tag{5.35}$$

*PBR*이 유용한 이유는 다음과 같다. 첫째, 장부가치는 상대적으로 안정된 가치의 척도를 제공한다. 현금흐름할인방법에 의해 추정된 값에 비해 장부가치는 훨씬 더 간단한 비교기준을 제공한다. 둘째, 기업 간에 적용된 회계기준이 일관성이 있다는 전제 하에 기업 간에 저평가(undervaluation)와 고평가(overvaluation)의 기준을 제공한다. 셋째, *PER*을 이용할 수 없는 음의 이익(negative earning)을 가진 기업도 *PBR*을 이용할 수 있다. 왜냐하면 음의 이익을 가진 기업보다 음의 장부가치를 가진 기업이 훨씬 적기 때문이다. 단점은 첫째, 회계기준이 기업에 따라 차이가 나면 *PBR*은 비교할 수가 없다. 둘째, 유형자산이 적은 서비스기업 또는 기술기업의 경우에는 장부가치의 의미가 상대적으로 적다. 셋째, 음의 장부가치로 *PBR*이 음수가 될 수도 있다.[22]

5.7.3 주가매출액비율

수익(revenue)을 배수로 주가를 추정한다. 예를 들어 음의 이익을 보이는 신생 기업의 경우에는 이익배수를 적용할 수 없으므로 **수익배수**를 이용하여 평가하기도 한다. 수익배수의 장점은 첫째, 음의 값을 가질 수 있는 이익배수 또는 장부가치배수와 달리 신생 기업 또는 곤경에 처한 기업의 경우에도 이용가능하다. 둘째, 회계 의사결정의 영향을 많이 받는 이익배수 또는 장부가치배수와 달리 수익배수는 상대적으로 조작하기가 어렵다. 셋째, 수익배수는 이익배수보다 변동성이 상대적으로 적다. 단점은 기업은 궁극적으로 이익을 창출하여야 하는데 이익을 발생시키지 못하면서 높은 수익을 내는 기업의 가치를 높게 평가할

21 또는 (자기자본의 총시장가치/자기자본의 총장부가치)로 계산하기도 한다. 이 경우 우선주는 제외한다.

22 Damodaran, A., Investment Valuation: Tools and Techniques for Determining the Value of Any Asset, 2nd ed., 2002, John Wiley & Sons, Inc., pp.511-512.

가능성이 있다는 점이다.

가장 대표적인 수익배수인 **주가매출액비율(price-to-sales ratio: PSR)**은 (자기자본의 시장가치/매출액)으로 계산한다. 또는 주가를 기준으로 다음과 같이 계산한다.

$$PSR = \frac{P_0}{\text{주당 매출액}} \tag{5.36}$$

따라서 분석기업의 주당 매출액에 유사기업의 평균 PSR을 곱하여 주가를 추정할 수 있다.

$$P_0 = \text{주당 매출액} \times PSR \tag{5.37}$$

5.8 효율시장가설

주식시장에서는 수많은 투자자가 각자 주가 관련 정보를 수집하여 분석한다. 그리고 이 장의 앞부분에서 살펴본 바와 같이 현재의 주가가 모든 정보를 고려하여 추정된 주가보다 낮으면 그 주식을 매입하고, 현재주가가 추정된 주가보다 높으면 투자자는 그 주식을 매도한다. 전자의 경우에는 현재주가가 추정된 가치에 비해 저평가되었기 때문에 향후 주가의 상승을 예상하는 경우이고, 후자의 경우에는 현재주가가 추정가치에 비해 고평가되었기 때문에 향후 주가의 하락을 예상하는 경우이다.

각 주식에 대하여 매입자와 매도자가 있다는 것은 동일한 주식에 대한 투자자의 평가가 상이함을 시사한다. 그리고 투자자의 매입 행태는 주가의 상승을 가져오고, 투자자의 매도 행태는 주가의 하락을 가져온다. 이와 같이 시장은 수많은 투자자들의 정보를 모두 모아서 그 정보가 주가에 반영되도록 하는 역할을 수행한다. 그리고 궁극적으로 주가는 투자자들의 모든 정보를 반영한 거래를 통해서 적정하게 결정된다. 이를 **효율시장가설(efficient market hypothesis:**

EMH)이라고 부른다.

투자자들은 정보(information)를 바탕으로 기업의 미래현금흐름을 분석하여 주가를 추정하여 그에 따라 매입 매도를 한다. 그런데 효율시장가설에서는 주가에 반영되는 정보를 크게 세 종류로 구분한다. 현재의 주가가 과거의 주가자료에 포함된 정보를 반영하여 결정된다고 보는 견해를 약형(weak form) 효율시장가설이라고 한다. 이에 반해 과거의 주가관련 정보뿐만 아니라 발표된 모든 정보(public information)가 주가에 반영된다고 보는 견해를 준강형(semistrong form) 효율시장가설이라고 부른다. 마지막으로 과거의 주가자료, 공개된 정보뿐만 아니라 사적인 정보(private information)도 모두 주가에 반영되어 있다는 견해를 강형(strong form) 효율시장가설이라고 한다.

효율적 시장의 특성은 다음과 같다. 첫째, 효율적 시장에서 주가는 새로운 정보를 신속하고 정확하게 반영한다.[23] 따라서 시장이 효율적이라면 주가에 반영된 정보와 동일한 정보로는 주식거래에서 초과수익을 얻을 수 없다. 효율시장에서는 시장이 아직 반영하지 못한 정보를 가진 투자자만이 저평가 고평가된 주식을 찾을 수 있게 된다. 둘째, 효율적 시장에서는 주가는 무작위로 움직인다. 즉 어제의 주가변화와 오늘의 주가변화는 아무런 상관관계가 없다. 셋째, 특정 거래전략이 지속적으로 통계적으로 유의한 초과수익을 낼 수가 없다. 마지막으로 전문투자자(informed investor)와 보통투자자(uninformed investor) 간의 투자성과에는 통계적으로 유의한 차이가 없다. 효율시장가설은 어떤 종류의 정보가 어떻게 주가에 반영되는지를 다루는 정보의 효율성(informational efficiency)에 관한 것으로 투자자뿐만 아니라 기업경영자에게도 시사하는 바가 크다. 예를 들면 경영자는 시장이 효율적이라면 언제 신주를 발행하더라도 적정가격으로 신주를 발행할 수 있겠지만, 시장이 비효율적이라면 주가가 저평가되는 시기를 피해서 신주를 발행하여야 할 것이다.

23 지체된 주가반응이나 과민반응은 시장이 효율적이지 못하다는 증거이다.

5.9 최초주식공모(IPO)

기업은 공모 또는 사모 방식으로 자금을 조달한다. **공모**(public offering)는 다수의 투자자로부터 자금을 조달하는 방법이며, **사모**(private placement)는 기관투자자 또는 특정 개인으로부터 자금을 조달하는 방식이다. 공모 중에서 주식을 처음으로 다수의 투자자들에게 매각하는 과정을 **최초주식공모**(initial public offering: IPO)라고 부른다.[24]

기업으로부터 최초주식공모를 위임받은 주인수기관(lead underwriter)은 인수금액이 큰 경우에는 여러 인수기관으로 인수단(syndicate)을 구성하기도 한다. 발행기업은 인수기관의 도움을 받아 기업공개에 관한 증권신고서(registration statement)를 감독기관에 제출하고, 감독기관의 승인을 받은 증권신고서를 바탕으로 투자안내서(prospectus)를 준비한다. 투자안내서에는 주식수, 주가 등 투자자가 주식을 매입하는 데 필요한 정보들이 포함된다.

최초로 공모를 통해 발행된 주식은 거래일 첫날에 평균적으로 주가가 상승하는 것으로 나타나고 있다.[25] 미국의 경우 1960년부터 2011년 사이의 IPO는 첫 거래일 평균수익률이 17%이었다. 그리고 이러한 현상은 우리나라를 포함하여 전 세계적으로 나타나는 현상이다. 이러한 실증적 사실을 설명하는 이론 중의 하나가 **정보비대칭** 이론이다. 시장에 처음 모습을 보이는 기업은 이미 상장되어 거래되는 기업에 비하여 정보의 공개 정도가 상대적으로 충분하지 않다. 즉 최초공모기업은 스스로 잘 알지만 투자자는 최초공모기업을 잘 알지 못한다. 따라서 불확실성이 큰 기업의 주식을 투자자가 매입하도록 하기 위해서는 소위 리스크 프리미엄이 높아야 한다. 결국 이를 위해 최초로 공모하는 주식의 주가는 상대적으로 저평가(underprice)되어 거래일 첫날 높은 수익률로 나타난다는 것이

---

24 인수기관 또는 투자은행은 **총액인수**(firm commitment offering) 또는 **모집주선**(best efforts offering) 방식으로 IPO 주식을 매각한다. 총액인수방식은 인수기관이 모든 주식을 인수하여 투자자에게 매각하는 방식이다. 반면에 모집주선은 인수기관이 최선을 다해 매각노력을 하지만 매각되지 않은 주식에 대해서는 발행기업이 책임을 지는 방식이다.

25 IPO에 관한 추가적인 설명은 Berk and DeMarzo(2014)를 참조하기 바란다.

다.

이와 같이 공모주는 평균적으로 수익률이 높아 일반적으로 투자자들의 관심을 많이 받았다. 그래서 공모주 청약은 높은 청약경쟁률로 나타났다. 한편 IPO가 평균적으로는 양의 수익률을 보이지만, 일부 IPO는 주가하락을 경험한다. 일반적으로 주가상승이 기대되는 공모주식은 가격하락이 예상되는 주식에 비해 초과청약이 된다. 그리고 공모주에 대한 초과수요가 발생하는 경우에는 할당이 이루어져 투자자는 청약 대비 적은 수량의 주식을 배정받는다. 만약 이러한 예측을 할 수 없는 일반투자자들이 모든 IPO를 청약한다면 주가상승의 IPO에서는 초과청약으로 주식을 적게 배정받고, 주가하락 IPO에서는 청약감소로 더 많이 배정을 받게 된다. 그 결과 평균수익률은 낮아진다. 즉 투자자는 **승자의 저주**(winner's curse)라는 **역선택**(adverse selection)에 직면하게 된다.

요 약

01 주식(stock)은 주식회사의 소유권을 의미하며 주식회사의 자산 및 이익(earning)에 대한 청구권을 나타내는 유가증권이다. 주식은 보통주(common stock)와 우선주(preferred stock)로 나누어진다.

02 주주들은 의결권을 갖는다. 주주들은 현금흐름(payoff)의 관점에서는 잔여지분청구권(residual claims)과 유한책임(limited liabilities)의 특성을 가진다. 그밖에 기존 주주들에게 신주인수권(preemptive right)이 부여되기도 한다.

03 배당평가모형에 의한 주식의 가치는 기대되는 미래 배당금의 현재가치의 합과 같다.

$$P_0 = \frac{D_1}{1+r_E} + \frac{D_2}{(1+r_E)^2} + \frac{D_3}{(1+r_E)^3} + \cdots = \sum_{t=1}^{\infty} \frac{D_t}{(1+r_E)^t} \quad (5.8)$$

04 배당금 성장률이 일정한 주식의 가치평가는 다음과 같다.

$$P_0 = \frac{D_1}{r_E - g} \quad (5.10)$$

05 배당금 성장률이 영인 주식의 가치평가는 다음과 같다.

$$P_0 = \frac{D}{r_E} \quad (5.13)$$

06 기업이 배당성향을 일정하게 유지한다면 이익의 성장률 추정치 g는 배당금의 성장률 추정치와 같으며 다음과 같이 추정한다.

$$g = \text{유보율} \times ROE \quad (5.21)$$

07 주당배당금(dividend per share)은 이익을 주식수로 나누어 구한 주당순이익(earnings per share: EPS)에 배당성향을 곱하여 구한다.

$$D = \frac{\text{이익}}{\text{발행주식수}} \times \text{배당성향} = EPS \times \text{배당성향} \quad (5.23)$$

08 기업이 특정 투자안에 투자하고자 $t=1$ 시점의 배당금을 모두 유보할 경우 투자안의 $t=0$ 시점의 주당 성장기회순현가를 $NPVGO$(net present value (per share) of the growth opportunity)라고 부른다. 기업이 $t=1$ 시점에 투자하기로 결정하였다면 $t=0$ 시점의 주가는 다음과 같이 결정된다.

$$P_0 = \frac{EPS}{R_E} + NPVGO \quad (5.25)$$

09 총지급모형에서는 기업이 주주들에게 지급하는 배당금과 자사주매입에 소요된 총지급액을 자기자본비용으로 할인하여 현재가치를 구한 후, 발행주식수로 나누어 주가를 구한다.

$$P_0 = \frac{\text{미래배당금 및 자사주매입의 현재가치}}{\text{발행주식수}} \quad (5.26)$$

10 기업가치평가모형은 주주와 채권자를 포함한 모든 투자자들에게 지급할 수 있는 총현금흐름(total cash flow)을 가중평균자본비용으로 할인하여 현재가치를 계산한다.

$$\text{총현금흐름} = EBIT(1 - T) + \text{감가상각비} - \text{자본적지출} - \text{순운전자본의 변화} \quad (5.28)$$

할인된 총현금흐름의 현재가치, 즉 기업가치를 V_0라고 하면 자기자본가치는 기업가치에서 부채가치를 차감한 값이다. 주가는 자기자본가치를 현재의 발행주식수로 나누어 계산한다.

$$P_0 = \frac{V_0 - \text{부채가치}}{\text{발행주식수}} \quad (5.30)$$

11 상대가치평가모형은 미래 유사한 현금흐름을 발생시킬 것으로 기대되는 유사 기업의 이익(earning), 장부가치(book value), 매출액(sale) 등의 배수(multiple)에 근거하여 기업가치를 추정하는 방법이다. 주가이익비율(price–earnings ratio, P/E ratio: PER), 주가장부가치비율(price-book value ratio: PBR), 주가매출액비율(price-to-sales ratio: PSR) 등이 주로 이용된다.

12 시장은 수많은 투자자들의 정보를 모두 모아서 그 정보가 주가에 반영되도록 하는 역할을 수행한다. 즉 시장효율성(market efficiency)은 정보의 효율성(informational efficiency)을 지칭하는 것으로 주가는 투자자들의 모든 정보를 반영하여 신속하고 정확하게 결정된다. 이를 효율시장가설(efficient market hypothesis)이라고 부른다.

13 기업은 공모 또는 사모 방식으로 자금을 조달한다. 공모(public offering)는 다수의 투자자로부터 자금을 조달하는 방법이며, 사모(private placement)는 기관투자자 또는 특정 개인으로부터 자금을 조달하는 방식이다. 공모 중에서 주식을 처음으로 다수의 투자자들에게 매각하는 과정이 최초주식공모(initial public offering: IPO)이다.

E X E R C I S E

| 연 | 습 | 문 | 제 |

5-1 주식의 특성을 설명하시오.

5-2 배당금 성장률이 일정한 경우의 주가를 배당평가모형으로 도출하시오.

5-3 배당금 성장률의 추정방법을 설명하시오.

5-4 1년 후 성장기회(growth opportunity)가 존재할 경우의 주가를 주당성장기회순현가(*NPVGO*)를 이용하여 추정하는 방법을 설명하시오.

5-5 총지급모형을 설명하시오.

5-6 기업가치평가모형을 활용한 주식의 가치평가를 설명하시오.

5-7 상대가치평가모형의 주요 배수를 설명하시오.

5-8 효율시장가설의 내용을 설명하시오.

5-9 매 연말에 연 1회 배당금을 지급하는 기업이 방금 전에 주당배당금 500원을 지급하였다. 배당금 증가율은 향후 4년간은 6%, 4년 후부터는 4%로 기대된다. 6년 말의 주당기대배당금은 얼마인가? (반올림하여 원으로 답하시오)

5-10 연말에 주당배당금이 600원이 기대된다. 배당금이 매년 5%로 일정하게 성장할 것으로 기대될 때 주가는 얼마인가? 자기자본비용은 10%이다.

5-11 현재주가가 12,000원이다. 그리고 방금 전에 지급된 배당금은 1,000원이다. 향후 배당금 증가율이 연 5%로 일정할 것으로 기대될 때, 주식의 요구수익률(자본비용)은 얼마인가?

5-12 방금 전에 지급된 주당배당금(D_0)이 1,000원인 기업이 있다. 앞으로 3년간은 배당금 증가율이 20%, 그 이후에는 영원히 8%로 예상된다. 이 기업의 할인율(요구수익률)이 12%라면 이 기업의 현재주가는 얼마인지 배당평가모형을 이용하여 추정하시오(반올림하여 원으로 답하시오).

5-13 행복기업의 작년 말 주당순이익(*EPS*)은 1,000원이었고, 향후 주당순이익의 증가율은 3년간 매년 20%로 기대된다. 그리고 3년간 이익의 전부를 유보하여 투자하려고 한다. 그 후에는 주당순이익의 증가율은 5%로 하락할 것으로 기대되고 배당성향은 50%를 유지할 예정이다. 자본비용이 10%라면 현재주가는 얼마인가?

5-14 금년도 이익은 10억원이고, 유보이익은 6억원이다. 자기자본수익률(*ROE*)은 8%라고 할 때, 이 기업의 성장률은 얼마로 추정되는가? (%로 답하고 소수점 첫째 자리까지 구하시오)

5-15 미래기업은 작년에 배당금 지급 없이 1억원의 자사주매입을 실시하였다. 자사주매입에 소요되는 비용은 향후 연 5%씩 증가할 것으로 기대된다. 자기자본비용이 10%라면 총자기자본가치는 얼마인가? 현재 주식수가 십만 주라면 주가는 얼마로 추정되는가?

5-16 연말에 1억원의 총현금흐름(free cash flow)이 기대되고, 총현금흐름은 매년 7%의 성장률이 기대된다.부채는 없으며, *WACC*는 15%이다. 발행주식수가 100,000주일 때 주가는 얼마인가?

5-17 지금은 2013년 말이다. 다음 자료를 활용하여 현재주가를 계산하시오.

- 세후 영업이익($EBIT(1-T)$)은 6억원이다.
- 2014년의 감가상각비는 1억원으로 예상된다.
- 2014년의 자본적지출은 2억원으로 기대된다.
- 순운전자본의 변화(ΔNWC)은 없다.
- 잉여현금흐름(*FCF*)은 연 5%로 성장할 것으로 기대된다.
- *WACC*는 10%이다.
- 부채의 시장가치는 40억원이다.
- 발행주식수는 200,000주이다.

Part 03

위험과 수익률

미래 CEO를 위한 재무관리

Chapter 06

포트폴리오이론

본 장에서는 위험과 수익률의 기초가 되는 포트폴리오이론을 공부한다. 포트폴리오 이론의 이해를 위하여 통계학의 기초를 복습하고, 기대값, 분산 및 공분산 연산자의 특성을 살펴본다. 평균 분산 기준에 따라 개별증권의 기대수익률과 위험, 그리고 포트폴리오의 기대수익률과 위험을 어떻게 측정하는지 공부한다. 또한 포트폴리오이론의 분산투자효과를 알아본다. 그리고 포트폴리오를 두 경우로 나누어 살펴본다. 즉 먼저 두 위험자산으로 구성된 포트폴리오의 궤적, 즉 결합선을 살펴보고, n개의 위험자산으로 확장한 포트폴리오의 효율적 포트폴리오와 최적 포트폴리오를 공부한다. 이어서 위험자산과 무위험자산으로 이루어진 포트폴리오의 결합선을 살펴보고 마찬가지로 효율적 포트폴리오와 최적 포트폴리오를 공부한다.

6.1 통계학 기초

포트폴리오이론(portfolio theory)은 위험과 수익률을 분산과 평균 개념을 이용하여 접근하는 이론이다.[01] 이 이론은 그 후 자본자산가격결정모형(Capital Asset Pricing Model)의 기초가 되었다.[02] 포트폴리오이론의 이해에 필요한 통계학의 기초를 살펴보자.

6.1.1 평균

평균과 분산은 확률분포에 관한 가장 기초적인 정보를 제공한다. 그 중 평균(mean)은 자료의 대표값이다.[03] 확률변수(random variable) X가 이산변수(discrete variable)일 때 표본평균(sample mean)은 다음과 같이 계산한다.[04]

$$\overline{X} = \frac{1}{n}\sum_{i=1}^{n} X_i \tag{6.1}$$

여기서 n은 표본수를 의미한다.

확률변수 X의 확률분포(probability distribution) 중 확률변수 X_i가 발생할 확률이 p_i라고 하면 확률변수 X의 평균값, 즉 기대값은 다음과 같다.

$$E(X) = \sum_{i=1}^{n} p_i X_i \tag{6.2}$$

01 마코위츠(Markowitz)가 1952년 「Portfolio Selection」 논문을 통해 처음으로 아이디어를 제시하였기 때문에 '마코위츠모형' 이라고도 부른다.

02 자본자산가격결정모형(CAPM)은 제7장에서 공부한다.

03 평균값 외에 중앙값과 최빈값도 자료의 특성을 나타낸다. 중앙값(median)은 자료를 크기 순서로 배열하였을 때 중앙에 위치하는 값이다. 최빈값(mode)은 자료분포 중에서 최다도수의 자료값이다.

04 모집단평균(population mean)은 $\mu_X = \frac{1}{N}\sum_{i=1}^{n} X_i$이다. 여기서 N은 모집단 크기이다.

6.1.2 분산

표본확률분포 특징을 보여주는 두 번째 통계량은 분산(variance)이다. 분산은 자료의 퍼짐(dispersion)의 정도를 나타내는 통계량으로 각 확률변수가 평균으로부터 얼마나 떨어져 있는지를 측정한다. 표본분산(sample variance)은 다음과 같다.[05]

$$\sigma_X^2 = \frac{1}{n-1}\sum_{i=1}^{n}(X_i - \overline{X})^2 \tag{6.3}$$

확률변수 X_i가 발생할 확률이 p_i라고 하면 확률변수 X의 분산은 다음과 같다.

$$Var(X) = \sigma_X^2 = \sum_{i=1}^{n} p_i(X_i - E(X))^2 = E[(X - E(X))^2] \tag{6.4}$$

표준편차(standard deviation)는 분산의 제곱근(square root)으로 계산한다.

예제 6-1 ››› 평균 및 분산의 계산

6개월간 월별 수익률이 다음과 같을 때, 평균과 분산을 계산하시오.

월	1월	2월	3월	4월	5월	6월
수익률	5%	1%	3%	−2%	11%	6%

▮ 풀이 ▮

$$\overline{X} = \frac{1}{6}(0.05 + 0.01 + 0.03 - 0.02 + 0.11 + 0.06) = 0.04$$

$$\begin{aligned}\sigma_X^2 &= \frac{1}{6-1}[(0.05 - 0.04)^2 + (0.01 - 0.04)^2 + (0.03 - 0.04)^2 \\ &\quad + (-0.02 - 0.04)^2 + (0.11 - 0.04)^2 + (0.06 - 0.04)^2] \\ &= 0.002\end{aligned}$$

그러므로 평균은 4%, 분산은 0.2%이다.

---

05 표본의 분산은 S^2으로 나타내기도 한다. 모집단분산(population variance)은 $\sigma_X^2 = \frac{1}{N}\sum_{i=1}^{N}(X_i - \mu_X)^2$ 이다.

6.1.3 공분산

공분산(covariance)은 두 변수 간 선형관계 방향(direction)의 척도이다. 확률변수 X와 Y의 표본공분산(sample covariance)은 다음과 같이 계산한다.[06]

$$Cov(X, Y) = \sigma_{XY} = \frac{1}{n-1}\sum_{i=1}^{n}(X_i - \overline{X})(Y_i - \overline{Y}) \tag{6.5}$$

공분산의 범위는 다음과 같다. $-\infty < Cov(X, Y) < +\infty$. 만약 공분산이 양수이면, 한 변수가 평균 이상일 때 다른 변수도 평균 이상일 가능성이 크며, 반대로 음수이면 한 변수가 평균 이상일 때 다른 변수는 평균 이하일 가능성이 크다는 것을 나타낸다. 그러나 방향만을 제시할 뿐 그 밀접한 관계는 나타내지 못하는 한계를 가진다.

두 변수 X와 Y의 결합확률분포(joint probability distribution)로[07] X_i와 Y_i가 동시에 발생할 확률을 p_i라고 하면 확률변수 X와 Y의 공분산은 다음과 같다.

$$\begin{aligned} Cov(X, Y) = \sigma_{XY} &= \sum_{i=1}^{n} p_i(X_i - \mu_X)(Y_i - \mu_Y) \\ &= E[(X - E(X))(Y - E(Y))] \end{aligned} \tag{6.6}$$

6.1.4 상관계수

상관계수(correlation coefficient)는 공분산을 두 변수의 표준편차의 곱으로 나누어 표준화한 값이다.

$$\rho_{XY} = \frac{Cov(X, Y)}{\sigma_X \sigma_Y} \tag{6.7}$$

상관계수의 범위는 다음과 같다. $-1 \leq \rho_{XY} \leq +1$. 공분산이 두 변수 관계의 방향만을 나타낸다면, 상관계수는 두 변수의 방향뿐만 아니라 강도(strength)까지 나타내는 장점을 가진다.

---

06 모집단공분산(population covariance)은 $Cov(X, Y) = \sigma_{XY} = \frac{1}{N}\sum_{i=1}^{n}(X_i - \mu_X)(Y_i - \mu_Y)$이다.

07 예를 들면 주식 A의 수익률이 3%, B의 수익률이 4%가 동시에 발생할 확률을 의미한다.

두 변수의 모든 자료(observation)에 대하여 양의 기울기를 가지는 직선이 그려지면 두 변수는 완전 양의 상관관계(perfect positive correlation)(+1)를 가진다고 이야기한다. 음의 기울기를 가진 직선이 그려지면 완전 음의 상관관계(perfect negative correlation)(−1)를 가진다고 이야기한다.[08] 직선을 그릴 수 없는 경우에는 자료를 통과하는 선(line of best fit)으로부터 개별 자료까지의 거리의 제곱의 합을 최소화하는 방법으로 선을 구한다. 그리고 만약 양의 기울기를 가지는 이 선을 중심으로 자료가 분포하면 상관계수는 0과 +1 사이의 값을 가진다. 그리고 선에 밀집할수록 +1에 접근한다. 음의 기울기를 가지는 선을 중심으로 자료가 분포하면 상관계수는 −1부터 0 사이의 값을 가진다. 그리고 선에 밀집할수록 −1에 접근한다. 기울기가 0이라면 상관계수는 0이 된다.

식 (6.7)을 이용하여 공분산을 다음과 같이 표시할 수 있다.

$$Cov(X, Y) = \rho_{XY}\sigma_X\sigma_Y \tag{6.8}$$

예제 6-2 ››› 공분산 및 상관계수의 계산

5개월 간 주식 X, Y의 월별 수익률이 다음과 같을 때, 공분산과 상관계수를 계산하시오.

월	1월	2월	3월	4월	5월	평균
X주식	5%	−1%	9%	−3%	5%	3%
Y주식	3%	4%	7%	−3%	9%	4%

▮ 풀이 ▮

공분산을 계산하기 위하여 $\sum_{i=1}^{n}(X_i-\overline{X})(Y_i-\overline{Y})$을 계산한다.

$(0.05-0.03)(0.03-0.04)=-0.0002$

$(-0.01-0.03)(0.04-0.04)=0$

$(0.09-0.03)(0.07-0.04)=0.0018$

$(-0.03-0.03)(-0.03-0.04)=0.0042$

08 여기서 기울기가 양이면 +1의 상관관계, 기울기가 음이면 −1의 상관관계이다.

$(0.05-0.03)(0.09-0.04)=0.001$

그러므로 모두 합하면 $\sum_{i=1}^{5}(X_i-\overline{X})(Y_i-\overline{Y})=0.0068$

$$\sigma_{XY}=\frac{1}{n-1}\sum_{i=1}^{5}(X_i-\overline{X})(Y_i-\overline{Y})=\frac{1}{5-1}(0.0068)=0.0017$$

공분산은 0.17%이다.

한편 상관계수를 구하기 위해서는 각 주식 수익률의 표준편차를 알아야 한다.

$$\sigma_X^2=\frac{1}{5-1}[(0.05-0.03)^2+(-0.01-0.03)^2+(0.09-0.03)^2+$$
$$(-0.03-0.03)^2+(0.05-0.03)^2]=\frac{0.0096}{5-1}=0.0024$$

그러므로 $\sigma_X=0.0490$

$$\sigma_Y^2=\frac{1}{5-1}[(0.03-0.04)^2+(0.04-0.04)^2+(0.07-0.04)^2+$$
$$(-0.03-0.04)^2+(0.09-0.04)^2]=\frac{0.0084}{5-1}=0.0021$$

그러므로 $\sigma_Y=0.0458$

$$\rho_{XY}=\frac{Cov(X,Y)}{\sigma_X\sigma_Y}=\frac{0.0017}{(0.0490)(0.0458)}=0.7575$$

상관계수는 0.7575이다.

6.2 기대값, 분산 및 공분산 연산자 특성

포트폴리오이론의 도출에 유용한 기대값, 분산 및 공분산 연산자의 특성에 대하여 살펴본다.

6.2.1 기대값 연산자 특성

기대값 연산자(expectations operator)의 특성(properties)은 다음과 같다.

① $E(c) = c$

② $E(X + c) = E(X) + c$

③ $E(cX) = cE(X)$

④ $E(X + Y) = E(X) + E(Y)$

⑤ $E(aX + bY) = aE(X) + bE(Y)$

여기서 c는 상수(constant), X는 확률변수이다.

6.2.2 분산 연산자 특성

분산 연산자(variance operator)의 특성은 다음과 같다.

① $Var(c) = 0$

② $Var(X + c) = Var(X)$

③ $Var(cX) = c^2\, Var(X)$

6.2.3 공분산 연산자 특성

공분산 연산자(covariance operator)의 특성은 다음과 같다.

① $Cov(aX, Y) = aCov(X, Y)$

② $Cov(X + Z, Y) = Cov(X, Y) + Cov(Z, Y)$

③ $Cov(aX + bZ, cY + dW) = acCov(X, Y) + adCov(X, W)$
$+ bcCov(Z, Y) + bdCov(Z, W)$

예제 6-3 ⟫ **연산자의 예**

① $Var(X) = E[\{X - E(X)\}^2]$
$= E[X^2 - 2X \cdot E(X) + \{E(X)\}^2]$
$= E(X^2) - \{E(X)\}^2$

② $Cov(X, Y) = E[\{X - E(X)\}\{Y - E(Y)\}]$
$= E[XY - X \cdot E(Y) - E(X) \cdot Y + E(X)E(Y)]$
$= E(XY) - E(X)E(Y)$

③ $Cov(X, X) = E[\{X - E(X)\}\{X - E(X)\}] = Var(X)$

④ $Var(aX + bY) = Cov(aX + bY, aX + bY)$
$= a^2 Cov(X, X) + 2abCov(X, Y) + b^2 Cov(Y, Y)$
$= a^2 Var(X) + 2abCov(X, Y) + b^2 Var(Y)$
$= a^2 \sigma_X^2 + 2ab\sigma_{XY} + b^2 \sigma_Y^2$

예제 6-4 ⟫ **분산 연산자와 공분산 연산자**

$Var(2X + 3Y)$를 σ_X^2, σ_Y^2 및 σ_{XY}로 표시하시오.

풀이

$Var(2X + 3Y) = Cov(2X + 3Y, 2X + 3Y)$
$= 4Cov(X, X) + 12Cov(X, Y) + 9Cov(Y, Y)$
$= 4\sigma_X^2 + 12\sigma_{XY} + 9\sigma_Y^2$

6.3 개별 자산

이제 통계학의 기초인 평균과 분산을 중심으로 개별 자산과 포트폴리오의 기대수익률과 위험의 측정방법에 대하여 살펴본다.[09] 먼저 포트폴리오이론에 의한

09 본장에서 '자산'은 '증권' 또는 '주식'이라는 용어로도 사용한다.

개별 자산의 기대수익률과 위험의 측정방법을 알아보자.[10]

6.3.1 기대수익률

투자자가 일정 기간 동안 자산을 보유하고 매각할 경우를 생각해 보자. 자산이 대표적 위험자산인 주식이라면 매입가와 매도가의 차이에 의한 자본이득(capital gain)과 배당금을 고려할 수 있다. 기말에 배당금을 수령하고 주식을 매도하였다고 가정하면, 주식의 수익률(rate of return)은 다음과 같이 계산한다.

$$r = \frac{D_1 + (P_1 - P_0)}{P_0}$$

여기서 r은 수익률, D_1은 기말 배당금, P_0는 기초의 시장가치, P_1은 기말의 시장가치를 나타낸다. 그리고 이러한 주식의 수익률은 확률분포(probability distribution)를 이룬다.[11]

그림 6-1 | 수익률의 확률분포

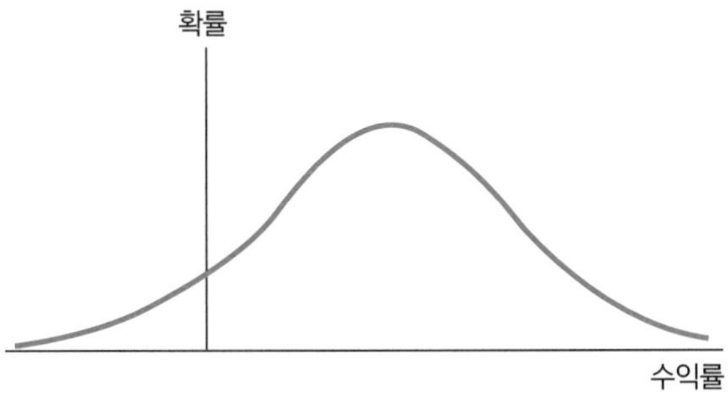

10 수익률(return)과 위험(risk)은 서로 상반관계(trade-off)에 있다. 투자자는 수익률이 높고 위험이 작은 자산을 선호한다. 그러나 수익률이 높은 자산은 위험이 크며, 위험이 작은 자산은 수익률이 낮다. 위험과 수익률이 서로 반대방향으로 움직이기 때문에 두 변수의 적절한 조화가 필요하다.

11 본서에서 확률분포는 평균값을 중심으로 좌우대칭인 정규분포(normal distribution)를 가정한다. 대표적인 통계량은 평균과 분산으로 다음과 같이 표시한다. $N(\mu, \sigma^2)$.

[그림 6-1]은 수익률이 연속적인 확률분포를 이룰 때의 모습이다. 만약 불연속(discrete)할 경우에는 막대그림표로 그려진다.

수익률이 불연속일 경우 개별 자산의 기대수익률(expected rate of return)은 각각의 예상되는 수익률에 그 수익률이 발생할 확률을 곱하여 모두 더하는 방법으로 계산한다.

$$E(R) = \sum_{i=1}^{n} p_i R_i \tag{6.9}$$

여기서 $\sum_{i=1}^{n} p_i = 1$이다.

두 자산의 위험이 동일하다면 투자자는 수익률이 더 높은 자산을 선호한다.

예제 6-5 ››› 개별 자산 기대수익률의 계산

주식의 수익률이 경제 전망에 따라 다음과 같은 수익률이 예상될 때 이 주식의 기대수익률을 계산하시오.

경제전망	확률	수익률
호경기	0.3	15%
정상	0.4	8%
불경기	0.3	1%

| 풀이 |

$$\begin{aligned} E(R) &= \sum_{i=1}^{3} p_i R_i \\ &= (0.3)(0.15) + (0.4)(0.08) + (0.3)(0.01) \\ &= 0.08 \end{aligned}$$

그러므로 기대수익률은 8%이다.

6.3.2 위험

위험(risk)은 미래 현금흐름의 잠재적 변동가능성으로 정의한다.[12] 개별 자산의 위험은 수익률 확률분포의 분산 또는 표준편차에 의하여 측정한다. 즉 수익률이 평균값을 중심으로 밀집될수록 수익률의 표준편차가 작아지며, 그에 따라 위험도 작아진다. 반대로 평균값에서 멀리 떨어질수록 표준편차가 커지며, 위험도 커진다.

개별 자산 수익률의 위험(분산)은 다음과 같이 측정한다.

$$\sigma^2(R) = \sum_{i=1}^{n} p_i(R_i - E(R))^2 = E[(R - E(R))^2] \tag{6.10}$$

두 자산의 수익률이 동일하다면 투자자는 위험, 즉 수익률의 분산(표준편차)이 작은 자산을 선호한다. 그렇지만 두 자산 중 한 자산은 기대수익률이 높고, 다른 자산은 위험이 적다면 어떻게 의사결정해야 하는가? 이 경우에는 변동계수(coefficient of variation)의 값이 작은 자산을 선택한다.

$$CV = \frac{\sigma(R)}{E(R)} \tag{6.11}$$

식 (6.11)은 기대수익률 한 단위당 위험을 나타낸다. 즉 기대수익률 한 단위를 벌기 위하여 부담하여야 하는 위험을 나타내므로 이 변동계수가 낮을수록 투자자는 적은 위험을 부담함을 의미한다.[13]

예제 6-6 ››› 개별 자산 위험의 계산

[예제 6-5]와 동일한 자료를 활용하여 수익률의 표준편차를 계산하시오.

경제전망	확률	수익률
호경기	0.3	15%
정상	0.4	8%
불경기	0.3	1%

12 위험을 불리한 사건(unfavorable event)이 발생할 경우만으로 좁게 해석하기도 한다. Brigham and Houston(2013), p.255.

13 투자자는 위험회피(risk aversion) 성향을 가진다는 것을 가정하고 있다.

풀이

$$\sigma^2(R) = \sum_{i=1}^{3} p_i (R_i - E(R))^2$$
$$= (0.3)(0.15 - 0.08)^2 + (0.4)(0.08 - 0.08)^2 + (0.3)(0.01 - 0.08)^2$$
$$= 0.00294$$

그러므로 표준편차는 $(0.00294)^{\frac{1}{2}} = 0.05422$, 즉 5.422%이다.

참고로 이 주식의 변동계수는 $\frac{0.05422}{0.08} = 0.6778$이다.

6.4 포트폴리오

포트폴리오(portfolio)란 자산의 집합(set) 또는 집단(group)이다.[14] 이하에서는 포트폴리오의 기대수익률과 위험의 측정 방식을 살펴본다.

6.4.1 기대수익률

개별 자산 n개로 구성된 포트폴리오의 수익률은 개별 자산 수익률의 가중평균이다.

$$R_P = \sum_{i=1}^{n} \omega_i R_i \tag{6.12}$$

여기서 R_i는 개별 자산 i의 수익률, ω_i는 전체 포트폴리오에 대한 i자산의 투자가중치를 나타낸다.

포트폴리오의 기대수익률도 개별 자산 기대수익률의 가중평균으로 측정한다.

14 포트폴리오는 실물자산(주택, 기계, 자동차 등)과(또는) 금융자산(주식, 채권 등)으로 구성된다. 본서에서는 주로 금융자산의 포트폴리오를 중심으로 논의를 진행한다.

식 (6.12)의 양변에 기대값 연산자를 취하면 다음과 같다.

$$E(R_P) = \sum_{i=1}^{n}\omega_i E(R_i) \tag{6.13}$$

여기서 $E(R_i)$는 개별 자산 i의 기대수익률이다. 그리고 $\sum_{i=1}^{n}\omega_i = 1$이다.

예를 들어 두 자산 A, B로 구성된 포트폴리오의 기대수익률은 다음과 같다.

$$E(R_P) = \omega_A E(R_A) + \omega_B E(R_B) \tag{6.14}$$

여기서 투자가중치(portfolio weight), ω_i는 자기자본 투자액(equity investment) 대비 i번째 개별 자산 투자액의 비율로 계산한다.

$$\omega_i = \frac{\text{개별 자산 투자액}}{\text{자기자본 투자액}} \tag{6.15}$$

예제 6-7 ››› 포트폴리오의 기대수익률

다음 세 주식으로 구성된 포트폴리오의 기대수익률을 계산하시오.

주식	투자액(만원)	기대수익률
A	500	10%
B	300	8%
C	200	5%

▮ 풀이 ▮

전체 투자금액은 1,000만원이다. 그리고 각 주식의 투자가중치는 다음과 같다.

$$\omega_A = \frac{500}{1,000} = 0.5,\quad \omega_B = \frac{300}{1,000} = 0.3,\ \text{그리고}\ \omega_C = \frac{200}{1,000} = 0.2$$

$$\begin{aligned} E(R_P) &= \sum_{i=A}^{C}\omega_i E(R_i) = \omega_A E(R_A) + \omega_B E(R_B) + \omega_C E(R_C) \\ &= (0.5)(0.1) + (0.3)(0.08) + (0.2)(0.05) \\ &= 0.084 \end{aligned}$$

그러므로 포트폴리오의 기대수익률은 8.4%이다.

위의 예제에서 만약 각 개별 주식에 대한 투자가중치가 $0 \le \omega_i \le 1$이라면, 포트폴리오의 최대 기대수익률은 10%이며, 최소수익률은 5%이다. 즉 전액 A에 투자할 때 기대수익률이 가장 높으며, 전액 C에 투자할 때 기대수익률이 가장 낮다. 그리고 각 개별주식의 가중치가 $0 \le \omega_i \le 1$로 구성된 포트폴리오의 기대수익률은 5% 이상 그리고 10% 이하의 기대수익률을 보여줄 것이다.

공매

공매(short sale)란 투자자가 증권을 제3자(증권회사)로부터 차입하여 매도한 후, 일정기간 후 동일한 증권의 수량으로 다시 제3자에게 되갚는 것을 말한다. 그리고 이때 증권회사가 투자자에게 빌려주는 주식을 대주라고 한다.[15] 공매는 주가의 하락을 예상하는 투자자가 주가하락으로부터 이익을 얻기 위해 사용한다.[16]

예를 들어 A주식의 현재가격이 10,000원이라고 가정하자. A주식의 가격 하락을 예상하는 투자자가 제3자로부터 100주를 빌려서 시장에서 매각하면 1,000,000원의 현금유입이 발생한다. 일정기간이 경과한 후 A주식의 주가가 9,500원으로 하락한다고 가정하자. 투자자는 시장에서 100주를 950,000원에 매입하여 주식을 빌렸던 제3자에게 돌려주면 공매의 거래가 완결된다. 만약 거래기간 중에 주당 300원의 배당금 지급이 있었다면 공매를 한 투자자가 원래 주식의 소유주였던 제3자에게 배당금 30,000원을 지급하여야 한다. 따라서 투자자는 공매로부터 20,000원의 이익을 얻는다.[17] 이 거래를 시점별로 정리하면 [표 6-1]과 같다.

15 이에 반해 공매도는 주식을 빌리지도 않고 매도계약을 체결한 후 주식매매 결제일인 3일 이내에 주식을 되사서 매매체결을 이행한다는 점에서 공매와 차이가 난다.

16 대주기간은 30~90일이며, 대주금액의 일정비율을 신용거래보증금으로 예치하여야 한다.

17 20,000원의 이익은 화폐의 시간가치를 고려하지 않은 경우이다. $t=0$ 시점의 매도금액을 금융기관에 예치하여 $t=1$ 시점까지 α원의 이자가 발생하였다면, 투자자의 이익은 $20,000+\alpha$원이 된다.

❙ 표 6-1 ❙ 공매거래

시기	$t=0$	$t=1$
주식을 빌려서 매도	+1,000,000	
시장에서 매입		−950,000
배당금 지급		−30,000
총현금흐름	+1,000,000	−980,000

한편 자산을 매입하는 매입포지션(long position)에서는 투자가중치가 양수이며, 매도포지션(short position)의 일종인 공매에서는 투자가중치가 음수이다.[18]

예제 6-8 ››› 투자가중치의 계산

자기자본 1,000만원에 공매한 C증권 400만원을 합쳐서 A증권에 800만원과 B 증권에 600만원을 투자하였다. 각 증권의 투자가중치를 계산하시오.

❙ 풀이 ❙

증권	투자금액(만원)	투자가중치
A	800	0.8
B	600	0.6
C	−400	−0.4
합계	1,000	1.0

C증권은 공매한 것이므로 투자가중치가 음수이며, 다른 주식의 투자가중치는 양수이다. 그리고 투자가중치의 합은 1이다.

18 일반적으로 매입(buy)을 long position, 매도(sell)를 short position이라고 부른다.

예제 6-9 ››› 공매가 포함된 포트폴리오의 기대수익률

자기자본 100만원을 보유한 투자자가 주식 B를 공매하여 얻은 50만원을 합쳐서 150만원을 주식 A에 투자하였다고 가정하자. 거래기간 동안 A증권의 기대수익률은 20%, B증권의 기대수익률은 10%라고 하면, 보유기간 동안 포트폴리오의 기대수익률은 얼마인가?

▌풀이▌

$$\omega_A = \frac{150}{100} = 1.5 \qquad \omega_B = \frac{-50}{100} = -0.5$$

$$\begin{aligned} E(R_P) &= \omega_A E(R_A) + \omega_B E(R_B) \\ &= (1.5)(0.2) + (-0.5)(0.1) = 0.25 \end{aligned}$$

그러므로 포트폴리오의 기대수익률은 25%이다. 즉 A증권의 매입포지션으로부터 30만원의 이익(150만원×20%)이 발생하고, 공매에서는 B증권을 50만원에 매도하고 55만원[19]에 재매입했으므로 5만원의 손실이 발생한다. 따라서 총이익은 30만원에서 5만원을 차감한 25만원이다. 자기자본이 100만원이므로 투자수익률은 25%이다.

6.4.2 위험

포트폴리오의 위험은 수익률의 분산(표준편차)으로 측정한다.

두 자산으로 구성된 포트폴리오

두 자산 A, B로 구성된 포트폴리오의 수익률은 개별 자산 수익률의 가중평균이다.

$$R_P = \omega_A R_A + \omega_B R_B \tag{6.16}$$

양변에 기대값 연산자를 적용하면 다음과 같다.

19 보유기간 중 B증권의 수익률이 10%이므로 $500{,}000(1+0.1) = 550{,}000$원이다.

$$E(R_P) = \omega_A E(R_A) + \omega_B E(R_B) \tag{6.17}$$

기대값 연산자를 이용하여 두 자산으로 구성된 포트폴리오의 위험(분산)을 구하면 다음과 같다.

$$\begin{aligned} Var(R_P) &= E[\{R_P - E(R_P)\}^2] \\ &= E[\{\omega_A R_A + \omega_B R_B - \omega_A E(R_A) - \omega_B E(R_B)\}^2] \\ &= E[(\omega_A\{R_A - E(R_A)\} + \omega_B\{R_B - E(R_B)\})^2] \\ &= E[\omega_A^2\{R_A - E(R_A)\}^2 + \omega_B^2\{R_B - E(R_B)\}^2 \\ &\quad + 2\omega_A\omega_B\{R_A - E(R_A)\}\{R_B - E(R_B)\}] \\ &= \omega_A^2 Var(R_A) + \omega_B^2 Var(R_B) + 2\omega_A\omega_B Cov(R_A, R_B) \\ &= \omega_A^2\sigma_A^2 + \omega_B^2\sigma_B^2 + 2\omega_A\omega_B\sigma_{AB} \end{aligned} \tag{6.18}$$

공분산 연산자를 이용해서 구하면 다음과 같다.

$$\begin{aligned} Var(R_P) &= Cov(R_P, R_P) \\ &= Cov(\omega_A R_A + \omega_B R_B,\ \omega_A R_A + \omega_B R_B) \\ &= \omega_A^2 Cov(R_A, R_A) + \omega_B^2 Cov(R_B, R_B) + 2\omega_A\omega_B Cov(R_A, R_B) \\ &= \omega_A^2\sigma_A^2 + \omega_B^2\sigma_B^2 + 2\omega_A\omega_B\sigma_{AB} \end{aligned} \tag{6.19}$$

그러나 매트릭스 방식으로 구하는 방법이 가장 용이하다.

	ω_A 자산 A	ω_B 자산 B
ω_A 자산 A	$\omega_A^2\sigma_A^2$	$\omega_A\omega_B\sigma_{AB}$
ω_B 자산 B	$\omega_A\omega_B\sigma_{AB}$	$\omega_B^2\sigma_B^2$

각 가로와 세로가 만나는 칸(cell)에는 두 자산의 공분산에 두 자산의 가중치를 각각 곱하여 채운다. 그러나 동일한 자산이 만나는 칸의 공분산은 분산이고, 가중치는 해당 자산 가중치의 곱이 된다. 따라서 모든 칸의 합을 표시하면 두 자산으로 구성된 포트폴리오의 위험은 다음과 같이 정리된다.

$$Var(R_P) = \sigma_P^2 = \omega_A^2\sigma_A^2 + \omega_B^2\sigma_B^2 + 2\omega_A\omega_B\sigma_{AB} \tag{6.20}$$

공분산과 상관계수의 관계식 (6.8)을 이용하여 표시하면 다음과 같다.

$$Var(R_P) = \sigma_P^2 = \omega_A^2\sigma_A^2 + \omega_B^2\sigma_B^2 + 2\omega_A\omega_B\rho_{AB}\sigma_A\sigma_B \tag{6.21}$$

두 자산으로 구성된 포트폴리오의 위험은 각 자산의 가중치가 일정할 경우에도 두 자산수익률 간의 상관계수에 의하여 위험의 크기가 결정됨을 알 수 있다. 만약 $0 \leq w_i \leq 1$이면 상관계수가 +1일 때 위험이 최대가 되고 −1일 때 최소가 된다.[20]

예제 6-10 ››› 두 자산으로 구성된 포트폴리오의 위험(분산)

주식 A에 600만원, 주식 B에 400만원 투자하여 포트폴리오를 구성하였다. 주식 A 수익률의 표준편차는 0.2, 주식 B 수익률의 표준편차는 0.1, 그리고 두 주식수익률 간의 상관계수는 0.3이다. 포트폴리오의 위험(표준편차)을 계산하시오.

풀이

$$\begin{aligned}\sigma_P^2 &= \omega_A^2\sigma_A^2 + \omega_B^2\sigma_B^2 + 2\omega_A\omega_B\rho_{AB}\sigma_A\sigma_B \\ &= (0.6)^2(0.2)^2 + (0.4)^2(0.1)^2 + 2(0.6)(0.4)(0.3)(0.2)(0.1) \\ &= 0.01888\end{aligned}$$

분산은 0.01888이다. 그러므로 표준편차는 0.1374로 약 13.74%이다. 이는 두 주식수익률의 표준편차의 가중평균인 (0.6)(0.2)+(0.4)(0.1)=0.16, 즉 16%보다 작다.[21]

세 자산으로 구성된 포트폴리오

세 자산으로 구성된 포트폴리오의 위험(분산)을 매트릭스 방식(3×3)으로 계산하면 다음과 같다.

20 공매(short sale)가 허용되면 가중치는 음수의 값 또는 1보다 큰 값을 가질 수 있으며 그 경우에는 상관계수가 작아진다고 반드시 위험이 작아지는 것은 아니다. 자세한 내용은 6.6.1의 결합선에서 공부한다.

21 6.6.1의 결합선에서 다루겠지만, $\rho < +1$이면 포트폴리오 위험은 개별 자산위험의 가중평균보다 작다.

	ω_A 자산 A	ω_B 자산 B	ω_C 자산 C
ω_A 자산 A	$\omega_A^2\sigma_A^2$	$\omega_A\omega_B\sigma_{AB}$	$\omega_A\omega_C\sigma_{AC}$
ω_B 자산 B		$\omega_B^2\sigma_B^2$	$\omega_B\omega_C\sigma_{BC}$
ω_C 자산 C			$\omega_C^2\sigma_C^2$

매트릭스의 대각선을 중심으로 대칭이며, 각 칸을 모두 더하면 다음과 같다.

$$\sigma_P^2 = \omega_A^2\sigma_A^2 + \omega_B^2\sigma_B^2 + \omega_C^2\sigma_C^2 + 2\omega_A\omega_B\sigma_{AB} + 2\omega_A\omega_C\sigma_{AC} + 2\omega_B\omega_C\sigma_{BC} \quad (6.22)$$

n개 자산으로 구성된 포트폴리오

이제 n개의 자산으로 구성된 포트폴리오로 일반화하면 다음과 같다.

	ω_1 자산 1	ω_2 자산 2	… …	ω_n 자산 n
ω_1 자산 1	$\omega_1^2\sigma_1^2$	$\omega_1\omega_2\sigma_{12}$	…	$\omega_1\omega_n\sigma_{1n}$
ω_2 자산 2	⋮	$\omega_2^2\sigma_2^2$	…	$\omega_2\omega_n\sigma_{2n}$
⋮ ⋮	⋮			⋮
ω_n 자산 n			…	$\omega_n^2\sigma_n^2$

첫 번째 줄의 칸, 두 번째 줄의 칸을 모두 더하면 다음과 같다.

$$\omega_1^2\sigma_1^2 + \omega_1\omega_2\sigma_{12} + \omega_1\omega_3\sigma_{13} + \cdots + \omega_1\omega_n\sigma_{1n} = \omega_1\sum_{j=1}^{n}\omega_j\sigma_{1j} \quad (6.23)$$

$$\omega_2\omega_1\sigma_{21} + \omega_2^2\sigma_2^2 + \omega_2\omega_3\sigma_{23} + \cdots + \omega_2\omega_n\sigma_{2n} = \omega_2\sum_{j=1}^{n}\omega_j\sigma_{2j} \quad (6.24)$$

이렇게 계속해서 n번째 줄을 모두 더하면 다음과 같이 표기된다.

$$\omega_n\omega_1\sigma_{n1} + \omega_n\omega_2\sigma_{n2} + \omega_n\omega_3\sigma_{n3} + \cdots + \omega_n^2\sigma_n^2 = \omega_n\sum_{j=1}^{n}\omega_j\sigma_{nj} \quad (6.25)$$

그러므로 n개 줄을 모두 더하면 다음과 같이 표시할 수 있다.[22]

22 여기서 $\sum_{i=1}^{n}\sum_{j=1}^{n}$은 double summation으로 i가 1일 때 j가 1부터 n까지, 그 다음에 i가 2일 때 마찬가지로 j가 1부터 n까지 대응하는 식으로 i가 n일 때까지 생각하면 된다.

$$\sigma_P^2 = \sum_{i=1}^{n}(\omega_i \sum_{j=1}^{n}\omega_j \sigma_{ij}) = \sum_{i=1}^{n}\sum_{j=1}^{n}\omega_i \omega_j \sigma_{ij} \quad (6.26)$$

식 (6.26)에서 매트릭스의 대각선에 표시되는 분산을 따로 분리하여 표시하면 다음과 같다.

$$\sigma_P^2 = \sum_{i=1}^{n}\sum_{j=1}^{n}\omega_i \omega_j \sigma_{ij} = \sum_{i=1}^{n}\omega_i^2 \sigma_i^2 + \sum_{i=1}^{n}\sum_{j=1, i\neq j}^{n}\omega_i \omega_j \sigma_{ij} \quad (6.27)$$

식 (6.27)을 보면 포트폴리오 위험은 각 증권의 위험과 서로 다른 두 증권 수익률 간의 공분산의 크기에 의하여 영향을 받음을 알 수 있다.

6.5 분산투자효과

분산투자효과(diversification)는 포트폴리오에 포함되는 자산의 수가 증가함에 따라 포트폴리오의 총위험(total risk)이 감소하는 현상을 말한다.[23] 식 (6.27)을 이용하여 분산투자효과를 살펴보자.

포트폴리오가 균등투자된 n개의 자산으로 구성된다고 가정하자. 각 자산의 투자가중치(ω_i)는 $1/n$이 되어 식 (6.27)은 다음과 같이 표시할 수 있다.

$$\begin{aligned}\sigma_P^2 &= \sum_{i=1}^{n}\left(\frac{1}{n}\right)^2 \sigma_i^2 + \sum_{i=1}^{n}\sum_{j=1, i\neq j}^{n}\left(\frac{1}{n}\right)^2 \sigma_{ij} \\ &= \frac{1}{n}\frac{\sum_{i=1}^{n}\sigma_i^2}{n} + \frac{n-1}{n}\frac{\sum_{i=1}^{n}\sum_{j=1, i\neq j}^{n}\sigma_{ij}}{n(n-1)} \\ &= \frac{1}{n}\overline{\sigma_i^2} + \frac{n-1}{n}\overline{\sigma_{ij}}\end{aligned} \quad (6.28)$$

식 (6.28)은 각 자산의 위험인 분산의 평균에 $1/n$을 곱하고, 공분산의 평균에

23 분산투자효과는 포트폴리오투자효과라고도 한다. diversification은 일반적으로 다변화, 다각화의 의미를 갖는다.

$(n-1)/n$을 곱한 식으로 표시된다.[24] 이 식을 보면 개별 자산의 분산이 전체 포트폴리오의 위험에 기여하는 바는 n이 커짐에 따라 영으로 수렴하고, 자산 간의 공분산이 전체 포트폴리오에 기여하는 바는 n이 커짐에 따라 공분산의 평균으로 접근한다.

$$\lim_{n\to\infty}\sigma_P^2 = \lim_{n\to\infty}\left(\frac{1}{n}\overline{\sigma_i^2} + \frac{n-1}{n}\overline{\sigma_{ij}}\right) \approx \overline{\sigma_{ij}} \tag{6.29}$$

즉 포트폴리오에 포함되는 자산이 증가할수록 포트폴리오 총위험 중에서 개별 자산의 위험을 나타내는 분산(σ_i^2)은 영으로 수렴하여 제거되지만, 공분산(σ_{ij})에 기인한 위험은 분산투자에 의하여 제거되지 않는다는 것을 보여준다. 이 중 분산투자에 의하여 제거되는 위험을 기업고유위험(firm-specific risk), 분산가능위험(diversifiable risk) 또는 비체계적 위험(nonsystematic risk)이라고 한다. 이에 반해 분산투자로 제거되지 않는 위험을 시장위험(market risk), 분산불능위험(nondiversifiable risk) 또는 체계적 위험(systematic risk)이라고 부른다.

[그림 6-2]는 포트폴리오의 총위험을 기업고유위험과 시장위험으로 구분하여 그래프로 표시하고 있다. 그림은 포트폴리오에 포함되는 자산수가 증가할수록

그림 6-2 | 분산투자효과

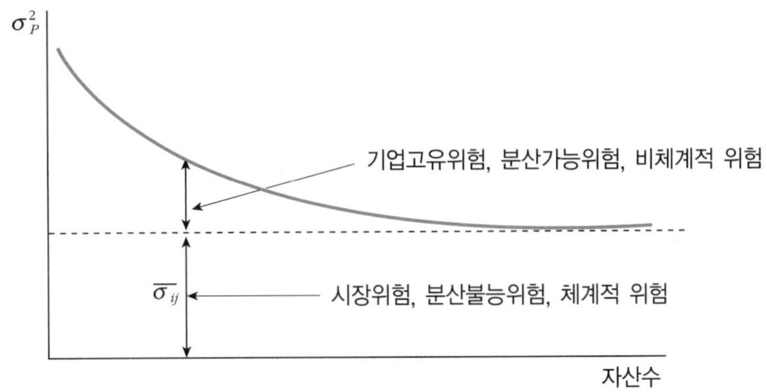

24 매트릭스 형태의 포트폴리오 위험에서 대각선 칸에 n개의 분산, 대각선 밖에 n^2-n개의 공분산이 존재하므로 각각 n과 $n(n-1)$으로 나누어 분산의 평균과 공분산의 평균을 유도하였다.

총위험과 기업고유위험은 감소하지만 시장위험은 감소하지 않음을 보여준다. 한편 서로 다른 두 자산 간의 상관계수가 작을수록 분산불능위험인 시장위험, 즉 체계적 위험은 더 작아진다.

예제 6-11 ››› 분산투자효과

모든 자산의 수익률이 독립적이어서 각 자산 간의 공분산이 영(zero)인 경우의 분산투자효과를 설명하시오.

| 풀이 |

식 (6.27)에서 두 번째 항의 공분산이 영이므로 포트폴리오 위험은 분산항의 합으로만 표시된다. n개의 자산에 균등투자한다면 포트폴리오 위험은 다음과 같다.

$$\sigma_P^2 = \sum_{i=1}^{n} \omega_i^2 \sigma_i^2 = \left(\frac{1}{n}\right)^2 \sum_{i=1}^{n} \sigma_i^2 = \left(\frac{1}{n}\right) \frac{\sum_{i=1}^{n} \sigma_i^2}{n} = \frac{1}{n}\overline{\sigma_i^2} \tag{6.30}$$

그러므로 포트폴리오의 위험(분산)은 개별 자산 위험(σ_i^2)의 평균에 $1/n$을 곱한 값으로 표시된다.

포트폴리오에 포함되는 자산수 n의 증가에 따른 효과를 보기 위하여 극한값을 취해보면 다음과 같다.

$$\lim_{n \to \infty} \sigma_P^2 = \lim_{n \to \infty} \frac{1}{n}\overline{\sigma_i^2} \approx 0$$

그러므로 n이 증가함에 따라 포트폴리오 위험은 점차 작아지며, n이 무한히 커지면 영으로 수렴한다. 즉 독립적인 자산들로 구성된 포트폴리오의 위험은 거의 영으로 접근한다.

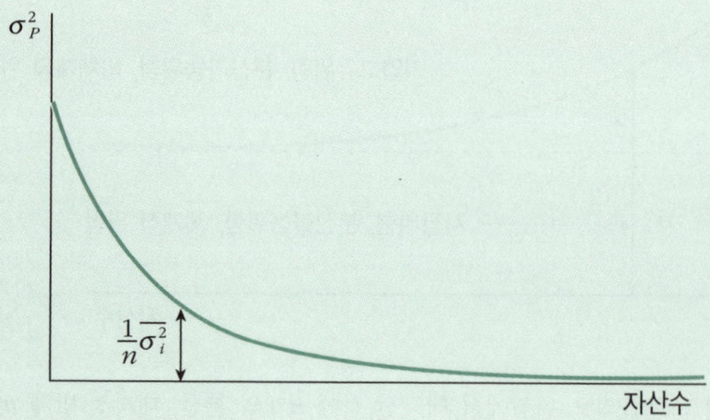

6.6 위험자산의 포트폴리오

우리는 지금까지 n개의 자산으로 구성된 포트폴리오의 기대수익률과 위험에 대하여 공부하였다. 그리고 포트폴리오 위험은 두 자산수익률 간의 상관계수에 의하여 영향을 받는다는 것을 알았다. 이제 두 위험자산으로 구성된 포트폴리오를 이용하여 두 자산 간의 상관계수의 변화에 따라 포트폴리오의 기대수익률과 위험이 어떻게 변화하는지 살펴본다. 그리고 포트폴리오를 n개의 위험자산으로 확장하여 효율적 포트폴리오와 최적 포트폴리오를 도출한다.[25]

6.6.1 두 위험자산의 결합선

결합선(combination line)이란 두 자산의 가중치(ω_i) 변화에 따른 포트폴리오의 기대수익률 $E(R_P)$과 표준편차(σ_P)의 관계를 보여주는 선을 말한다. 즉 가중치를 변화시켜 구성할 수 있는 각 포트폴리오의 기대수익률과 표준편차의 궤적을 표시한 것이다. 아래에서는 두 위험자산수익률 간의 상관계수의 변화에 따른 결합선을 살펴본다.

두 위험자산 A, B로 구성된 포트폴리오의 기대수익률과 위험(표준편차)을 마코위츠 모형에 의하여 표시하면 다음과 같다.

$$E(R_P) = \omega_A E(R_A) + \omega_B E(R_B) \tag{6.31}$$

$$\sigma_P = (\omega_A^2 \sigma_A^2 + \omega_B^2 \sigma_B^2 + 2\omega_A \omega_B \sigma_{AB})^{\frac{1}{2}} \tag{6.32}$$

두 위험자산의 기대수익률과 표준편차는 다음과 같다고 가정한다.

위험자산	$E(R_i)$	σ_i
A	14%	12%
B	8%	6%

25 다음 6.7에서는 무위험자산과 위험자산으로 구성된 포트폴리오의 효율적 포트폴리오와 최적 포트폴리오를 공부한다.

상관계수의 변화에 따라 결합선이 어떻게 그려지는지 살펴보자.

상관계수가 +1인 경우

먼저 공매가 허용되지 않는 조건에서 결합선을 살펴본다. 즉 가중치는 $0 \leq \omega_i \leq 1$이다. 두 위험자산수익률 간의 상관계수(ρ_{AB})가 +1일 때 식 (6.32)는 다음과 같이 표시된다.

$$
\begin{aligned}
\sigma_P &= [\omega_A^2\sigma_A^2 + \omega_B^2\sigma_B^2 + 2\omega_A\omega_B\rho_{AB}\sigma_A\sigma_B]^{\frac{1}{2}} \\
&= [\omega_A^2\sigma_A^2 + \omega_B^2\sigma_B^2 + 2\omega_A\omega_B\sigma_A\sigma_B]^{\frac{1}{2}} \\
&= [(\omega_A\sigma_A + \omega_B\sigma_B)^2]^{\frac{1}{2}} \\
&= \omega_A\sigma_A + \omega_B\sigma_B
\end{aligned} \tag{6.33}
$$

식 (6.33)은 상관계수가 +1일 때 두 자산으로 구성된 포트폴리오 위험은 각 자산 위험의 가중평균임을 알 수 있다. 즉 **분산투자효과**(diversification)가 발생하지 않는다.

결합선을 구하기 위해 식 (6.31)과 (6.33)에 $\omega_B = 1 - \omega_A$을 대입하여 정리하면 다음과 같다.

$$E(R_P) = \omega_A E(R_A) + (1 - \omega_A) E(R_B) \tag{6.34}$$

$$\sigma_P = \omega_A\sigma_A + (1 - \omega_A)\sigma_B \tag{6.35}$$

위험자산 A, B의 기대수익률과 표준편차를 대입하면 다음과 같다.[26]

$$E(R_P) = \omega_A(14) + (1 - \omega_A)(8) \tag{6.36}$$

$$\sigma_P = \omega_A(12) + (1 - \omega_A)(6) \tag{6.37}$$

위의 연립방정식에서 ω_A를 소거하여 $E(R_P)$와 σ_P로 표시하면 다음과 같다.[27]

$$E(R_P) = \sigma_P + 2 \tag{6.38}$$

26 편의상 기대수익률과 표준편차는 % 숫자로 대입한다.

27 식 (6.37)에서 $\omega_A = \frac{\sigma_P - 6}{6}$을 식 (6.36)에 대입하여 구한다.

공매가 허용되지 않으므로 식 (6.38)은 $6 \le \sigma_P \le 12$에서 성립한다.[28]

만약 공매를 허용한다면 $\omega_i < 0$ 또는 $\omega_i > 1$도 가능하여 식 (6.35)의 오른쪽 항이 음수도 될 수 있으므로 절대값으로 표시해야 한다.

$$\sigma_P = |\omega_A \sigma_A + (1 - \omega_A)\sigma_B| \tag{6.39}$$

식 (6.39)의 절대값 부호 속이 양수인 경우에는 식 (6.35)가 되어 결합선은 식 (6.38)과 같다. 그리고 절대값 부호 속이 음수인 경우에 식 (6.35)는 $\sigma_P = -\omega_A \sigma_A - (1 - \omega_A)\sigma_B$가 된다. 대입하여 풀면 결합선의 식은 다음과 같이 표시된다.[29]

$$E(R_P) = -\sigma_P + 2 \tag{6.40}$$

대표적인 가중치별로 기대수익률과 표준편차를 구해보면 다음 표와 같다.

ω_A	ω_B	$E(R_P)$ (%)	σ_P (%)
0	1	8	6
0.2	0.8	9.2	7.2
0.4	0.6	10.4	8.4
0.6	0.4	11.6	9.6
0.8	0.2	12.8	10.8
1	0	14	12

28 공매가 허용되지 않으므로 $0 \le \omega_A \le 1$. 그러므로 $0 \le \frac{\sigma_P - 6}{6} \le 1$. 풀면 $6 \le \sigma_P \le 12$.

29 $E(R_P) = \sigma_P + 2$은 $\omega_A \sigma_A + (1 - \omega_A)\sigma_B \ge 0$ 조건에서 성립한다. 풀면 $\omega_A \ge \frac{-\sigma_B}{\sigma_A - \sigma_B}$. 대입하면 $\omega_A \ge -1$과 $\omega_B \le 2$조건에서 성립한다. 반대로 $E(R_P) = -\sigma_P + 2$은 $\omega_A \sigma_A + (1 - \omega_A)\sigma_B < 0$ 조건에서 성립한다. 풀면 $\omega_A < \frac{-\sigma_B}{\sigma_A - \sigma_B}$. 대입하면 $\omega_A < -1$과 $\omega_B > 2$ 조건에서 성립한다.

그림 6-3 | 두 자산 간의 상관계수가 +1일 때 결합선

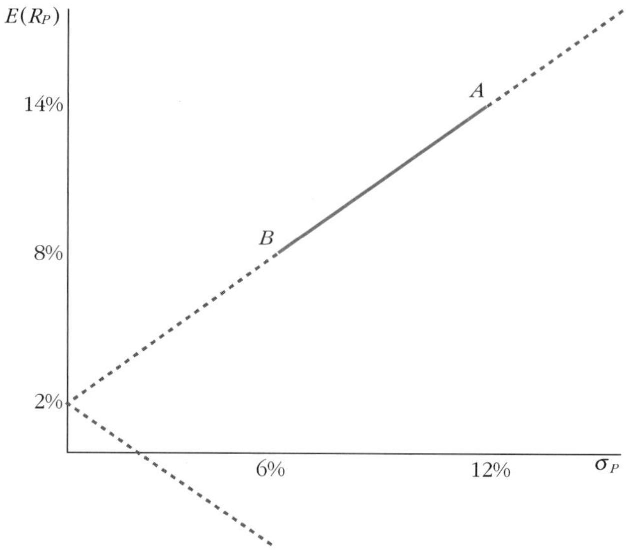

주: 실선은 공매가 허용되지 않는 경우이고, 점선은 공매가 허용되는 경우이다.

상관계수가 −1인 경우

두 위험자산수익률 간의 상관계수(ρ_{AB})가 −1일 때 식 (6.32)는 다음과 같이 표시된다.

$$\begin{aligned}\sigma_P &= [\omega_A^2\sigma_A^2 + \omega_B^2\sigma_B^2 + 2\omega_A\omega_B\rho_{AB}\sigma_A\sigma_B]^{\frac{1}{2}} \\ &= [\omega_A^2\sigma_A^2 + \omega_B^2\sigma_B^2 - 2\omega_A\omega_B\sigma_A\sigma_B]^{\frac{1}{2}} \\ &= [(\omega_A\sigma - \omega_B\sigma_B)^2]^{\frac{1}{2}} \\ &= |\omega_A\sigma_A - \omega_B\sigma_B| \\ &= |\omega_A\sigma_A - (1-\omega_A)\sigma_B|\end{aligned} \tag{6.41}$$

식 (6.41)은 다음의 두 경우로 나누어 결합선을 구한다.

(i) $\omega_A\sigma_A - (1-\omega_A)\sigma_B \geq 0$ 경우[30]

---

30 $\omega_A\sigma_A - (1-\omega_A)\sigma_B \geq 0$ 조건을 정리하면 $\omega_A \geq \frac{\sigma_B}{\sigma_A+\sigma_B}$. 대입하면 $\omega_A \geq \frac{1}{3}$과 $\omega_B \leq \frac{2}{3}$ 조건에서 성립한다.

식 (6.41)은 다음과 같이 된다.

$$\sigma_P = \omega_A \sigma_A - (1 - \omega_A)\sigma_B \tag{6.42}$$

식 (6.34)와 식 (6.42)에 위험자산 A, B의 기대수익률과 표준편차를 대입하면 다음과 같다.

$$E(R_P) = \omega_A(14) + (1 - \omega_A)(8) \tag{6.43}$$

$$\sigma_P = \omega_A(12) - (1 - \omega_A)(6) \tag{6.44}$$

위의 연립방정식에서 ω_A를 소거하여 $E(R_P)$와 σ_P로 표시하면 다음과 같다.[31]

$$E(R_P) = \frac{1}{3}\sigma_P + 10 \tag{6.45}$$

공매가 허용되지 않으면 식 (6.45)는 $0 \leq \sigma_P \leq 12$에서 성립한다.[32] 그리고 공매가 허용된다면 식 (6.45)는 $\omega_A \geq \frac{1}{3}$과 $\omega_B \leq \frac{2}{3}$ 조건에서 성립한다.

(ii) $\omega_A \sigma_A - (1 - \omega_A)\sigma_B < 0$ 경우[33]

식 (6.41)은 다음과 같이 된다.

$$\sigma_P = -\omega_A \sigma_A + (1 - \omega_A)\sigma_B \tag{6.46}$$

식 (6.34)와 식 (6.46)에 위험자산 A, B의 기대수익률과 표준편차를 대입하면 다음과 같다.

$$E(R_P) = \omega_A(14) + (1 - \omega)(8) \tag{6.47}$$

$$\sigma_P = -\omega_A(12) + (1 - \omega_A)(6) \tag{6.48}$$

위의 연립방정식에서 ω_A를 소거하여 $E(R_P)$와 σ_P로 표시하면 다음과 같다.[34]

---

31 식 (6.44)에서 $\omega_A = \frac{\sigma_P + 6}{18}$를 식 (6.43)에 대입하여 구한다.

32 공매가 허용되지 않으므로 $0 \leq \omega_A \leq 1$. 그러므로 $0 \leq \frac{\sigma_P + 6}{18} \leq 1$. 풀면 σ_P는 음수가 될 수 없으므로 $0 \leq \sigma_P \leq 12$.

33 $\omega_A \sigma_A - (1 - \omega_A)\sigma_B < 0$ 조건을 정리하면 $\omega_A < \frac{\sigma_B}{\sigma_A + \sigma_B}$. 대입하면 $\omega_A < \frac{1}{3}$과 $\omega_B > \frac{2}{3}$ 조건에서 성립한다.

$$E(R_P) = -\frac{1}{3}\sigma_P + 10 \quad (6.49)$$

공매가 허용되지 않으면 식 (6.49)는 $0 \leq \sigma_P \leq 6$에서 성립한다.[35] 그리고 공매가 허용된다면 식 (6.49)는 $\omega_A < \frac{1}{3}$과 $\omega_B > \frac{2}{3}$ 조건에서 성립한다.

대표적인 가중치별로 기대수익률과 표준편차를 구해보면 다음 표와 같다.

ω_A	ω_B	$E(R_P)$(%)	σ_P(%)
0	1	8	6
0.2	0.8	9.2	2.4
1/3	2/3	10	0
0.4	0.6	10.4	1.2
0.6	0.4	11.6	4.8
0.8	0.2	12.8	8.4
1	0	14	12

그림 6-4 | 두 자산 간의 상관계수가 −1일 때 결합선

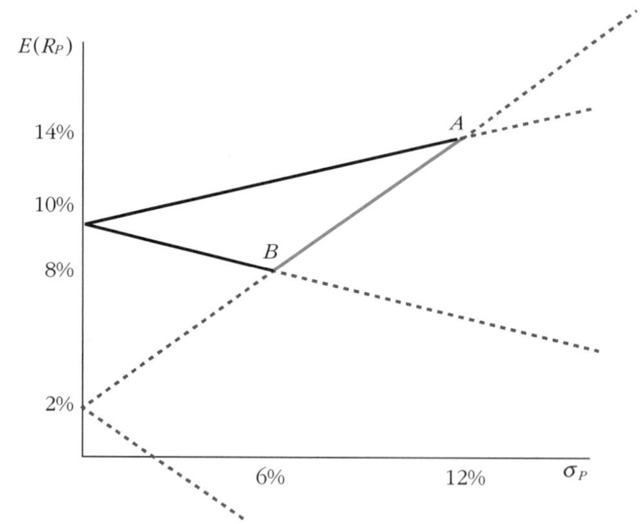

주: 실선은 공매가 허용되지 않는 경우이고, 점선은 공매가 허용되는 경우이다.

34 식 (6.48)에서 $\omega_A = \frac{-\sigma_P + 6}{18}$를 식 (6.47)에 대입하여 구한다.

35 공매가 허용되지 않으므로 $0 \leq \omega_A \leq 1$. 그러므로 $0 \leq \frac{-\sigma_P + 6}{18} \leq 1$. 풀면 σ_P는 음수가 될 수 없으므로 $0 \leq \sigma_P \leq 6$.

상관계수가 0인 경우

두 위험자산수익률 간의 상관계수(ρ_{AB})가 0일 때 식 (6.32)는 다음과 같이 표시된다.

$$\sigma_P = [\omega_A^2\sigma_A^2 + \omega_B^2\sigma_B^2 + 2\omega_A\omega_B\rho_{AB}\sigma_A\sigma_B]^{\frac{1}{2}}$$
$$= [\omega_A^2\sigma_A^2 + \omega_B^2\sigma_B^2]^{\frac{1}{2}} \qquad (6.50)$$

식 (6.34)와 식 (6.50)에 위험자산 A, B의 기대수익률과 표준편차를 대입하면 다음과 같다.

$$E(R_P) = \omega_A(14) + (1-\omega_A)(8) \qquad (6.51)$$
$$\sigma_P = [\omega_A^2(12^2) + (1-\omega_A)^2(6^2)]^{\frac{1}{2}} \qquad (6.52)$$

대표적인 가중치별로 기대수익률과 표준편차를 구해보면 다음 표와 같다.

ω_A	ω_B	$E(R_P)$ (%)	σ_P (%)
0	1	8	6
0.2	0.8	9.2	5.37
0.4	0.6	10.4	6.0
0.6	0.4	11.6	7.59
0.8	0.2	12.8	9.67
1	0	14	12

[그림 6-5]는 상관계수가 +1, 0, −1일 때의 결합선을 함께 보여준다. 공매가 허용되지 않을 때를 살펴보면 동일한 기대수익률의 포트폴리오라도 상관계수가 +1일 때는 개별 증권 위험의 가중평균으로 분산투자효과가 나타나지 않는다. 이에 반해 상관계수가 −1일 때는 분산투자효과가 극대화되어 포트폴리오의 위험이 최소가 됨을 보여준다. 그리고 상관계수가 0과 같이 −1과 +1의 중간값을 가질 경우에는 포트폴리오 위험은 그 중간에 위치한다. 즉 상관계수가 −1로 가까운 값을 가질수록 포트폴리오의 **분산투자효과(diversification)**가 극대화된다.

그림 6-5 | 두 자산 간의 상관계수가 0일 때 결합선

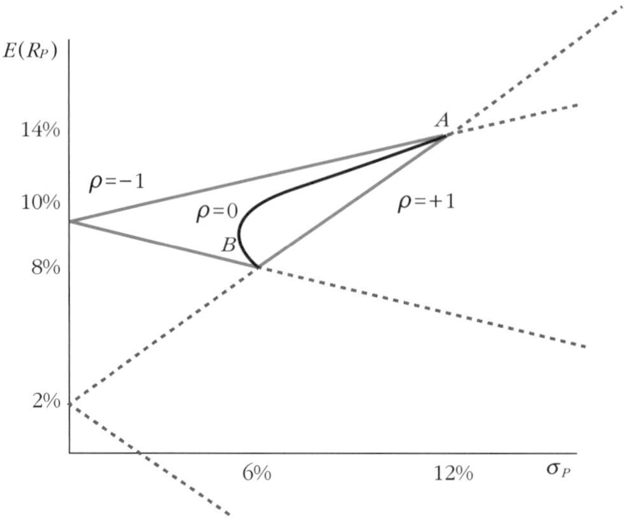

위험이 최소인 포트폴리오의 가중치

상관계수가 일정할 때 두 자산으로 구성된 포트폴리오의 위험을 최소화하는 포트폴리오의 가중치를 구해보자. 두 자산으로 구성된 포트폴리오의 위험은 $\omega_A + \omega_B = 1$을 이용하여 다음과 같이 표시할 수 있다.

$$\begin{aligned}\sigma_P^2 &= \omega_A^2\sigma_A^2 + \omega_B^2\sigma_B^2 + 2\omega_A\omega_B\sigma_{AB} \\ &= \omega_A^2\sigma_A^2 + (1-\omega_A)^2\sigma_B^2 + 2\omega_A(1-\omega_A)\sigma_{AB}\end{aligned} \tag{6.53}$$

이를 ω_A에 관하여 편미분하면 다음과 같다.

$$\begin{aligned}\frac{\partial\sigma_P^2}{\partial\omega_A} &= 2\omega_A\sigma_A^2 + 2(1-\omega_A)(-1)\sigma_B^2 + 2\sigma_{AB} - 4\omega_A\sigma_{AB} \\ &= 2\omega_A\sigma_A^2 + 2\omega_A\sigma_B^2 - 2\sigma_B^2 + 2\sigma_{AB} - 4\omega_A\sigma_{AB}\end{aligned} \tag{6.54}$$

식 (6.54)를 영으로 놓고 풀면 다음과 같다.

$$\omega_A = \frac{\sigma_B^2 - \sigma_{AB}}{\sigma_A^2 + \sigma_B^2 - 2\sigma_{AB}} \tag{6.55}$$

$\omega_B = 1 - \omega_A$ 이므로 ω_B는 다음과 같다.

$$\omega_B = \frac{\sigma_A^2 - \sigma_{AB}}{\sigma_A^2 + \sigma_B^2 - 2\sigma_{AB}} \tag{6.56}$$

[그림 6-5]를 보면 상관계수가 +1 또는 −1일 때는 포트폴리오 위험이 영이 되는 무위험 포트폴리오의 구성이 가능하다는 것을 알 수 있다. 그러나 $-1 < \rho_{AB} < 1$인 경우에는 무위험 포트폴리오는 가능하지 않으며, 식 (6.55)와 (6.56)을 이용하여 위험이 최소가 되는 포트폴리오를 구할 수 있다.

예제 6-12 ››› 위험이 최소인 포트폴리오 가중치

두 주식으로 구성된 포트폴리오의 상관계수가 +1이다. 위험이 최소가 되는 가중치와 기대수익률을 구하시오.

▮ 풀이 ▮

$$\sigma_P^2 = \omega_A^2\sigma_A^2 + \omega_B^2\sigma_B^2 + 2\omega_A\omega_B\rho_{AB}\sigma_A\sigma_B$$
$$= (\omega_A\sigma_A + \omega_B\sigma_B)^2$$

상관계수가 +1이므로 무위험 포트폴리오가 가능하다. $\omega_A\sigma_A + \omega_B\sigma_B = 0$과 $\omega_A + \omega_B = 1$을 이용하여 다음과 같이 풀 수 있다.

$\omega_A\sigma_A + (1-\omega_A)\sigma_B = 0$ 풀면 $\omega_A = \dfrac{-\sigma_B}{\sigma_A - \sigma_B}$, $\omega_B = \dfrac{\sigma_A}{\sigma_A - \sigma_B}$

식 (6.55)와 (6.56)을 직접 이용해서 도출할 수도 있다.

결합선 도출 시에 사용한 다음의 예를 이용하여 계산하면 아래와 같다.

주식	$E(R_i)$	σ_i
A	14%	12%
B	8%	6%

$$\omega_A = \frac{-\sigma_B}{\sigma_A - \sigma_B} = \frac{-6}{12-6} = -1 \qquad \omega_B = \frac{\sigma_A}{\sigma_A - \sigma_B} = \frac{12}{12-6} = 2$$

포트폴리오 기대수익률은 $E(R_P) = \omega_A E(R_A) + \omega_B E(R_B) = (-1)(14) + (2)(8) = 2\%$

예제 6-13 ››› 위험이 최소인 포트폴리오 가중치

두 주식으로 구성된 포트폴리오의 상관계수가 −1이다. 위험이 최소가 되는 가중치와 기대수익률을 구하시오.

풀이

$$\sigma_P^2 = \omega_A^2\sigma_A^2 + \omega_B^2\sigma_B^2 + 2\omega_A\omega_B\rho_{AB}\sigma_A\sigma_B$$
$$= (\omega_A\sigma_A - \omega_B\sigma_B)^2$$

상관계수가 −1이므로 무위험 포트폴리오가 가능하다. $\omega_A\sigma_A - \omega_B\sigma_B = 0$과 $\omega_A + \omega_B = 1$을 이용하여 다음과 같이 풀 수 있다.

$\omega_A\sigma_A - (1-\omega_A)\sigma_B = 0$ 풀면 $\omega_A = \dfrac{\sigma_B}{\sigma_A+\sigma_B}$, $\omega_B = \dfrac{\sigma_A}{\sigma_A+\sigma_B}$

마찬가지로 식 (6.55)와 (6.56)을 직접 이용해서 도출할 수도 있다.

결합선 도출 시에 사용한 다음의 예를 이용하여 계산하면 아래와 같다.

주식	$E(R_i)$	σ_i
A	14%	12%
B	8%	6%

$$\omega_A = \frac{\sigma_B}{\sigma_A+\sigma_B} = \frac{6}{12+6} = \frac{1}{3} \qquad \omega_B = \frac{\sigma_A}{\sigma_A+\sigma_B} = \frac{12}{12+6} = \frac{2}{3}$$

포트폴리오 기대수익률은 $E(R_P) = \omega_A E(R_A) + \omega_B E(R_B) = \left(\frac{1}{3}\right)(14) + \left(\frac{2}{3}\right)(8) = 10\%$

예제 6-14 ››› 위험이 최소인 포트폴리오 가중치

두 주식으로 구성된 포트폴리오의 상관계수가 0이다. 다음의 예를 이용하여 위험이 최소가 되는 가중치와 기대수익률을 구하시오.

주식	$E(R_i)$	σ_i
A	14%	12%
B	8%	6%

풀이

식 (6.55)와 (6.56)을 직접 이용해서 도출하면 다음과 같다.

$$\omega_A = \frac{\sigma_B^2 - \sigma_{AB}}{\sigma_A^2 + \sigma_B^2 - 2\sigma_{AB}} = \frac{\sigma_B^2}{\sigma_A^2+\sigma_B^2} = \frac{6^2}{12^2+6^2} = 0.2$$

$$\omega_B = \frac{\sigma_A^2 - \sigma_{AB}}{\sigma_A^2 + \sigma_B^2 - 2\sigma_{AB}} = \frac{\sigma_A^2}{\sigma_A^2 + \sigma_B^2} = \frac{12^2}{12^2 + 6^2} = 0.8$$

포트폴리오 기대수익률은 다음과 같다.

$E(R_P) = \omega_A E(R_A) + \omega_B E(R_B) = (0.2)(14) + (0.8)(8) = 9.2\%$

6.6.2 위험자산이 n개인 결합선

지금까지 우리는 두 위험자산으로 구성된 포트폴리오가 각 자산의 투자가중치의 변화에 따라 기대수익률과 위험(표준편차)이 어떻게 변화하는지를 상관계수의 값이 +1, −1, 0일 때로 구분하여 살펴보았다. 일반적으로 두 자산 간의 상관계수는 0과 1 사이를 가지므로 결합선은 두 자산을 연결하는 곡선으로 그려지는 것이 보통이다.

이제 세 위험자산으로 구성된 포트폴리오의 결합선을 생각해 보자. 공매가 허용되지 않는 조건에서 두 위험자산 A, B로 구성된 결합선은 [그림 6–6]과 같이 그려진다.[36]

그림 6-6 | 세 위험자산의 결합선

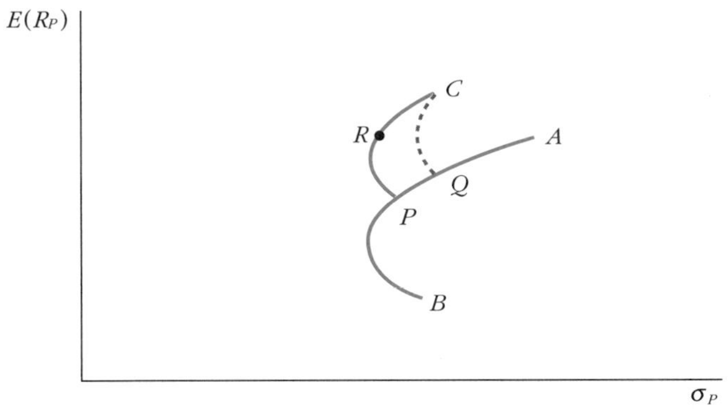

36 공매가 허용되지 않는 조건은 $0 \leq \omega_i \leq 1$이다.

두 위험자산 A, B 간의 상관계수가 +1이나 −1이 아니라면 두 위험자산 간의 결합선은 좌표상의 점 A와 B를 연결하는 직선의 왼편에 곡선 형태로 그려진다.[37] 이제 A, B 외에 임의의 위험자산 C가 그림과 같다고 하자. 세 증권으로 구성된 포트폴리오는 A, B로 구성된 포트폴리오와 C의 포트폴리오로 생각할 수 있다. 따라서 결합선상의 임의의 점 P와 C의 포트폴리오는 그림과 같이 그려지게 될 것이다. 그리고 P와 C로 구성된 포트폴리오 중 임의의 점 R은 A, B, C의 세 위험자산으로 구성된 포트폴리오가 된다. 그리고 C는 A, B를 연결하는 결합선상의 어느 점과도 결합선을 그릴 수 있다. 예를 들면 Q점과도 결합선을 그릴 수 있다.

예제 6-15 ⟫ 세 위험자산으로 구성된 포트폴리오

A와 B로 구성된 포트폴리오 P의 투자가중치가 다음과 같다. $P(\omega_A = 0.4, \omega_B = 0.6)$ 이제 P와 새로운 자산 C로 포트폴리오 R을 구성하였다. $R(\omega_P = 0.5, \omega_C = 0.5)$. 포트폴리오 R을 구성하는 각 개별 자산의 구성비를 계산하시오.

풀이

포트폴리오 R 내의 자산 A, B의 구성비를 전체자산 대비로 계산하면 된다.

$\omega_A = (0.5) \times (0.4) = 0.2$

$\omega_B = (0.5) \times (0.6) = 0.3$

즉 R의 50%를 구성하는 P는 A가 40%를 차지하므로 전체의 20%가 되고, B는 60%를 차지하므로 전체의 30%가 된다. 따라서 R은 다음과 같이 구성된다.

$R(\omega_A = 0.2, \omega_B = 0.3, \omega_C = 0.5)$

동일한 방법으로 D를 추가하여 P와 C로 구성된 포트폴리오를 나타내는 결합선상의 임의의 점과 D의 결합선을 생각할 수 있다. 이와 같은 방법으로 n개의 위험자산으로 확장하면 결합선은 기대수익률과 위험(표준편차)의 공간상에 무수히 그려지는데, 그 모든 결합선의 가장 자리를 연결하면 다음과 같은 포물선

37 [그림 6–5]에서 보았듯이 공매가 허용되지 않는 경우 결합선은 두 점을 연결하는 직선의 왼편쪽으로 그려진다.

이 그려진다.

그림 6-7 | 최소분산 포트폴리오

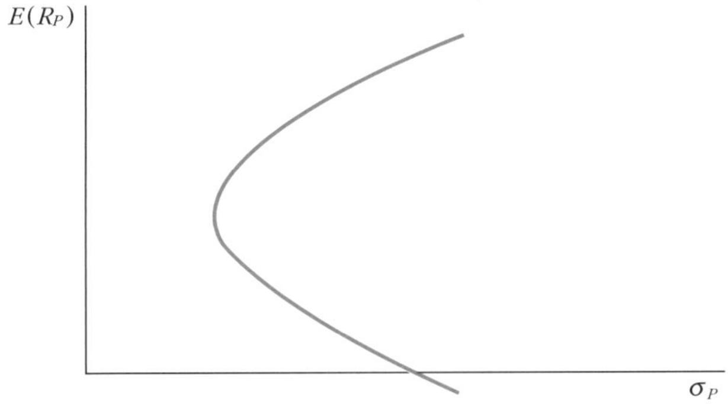

즉 위 포물선 내부에 수많은 개별 자산 또는 개별 자산으로 구성된 포트폴리오의 결합선이 존재한다. 이와 같이 포물선 내부에 존재하는 수많은 포트폴리오의 집합을 투자기회집합(investment opportunity set)이라고 부른다. 그 중 동일한 기대수익률하에서 위험이 가장 작은 포트폴리오들을 최소분산 포트폴리오(minimum variance portfolio)라고 한다. 그리고 그 중 위험이 최소인 포트폴리오를 글로벌 최소분산 포트폴리오(global minimum variance portfolio)라고 한다.

6.6.3 효율적 포트폴리오와 최적 포트폴리오

이제 최소분산 포트폴리오에서 어떻게 투자자들이 최적 포트폴리오를 결정하는지 살펴보자. 먼저 그 기초 이론으로 지배원리와 무차별곡선에 대하여 공부한다.

지배원리

지배원리(dominance principle)란 기대수익률이 동일하다면 위험이 최소인 자산이 다른 자산들을 지배하며, 위험이 동일하다면 기대수익률이 높은 자산이 다른 자산들을 지배한다는 것이다. 즉 투자자는 기대수익률이 높은 자산과 위험이 작은 자산을 선호한다.

그림 6-8 | 지배원리

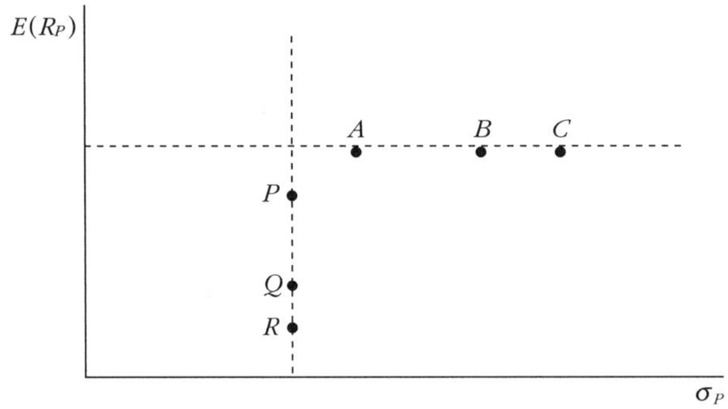

[그림 6-8]에서 보는 바와 같이 자산 *A*, *B*, *C*는 동일한 기대수익률을 가지고 있지만, *A*가 가장 위험이 작아 *B*와 *C*를 지배하여 투자자는 *A*를 선택한다는 것이다. 마찬가지로 *P*, *Q*, *R*은 동일한 위험을 가지고 있지만, *P*가 가장 기대수익률이 높아 *Q*와 *R*을 지배하여 투자자는 *P*를 선택한다는 것이다. 이를 간단히 표시하면 다음과 같다.

$$Min \quad \sigma_P \qquad \text{subject to } E(R_P) = k \qquad 여기서 \ -\infty < k < +\infty \tag{6.57}$$

$$Max \quad E(R_P) \qquad \text{subject to } \sigma_P = l \qquad 여기서 \ 0 \le l < \infty \tag{6.58}$$

식 (6.57)은 기대수익률이 k로 일정한 조건에서 위험인 σ_P가 최소인 포트폴리오를 선택하는 것을 말한다. 마찬가지로 식 (6.58)은 위험이 l로 일정한 조건에서 기대수익률이 최대인 포트폴리오를 선택하는 것을 의미한다.

무차별곡선

경제학에서 우리는 효용함수에 대하여 배웠다. 지금 소비자가 10,000원을 보유하고 있는데, 1,000원짜리 사과와 500원짜리 오렌지의 소비를 통해 효용을 극대화하고자 한다고 가정하자. 소비자는 10,000원 전액을 사과에 소비하면 사과 10개, 오렌지에 전액 소비하면 오렌지 20개를 소비할 수 있다. 또는 사과 5개와 오렌지 10개의 조합으로 소비할 수도 있다. 이를 그림으로 표시하면 다음과 같다.

그림 6-9 | 무차별곡선

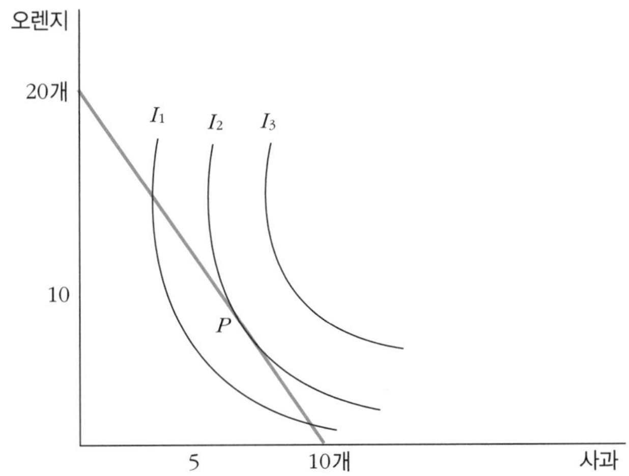

[그림 6-9]에서 *Y*축의 오렌지 20개, *X*축의 사과 10개 및 원점으로 이루어진 삼각형과 그 내부는 소비자가 소비할 수 있는 사과와 오렌지의 조합이다.[38] 그리고 10,000원을 다 소비하는 사선을 예산선(budget line)이라고 한다. 그러면 소비자는 사과와 오렌지의 어떤 조합을 선호하는가? 우리는 여기서 소비자의 효용함수를 도입한다. I_1으로 표시된 곡선은 소비자에게 동일한 효용(utility)을 제공하는 사과 오렌지의 조합이다. 우리는 이 곡선을 무차별곡선(indifference curve)이라고 부른다. 즉 어느 조합이라도 동일한 효용을 제공하므로 소비자는 무차별하기 때문이다. 그런데 이와 같은 무차별곡선을 그리면 좌표에서 북동쪽으로 그려지는 무차별곡선일수록 효용이 더 높음을 알 수 있다.

이제 소비자는 가용한 예산 내에서 효용을 극대화하려고 할 것이다. 이는 무차별곡선 I_2가 예산선과 접하는 점이 된다. 예를 들어 접점이 사과 6.5개, 오렌

38 사과와 오렌지를 1/2, 1/3개 등으로 분할할 수 있다고 가정한다.

지 7개라면 이 조합이 소비자의 효용을 극대화하는 사과와 오렌지의 조합이 될 것이다.

재무에서는 수익률과 위험과의 관계를 다룬다. 투자자는 기대수익률은 높고, 위험은 작은 것을 선호하므로 위험선호도(risk preference)에 따라 무차별곡선은 다음과 같이 그려진다.

그림 6-10 | 수익률과 위험 간의 무차별곡선

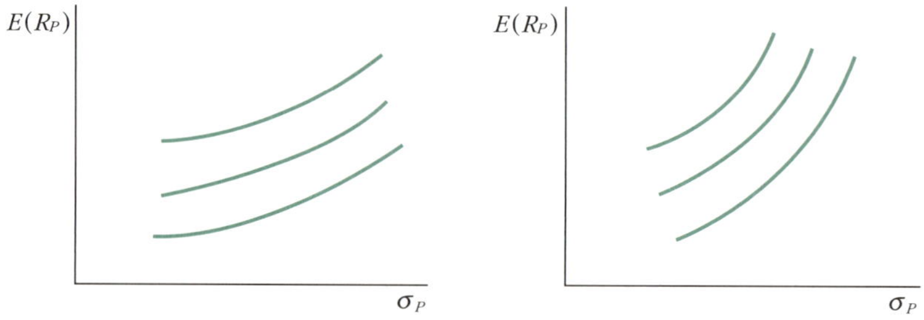

(a) 공격적 투자자 (b) 보수적 투자자

[그림 6-10]에서 왼편 그림표는 무차별곡선의 기울기가 완만하다. 즉 위험의 증분에 대하여 투자자가 요구하는 기대수익률의 증분이 작기 때문이다. 이러한 투자자는 위험증가에 대한 보상, 즉 리스크 프리미엄이 작아도 동일한 효용을 얻으므로 공격적 투자자의 성향을 갖는다. 이에 반해 오른편 투자자는 위험의 증분에 대하여 상대적으로 높은 기대수익률의 증분을 요구한다. 즉 위험에 대하여 보수적이기 때문에 동일한 효용을 가지기 위해서는 기대수익률의 증분이 그만큼 커야 한다는 것을 나타낸다.

효율적 포트폴리오와 최적 포트폴리오

지배원리와 무차별곡선을 이용하여 효율적 포트폴리오와 최적 포트폴리오를 공부하도록 하자. [그림 6-7]의 최소분산 포트폴리오에 지배원리를 적용하면 글로벌 최소분산 포트폴리오를 꼭지점으로 윗부분의 최소분산 포트폴리오가 아랫부분의 최소분산 포트폴리오를 지배함을 알 수 있다. 우리는 이 포트폴리오를

효율적 포트폴리오(efficient portfolio)라고 한다.[39]

그림 6-11 | 효율적 포트폴리오와 최적 포트폴리오

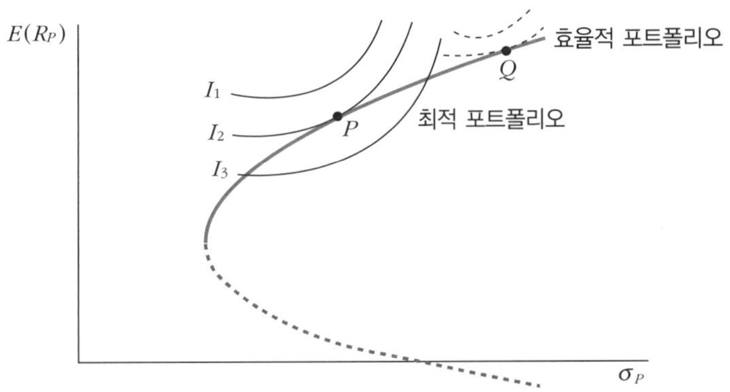

효율적 포트폴리오는 지배의 원리에 의하여 선택된 포트폴리오의 집합이다. 이제 투자자의 효용을 극대화하는 포트폴리오는 효율적 포트폴리오 중에서 개별 투자자의 효용함수, 즉 무차별곡선이 접하는 P점이 **최적 포트폴리오**(optimal portfolio)가 된다. 여기서 효용함수는 북서쪽으로 올라갈수록 효용이 증가하는데 가장 북서쪽에 있으면서 효율적 포트폴리오와 만나는 무차별곡선이 I_2이기 때문이다.

최적 포트폴리오 P가 n개의 자산으로 구성된 포트폴리오라고 하면 P는 다음과 같이 표시된다.

$$P(\omega_1, \omega_2, \omega_3, \cdots, \omega_n) \tag{6.59}$$

즉 P점은 첫 번째 자산의 투자가중치는 ω_1, 두 번째 자산의 투자가중치는 ω_2 등으로 투자한 포트폴리오의 기대수익률과 위험을 나타낸다.

개별투자자는 위험선호도(risk preference)에 따라 무차별곡선이 다르다. 그러므로 만약 무차별곡선이 Q점에서 만나는 투자자는 Q점이 최적 포트폴리오가

39 또는 efficient set, efficient frontier이라고도 한다. 식 (6.57)을 만족시키는 포트폴리오가 최소분산 포트폴리오이며, 식 (6.57)과 식 (6.58)을 동시에 만족시키는 포트폴리오가 효율적 포트폴리오이다.

될 것이다. 그리고 Q를 구성하는 개별자산의 가중치는 P와 다를 것이다.

$$Q(\omega'_1, \omega'_2, \omega'_3, \cdots, \omega'_n) \tag{6.60}$$

모든 투자자들은 P, Q와 같이 자신의 위험선호도에 따라 서로 상이한 최적 포트폴리오를 보유한다. 그리고 각 투자자들의 개별 자산 투자가중치의 합은 1이다. 즉 각 투자자의 첫 번째 자산에 대한 투자가중치, 두 번째 자산에 대한 투자가중치 등의 방법으로 n개 자산의 투자가중치를 모두 더하면 1이다.

요약하면 위험자산만으로 구성된 포트폴리오의 효율적 포트폴리오는 최소분산 포트폴리오의 윗부분이며, 투자자는 효율적 포트폴리오 중에서 자신의 무차별곡선과 접하는 포트폴리오를 효용을 극대화하는 최적 포트폴리오로 선택한다. 그리고 개별 투자자의 최적 포트폴리오는 투자자들의 위험선호도에 따라 서로 상이하다.

6.7 무위험자산이 포함된 포트폴리오

지금까지 두 개의 위험자산으로 구성된 포트폴리오의 결합선을 시작으로 n개의 자산으로 구성된 포트폴리오의 투자기회집합, 최소분산 포트폴리오, 효율적 포트폴리오 그리고 최적 포트폴리오에 대하여 공부하였다. 이제는 **무위험자산**이 포함된 포트폴리오에 대하여 공부한다.

6.7.1 무위험자산과 위험자산의 결합선

위험자산 A와 무위험자산 F의 투자가중치의 변화에 따라 포트폴리오의 기대수익률과 위험(표준편차)의 관계를 보여주는 결합선을 유도해 보자.[40] 무위험이

40 위험자산 A는 개별 위험자산 또는 위험자산의 포트폴리오라고 생각할 수 있다.

자율로 차입하거나 대출해 줄 수 있다고 가정한다.[41]

위험자산과 무위험자산의 기대수익률과 표준편차, 그리고 투자가중치는 다음과 같이 표시한다.

자산	$E(R_i)$	σ_i	ω_i
위험자산 A	$E(R_A)$	σ_A	ω_A
무위험자산 F	R_F	0	$1-\omega_A$

포트폴리오의 기대수익률은 다음과 같다.

$$E(R_P)=\omega_A E(R_A)+(1-\omega_A)R_F \tag{6.61}$$

포트폴리오의 위험(표준편차)은 다음과 같다.

$$\begin{aligned}\sigma_P&=[\omega_A^2\sigma_A^2+(1-\omega_A)^2\sigma_F^2+2\omega_A(1-\omega_A)\rho_{AF}\sigma_A\sigma_F]^{\frac{1}{2}}\\&=\omega_A\sigma_A\end{aligned} \tag{6.62}$$

식 (6.62)에서 무위험자산의 위험(표준편차)은 영($\sigma_F=0$)이므로 두 번째와 세 번째 항의 값은 영이 되어 포트폴리오 위험은 위험자산의 표준편차에 위험자산의 가중치를 곱한 값이 된다.

이제 식 (6.62)로부터 $\omega_A=\dfrac{\sigma_P}{\sigma_A}$을 식 (6.61)에 대입하여 ω_A을 소거하면 다음과 같다.

$$\begin{aligned}E(R_P)&=\frac{\sigma_P}{\sigma_A}E(R_A)+\left(1-\frac{\sigma_P}{\sigma_A}\right)R_F\\&=R_F+\left(\frac{E(R_A)-R_F}{\sigma_A}\right)\sigma_P\end{aligned} \tag{6.63}$$

무위험자산과 위험자산의 포트폴리오의 결합선은 기대수익률과 표준편차의 공간에서 직선(straight line)으로 표시된다. 절편은 무위험이자율 R_F이고, 기울

41 무위험자산에 투자하는 경우($0\le\omega_F\le1$)는 무위험이자율로 대출하는 것과 같으며, 무위험자산을 공매하는 경우($\omega_F<0$)는 무위험이자율로 차입하는 것과 같다. 따라서 우리는 $\omega_F\le1$인 경우를 가정한다. 그러므로 위험자산 A의 가중치는 $\omega_A\ge0$이다.

기는 $\left(\frac{E(R_A)-R_F}{\sigma_A}\right)$이다. 기울기는 위험증분 대비 수익률의 증분을 나타내므로 이 결합선의 기울기를 **변동성보상비율(reward-to-variability ratio)**이라고 부른다. 그리고 이와 같이 무위험자산이 포함된 결합선을 **자본배분선(capital allocation line: CAL)**이라고도 부른다.

위험자산 간의 결합선과는 달리 무위험자산이 포함된 결합선(CAL)에서는 무위험자산의 표준편차가 영이므로 상관계수는 무의미하다. 이 식을 그래프로 그리면 [그림 6-12]와 같다.

그림 6-12 | 위험자산과 무위험자산의 포트폴리오의 결합선

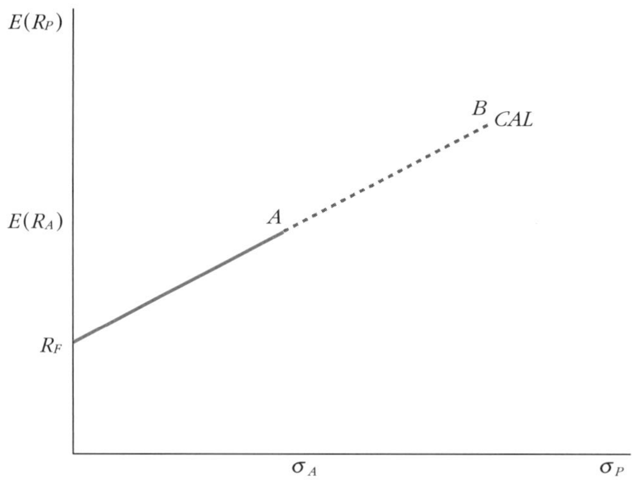

위에서 유도한 식은 [그림 6-12]에서 기하학적으로 명확히 알 수 있다. 즉 위험자산 A와 무위험자산 F의 포트폴리오의 결합선은 기대수익률이 $E(R_A)$이고 위험(표준편차)이 σ_A인 A자산과 무위험자산의 수익률을 나타내는 y축 절편인 R_F를 연결하는 직선이다.

실선으로 표시된 포트폴리오는 A와 F의 투자가중치가 각각 $0 \le \omega_A \le 1$, $0 \le \omega_F \le 1$을 나타내며 무위험자산에 투자한 포트폴리오를 나타내므로 **대출포트폴리오(lending portfolio)**라고 부른다. 반면에 점선으로 표시한 부분의 B와 같은 경우는 A와 F의 투자가중치가 각각 $\omega_A > 1$, $\omega_F < 0$을 나타내며 무위험자산의 공매(short sale)는 무위험이자율로 차입한 것과 같으므로 **차입포트폴리오(borrowing portfolio)**라고 부른다. 무위험이자율로 차입하여 A에 투자하면 할수록 포트폴리오는 직선을 따라 북동쪽으로 이동하게 된다. 즉 기대수익률이 증가하고 동시에 위험도 증가한다.

예제 6-16 ››› 무위험자산이 포함된 결합선

위험자산 A의 기대수익률은 8%, 표준편차는 6%이고, 무위험자산의 수익률은 4%이다. 이 두 자산으로 구성된 포트폴리오의 결합선을 구하시오.

풀이

대수적으로 식 (6.63)에 대입하면 다음과 같다.

$$\begin{aligned} E(R_P) &= R_F + \left(\frac{E(R_A) - R_F}{\sigma_A}\right)\sigma_P \\ &= 0.04 + \left(\frac{0.08 - 0.04}{0.06}\right)\sigma_P \\ &= 0.04 + \frac{2}{3}\sigma_P \end{aligned}$$

또는 기하학적으로 그림을 그려도 같은 식을 얻을 수 있다.

예제 6-17 ››› 무위험자산이 포함된 포트폴리오

위험자산 A의 기대수익률은 8%, 표준편차는 6%이고, 무위험자산의 수익률은 4%이다. 자기자본이 100만원인 투자자가 무위험자산 50만원을 공매하여(또는 무위험이자율로 50만원을 차입하여) A에 150만원을 투자하였다. 포트폴리오의 기대수익률과 위험(표준편차)을 계산하시오.

풀이

먼저 투자가중치를 구하면 다음과 같다.

$$\omega_A = 1{,}500{,}000/1{,}000{,}000 = 1.5$$

$$\omega_F = -500{,}000/1{,}000{,}000 = -0.5$$

식 (6.61)과 (6.62)에 각각 대입하면 다음과 같다.

$$E(R_P) = \omega_A E(R_A) + (1 - \omega_A) R_F$$
$$= (1.5)(0.08) + (1 - 1.5)(0.04)$$
$$= 0.1$$

$$\sigma_P = \omega_A \sigma_A = (1.5)(0.06) = 0.09$$

그러므로 기대수익률은 10%, 표준편차는 9%이다. 이 값은 [예제 6-16]의 결합선 위에 있음을 확인할 수 있다(대입하면 0.04 + (2/3)(0.09) = 0.1이다). 포트폴리오를 P로 표시하면 아래 그림과 같다. 포트폴리오 P는 A보다 기대수익률도 증가하고 위험(표준편차)도 증가하였음을 알 수 있다.

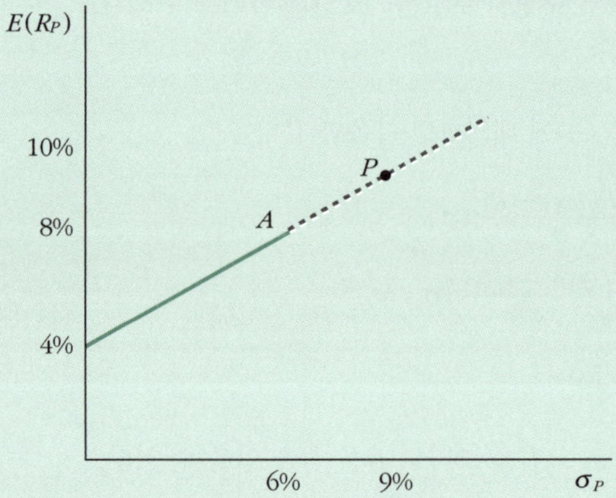

6.7.2 자본배분선

앞서 위험자산 A와 무위험자산 F의 결합선은 무위험이자율을 절편으로 해서 위험자산 A를 통과하는 직선으로 그려짐을 알았다. 그런데 기대수익률과 표준편차 공간에서 위험자산은 A 외에도 수많은 위험자산이 있다. 예를 들어 위험자산 B와의 결합선도 생각할 수 있다. 이제 다양한 위험자산과 무위험자산의 포트폴리오를 고려하자.

그림 6-13 | 무위험자산과 다양한 위험자산의 포트폴리오

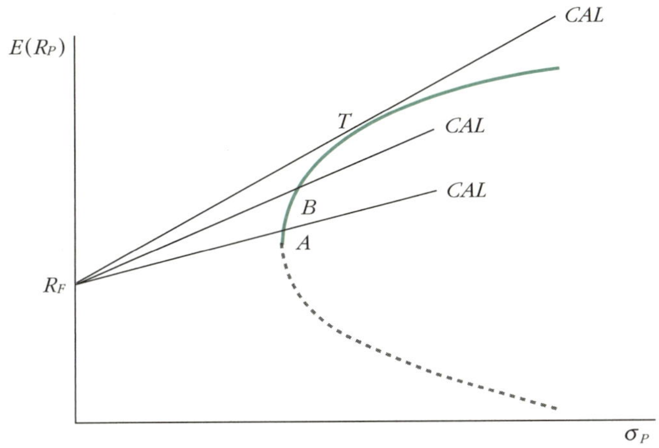

[그림 6-13]은 위험자산만으로 구성된 최소분산 포트폴리오, 효율적 포트폴리오를 보여준다. 지금까지 논의 해온 위험자산 A가 위 그림과 같이 효율적 포트폴리오에 위치한 개별자산 또는 포트폴리오라고 하자. 그러면 우리는 R_F와 A를 통과하는 결합선을 그림과 같이 그릴 수 있다. 또는 그 위의 B와의 결합선도 그림과 같이 그릴 수 있다. 절편을 공통으로 A를 통과하는 결합선과 B를 통과하는 결합선을 비교하면, 지배원리에 의하여 B를 통과하는 결합선의 포트폴리오들이 A를 통과하는 결합선의 모든 포트폴리오를 지배함을 알 수 있다. 따라서 투자자는 더 이상 A를 통과하는 결합선의 포트폴리오를 선호하지 않는다.

같은 방법으로 위험자산의 효율적 포트폴리오를 따라 위로 올라가는 결합선은 모두 그 아래의 결합선을 지배한다. 즉 기울기가 큰 결합선이 선호된다. 기울기가 가장 큰 결합선은 위험자산의 효율적 포트폴리오와 접하는 결합선이다. 그 접점(tangency point)을 T라고 하면 T와 R_F를 연결하는 결합선이 지배원리에 의해 투자자가 선호하는 포트폴리오가 된다. 따라서 무위험자산이 존재하는 경우 모든 투자자는 자신의 위험선호도와 관계없이 위험자산 중에서는 T를 선택하여 무위험자산과 포트폴리오를 구성한다.

이와 같이 무위험자산과 위험자산의 결합선을 다른 말로 **자본배분선(capital allocation line: CAL)**이라고 부른다. 즉 무위험자산 수익률을 절편으로 하고

수많은 위험자산을 통과하는 자본배분선(*CAL*)이 있으며 그 중 모든 투자자가 가장 선호하는 자본배분선은 접점 *T*를 통과하는 자본배분선이다.

6.7.3 효율적 포트폴리오와 최적 포트폴리오

접점 *T*를 통과하는 자본배분선(*CAL*)은 무위험자산이 존재하는 경우의 효율적 포트폴리오가 된다.[42] [그림 6-14]를 보면 이 *CAL*이 위험자산만으로 구성된 효율적 포트폴리오를 지배함을 알 수 있다. 다시 말하여 무위험자산이 포트폴리오에 편입됨으로써 투자자들은 동일한 위험 하에서 더 높은 수익률을 제공하는 포트폴리오를 구성할 수 있다.

또 하나 주목할 점은 모든 투자자들은 결국 위험선호도와 관계없이 위험자산 중에서는 유일하게 *T* 포트폴리오를 선정하여 무위험자산과 함께 자산배분(asset allocation)을 한다는 점이다.[43] 자산배분의 경우 절편과 *T*점 사이의 포트폴리오

그림 6-14 | 최적 포트폴리오의 선택

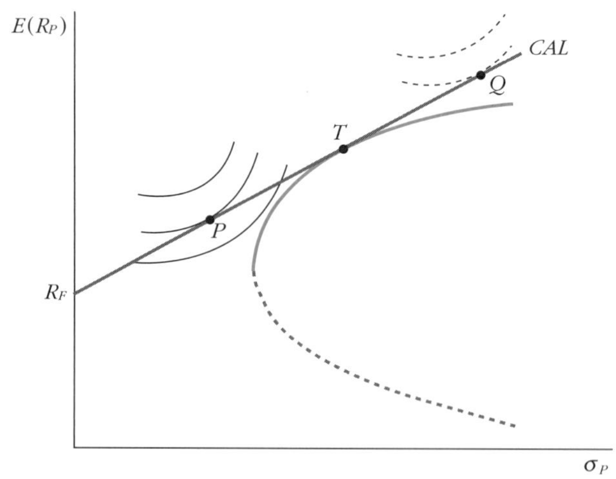

42 위험자산만으로 구성된 효율적 포트폴리오는 곡선 형태였다.

43 이에 반해 위험자산만의 효율적 포트폴리오에서는 투자자의 위험선호도에 따라 선택하는 위험자산의 포트폴리오가 상이하였다.

는 무위험자산과 위험자산 포트폴리오 T에 자산배분을 한 경우이다.[44] 이에 반해 T 포트폴리오의 북동쪽에 있는 포트폴리오들은 무위험자산을 공매(무위험이자율로 차입)하여 조달한 자금을 자기자본에 더하여 T에 투자할 때 얻어지는 포트폴리오들이다.[45]

이제 투자자들은 무위험자산과 접점 포트폴리오 T로 구성된 효율적 포트폴리오, 즉 자본배분선(CAL)에서 위험선호도에 따라 **최적 포트폴리오**를 선택한다. 상대적으로 보수적인 투자자는 기울기가 큰 무차별곡선이 접하는 P점에서 최적 포트폴리오를 구성한다. P포트폴리오는 자산의 일부는 무위험자산에 투자하고 일부는 위험자산 포트폴리오 T에 투자한 포트폴리오이다. 한편 상대적으로 공격적인 투자자는 기울기가 완만한 무차별곡선이 접하는 Q점에서 최적 포트폴리오를 구성한다. Q포트폴리오는 무위험자산을 공매(또는 무위험이자율로 차입)하여 자기자본에 더하여 위험자산인 T에 투자한 결과 위험(표준편차)도 크고 기대수익률도 높은 Q포트폴리오가 효용을 극대화하는 포트폴리오가 된다. 직관적으로 보수적인 투자자는 무위험자산에 대한 투자가중치가 높을 것으로 예상되고, 공격적인 투자자는 위험자산에 대한 투자가중치가 높을 것으로 예상된다.

결국 무위험자산이 존재하는 경우 첫 번째 단계에서는 투자자들의 위험선호도와 관계없이 지배원리에 따라 위험자산 포트폴리오로 접점 T가 결정되고, 두 번째 단계에서는 투자자들은 자신들의 위험선호도에 따라 무위험자산과 위험자산 T에 자산배분을 한다. 이를 **분리정리(separation property)**라고 한다. 투자자들이 T에 투자한다는 이야기는 투자금액은 투자자에 따라 다르겠지만 T 포트폴리오를 구성하고 있는 개별자산의 구성비대로 투자한다는 것을 의미한다.

---

44 무위험자산과 T 포트폴리오의 가중치는 다음의 범위에 있다. $0 \leq \omega_F \leq 1$. $0 \leq \omega_T \leq 1$

45 무위험자산과 T 포트폴리오의 가중치는 다음의 범위에 있다. $\omega_F < 0$. $\omega_T > 1$

요 약

01 평균은 자료의 대표값, 분산(표준편차)은 자료의 퍼짐의 정도, 그리고 공분산은 두 변수 간 선형관계의 방향을 나타낸다. 상관계수는 공분산을 표준화한 값으로 $-1 \leq \rho_{XY} \leq 1$ 범위의 값을 가진다.

$$\rho_{XY} = \frac{Cov(X, Y)}{\sigma_X \sigma_Y} \tag{6.7}$$

02 기대값, 분산 및 공분산 연산자의 정리를 알아두면 포트폴리오이론의 도출에 유용하다.

03 개별 자산의 기대수익률은 각각 예상되는 수익률에 그 수익률이 발생할 확률을 곱하여 모두 더하는 방법으로 다음과 같이 계산한다.

$$E(R) = \sum_{i=1}^{n} p_i R_i \tag{6.9}$$

04 개별 자산의 위험은 수익률 확률분포의 분산 또는 표준편차에 의하여 측정한다.

$$\sigma^2(R) = \sum_{i=1}^{n} p_i (R_i - E(R))^2 = E[(R - E(R))^2] \tag{6.10}$$

05 포트폴리오란 자산의 집합 또는 집단으로 포트폴리오 기대수익률은 개별 자산 기대수익률의 가중평균이다.

$$E(R_P) = \sum_{i=1}^{n} \omega_i E(R_i) \tag{6.13}$$

06 포트폴리오의 투자가중치는 다음과 같이 정의되며, 가중치의 합은 1이다.

$$\omega_i = \frac{\text{개별 자산 투자액}}{\text{자기자본 투자액}} \tag{6.15}$$

07 공매(short sale)란 투자자가 증권을 제3자(증권회사)로부터 차입하여 매도한 후 일정 기간 후 동일한 증권의 수량으로 다시 제3자에게 되갚는 것을 말한다. 공매의 투자가중치는 음수이다.

08 두 자산으로 구성된 포트폴리오의 위험(분산)은 다음과 같이 계산한다.

$$\sigma_P^2 = \omega_A^2 \sigma_A^2 + \omega_B^2 \sigma_B^2 + 2\omega_A \omega_B \sigma_{AB} \tag{6.20}$$

09 두 자산으로 구성된 포트폴리오의 위험을 공분산과 상관계수의 관계식을 이용하여 상관계수가 포함된 식으로 표시하면 다음과 같다.

$$\sigma_P^2 = \omega_A^2 \sigma_A^2 + \omega_B^2 \sigma_B^2 + 2\omega_A \omega_B \rho_{AB} \sigma_A \sigma_B \tag{6.21}$$

10 n개의 자산으로 구성된 포트폴리오의 위험은 다음과 같이 계산한다.

$$\sigma_P^2 = \sum_{i=1}^{n} \sum_{j=1}^{n} \omega_i \omega_j \sigma_{ij} = \sum_{i=1}^{n} \omega_i^2 \sigma_i^2 + \sum_{i=1}^{n} \sum_{j=1, i \neq j}^{n} \omega_i \omega_j \sigma_{ij} \tag{6.27}$$

11 분산투자효과(diversification)는 포트폴리오에 포함되는 자산의 수가 증가함에 따라 포트폴리오의 총위험이 감소하는 현상을 말한다.

12 n개의 자산에 균등투자한 포트폴리오의 위험은 두 자산수익률 간의 공분산의 평균으로 접근한다.

$$\lim_{n\to\infty}\sigma_P^2 = \lim_{n\to\infty}\left(\frac{1}{n}\overline{\sigma_i^2} + \frac{n-1}{n}\overline{\sigma_{ij}}\right) \approx \overline{\sigma_{ij}} \tag{6.29}$$

13 분산투자효과는 개별 자산의 위험은 분산되어 제거되지만, 공분산에 기인한 위험은 분산투자에 의하여 제거되지 않는다는 것을 보여준다. 이 중 분산투자에 의하여 제거되는 위험을 기업고유위험, 분산가능위험 또는 비체계적 위험이라고 한다. 이에 반해 분산투자로 제거되지 않는 위험을 시장위험, 분산불능위험 또는 체계적 위험이라고 부른다.

14 결합선(combination line)이란 두 자산의 가중치(ω_i) 변화에 따른 포트폴리오의 기대수익률($E(R_P)$과 표준편차(σ_P)의 관계를 보여주는 선을 말한다.

15 두 자산수익률 간의 상관계수가 +1일 때(공매가 허용되지 않음) 포트폴리오의 위험(표준편차)은 아래와 같이 각 자산 위험의 가중평균으로 분산투자효과가 발생하지 않는다.

$$\sigma_P = \omega_A\sigma_A + \omega_B\sigma_B \tag{6.33}$$

16 두 자산수익률 간의 상관계수가 −1일 때(공매가 허용되지 않음) 포트폴리오의 위험(표준편차)은 아래와 같으며, 분산투자효과가 극대화된다.

$$\sigma_P = |\,\omega_A\sigma_A - \omega_B\sigma_B| \tag{6.41}$$

17 상관계수가 일정할 때 두 자산으로 구성된 포트폴리오의 위험을 최소화하는 포트폴리오의 가중치는 다음과 같다.

$$\omega_A = \frac{\sigma_B^2 - \sigma_{AB}}{\sigma_A^2 + \sigma_B^2 - 2\sigma_{AB}} \tag{6.55}$$

$$\omega_B = \frac{\sigma_A^2 - \sigma_{AB}}{\sigma_A^2 + \sigma_B^2 - 2\sigma_{AB}} \tag{6.56}$$

18 n개의 위험자산으로 구성된 포트폴리오의 집합을 투자기회집합이라고 부른다. 그 중 동일한 기대수익률하에서 위험이 가장 작은 포트폴리오들을 최소분산 포트폴리오(minimum variance portfolio)라고 한다.

19 지배원리란 기대수익률이 동일하다면 위험이 최소인 자산이 다른 자산들을 지배하며, 위험이 동일하다면 기대수익률이 높은 자산이 다른 자산을 지배한다는 것이다.

20 최소분산 포트폴리오 중에서 지배원리에 따라 선택된 포트폴리오들을 효율적 포트폴리오(efficient portfolio)라고 한다.

21 위험자산의 효율적 포트폴리오 중에서 투자자의 무차별곡선과 접하는 포트폴리오가 투자자의 효용을 극대화하는 최적 포트폴리오(optimal portfolio)이다. 이는 투자자들의 위험선호도에 따라 상이하다.

22 무위험이자율로 차입과 대출이 허용될 때, 무위험자산과 위험자산의 결합선은 다음과 같다. 이를 자본배분선(CAL)이라고도 한다.

$$E(R_P) = R_F + \left(\frac{E(R_A) - R_F}{\sigma_A}\right)\sigma_P \qquad (6.63)$$

23 수많은 자본배분선 중에서 위험자산의 효율적 포트폴리오와 접하는 자본배분선이 변동성보상비율을 극대화하는 자본배분선이다. 투자자는 위험자산 중에서는 접점 포트폴리오만을 선택한다. 접점 포트폴리오와 무위험자산 수익률을 연결하는 자본배분선이 효율적 포트폴리오가 된다.

24 투자자들은 분리정리(separation property)에 의하여 최적 포트폴리오에 투자한다. 첫 번째 단계에서는 투자자들의 위험선호도와 관계없이 접점 포트폴리오 T가 결정되고, 두 번째 단계에서는 투자자들은 자신들의 위험선호도에 따라 무위험자산과 위험자산 T에 자산배분을 한다.

EXERCISE

| 연 | 습 | 문 | 제 |

6-1 공분산과 상관계수를 비교 · 설명하시오.

6-2 개별 자산의 기대수익률과 위험(분산)의 계산방법을 설명하시오.

6-3 공매의 개념을 설명하고, 주가가 어떻게 전망될 때 주로 사용하는 거래방법인지 설명하시오.

6-4 포트폴리오의 기대수익률과 위험(분산)의 계산방법을 설명하시오.

6-5 n개의 자산에 균등투자한 포트폴리오의 분산투자효과를 마코위츠 모형을 이용하여 설명하시오.

6-6 공매가 허용되지 않는 조건에서 두 자산 간의 상관계수가 +1, −1, 0일 때의 결합선 형태를 설명하시오. 분산투자효과가 없는 경우와 극대화되는 경우를 설명하시오.

6-7 투자기회집합, 최소분산 포트폴리오, 지배원리를 설명하시오.

6-8 위험자산으로 구성된 포트폴리오의 효율적 포트폴리오를 설명하시오. 그리고 무차별곡선을 이용하여 최적 포트폴리오의 결정 방법을 설명하시오.

6-9 무위험자산 F와 위험자산 A의 결합선(자본배분선)을 포트폴리오의 기대수익률과 위험의 관계로부터 유도하시오.

6-10 무위험자산이 존재하는 경우 분리정리에 따른 2단계 투자결정 방법을 설명하시오.

6-11 다음을 X의 분산(σ_X^2), Y의 분산(σ_Y^2) 및 X와 Y의 공분산(σ_{XY})의 식으로 풀어 쓰시오.

$Var(3X+4Y)$

6-12 다음의 자료를 활용하여 상관계수(ρ_{AB})를 계산하시오.

$\sigma_A = 0.1 \quad \sigma_B = 0.2 \quad \sigma_{AB} = 0.012$

6-13 다음의 자료를 바탕으로 두 주식 A, B로 구성된 포트폴리오의 위험(분산)을 계산하시오.

$\omega_A = 0.6 \quad \omega_B = 0.4 \quad \sigma_A = 0.1 \quad \sigma_B = 0.2 \quad \sigma_{AB} = 0.012$

EXERCISE

6-14 A증권의 기대수익률은 5%, B증권의 기대수익률은 8%, 그리고 C증권의 기대수익률은 10%이다. A증권을 공매(short sale)하여 500만원을 조달하여, 자기자본과 합쳐서 B증권에 600만원 그리고 C증권에 900만원을 투자하였다.

(1) 세 증권의 투자가중치를 계산하시오.

(2) 세 증권으로 구성된 포트폴리오의 기대수익률을 계산하시오.

6-15 A와 B 두 위험자산 수익률의 상관계수가 −1이다. A와 B로 구성된 포트폴리오 중에서 무위험 포트폴리오를 구성하기 위한 A, B 위험자산의 가중치를 각 자산의 표준편차로 표시하시오.

6-16 A와 B 두 위험자산 수익률의 상관계수가 +1이다. A와 B로 구성된 포트폴리오 중에서 무위험 포트폴리오를 구성하기 위한 A, B 위험자산의 가중치를 각 자산의 표준편차로 표시하시오.

6-17 두 위험자산의 수익률이 완전 양의 상관관계를 이룬다면, 공매(short sale)가 허용되지 않을 때 기대수익률($E(R)$)과 표준편차($\sigma(R)$)의 공간에서 결합선은 어떻게 그려지는가?

① 양의 기울기를 가진 직선

② 음의 기울기를 가진 직선

③ 양 또는 음의 기울기를 가진 곡선

④ 양의 기울기를 가진 곡선

⑤ ① 또는 ②가 바른 답이다.

6-18 효율적 포트폴리오를 바르게 설명한 것은?

① 주어진 위험($\sigma(R)$)의 값에 대하여 기대수익률이 최대의 값을 나타낸다.

② 항상 직선으로 표시된다.

③ 최소분산 포트폴리오의 모든 자산 또는 포트폴리오를 포함하지는 않는다.

④ 위의 3가지가 모두 바른 답이다.

⑤ ①과 ③이 바른 답이다.

6-19 다음 두 종류의 위험자산으로 결합선을 구성하려고 한다. 두 자산 간의 상관계수가 +1이라면 위험이 최소가 되는 각 자산의 가중치를 바르게 열거한 것은?

위험자산	기대수익률	수익률의 표준편차
A	10%	8%
B	6%	4%

① $\omega_A > 0,\ \omega_B < 1$
② $\omega_A < 0,\ \omega_B > 1$
③ $\omega_A = 0,\ \omega_B = 1$
④ $\omega_A > 1,\ \omega_B < 0$

Chapter 07

자본자산가격결정모형

본장에서는 자본자산가격결정모형(*CAPM*)을 공부한다. 먼저 모형의 유도를 위해 도입한 주요 가정들을 살펴본다. 이어서 포트폴리오이론의 연장선상에서 자본시장선과 시장포트폴리오를 공부한다. 그 다음에 체계적 위험의 지표인 베타의 추정방법을 공부한다. 그리고 증권시장선으로 대표되는 자본자산가격결정모형을 공부한다. 그리고 이 모형이 재무 분야에서 활용되는 예를 증권분석, 자본비용 및 포트폴리오 성과평가를 이용하여 살펴본다. 부록에서는 단일지표모형으로 위험을 추정하는 방법을 알아본다.

7.1 가정

자본자산가격결정모형(capital asset pricing model: CAPM)은 자산의 위험과 수익률에 관한 모형이다. 즉 시장이 균형을 이룰 때, 자산의 기대수익률과 위험 간의 관계를 보여준다. 이 이론은 1952년에 포트폴리오 선택이라는 논문을 발표한 마코위츠(Markowitz)의 포트폴리오이론에 그 기초를 두고 있다.[01] 평균과 분산에 근거하여 포트폴리오 투자결정을 설명하였기 때문에 이를 평균분산(mean variance)에 근거한 모형이라고 한다. 발표 당시에 주목을 받지 못하였던 포트폴리오 이론은 1960년대 들어 샤프,[02] 린트너[03] 및 모신[04]이 마코위츠 모형을 바탕으로 *CAPM*을 발표하면서 발전하기 시작하였다.

모형의 직관적인 아이디어를 도출하기 위하여 표준 *CAPM*은 단순화된 가정으로부터 출발한다. 아래에서는 주요 가정을 살펴본다.

첫째, 투자자는 마코위츠모형을 따른다. 즉 투자자들은 기대수익률(평균)과 분산 기준에 따라 포트폴리오 투자결정을 한다. 이 가정은 다음의 두 가지 조건 중 하나가 성립하면 가능하다.[05] 첫 번째 조건은 포트폴리오 수익률의 확률분포가 정규분포(normal distribution)를 이루는 것이다.[06] 두 번째 조건은 효용함수가 포트폴리오 가치의 2차함수(quadratic function)의 형태를 가지는 것이다.[07] 그런데 2차 효용함수는 최고점을 지나면 감소하는 바람직하지 못한 특성으로 인

01 Markowitz, H. M., "Portfolio Selection," *Journal of Finance*, March 1952, pp.77-91.

02 Sharpe, W. F., "Capital Asset Prices: A Theory of Market Equilibrium under Conditions of Risk," *Journal of Finance*, September 1964, pp.425-442.

03 Lintner, J., "The Valuation of Risk Assets and the Selection of Risky Investments in Stock Portfolios and Capital Budgets," *Review of Economics and Statistics*, February 1965, pp.13-37.

04 Mossin, J., "Equilibrium in a Capital Asset Market," *Econometrica*, October 1966, pp.768-783.

05 Haugen, R. A., *Modern Investment Theory*, Prentice Hall, 5th ed., 2001, pp.201–205.

06 현실적으로 단기간의 수익률은 정규분포에 근접하지만, 연간 수익률처럼 장기간의 수익률은 정규분포를 이루지 못하는 경향이 크다. 그러나 개별 증권이 아니라 포트폴리오는 중심극한정리(central limit theorem)에 따라 정규분포에 접근한다.

07 효용함수가 2차함수이면, 포트폴리오 투자로부터 얻는 효용은 포트폴리오의 기대값과 분산에 의하여 결정된다. 효용은 기대수익률이 증가하면 커지고, 반대로 분산이 증가하면 작아진다.

하여 정규분포 가정에서 평균 분산에 의한 투자결정을 한다고 가정하는 것이 바람직하다.

둘째, 투자자들은 투자기간과 수익률의 확률분포에 대하여 동질적 기대(homogeneous expectation)를 한다. 즉 모든 투자자들은 투자기간이 단일기간이며, 마코위츠 모형에 입력되는 개별 증권의 기대수익률, 분산, 공분산에 대하여 동일한 값을 기대하며, 그 결과 그로부터 구해지는 효율적 포트폴리오와 시장 포트폴리오가 모두 동일하다.

셋째, 자본시장에서 자본과 정보의 흐름이 자유롭다. 즉 자본의 흐름과 관련하여 증권의 매입 및 매도에 거래비용이 없으며(no transaction costs), 배당, 이자 및 자본이득에 대하여 세금이 없다(no taxes)고 가정한다. 또한 자산은 분할 가능(divisible)하여 투자에서 어떤 포지션도 취할 수 있다.[08] 공매에 대한 제한도 없다(no restrictions on short sales). 그리고 모든 투자자는 정보를 모두 공유한다.

그밖에 무위험이자율로 차입과 대출이 무제한 가능하며, 완전경쟁시장으로 투자자들은 자신의 거래로 시장가격에 영향을 미치지 못한다.

이 모든 가정들은 다소 비현실적일 수도 있으나, 위험이 수익률에 미치는 영향을 도출하기 위하여 불가피한 가정이다. 예를 들어 기대수익률이 세금이나 거래비용에 의하여 영향을 받는 것을 제외하고 위험과 기대수익률 간의 명확한 관계를 유도하기 위함이다.

7.2 자본시장선과 시장포트폴리오

마코위츠 모형에서 우리는 먼저 위험자산만으로 구성된 포트폴리오로부터 최소분산 포트폴리오를 도출하고, 그로부터 효율적 포트폴리오를 선택한 후, 개별

---

08 예를 들어 삼성전자 주식을 1원어치 매입하는 것도 가능하다.

투자자들의 효용함수가 접하는 점에서 최적 포트폴리오를 찾았다. 각 투자자들의 위험자산에 대한 기대가 상이하므로 각 투자자들의 효율적 포트폴리오도 상이할 것이다.

다음에 무위험자산이 존재하고 무위험이자율로 차입과 대출이 허용되는 경우의 최적 포트폴리오를 살펴보았다. 무위험자산수익률을 절편으로 하는 자본배분선(*CAL*) 중에서 위험자산만으로 구성된 효율적 포트폴리오와 접하는 자본배분선이 효율적 포트폴리오이다. 그리고 접점 포트폴리오와 무위험이자율을 연결하는 자본배분선이 각 투자자의 효용함수와 접하는 곳이 각 투자자의 최적포트폴리오가 되었다.

이제 마코위츠 모형을 바탕으로 *CAPM*의 가정을 적용하여 보자. 모든 투자자들이 마코위츠 모형, 즉 기대수익률과 분산 기준에 따라 포트폴리오 투자결정을 한다고 가정한다. 그리고 모든 투자자들은 투자기간과 수익률의 확률분포에 동일한 기대를 하고 있다고 가정한다. 즉 모두 단일투자기간(single period horizon) 동안 투자하며, 개별 자산의 기대수익률, 분산, 공분산에 대하여 동일한 기대를 한다. 모든 투자자는 동일한 무위험이자율로 차입과 대출이 가능하고 공매도 허용된다. 이러한 가정에서 모든 투자자들의 효율적 포트폴리오는 동일한 형태를 가질 것이다.

개별 투자자들은 모든 투자자들이 공통으로 생각하는 위험자산만의 효율적 포트폴리오 중에서 변동성보상비율이 극대화되는 포트폴리오를 선택한다. 포트폴리오의 변동성보상비율은 다음과 같다.

$$\frac{E(R_P) - R_F}{\sigma_P} \tag{7.1}$$

변동성보상비율이 극대화되는 자본배분선은 접점 M을 통과하는 자본배분선이다. 이제 모든 투자자들은 위험자산 중에서는 유일하게 접점 포트폴리오 M만을 선택한다. M포트폴리오는 n개 자산의 포트폴리오의 가중치로 표시할 수 있다. 그런데 A투자자도 M을 선택하고, B투자자도 M을 선택한다. 다시 말하여 A투자자의 위험자산 포트폴리오의 개별 자산 투자가중치와 B투자자의 위험자산포트폴리오의 개별 자산 투자가중치는 동일하다. 모든 투자자들이 동일한 위험자산의 포트폴리오 M을 선택한다면 시장균형 상태에서 M은 모든 위험자산으로 구성된 포트폴리오이다. M포트폴리오를 주식시장으로 한정할 경우 M은 시장에서 거래되는 모든 주식의 포트폴리오가 된다. 그리고 M을 다음과 같이 표시할 수 있다.

$$M(\omega_1, \omega_2, \omega_3, \cdots, \omega_n) \tag{7.2}$$

여기서 ω_i는 전체 포트폴리오의 시장가치에서 주식 i의 시장가치가 차지하는 비중, 즉 가중치를 나타낸다. 이 M을 전체 주식으로 구성된 포트폴리오란 의미에서 시장포트폴리오(market portfolio)라고 부른다.

그리고 이 시장포트폴리오 M을 통과하는 자본배분선을 특히 자본시장선(capital market line: CML)이라고 부른다. 자본시장선(CML)은 변동성보상비율이 극대화되는 효율적 포트폴리오를 나타내며 다음과 같은 식으로 표시할 수 있다.

$$E(R_P) = R_F + \left(\frac{E(R_M) - R_F}{\sigma_M}\right)\sigma_P \tag{7.3}$$

그림 7-1 | 자본시장선과 시장포트폴리오

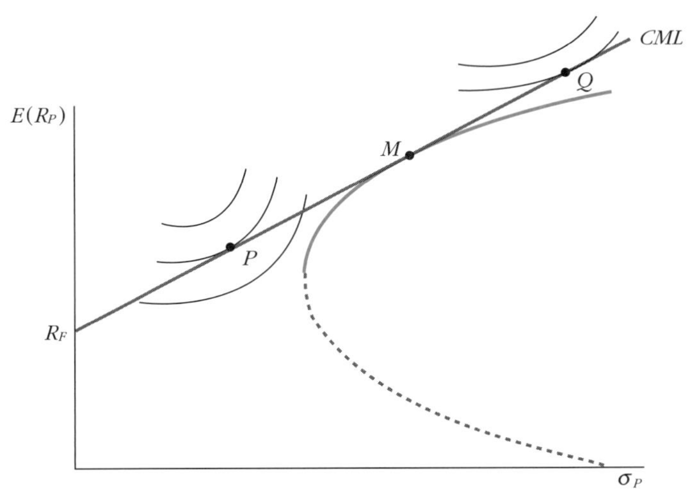

시장포트폴리오의 변동성보상비율(reward-to-variability ratio)은 자본시장선의 기울기로 다음과 같다.

$$\frac{E(R_M) - R_F}{\sigma_M} \tag{7.4}$$

무위험자산이 있는 경우 효율적 포트폴리오는 자본시장선(*CML*)이다. 이제 투자자들은 자신의 효용함수, 즉 무차별곡선이 자본시장선과 접하는 점이 최적 포트폴리오가 된다. 그리고 최적 포트폴리오는 무위험자산과 시장포트폴리오 간의 자산배분으로 구성된다. 일부 투자자들은 시장포트폴리오의 왼쪽에서 최적 포트폴리오를 구성할 것이고, 일부 투자자들은 시장포트폴리오의 오른쪽에서 최적 포트폴리오를 구성할 것이다.[09] 무위험자산에 대한 수요(매입)와 공급(매도)은 일치하여야 하므로 투자자들의 최적 포트폴리오는 시장포트폴리오를 중심으로 분포하게 될 것이다. 중요한 점은 최적포트폴리오는 다르지만 모두 시장포트폴리오에 투자한다는 점이다.[10] 즉 무위험자산과 위험자산 *M*의 구성비는 상이하지만, 위험자산 *M* 내에서의 개별 위험자산들의 구성비는 모두 동일하다는 점이다.

예제 7-1 ⟫ 최적 포트폴리오의 구성

단순화를 위해 시장포트폴리오가 세 주식으로 구성되었다고 가정하자. 각 주식의 시가총액은 다음과 같다. 총 시가총액은 100억원이다.

09 시장포트폴리오의 왼쪽이 최적 포트폴리오인 투자자들은 상대적으로 보수적인 투자자들로 무위험자산과 시장포트폴리오에 투자한다. 이에 반해 시장포트폴리오의 오른쪽이 최적 포트폴리오인 투자자들은 상대적으로 공격적인 투자자들로 무위험이자율로 차입(무위험자산을 공매)하여 시장포트폴리오에 투자한다.

10 시장포트폴리오에 투자한다는 말은 시장포트폴리오의 개별 주식 가중치대로 개별 투자자도 동일한 가중치로 투자한다는 말이다. 만약 시장포트폴리오에서 *A*주식의 가중치가 5%라고 하자. 개인투자자가 100만원의 투자금 중 40만원은 무위험자산, 나머지 60만원은 시장포트폴리오에 투자하는 것이 최적이라면 60만원의 5%인 3만원을 주식 *A*에 투자한다는 것이다. 다른 투자자의 최적 자산배분이 무위험자산 100만원, 시장포트폴리오 200만원이라면, 그는 200만원의 5%인 10만원을 주식 *A*에 투자한다는 것이다.

주식	시장가치(억원)
A	50
B	30
C	20
계	100

투자자 X와 Y는 각각 600만원과 1,000만원을 가지고 최적포트폴리오를 구성하고자 한다. 각 투자자의 효용을 극대화하는 최적 포트폴리오의 구성비는 다음과 같다고 하자.

투자자	최적 자산배분(%)		투자금액(만원)
	무위험자산	위험자산 M	
X	50	50	600
Y	20	80	1,000

두 투자자의 개별자산 A에 대한 투자금액을 계산하시오.

▮ 풀이 ▮

시장포트폴리오 개별주식 가중치는 다음과 같다.

$$M(\omega_A = 0.5, \omega_B = 0.3, \omega_C = 0.2)$$

두 투자자는 먼저 무위험자산과 위험자산에 자산을 배분하고, 이어서 위험자산 내에서는 M의 구성비대로 자산을 배분한다. 투자자의 자산배분을 살펴보면 다음과 같다.

$$X(\omega_F = 0.5,\ \omega_M = 0.5) = X(\omega_F = 0.5,\ \omega_A = 0.25,\ \omega_B = 0.15,\ \omega_C = 0.1)$$
$$Y(\omega_F = 0.2,\ \omega_M = 0.8) = Y(\omega_F = 0.2,\ \omega_A = 0.4,\ \omega_B = 0.24,\ \omega_C = 0.16)$$

그러므로 X투자자의 A 투자금액은 600만원×(0.25)=150만원, 그리고 Y투자자의 A투자금액은 1,000만원×(0.4)=400만원이다

7.3 베타

체계적 위험의 지표인 **베타**(β)를 전체 포트폴리오 위험에 대한 개별 증권의 기여도로 추정하는 방법을 알아본다. 이어서 시장모형으로부터 추정하는 방법도 알아보고자 한다.

7.3.1 포트폴리오 위험의 기여도

우리는 이제 n개의 자산으로 구성된 **시장포트폴리오**의 위험을 알아보자. 시장포트폴리오 위험은 아래 매트릭스의 칸들을 모두 합한 것이다.

		ω_1 자산 1	ω_2 자산 2	⋯ ⋯	ω_n 자산 n
ω_1	자산 1	$\omega_1^2\sigma_1^2$	$\omega_1\omega_2\sigma_{12}$	⋯	$\omega_1\omega_n\sigma_{1n}$
ω_2	자산 2	⋮	$\omega_2^2\sigma_2^2$	⋯	$\omega_2\omega_n\sigma_{2n}$
⋮	⋮	⋮			⋮
ω_n	자산 n			⋯	$\omega_n^2\sigma_n^2$

투자자들은 위험자산 중에서는 시장포트폴리오에만 투자할 것이므로 개별 자산의 위험은 시장포트폴리오 위험에 대한 기여도(contribution)로 측정되어야 한다. 개별 자산의 위험이 시장포트폴리오 위험에서 차지하는 위험은 위 매트릭스에서 각 줄에 표시된 위험을 모두 합하면 구해진다.

첫 번째 증권의 기여도인 첫 번째 줄의 칸을 모두 더하면 다음과 같다.[11]

11 첫 번째 자산의 시장포트폴리오 위험에 대한 기여도가 $\omega_1\sum_{j=1}^{n}\omega_j\sigma_{1j}=\omega_1\sigma_{1M}$가 되는 과정을 살펴보자.

$\omega_1[\omega_1 Cov(R_1, R_1)+\omega_2 Cov(R_1, R_2)+\omega_3 Cov(R_1, R_3)+\cdots+\omega_n Cov(R_1, R_n)]$

$=\omega_1[Cov(R_1, \omega_1 R_1)+Cov(R_1, \omega_2 R_2)+Cov(R_1, \omega_3 R_3)+\cdots+Cov(R_1, \omega_n R_n)]$

$=\omega_1 Cov(R_1, R_M)$

$=\omega_1\sigma_{1M}$

$$\omega_1^2\sigma_1^2+\omega_1\omega_2\sigma_{12}+\omega_1\omega_3\sigma_{13}+\cdots+\omega_1\omega_n\sigma_{1n}=\omega_1\sum_{j=1}^{n}\omega_j\sigma_{1j}=\omega_1\sigma_{1M} \quad (7.5)$$

두 번째 증권의 기여도도 마찬가지로 두 번째 줄을 모두 더하면 다음과 같다.

$$\omega_2\omega_1\sigma_{21}+\omega_2^2\sigma_2^2+\omega_2\omega_3\sigma_{23}+\cdots+\omega_2\omega_n\sigma_{2n}=\omega_2\sum_{j=1}^{n}\omega_j\sigma_{2j}=\omega_2\sigma_{2M} \quad (7.6)$$

이렇게 계속해서 n번째 자산의 기여도로 n번째 줄을 모두 더하면 다음과 같다.

$$\omega_n\omega_1\sigma_{n1}+\omega_n\omega_2\sigma_{n2}+\omega_n\omega_3\sigma_{n3}+\cdots+\omega_n^2\sigma_n^2=\omega_n\sum_{j=1}^{n}\omega_j\sigma_{nj}=\omega_n\sigma_{nM} \quad (7.7)$$

그러므로 n개 줄을 모두 더하면 시장포트폴리오의 위험은 다음과 같다.

$$\sigma_M^2=\sum_{i=1}^{n}(\omega_i\sum_{j=1}^{n}\omega_j\sigma_{ij})=\sum_{i=1}^{n}\sum_{j=1}^{n}\omega_i\omega_j\sigma_{ij} \quad (7.8)$$

또는 다음과 같이 표시된다.[12]

$$\sigma_M^2=\sum_{i=1}^{n}\omega_i\sigma_{iM}=(\omega_1\sigma_{1M}+\omega_2\sigma_{2M}+\omega_3\sigma_{3M}+\cdots+\omega_n\sigma_{nM}) \quad (7.9)$$

일반적으로 자산의 시장포트폴리오 위험에 대한 기여도는 다음과 같다.

$$\omega_i\omega_1\sigma_{i1}+\omega_i\omega_2\sigma_{i2}+\cdots\omega_i^2\sigma_i^2+\cdots+\omega_i\omega_n\sigma_{in}=\omega_i\sum_{j=1}^{n}\omega_j\sigma_{ij}=\omega_i\sigma_{iM} \quad (7.10)$$

식 (7.10)은 i자산의 기여도가 $\omega_i Cov(R_i, R_M)$로 표시됨을 나타낸다. 그러므로 i자산의 시장포트폴리오 위험에 대한 기여도는 다음과 같은 비율로 표시할 수 있다.

12 $\sum_{i=1}^{n}\omega_i\sigma_{iM}=\sigma_M^2$가 되는 과정은 다음과 같다.

$$\begin{aligned}
&\omega_1\sigma_{1M}+\omega_2\sigma_{2M}+\omega_3\sigma_{3M}+\cdots+\omega_n\sigma_{nM}\\
&=\omega_1 Cov(R_1, R_M)+\omega_2 Cov(R_2, R_M)+\omega_3 Cov(R_3, R_M)+\cdots+\omega_n Cov(R_n, R_M)\\
&=Cov(\omega_1 R_1, R_M)+Cov(\omega_2 R_2, R_M)+Cov(\omega_3 R_3, R_M)+\cdots+Cov(\omega_n R_n, R_M)\\
&=Cov(\omega_1 R_1+\omega_2 R_2+\omega_3 R_3+\cdots+\omega_n R_n, R_M)\\
&=Cov(R_M, R_M)\\
&=\sigma_M^2
\end{aligned}$$

$$\frac{\omega_i \, Cov(R_i, R_M)}{\sigma_M^2} \tag{7.11}$$

위험과 관계없는 ω_i를 제외하면 i자산의 기여도는 i자산의 수익률과 시장포트폴리오 수익률 간의 공분산에 의하여 측정됨을 알 수 있다. 그리고 $Cov(R_i, R_M)$을 시장포트폴리오의 분산 σ_M^2으로 나눈 값을 **베타(β)**로 정의한다.

$$\frac{Cov(R_i, R_M)}{\sigma_M^2} = \beta_i \tag{7.12}$$

베타를 살펴보면, 분모의 값은 모든 투자자들에게 공통인 시장포트폴리오의 분산이므로 결국 개별자산의 위험은 $Cov(R_i, R_M)$에 의하여 결정됨을 알 수 있다.

7.3.2 단일지수모형에 의한 추정

단일지수모형(single index model) 또는 **단일요인모형**(single factor model)은 개별 자산 또는 포트폴리오의 수익률이 단일지수(요인)인 시장포트폴리오의 수익률의 영향을 받는다고 가정한다.

예를 들어 주식 A와 시장포트폴리오의 월간 수익률이 다음과 같다고 가정하자.[13]

수익률	1월	2월	3월	4월	5월	⋯	12월
주식 A	3%	4%	7%	−3%	9%	⋯	5%
시장포트폴리오	5%	−1%	9%	−3%	6%	⋯	2%

시장 포트폴리오의 수익률(R_M)과 주식 A의 수익률(R_A)의 공간에 표시하면 다음과 같다.

13 시장포트폴리오의 대용치로 주가지수가 쓰이며, 우리나라의 경우 코스피(KOSPI)지수가 사용된다.

그림 7-2 | 시장 포트폴리오 수익률(R_M)과 주식 A 수익률(R_A)의 관계

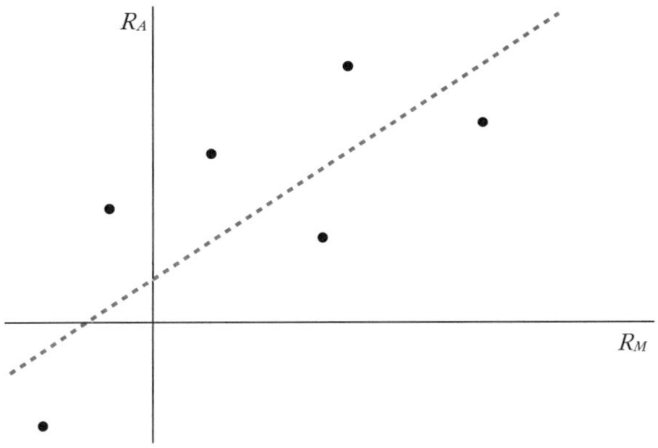

단일지수(요인)모형은 개별 자산 또는 포트폴리오의 수익률이 단일지수(요인)인 시장포트폴리오 수익률의 선형함수로 표시된다고 가정한다.

$$R_i = \alpha_i + \beta_i R_M + e_i \tag{7.13}$$

식 (7.13)은 **특성선(characteristic line)**이라고 부른다.[14] 여기서 R_i는 개별 자산 또는 포트폴리오의 수익률, R_M은 시장포트폴리오의 수익률, 그리고 e_i는 잔차(residual)로 특성선으로부터 개별 자산 또는 포트폴리오까지의 수직거리를 의미한다.

단일지수모형은 $Cov(R_M, e_i) = 0$과 $Cov(e_i, e_j) = 0$을 가정한다. 즉 시장포트폴리오의 수익률과 개별 자산 수익률의 잔차는 서로 독립적이며, 또한 서로 다른 개별 자산 수익률의 잔차도 서로 독립적이라고 가정한다. 다시 말하여 개별 기업에 기인한 수익률의 잔차와 시장포트폴리오의 움직임은 아무 관련성이 없으며, 서로 다른 개별 자산 수익률의 잔차 역시 서로 영향을 미치지 않는다고 가정하는 것이다. 또한 통계적으로 잔차의 기대값은 영($E(e_i) = 0$)이다.

특성선의 기울기를 베타(β)라고 하며, 통계학의 회귀식 추정방법에 따라 다음과 같이 추정한다.

$$\hat{\beta} = \frac{Cov(R_i, R_M)}{Var(R_M)} = \frac{\sigma_{iM}}{\sigma_M^2} \tag{7.14}$$

14 증권특성선이라고도 불린다.

예제 7-2 ››› 베타의 추정

과거 2년간 주식 X의 월별 수익률의 표준편차가 10%, 시장포트폴리오 수익률의 표준편차가 8%, 그리고 주식 X와 시장포트폴리오 수익률의 상관계수가 0.6이라고 가정하자. 주식 X의 베타를 추정하시오.

| 풀이 |

베타의 공식에 대입하면 다음과 같다.

$$\beta_X = \frac{\sigma_{XM}}{\sigma_M^2} = \frac{\rho_{XM}\sigma_X\sigma_M}{\sigma_M^2} = \frac{(0.6)(0.1)(0.08)}{(0.08)^2} = 0.75$$

예제 7-3 ››› 시장포트폴리오의 베타

시장포트폴리오의 베타를 계산하시오.

| 풀이 |

베타의 공식에 대입하면 다음과 같다.[15]

$$\beta_M = \frac{\sigma_{MM}}{\sigma_M^2} = 1$$

따라서 시장포트폴리오의 베타는 1이며, 이는 주식의 평균적 위험이 1임을 의미한다.

베타의 의미

베타는 통계학의 선형회귀식(regression equation)의 기울기로 **최소자승법(ordinary least squares: OLS)**에 의하여 추정된다. 기하학적으로 볼 때 특성선의 기울기로, 개별 자산(포트폴리오)의 수익률과 시장포트폴리오 수익률 간의 관계를 나타낸다. 또한 재무 관점에서 볼 때 베타는 시장 전체 위험 대비 개별 자산(포트폴리오)의 위험을 나타낸다.

특성선을 자세히 살펴보면 베타는 $\Delta R_i / \Delta R_M$을 나타낸다. 다시 말하여 시장수

15 특성선의 그림표에서 y축도 x축과 마찬가지로 R_M이므로 기울기는 1이다.

익률의 변화 대비 개별 자산(포트폴리오)의 변화를 나타내는 것으로 시장포트폴리오에 대한 일종의 민감도(sensitivity)를 나타낸다고 볼 수 있다. 특성선의 기울기가 클수록 시장 대비 개별 자산(포트폴리오)의 변동성이 더 큼을 나타낸다. 예를 들어 베타가 2인 주식의 수익률은 시장포트폴리오 수익률 변화의 2배만큼 변화하므로 시장보다 변동성이 2배만큼 큼을 의미한다.

시장포트폴리오는 잘 분산투자된 포트폴리오로서 비체계적 위험은 모두 제거되고 체계적 위험만 남아 있다. 따라서 체계적 위험만 남은 시장포트폴리오 위험에 대한 개별 자산의 기여도를 나타내는 베타는 **체계적 위험**의 척도라고 볼 수 있다.

예제 7-4 ››› 베타의 추정

시장포트폴리오의 수익률이 10%에서 20%로 증가한다면, 주식 *A*의 베타가 2일 때 주식 *A*의 수익률은 20%에서 몇 %로 증가하겠는가? 또 주식 *B*의 베타가 0.5라면, 주식 *B*의 수익률은 5%에서 몇 %로 증가하겠는가?

▮ 풀이 ▮ 베타의 공식에 적용하면 다음과 같다.

$$\beta_A = \frac{\Delta R_A}{\Delta R_M} = \frac{(x-0.2)}{(0.2-0.1)} = 2 \qquad \text{그러므로 } x = 0.4 \qquad \text{답은 } 40\%$$

$$\beta_B = \frac{\Delta R_B}{\Delta R_M} = \frac{(y-0.05)}{(0.2-0.1)} = 0.5 \qquad \text{그러므로 } y = 0.1 \qquad \text{답은 } 10\%$$

그림 7-3 | 베타

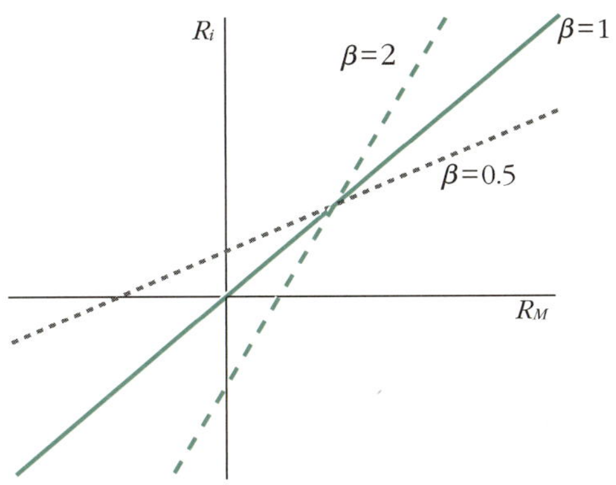

자료: Brigham and Houston(2013), p.271.

포트폴리오 베타

n개의 자산으로 구성된 포트폴리오의 베타는 포트폴리오에 포함된 각 자산 베타의 단순가중평균으로 계산한다.[16]

$$\beta_P = \sum_{i=1}^{n} \omega_i \beta_i \tag{7.15}$$

예제 7-5 ››› 포트폴리오 베타

다음과 같은 자료를 바탕으로 포트폴리오 베타를 계산하시오.

	베타	투자액(만원)
주식 A	1.5	600
주식 B	0.8	400

| 풀이 |

식 (7.15)를 이용하면 다음과 같다.

$$\beta_P = \omega_A \beta_A + \omega_B \beta_B = (0.6)(1.5) + (0.4)(0.8) = 1.22$$

7.4 증권시장선

지금까지 우리는 자본시장선, 시장포트폴리오 그리고 베타에 관하여 살펴보

---

16 $$\beta_P = \frac{Cov(R_P, R_M)}{\sigma_M^2}$$
$$= \frac{Cov(\omega_1 R_1 + \omega_2 R_2 + \cdots + \omega_n R_n, R_M)}{\sigma_M^2}$$
$$= \omega_1 \frac{Cov(R_1, R_M)}{\sigma_M^2} + \omega_2 \frac{Cov(R_2, R_M)}{\sigma_M^2} + \cdots + \omega_n \frac{Cov(R_n, R_M)}{\sigma_M^2}$$
$$= \omega_1 \beta_1 + \omega \beta_2 + \cdots + \omega_n \beta_n$$
$$= \sum_{i=1}^{n} \omega_i \beta_i$$

았다. 자본시장선은 위험자산 중에서는 유일하게 효율적인 시장포트폴리오와 무위험자산 간의 자산배분을 보여주는 효율적 포트폴리오이다. 그리고 시장포트폴리오는 시장에서 거래되는 모든 자산의 포트폴리오이지만, 편의상 주로 주가지수가 대용치로 사용되고 있다. 아울러 베타는 개별 자산(포트폴리오)의 체계적 위험의 척도로 시장포트폴리오 위험에 대한 기여도로 정의되며, 단일지수모형에 의하여 추정할 수 있다.

이제 개별 자산 위험의 척도인 베타와 개별 자산의 수익률 간의 관계를 살펴보자. 먼저 개별 자산 i의 시장포트폴리오 위험에 대한 기여도는 다음과 같이 표시된 바 있다.

$$\omega_i \sum_{j=1}^{n} \omega_j \sigma_{ij} = \omega_i \sigma_{iM} \tag{7.16}$$

한편 시장포트폴리오의 위험보상(risk premium)은 다음과 같이 표시할 수 있다.

$$\begin{aligned} & E(R_M) - R_F \\ & = [\omega_1 E(R_1) + \cdots \omega_i E(R_i) + \cdots + \omega_n E(R_n)] - [\omega_1 R_F + \cdots \omega_i R_F + \cdots + \omega_n R_F] \\ & = \omega_1 [E(R_1) - R_F] + \cdots \omega_i [E(R_i) - R_F] + \cdots + \omega_n [E(R_n) - R_F] \end{aligned} \tag{7.17}$$

따라서 개별자산 i의 시장포트폴리오 위험보상에 대한 기여도는 다음과 같다.

$$\omega_i [E(R_i) - R_F] \tag{7.18}$$

그러므로 개별자산 i의 위험보상비율(reward-to-risk ratio)은 다음과 같다.

$$\frac{i\text{자산의 위험보상 기여도}}{i\text{자산의 위험 기여도}} = \frac{\omega_i [E(R_i) - R_F]}{\omega_i \sigma_{iM}} = \frac{E(R_i) - R_F}{\sigma_{iM}} \tag{7.19}$$

마찬가지로 투자자가 시장포트폴리오를 보유할 경우의 위험보상비율은 다음과 같다.

$$\frac{E(R_M) - R_F}{\sigma_M^2} \tag{7.20}$$

시장이 균형 상태에서는 개별자산 i의 위험보상비율과 시장포트폴리오의 위험보상비율은 일치하여야 한다. 만약 일치하지 않는다면 위험보상비율이 높은 자산에 대하여 초과수요가 발생하고, 위험보상비율이 낮은 자산에 대하여는 초과공급이 발생하기 때문에 궁극적으로 균형상태에서는 일치하게 된다. 식 (7.19)와 (7.20)을 일치시키면 다음과 같다.

$$\frac{E(R_i) - R_F}{\sigma_{iM}} = \frac{E(R_M) - R_F}{\sigma_M^2} \tag{7.21}$$

식 (7.21)을 i자산의 기대수익률에 관하여 정리하면 다음과 같이 표시된다.

$$E(R_i) = R_F + [E(R_M) - R_F]\frac{\sigma_{iM}}{\sigma_M^2} \tag{7.22}$$

비율 σ_{iM}/σ_M^2은 베타이므로 식 (7.22)를 다시 표시하면 다음과 같다.

$$E(R_i) = R_F + [E(R_M) - R_F]\beta_i \tag{7.23}$$

위 식은 자본자산가격결정모형(*CAPM*)의 기대수익률과 베타 간의 관계를 보여주는 식으로 증권시장선(security market line: SML)이라고 부른다.

그림 7-4 | 증권시장선(SML)

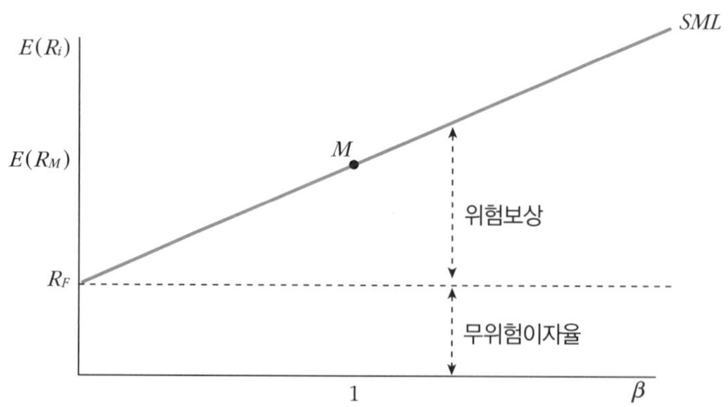

식 (7.23)은 개별 자산의 기대수익률이 두 부분으로 구성됨을 보여준다.

$$\text{기대수익률} = \text{무위험이자율} + \text{위험보상(risk premium)} \tag{7.24}$$

식 중에서 $[E(R_M) - R_F]$는 베타가 1인 시장포트폴리오의 위험에 대한 보상을 나타내므로 **시장위험보상**(market risk premium)이라고 부른다. 따라서 개별 자산의 위험보상은 (시장위험보상)×(베타)에 의하여 계산된다.

$$\text{기대수익률} = \text{무위험이자율} + (\text{시장위험보상})(\text{베타}) \tag{7.25}$$

시장균형 상태에서 증권시장선(SML)은 개별 자산 기대수익률이 화폐의 시간가치를 나타내는 무위험이자율과 그 자산의 위험에 대한 보상을 합한 값으로 결정됨을 보여준다. 무위험이자율과 시장포트폴리오의 수익률은 모든 자산에 공통적으로 적용되므로 결국 개별 자산 수익률을 결정하는 요인은 그 개별 자산의 베타이다.

우리는 **기대수익률**(expected rate of return)을 **요구수익률**(required rate of return)이라고도 부른다. 왜냐하면 투자자가 부담하는 위험의 대가로 요구하는 수익률이기 때문이다. 그리고 시장균형상태에서는 요구수익률은 기대수익률과 같다.[17] 시장균형상태가 아닐 때에는 개별 투자자의 기대수익률은 요구수익률과 차이를 보일 것이며, 그러면 증권에 대한 초과수요와 초과공급 현상이 일어나 가격조정을 통한 수익률의 변화로 양자가 동일해지는 균형상태로 변화한다.

투자자의 **위험회피도**는 증권시장선의 기울기에 영향을 미친다. 위험회피도가 클수록 증권시장선의 기울기는 더 커진다. 왜냐하면 위험에 대한 보상을 더 요구하기 때문이다. [그림 7-5]는 이를 그림으로 나타내고 있다. 한편 무위험이자율은 실질무위험이자율과 기대 인플레이션 프리미엄의 합으로 결정되는데, 만약 기대 인플레이션율이 증가한다면 명목 무위험이자율이 증가하여 [그림 7-6]과 같이 증권시장선이 위로 평행이동하는 결과를 가져올 수도 있다.

---

17 보통 시장균형상태를 가정하기 때문에 요구수익률과 기대수익률은 서로 교차하여 사용될 수 있다.

그림 7-5 | 위험회피도의 증가가 *SML*에 미치는 영향

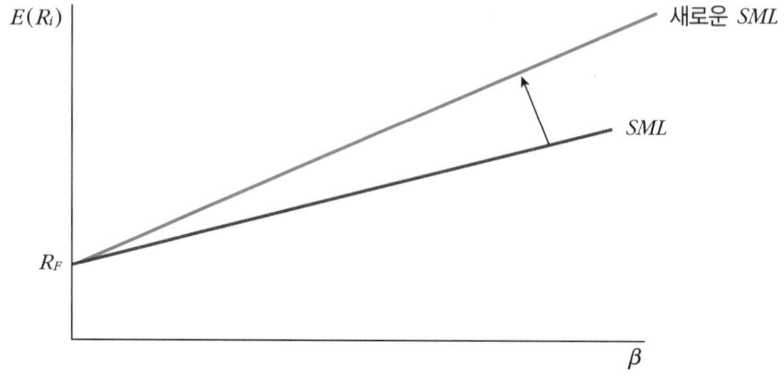

그림 7-6 | 기대 인플레이션율의 증가가 *SML*에 미치는 영향

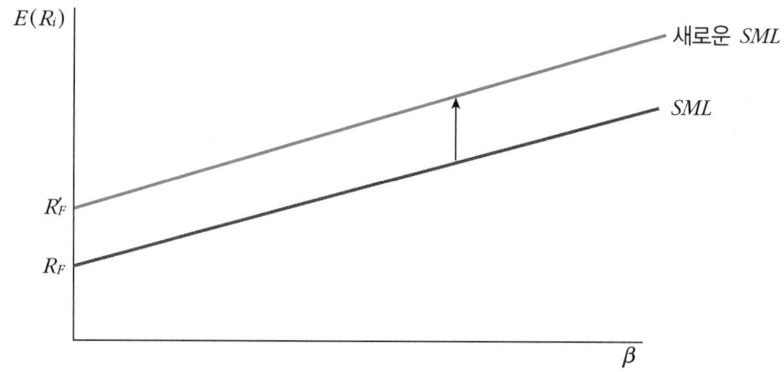

앞서 공부한 자본시장선은 효율적 포트폴리오의 위험(σ_P)과 기대수익률 간의 관계를 나타낸다. 반면에 증권시장선은 효율적인 자산 또는 포트폴리오뿐만 아니라 비효율적인 자산과 포트폴리오의 위험(β)과 기대수익률 간의 관계를 보여준다는 점에서 차이가 있다.

예제 7-6 ››› **요구수익률의 추정**

무위험이자율이 3%, 시장포트폴리오의 기대수익률은 10%, 시장포트폴리오 수익률의 표준편차는 16%이다. 주식 *A* 수익률의 표준편차가 25%이고 주식 *A*와 시장포

트폴리오 수익률 간의 상관계수가 0.4라면 A주식의 베타는 얼마인가? 그리고 $CAPM$에 의한 요구수익률은 얼마인가?

풀이

먼저 베타를 구하면 다음과 같다.

$$\beta_A = \frac{\sigma_{AM}}{\sigma_M^2} = \frac{\rho_{AM}\sigma_A\sigma_M}{\sigma_M^2} = \frac{(0.4)(0.25)(0.16)}{(0.16)^2} = 0.625$$

$CAPM$에 대입하면 요구수익률은 다음과 같다.

$$\begin{aligned} E(R_A) &= R_F + [E(R_M) - R_F]\beta_A \\ &= 0.03 + (0.1 - 0.03)(0.625) \\ &= 0.07375 \end{aligned}$$

그러므로 베타는 0.625이고, 요구수익률은 7.375%이다.

7.5 자본자산가격결정모형의 활용

우리는 증권시장선의 도출을 통해 개별 자산의 요구수익률은 체계적 위험의 지표인 베타에 의하여 결정된다는 것을 알았다. 이제 $CAPM$이 재무 분야에서 어떻게 활용되는지 간략히 살펴보자.

7.5.1 증권분석

투자자는 여러 가지 분석을 통하여 추정한 기대수익률과 증권시장선에 의하여 추정된 요구수익률의 차이 분석을 통하여 증권의 과대평가 또는 과소평가를 판단할 수 있다. 예를 들어 증권 A의 베타가 β_A인데, 이 증권의 기대수익률이 증권시장선에 의하여 추정된 요구수익률보다 높다면 [그림 7-7]과 같이 증권시장선 위에 존재하게 될 것이다. 그렇다면 이는 그 증권에 대한 보상이 시장에서 요구하는 요구수익률보다 높으므로 모든 투자자들이 이 증권을 매입하려고 할 것이다. 즉 기대수익률이 요구수익률보다 높을 때에는 그 증권은 과소평가(저평가)되었기 때문에 초과수요가 발생한다. 그 결과 이 증권의 가격은 상승할 것이고 따라서 수익률은 하락하여 궁극적으로 시장이 균형상태에 도달하면 기대수익률이 요구수익률 수준으로 하락하게 된다. 즉 기대수익률과 요구수익률이 일치하게 되는 것이다.

그림 7-7 | 과대평가 및 과소평가 주식의 확인

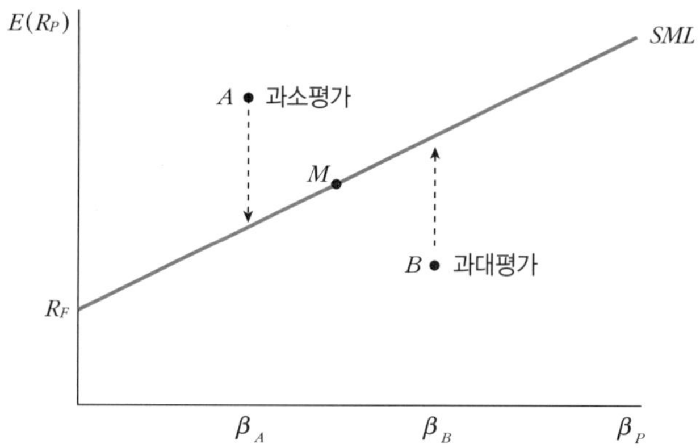

반대로 증권 B의 베타가 β_B인데, 이 증권의 기대수익률이 요구수익률보다 낮다고 가정해 보자. 투자자들은 체계적 위험 대비 수익률이 낮은 *B*증권에 투자하지 않을 것이고, 이미 보유한 투자들도 이 증권을 매도하려고 할 것이다. 그 결과 *B*증권의 시장 공급이 증가하여 *B*증권의 가격은 하락하고 수익률은 상승할 것이다. 즉 기대수익률이 요구수익률보다 낮을 때에는 그 증권은 과대평가(고평가)된 것이며, 그 때문에 초과공급이 발생되면서 가격은 하락하고 수익률은 상승한다. 궁극적으로 기대수익률이 요구수익률과 일치하여 균형상태에 도달하게 된다.

이와 같이 증권시장선 위에 존재하는 증권은 **과소평가(underpriced)**된 주식으로 매입(buy)대상의 증권이며, 증권시장선 아래에 존재하는 증권은 **과대평가(overpriced)**된 주식으로 매도(sell) 대상의 증권이 된다.

예제 7-7 ››› 증권분석 시 *CAPM*의 활용

*A*증권의 기대수익률이 13%로 추정되고 있다. *A*증권의 베타는 0.8, 무위험이자율은 3%, 시장포트폴리오의 수익률은 12%라면 *A*증권의 과대평가 또는 과소평가를 평가하시오.

▮ 풀이 ▮ 그림을 그리면 다음과 같다.

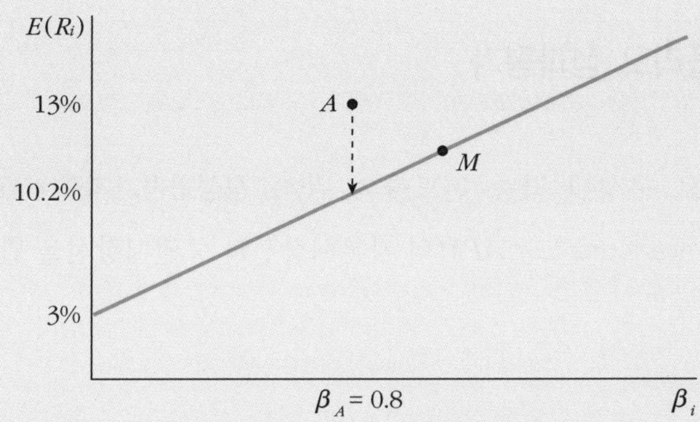

먼저 $\beta_A = 0.8$일 때의 요구수익률을 구하면 다음과 같다.

$$E(R_A) = R_F + [E(R_M) - R_F]\beta_A$$
$$= 0.03 + (0.12 - 0.03)(0.8)$$
$$= 0.102$$

즉 기대수익률(13%)이 요구수익률(10.2%)보다 높으므로 과소평가(저평가)되었다.

7.5.2 자본비용

우리는 제8장에서 자본비용에 대하여 공부할 예정이다. 그 중 자기자본비용(cost of equity)의 추정방법으로 *CAPM*을 활용하는 방법이 쓰이고 있다. 주식의 베타, 무위험이자율, 그리고 시장포트폴리오의 기대수익률을 추정한 후 증권시장선 식을 활용하여 자기자본의 위험에 상응하는 요구수익률을 추정할 수 있다.

$$r_E = R_F + [E(R_M) - R_F]\beta \tag{7.26}$$

추정된 자본비용은 이미 제5장 주식의 가치평가에서 공부하였듯이 배당평가 모형을 이용한 주식가치 평가에 활용된다. 예를 들면 성장률이 일정한 주식의 가치는 다음과 같이 계산되었다.

$$P_0 = \frac{D_1}{r_E - g} \tag{7.27}$$

7.5.3 포트폴리오 성과평가

포트폴리오로 구성된 각종 펀드들의 위험조정성과평가지표(risk-adjusted performance measure)도 *CAPM*의 자본시장선과 증권시장선을 활용하고 있다.

샤프지수

먼저 샤프지수(Sharpe Index)는 자본시장선(*CML*)을 기준으로 성과평가를 하는 지표이다.[18] 샤프지수는 표본기간 동안의 포트폴리오의 평균 초과수익률(excess return)을 포트폴리오 수익률의 표준편차로 나누어 다음과 같이 계산한다.[19]

$$\hat{S}_P = \frac{\overline{R}_P - \overline{R}_F}{\sigma_P} \tag{7.28}$$

식 (7.28)은 총위험(total risk) 한 단위당 초과수익률을 측정한다. 기하학적으로는 샤프지수는 σ_P와 $E(R_P)$의 공간에서 무위험이자율과 펀드의 포지션을 연결하는 선의 기울기를 나타낸다. 따라서 시장포트폴리오의 수익률을 지나는 자본시장선을 기준(benchmark)으로 자본시장선의 기울기보다 크면 시장보다 좋은 성과를 보인 것으로 평가한다. 반대로 작으면 시장보다 성과가 낮은 것으로 평가된다. 총위험을 기준으로 하기 때문에 분산투자가 완전히 이루어지지 않은 펀드의 성과평가에 유용하다.

18 Sharpe, W. F., "Mutual Fund Performance," *Journal of Business*, January 1966, pp.119-138.

19 초과수익률은 위험보상(risk premium)이라고도 부른다.

[그림 7-8]에서 펀드 *A*는 자본시장선 위에 있으므로 시장보다 우수한 성과를 보이고 있고, 반대로 펀드 *B*는 절대수익률에서는 펀드 *A*보다 수익률이 높지만 위험조정지표인 샤프지수로는 시장보다 낮은 성과를 보이고 있다.

그림 7-8 | 샤프지수

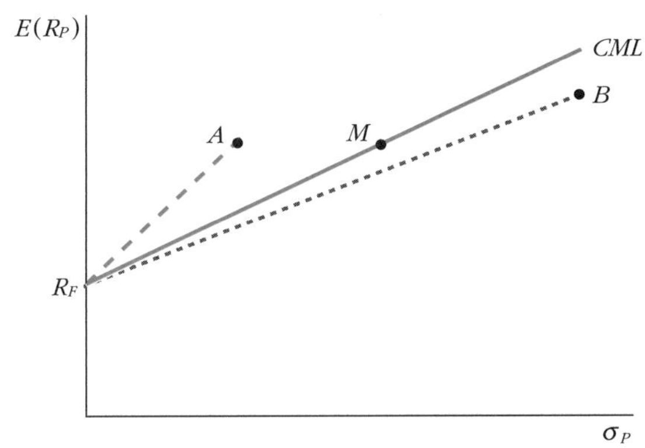

트레이너지수

트레이너지수(Treynor Index)는 증권시장선(*SML*)을 기준으로 성과평가를 하는 지표이다.[20] 트레이너지수는 표본기간 동안의 포트폴리오의 평균 초과수익률(excess return)을 포트폴리오의 베타로 나누어 다음과 같이 계산한다.

$$\hat{T}_P = \frac{\overline{R}_P - \overline{R}_F}{\beta_P} \tag{7.29}$$

식 (7.29)는 체계적 위험(systematic risk) 한 단위당 초과수익률을 측정한다. 기하학적으로 트레이너지수는 β_p와 $E(R_P)$의 공간에서 무위험이자율과 펀드의 포지션을 연결하는 선의 기울기를 나타낸다. 따라서 시장포트폴리오의 수익률을 지나는 증권시장선을 기준(benchmark)으로 증권시장선의 기울기보다 크면 시장보다 좋은 성과를 보인 것으로 평가한다. 반대로 작으면 시장보다 성과가 낮은 것으로 평가된다. 체계적 위험을 기준으로 하기 때문에 분산투자가 잘 이

20 Treynor, J. L., "How to Rate Management Investment Funds," *Harvard Business Review*, January-February 1965, pp.63-75.

루어진 펀드의 성과평가에 유용하다.

그림 7-9 | 트레이너지수

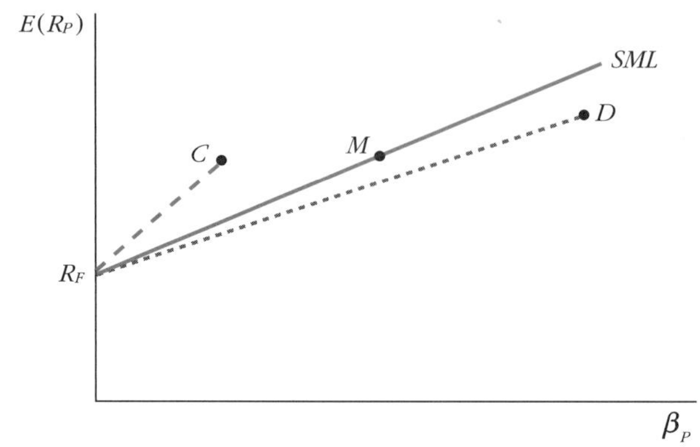

[그림 7-9]에서 펀드 *C*는 증권시장선 위에 있으므로 시장보다 우수한 성과를 보이고 있고, 반대로 펀드 *D*는 절대수익률에서는 펀드 *C*보다 수익률이 높지만 위험조정지표인 트레이너지수로는 시장보다 낮은 성과를 보이고 있다.

젠센지수

젠센지수(Jensen Index)는 증권시장선(*SML*)을 기준으로 성과평가를 하는 지표이다.[21] 젠센지수는 표본기간 동안의 포트폴리오의 수익률과 증권시장선의 수익률의 차이를 나타내며 다음과 같이 측정한다.

$$\hat{J}_P = \overline{R}_P - [\overline{R}_F + (\overline{R}_M - \overline{R}_F)\hat{\beta}_P] \qquad (7.30)$$

기하학적으로 젠센지수는 β_P와 $E(R_P)$의 공간에서 펀드의 포지션으로부터 증권시장선과의 수직거리에 의하여 측정한다. 따라서 젠센지수가 양(+)이면, 증권시장선의 위에 위치하면서 시장보다 양호한 성과를 나타내고, 젠센지수가 음(−)이면 증권시장선의 아래에 위치하면서 시장보다 낮은 성과를 나타낸다.

21 Jensen, M. C., "The Performance of Mutual Funds in the Period 1945-1964," *Journal of Finance*, May 1968, pp.389-416. Jensen, M. C., "Risk, the Pricing of Capital Assets, and the Evaluation of Investment Portfolios," *Journal of Business*, April 1969, pp.167-247.

그림 7-10 | 젠센지수

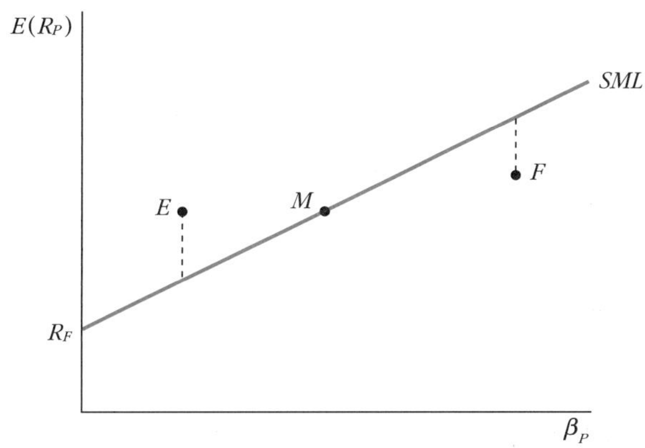

부록 단일지수모형

본 부록에서는 단일지수모형에 의한 분산투자효과(diversification)를 살펴보기 위하여 개별주식과 포트폴리오의 위험에 관하여 살펴본다.

A7.1 모형 및 가정

개별 주식 또는 포트폴리오의 수익률은 시장포트폴리오의 수익률과 다음의 관계를 가진다.

$$R_i = \alpha_i + \beta_i R_m + e_i \tag{A7.1}$$

여기서 R_i는 개별주식 또는 포트폴리오의 수익률, R_m는 시장 포트폴리오의 수익률이다. 그리고 $\beta_i R_m$은 시장(market)에 기인한 수익률이고 $a_i + e_i$는 시장과는 독립적인 수익률이다.

통계적으로 $E(e_i) = 0$이다. 잔차(residual 또는 shock term)는 시장포트폴리오 수익률과 독립적이며, 서로 다른 주식 수익률의 잔차도 서로 독립적이라고 가정한다.

$$Cov(e_i, R_m) = E[e_i(R_m - E(R_m))] = 0 \tag{A7.2}$$

$$Cov(e_i, e_j) = E(e_i e_j) = 0 \tag{A7.3}$$

정의에 의해 잔차의 분산은 $E(e_i)^2$ 또는 $\sigma^2_{e_i}$으로 표시하고, 시장포트폴리오의 분산은 $E[R_m - E(R_m)]^2$ 또는 σ^2_m으로 표시한다.

A7.2 개별 주식

기대수익률

$$E(R_i) = \alpha_i + \beta_i E(R_m) \tag{A7.4}$$

위험

$$\begin{aligned}
\sigma_i^2 &= E[R_i - E(R_i)]^2 \\
&= E[\alpha_i + \beta_i R_m + e_i - (\alpha_i + \beta_i E(R_m)]^2 \\
&= E[\beta_i (R_m - E(R_m)) + e_i]^2 \\
&= E[\beta_i^2 (R_m - E(R_m))^2 + 2e_i \beta_i (R_m - E(R_m)) + e_i^2] \\
&= \beta_i^2 E[R_m - E(R_m)]^2 + 2\beta_i E[e_i(R_m - E(R_m))] + \sigma_{e_i}^2 \\
&= \beta_i^2 \sigma_m^2 + \sigma_{e_i}^2
\end{aligned} \tag{A7.5}$$

공분산

$$\begin{aligned}
\sigma_{ij} &= E[(R_i - E(R_i))(R_j - E(R_j))] \\
&= E[\alpha_i + \beta_i R_m + e_i - \alpha_i - \beta_i E(R_m)][\alpha_j + \beta_j R_m + e_j - \alpha_j - \beta_j E(R_m)] \\
&= E[\beta_i (R_m - E(R_m)) + e_i][\beta_j (R_m - E(R_m)) + e_j] \\
&= \beta_i \beta_j E[R_m - E(R_m)]^2 + \beta_i E[(R_m - E(R_m)) e_j] + \beta_j E[(R_m - E(R_m)) e_i] + E(e_i e_j) \\
&= \beta_i \beta_j \sigma_m^2
\end{aligned} \tag{A7.6}$$

A7.3 포트폴리오

기대수익률

$$\begin{aligned}
E(R_p) &= \sum_{i=1}^{n} w_i E(R_i) \\
&= \sum_{i=1}^{n} w_i [\alpha_i + \beta_i E(R_m)] \\
&= \sum w_i \alpha_i + \sum w_i \beta_i E(R_m) \\
&= \alpha_p + \beta_p E(R_m)
\end{aligned} \tag{A7.7}$$

위험

$$\sigma_p^2 = \sum_{i=1}^{n} w_i^2 \sigma_i^2 + \sum_{i=1}^{n} \sum_{j=1, i\neq j}^{n} w_i w_j \sigma_{ij}$$

$$= \sum w_i^2 (\beta_i^2 \sigma_m^2 + \sigma_{e_i}^2) + \sum \sum_{i \neq j} w_i w_j \beta_i \beta_j \sigma_m^2$$

$$= \sum w_i^2 \beta_i^2 \sigma_m^2 + \sum \sum_{i \neq j} w_i w_j \beta_i \beta_j \sigma_m^2 + \sum w_i^2 \sigma_{e_i}^2$$

$$= \sum_{i=1}^{n} \sum_{j=1}^{n} w_i w_j \beta_i \beta_j \sigma_m^2 + \sum w_i^2 \sigma_{e_i}^2$$

$$= (\sum_i w_i \beta_i)(\sum_j w_j \beta_j) \sigma_m^2 + \sum w_i^2 \sigma_{e_i}^2$$

$$= \beta_p^2 \sigma_m^2 + \sum w_i^2 \sigma_{e_i}^2 \qquad \text{(A7.8)}$$

(Systematic Risk) + (Residual Variance)

A7.4 분산투자효과(diversification)

n주식에 균등 투자한다고 가정하면 식 (A7.8)은 다음과 같다.

$$\sigma_P^2 = \beta_p^2 \sigma_m^2 + \frac{1}{n} (\sum_{i=1}^{n} \frac{1}{n} \sigma_{e_i}^2) \qquad \text{(A7.9)}$$

주식수 n이 $+\infty$로 증가하면 식 (A7.9)는 다음과 같다.

$$\lim_{n \to \infty} \sigma_P^2 = \beta_p^2 \sigma_m^2 \qquad \text{(A7.10)}$$

포트폴리오에 포함되는 주식의 수가 증가할수록 포트폴리오의 위험은 $\beta_p^2 \sigma_m^2$로 수렴한다. 즉 잔차분산은 비체계적 위험으로 분산되어 영으로 수렴하고, $\beta_p^2 \sigma_m^2$은 체계적 위험으로 분산가능하지 않다. 그런데 시장포트폴리오 위험 σ_m^2은 모든 주식에 관계없이 일정하므로 결국 β가 분산불능위험인 체계적 위험의 지표가 된다.

요 약

01 표준 *CAPM*의 주요 가정은 다음과 같다. 첫째 마코위츠모형에 따라 투자자들은 기대수익률(평균)과 분산 기준에 따라 포트폴리오 투자결정을 한다. 둘째, 투자자들은 투자기간과 수익률의 확률분포에 대하여 동질적 기대(homogeneous expectation)를 한다. 셋째, 자본시장에서 자본과 정보의 흐름이 자유롭다. 즉 자본의 흐름과 관련하여 거래비용과 세금이 없다고 가정한다. 또한 자산은 분할 가능하여 투자에서 어떤 포지션도 취할 수 있다. 공매에 대한 제한도 없다. 그리고 모든 투자자는 정보를 모두 공유한다. 그밖에 무위험이자율로 차입과 대출이 무제한 가능하며, 완전 경쟁시장으로 투자자들은 자신의 거래로 시장가격에 영향을 미치지 못한다.

02 시장포트폴리오(market portfolio)는 위험자산의 효율적 포트폴리오 중에서 변동성보상비율이 가장 큰 포트폴리오이며, 시장에서 거래되는 모든 주식으로 구성된 포트폴리오이다. 각 증권의 가중치는 전체 포트폴리오 시장가치 대비 각 증권의 시장가치로 계산된다.

03 시장포트폴리오와 무위험이자율을 연결하는 자본배분선이 자본시장선(*CML*)이다.

$$E(R_P) = R_f + \left(\frac{E(R_M) - R_f}{\sigma_M}\right)\sigma_P \tag{7.3}$$

04 개별 자산의 시장포트폴리오 위험에 대한 기여도는 다음과 같이 계산된다.

$$\beta_i = \frac{Cov(R_i, R_M)}{\sigma_M^2} \tag{7.12}$$

05 특성선의 기울기인 베타는 시장수익률의 변화 대비 개별 자산(포트폴리오)의 변화, 즉 시장포트폴리오에 대한 민감도(sensitivity)를 나타낸다. 체계적 위험만 남은 시장포트폴리오 위험에 대한 개별 자산의 기여도를 나타내는 베타는 체계적 위험의 척도라고 볼 수 있다.

06 n개의 자산으로 구성된 포트폴리오의 베타는 포트폴리오에 포함된 각 자산의 베타의 단순가중평균으로 계산한다.

$$\beta_P = \sum_{i=1}^{n} \omega_i \beta_i \tag{7.15}$$

07 증권시장선(security market line: SML)은 기대수익률과 베타 간의 관계를 보여주는 식으로 이를 자본자산가격결정모형(*CAPM*)이라고 부른다.

$$E(R_i) = R_F + [E(R_M) - R_F]\beta_i \tag{7.23}$$

08 증권시장선(*SML*)은 개별 자산의 수익률이 무위험이자율과 위험보상의 합으로 구성되며, 위험보상은 베타에 의하여 결정됨을 보여준다.

09 시장균형 상태에서 SML에 의한 요구수익률은 기대수익률과 동일하다.

10 투자자들의 위험회피도가 증가할수록 *SML*의 기울기는 커지며, 기대 인플레이션의 증가는 *SML*을 위로 평행이동시킨다.

11 *CAPM*은 증권의 과대평가 또는 과소평가, 자본비용, 및 위험조정 성과평가 등에 활용되고 있다. 특히 샤프지수는 자본시장선을 기준으로, 트레이너지수와 젠센지수는 증권시장선을 기준으로 펀드의 위험조정성과를 평가하는 데에 이용되고 있다.

E X E R C I S E

| 연 | 습 | 문 | 제 |

7-1 자본자산가격결정모형(*CAPM*)의 주요 가정을 설명하시오.

7-2 시장포트폴리오의 개념을 설명하고, 포트폴리오에 포함되는 각 자산의 가중치 결정 방법을 설명하시오.

7-3 자본시장선(*CML*)의 식을 도출하고, 자본배분선(*CAL*)과의 차이를 설명하시오.

7-4 베타(β)의 의미와 포트폴리오 베타의 계산방법을 설명하시오.

7-5 증권시장선(*SML*)을 설명하고, 자본시장선(*CML*)과의 차이를 설명하시오.

7-6 시장균형상태에서 기대수익률과 요구수익률 간의 관계에 대하여 설명하시오.

7-7 위험조정 성과평가지표(샤프지수, 트레이너지수 및 젠센지수)의 의미, 계산방법 및 성과평가방법을 설명하시오.

7-8 다음의 자료를 활용하여 *A*주식의 베타를 계산하시오.

$\sigma_A = 0.1$　　　$\sigma_M = 0.2$　　　$\rho_{AM} = 0.6$

7-9 다음의 자료를 활용하여 *A*는 40%, *B*는 60%로 구성된 포트폴리오의 베타를 계산하시오.

$\sigma_A = 0.1$　　$\rho_{AM} = 0$　　$\sigma_B = 0.2$　　$\rho_{BM} = 0.5$　　$\sigma_M = 0.1$

7-10 1,000만원을 20개의 주식에 균등 투자한 포트폴리오 베타는 1.12이다. 그 중 베타가 1인 한 주식 50만원 어치를 매각하고, 그 대금으로 베타가 1.6인 다른 주식을 매입하였다면 새로운 포트폴리오의 베타는 얼마인가?

7-11 다음의 자료를 활용하여 *CAPM*에 의한 *A*주식의 요구수익률을 계산하시오.

$\sigma_A = 0.2$　　$\sigma_M = 0.1$　　$\rho_{AM} = 0.6$　　$E(R_M) = 8\%$　　$R_F = 2\%$

7-12 *CAPM*을 이용하여 미래기업의 주식을 평가하려고 한다. 무위험이자율은 3%, 시장포트폴리오 수익률은 9%, 그리고 미래기업 주식의 베타는 1.5이다. 그런데 기대수익률은 11%로 추정되고 있다. 미래기업의 주식은 과소평가, 과대평가 또는 바르게 평가되었는지 설명하시오.

7-13 펀드매니저가 4개의 주식으로 구성된 5억원의 투자포트폴리오를 관리하고 있다.
시장포트폴리오의 요구수익률은 8%, 무위험이자율은 3%이라면 이 펀드의 요구

EXERCISE

수익률은 얼마인가?

주식	투자액(원)	베타
A	4천만	1.5
B	6천만	−0.5
C	1억 5천만	1.2
D	2억 5천만	0.8

7-14 포트폴리오 성과를 샤프지수로 평가하고자 한다. (1) 포트폴리오 A, B 중에서 성과가 우수한 포트폴리오는 무엇인가? (2) 시장포트폴리오까지 고려하면 가장 우수한 투자성과는 무엇인가?

	수익률	σ_P
포트폴리오 A	8%	10%
포트폴리오 B	12%	8%

$R_F = 5\%$ $\bar{R}_M = 10\%$ $\sigma_M = 5\%$

7-15 포트폴리오 성과를 트레이너지수로 평가하고자 한다. (1) 포트폴리오 C, D 중에서 성과가 우수한 포트폴리오는 무엇인가? (2) 시장포트폴리오까지 고려하면 가장 우수한 투자성과는 무엇인가?

	수익률	베타
포트폴리오 C	15%	1.5
포트폴리오 D	10%	0.5

$R_F = 5\%$ $\bar{R}_M = 12\%$ $\sigma_M = 4\%$

포트폴리오 성과를 젠센지수로도 평가하고자 한다. (3) 포트폴리오 C, D 중에서 젠센지수 기준으로 성과가 우수한 포트폴리오는 무엇인가?

7-16 다음 중 바른 설명과 가장 거리가 먼 것은?

① 효율적 포트폴리오는 투자자들의 위험선호도와 관계없이 결정된다.

② 최적 포트폴리오는 투자자들의 위험선호도(무차별곡선)에 의하여 결정된다.

③ 무위험자산이 존재할 경우의 효율적 포트폴리오는 곡선이다.

④ 무위험자산이 존재할 경우의 최적 포트폴리오는 무위험자산과 시장포트폴리오

로 구성된다.

⑤ 시장이 균형상태에서 모든 증권의 요구수익률은 기대수익률과 동일하다.

7-17 다음 설명 중 가장 바르게 설명하고 있는 것은?

① 베타가 2배가 되면 투자자가 요구하는 수익률도 2배가 된다.

② 베타가 음수(–)이면 요구수익률도 음수가 된다.

③ 베타가 큰 주식은 위험에 대한 보상으로 높은 수익률을 요구한다.

④ *CAPM*에 의하면 베타가 영(zero)인 증권의 요구수익률은 영(zero)이다.

⑤ 베타는 증권시장선의 기울기로 측정한다.

7-18 시장에서 위험회피도가 증가한다면 증권시장선(*SML*)은 어떻게 변화하는가?

① 무위험이자율은 동일하지만 기울기는 증가한다.

② 무위험이자율은 동일하지만 기울기는 감소한다.

③ 무위험이자율이 증가하고 기울기는 동일하다.

④ 무위험이자율이 증가하고 기울기도 증가한다.

⑤ 무위험이자율이 증가하고 기울기는 감소한다.

7-19 다음 중 바른 설명과 가장 거리가 먼 것은?

① 분산투자의 결과 총위험과 기업고유의 위험은 감소한다.

② 시장포트폴리오의 베타는 1이다.

③ 포트폴리오 베타는 개별 자산 베타의 가중평균으로 계산한다.

④ 샤프지수는 자본시장선(*CML*)을 이용한 성과평가지표이다.

⑤ 증권시장선(*SML*)은 기대수익률과 총위험 간의 관계를 보여준다.

7-20 젠센지수를 바르게 설명한 것은?

① 자본시장선으로부터 포트폴리오까지의 수직거리

② 증권시장선으로부터 포트폴리오까지의 수직거리

③ 결합선으로부터 포트폴리오까지의 수직거리

④ 증권특성선으로부터 포트폴리오까지의 수직거리

⑤ 자본시장선으로부터 포트폴리오까지의 수평거리

Part 04

자본비용과 자본예산

미래 CEO를 위한 재무관리

Chapter 08

자본비용

본 장에서는 투자안의 할인율로 사용되는 자본비용을 공부한다. 먼저 자본비용의 의의 및 적용상의 가정을 살펴본다. 타인자본비용을 조세효과와 함께 살펴보고, 우선주의 자본비용을 공부한다. 그 다음에는 자기자본비용을 유보이익의 자본비용과 신주발행의 자본비용으로 나누어서 각각 살펴본다. 가중평균자본비용을 공부하고 관련하여 한계자본비용 및 유보이익 변환점을 알아본다. 아울러 가중평균발행비용 및 사업부 자본비용에 대하여 살펴본다. 마지막으로 재무레버리지와 베타의 관계를 공부한다.

8.1 의의 및 가정

8.1.1 자본비용의 의의

우리는 기업의 핵심 기능이 장기투자분석, 장기자금조달 그리고 단기적인 기업경영에 수반되는 운전자본관리라고 배웠다. 장기고정자산에 대한 투자결정을 자본예산(capital budgeting)이라고 하는데, 투자분석을 위해서는 사업의 투자비용 및 투자수익, 즉 현금흐름의 유출과 유입을 예측하여 투자안의 위험에 상응하는 할인율로 할인한 현재가치를 계산하여야 한다. 그리고 현금유입(cash inflow)의 현재가치와 현금유출(cash outflow)의 현재가치의 차이인 순현가(net present value)를 계산하여 순현가가 양(+)이면 그만큼 기업가치를 증가시키므로 투자안을 채택하고 만약 음이면 그만큼 기업가치를 감소시키므로 기각한다.[01]

투자에 필요한 자금은 은행차입, 채권발행, 우선주발행, 유보이익, 신주발행 등의 다양한 자금원천에 의하여 조달할 수 있다. **자본비용(cost of capital)**이란 기업 관점에서 각 원천별 자금에 대한 비용(cost)을 의미한다.[02] 즉 자금을 제공하는 투자자 관점에서는 요구수익률과 같은 수익률(return)이지만, 기업 관점에서는 비용(cost)이다. 자본비용이 미래의 현금흐름을 할인하여 현재가치를 계산하기 위하여 사용된다는 의미에서 할인율(discount rate)이라고도 부른다. 그리고 각 원천별 자본비용을 가중평균한 자본비용을 **가중평균자본비용(weighted average cost of capital: WACC)**이라고 부른다.

자본비용은 동일한 위험(comparable risk)을 가진 대체적인 투자안의 기대수익률로 측정되어야 한다. 그러므로 자본비용을 **기회자본비용(opportunity cost of capital)**이라고도 부른다. 투자안과 동일한 위험을 가진 다른 대체 투자의 수

01 투자안이 양의 순현가만큼 기업가치를 증가시키더라도 그 순현가가 채권자의 부만 증가시키고 주주의 부의 증가로 이어지지 않는다면 주주의 대리인인 경영자는 투자를 하지 않는 **과소투자(underinvestment)**의 문제도 있어, 양의 순현가가 반드시 투자를 의미하지는 않는다.

02 자본비용은 엄밀히 정의하면 자본원가(cost of capital)이다. 그러나 이미 관행적으로 자본비용이라는 용어로 쓰이고 있으므로 본서에서도 자본비용으로 사용한다.

익률보다 투자안의 수익률이 높을 때 투자가 이루어져야 한다. 그런 의미에서 자본비용은 기업가치의 하락을 방지하기 위한 최소한의 투자수익률(minimum rate of return)의 의미를 가진다. 또한 자본비용은 과거의 수익률이 아니라 신규자금(new funds)의 요구수익률로 측정되어야 한다. 아울러 자본비용은 한계비용(marginal cost)의 성격을 가진다. 즉 추가적인 신규자금을 한 단위 더 조달할 때 적용되는 비용이다. 마지막으로 자본비용은 세금효과를 포함하기 위하여 세후(after-tax) 기준으로 계산되어야 한다.

본장에서 자본비용은 타인자본비용, 우선주 자본비용, 및 자기자본비용으로 구분하여 살펴본다. 자기자본비용은 다시 유보이익의 자본비용과 신주발행의 자본비용으로 나누어 살펴보며 목표자본구조에 따라 가중평균자본비용을 추정한다.

그림 8-1 | 자본비용의 내용

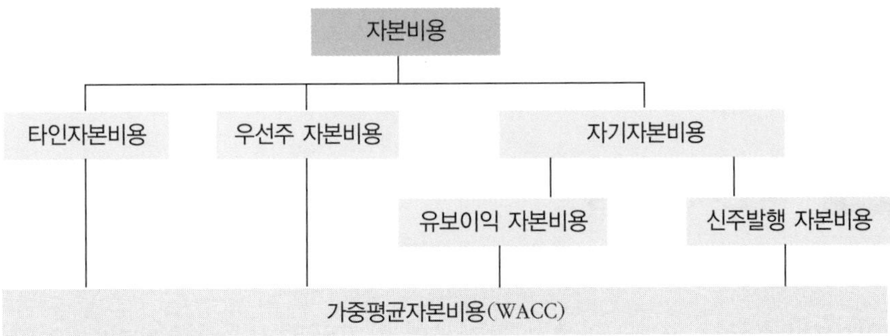

8.1.2 자본비용의 가정

투자안 평가 시에 사용되는 자본비용은 다음과 같은 가정을 충족하여야 한다. 첫째, 현재의 자본구조를 최적자본구조(optimal capital structure)로 가정한다.[03] 현재의 자본구조가 최적이 아니라면 목표자본구조(target capital

03 최적자본구조란 기업가치를 극대화하는 자기자본과 타인자본의 구성비를 지칭한다.

structure)를 설정한다. 그리고 목표자본구조에 의한 원천별 자본비용을 시장가치에 의하여 가중평균한 가중평균자본비용을 할인율로 사용한다. 목표자본구조에 의한 가중평균자본비용을 투자안에 적용할 때에는 목표자본구조가 투자의 결과로 변화되지 않고 지속된다는 묵시적 가정도 포함하고 있다. 왜냐하면 자본구조의 변화는 가중평균자본비용의 변화를 가져오기 때문이다.

둘째, 투자안은 기존기업과 **동일한 위험**(comparable risk)을 가지고 있다고 가정한다. 만약 투자안이 기존 기업과 상이한 위험을 가진다면 기존 기업의 위험을 반영한 *WACC*는 적절한 할인율이 되지 못한다. 이 경우 후술하는 사업부 자본비용을 적용할 수 있다.

만약 실제 투자안이 목표자본구조와는 다르게 부채만으로 또는 자기자본만으로 자금을 조달하더라도 목표자본구조를 유지하기 위해서는 추후 부채 또는 자기자본을 추가로 조달하여야 한다. 따라서 투자안 분석 시 실제의 자금조달과 관계없이 목표자본구조에 의한 가중치를 원천별 자본비용에 적용한 가중평균자본비용을 사용하여야 한다.

8.2 타인자본비용

타인자본비용(cost of debt)은 신규자금의 차입비용이다. 차입비용은 이미 발행된 회사채의 만기수익률 또는 은행으로부터의 차입금리로 추정할 수 있다.

예를 들어 작년에 발행된 장기채가 표면금리 5%로 발행되었는데, 1년이 지난 지금 만기수익률(*YTM*)이 6%라면, 현재의 수익률을 나타내는 만기수익률 6%를 세전 타인자본비용으로 사용할 수 있다. 채권의 경우 단기채, 장기채 등이 있을 수 있는데 투자의 성격이 장기고정자산이기 때문에 장기채의 만기수익률이 더 적절한 타인자본비용이다. 수의상환사채(callable bond)나 전환사채(convertible bond)가 아닌 일반 회사채(straight bond)의 수익률이 타인자본비용의 왜곡을 방지할 수 있다.

또는 1년 전에 은행으로부터 장기자금 차입을 위해 6%를 지급하였지만 지금 다시 차입하면 7%를 지급하여야 한다면 7%가 세전 타인자본비용이 된다. 그밖에 이미 발행된 채권이 없는 경우에는 동일한 채권신용등급을 가진 기업의 만기수익률로부터 추정할 수도 있다.

그런데 기업가치의 극대화는 세후 현금흐름에 의하여 결정되므로 타인자본비용도 세금효과를 고려하여야 한다. 왜냐하면 자기자본비용이나 우선주의 자본비용과 달리 타인자본비용은 이자가 세금공제(tax deductable) 항목이기 때문이다. 이자의 세금공제효과란 영업이익으로부터 이자지급액을 차감한 후의 이익을 과세대상금액으로 세금을 계산하기 때문에 세금이 상대적으로 적어지는 효과를 말한다.

다음의 예를 통하여 법인세율이 20%인 경우 타인자본 사용 시의 조세절약(tax saving) 효과를 살펴보자.

| 표 8-1 | 이자의 조세절약 효과

(단위: 억원)

이자가 세금공제항목이 아닌 경우		이자가 세금공제항목인 경우	
영업이익	30	영업이익	30
세금	6	이자지급액	10
세후 이익	24	세전 이익	20
이자지급액	10	세금	4
순이익	14	순이익	16

이자지급액은 차입금 100억원에 대하여 이자율 10%가 적용되었다고 가정한다. 먼저 이자가 세금공제항목이 아닌 경우를 살펴보자. 영업이익 30억원으로부터 법인세율 20%에 해당하는 세금 6억원을 지급하면 세후 이익은 24억원이다. 이로부터 이자 10억원을 차감하면 순이익은 14억원이 된다. 반면에 현행 회계제도처럼 이자가 세금공제항목인 경우에는 영업이익으로부터 먼저 이자지급액 10억원을 차감한 후의 20억원이 과세대상금액이 된다. 여기에 법인세율 20%를 적용하여 4억원을 차감하면 순이익은 16억원이 된다. 즉 이자지급액을 세금 계산 전에 미리 공제함으로써 (이자지급액)×(법인세율)만큼 세금을 적게 납부하는

효과가 발생한다. 위의 예에서 (10억원)×(20%), 즉 2억원의 세금절약효과가 발생한다. 따라서 이자로 10억원을 지급하였지만 세금절약효과가 2억원이 발생하였으므로 실질적인 이자지급비용은 8억원인 셈이다.

이와 같이 이자의 세금절약효과를 반영한 **세후 타인자본비용(after-tax cost of debt)**은 다음과 같이 표시할 수 있다.

$$\text{세후 타인자본비용} = r_D(1-T) \tag{8.1}$$

여기서 r_D는 세전 타인자본비용, T는 법인세율이다.[04]

위의 예를 다시 현금흐름이 귀속하는 주체별로 살펴보면 다음과 같다.

| 표 8-2 | 영업이익의 이해당사자별 배분

이자가 세금공제항목이 아닌 경우		이자가 세금공제항목인 경우	
정부(세금)	6	정부(세금)	4
채권자(이자)	10	채권자(이자)	10
주주(순이익)	14	주주(순이익)	16
합계	30	합계	30

[표 8-2]를 보면 이자가 세금공제항목이 됨으로써 정부의 세금이 2억원이 감소하고 주주의 순이익이 2억원이 증가하였음을 알 수 있다. 즉 정부가 제공하는 일종의 보조금(subsidy)으로 정부로부터 기업의 주주로의 부의 이전현상이라고 생각할 수 있다.[05]

04 (세금절약을 반영한 순이자지급액) = 이자지급액 − 세금절약액 = (원금)(이자율) − (원금)(이자율)(법인세율) = (원금)(이자율)[1 − 법인세율] = (원금)$r_D(1-T)$. 여기서 법인세율은 한계법인세율을 의미한다.

05 이자지급액이 클수록 정부로부터 기업 주주로의 부의 이전현상은 더 커진다. 즉 이자의 세금공제효과는 기업에게 타인자본을 사용할 유인을 제공한다.

예제 8-1 ››› 타인자본비용

기업이 1년 전 발행한 장기채권의 현재 만기수익률이 6%이다. 한계법인세율이 20%일 때 이 기업의 세후 타인자본비용은 얼마인가? 그리고 이자지급액이 10억원이라면 타인자본사용으로 인한 세금절약액은 얼마인가?

▮ 풀이 ▮

세후 타인자본비용은 다음과 같다.

$r_D(1-T) = 0.06(1-0.2) = 0.048$ 그러므로 4.8%

세금절약액은 (이자지급액)×(법인세율)이다.

(이자지급액)×(법인세율) = (10억원)×(0.2) = 2억원

8.3 우선주 자본비용

우선주(preferred stock)는 보통주에 우선하여 배당금을 지급한다는 측면에서 이자를 지급하는 채권과 유사하다. 일정한 배당금을 영원히 지급하는 우선주는 영구연금(perpetuity)이다. 매년 일정한 현금흐름을 C, 우선주의 현재가치를 PV, 수익률 또는 할인율을 r이라고 하면 영구연금의 공식에 따라 우선주의 가치는 $PV = C/r$이다. 따라서 식을 변형하면 **우선주의 자본비용(cost of preferred stock)**은 다음과 같다.

$$r_P = \frac{D_P}{P_P} \tag{8.2}$$

여기서 r_P는 우선주의 자본비용, D_P는 우선주의 배당금, P_P는 우선주의 현재가치를 나타낸다. 우선주의 배당금은 세금공제항목이 아니므로 세금조정은 불필요하다.

F를 우선주 발행비용으로 우선주 주가 대비 비율이라고 정의하면, 우선주 발행비용을 고려한 우선주 자본비용은 다음과 같이 추정할 수 있다.

$$r_P = \frac{D_P}{P_P(1-F)} \tag{8.3}$$

예제 8-2 ⟫ 우선주의 자본비용

매년 주당 배당금을 1,000원 지급하는 우선주가 주당 10,800원에 거래되고 있다. 우선주의 자본비용은 얼마인가? 만약 우선주 발행비용이 주가의 10%라고 하면 발행비용을 고려한 우선주 자본비용은 얼마인가?

풀이

우선주의 자본비용은 다음과 같다.

$$r_P = \frac{D_P}{P_P} = \frac{1,000}{10,800} = 0.0926 \quad \text{약 } 9.26\%$$

우선주의 발행비용을 고려한 자본비용은 다음과 같이 추정한다.

$$r_P = \frac{D_P}{P_P(1-F)} = \frac{1,000}{10,800(1-0.1)} = 0.1029 \quad \text{약 } 10.29\%$$

8.4 유보이익의 자본비용

투자 시 자기자본(equity)은 두 방법으로 조달할 수 있다. 첫 번째 방법은 기업 내부에 적립된 유보이익을 이용하는 것이고, 두 번째 방법은 신주를 발행하는 것이다. 따라서 자기자본의 자본비용(cost of equity)을 **유보이익의 자본비용(cost of retained earnings)**과 **신주발행의 자본비용(cost of new common stock)**으로 나누어 살펴본다.

유보이익(retained earning)은 기업의 당기순이익 중에서 배당금으로 지급하지 않고 적립된 자금이다. 내부에 유보된 유보이익의 자본비용을 고려하는 이유는 기회비용 때문이다. 이자와 우선주 배당금을 지급한 후의 순이익은 보통주 주주에게 귀속한다. 경영자는 순이익을 배당으로 지급하거나 유보이익으로 보유한 후 기업에 재투자하는 데에 사용할 수 있다. 배당 대신에 유보이익으로 재투자하려는 의사결정은 기회비용을 발생시킨다. 즉 주주들이 기업의 투자안과 위험이 동일한 다른 자산에 투자하였다면 수취할 수 있는 수익률을 상실하게 된다. 따라서 기업의 투자안에 투자된 유보이익은 주주들이 외부의 동일한 위험을 갖는 다른 자산에 투자하였을 때에 얻게 되는 수익률 이상의 수익률을 올려주어야 한다. 따라서 주주들이 배당으로 받아 투자하면 얻을 수 있는 투자수익률을 기업이 유보이익으로 얻지 못한다면, 배당으로 지급하여 주주들이 투자하도록 하는 것이 주주이익 극대화 관점에서 적절하다.

유보이익은 타인자본비용이나 우선주 자본비용과 달리 정해진 이자율이나 배당금이 없어서 더욱 추정하기가 어렵다. 유보이익의 자본비용은 자본자산가격결정모형(*CAPM*), 배당평가모형 또는 채권수익률을 이용하여 추정한다.

8.4.1 CAPM 방법

유보이익의 자본비용 추정 방법으로 가장 널리 사용되는 방법은 *CAPM*을 이용하는 것이다. 한 연구에 따르면 유보이익의 자본비용 추정방법으로 약 73.5%의 기업이 *CAPM*을 이용하는 것으로 조사되고 있다.[06]

*CAPM*을 이용하여 주식 i의 요구수익률을 구하면 다음과 같다.

$$r_E = R_F + [E(R_M) - R_F]\beta_i \tag{8.4}$$

여기서 r_E는 자기자본의 요구수익률,[07] 즉 유보이익의 자본비용이다. $E(R_M)$은 시장포트폴리오의 기대수익률, 그리고 R_F는 무위험이자율이다.

따라서 *CAPM*을 이용한 유보이익 자본비용은 다음의 단계로 추정할 수 있다.

1단계 무위험이자율을 추정한다.

---

06 Graham, J. R., and Harvey, C. R., The Theory and Practice of Corporate Finance: Evidence from the Field, *Journal of Financial Economics*, Vol. 60, Nos. 2-3, May-June 2001, pp.187-243.

07 시장균형 상태에서 요구수익률은 기대수익률과 일치한다. 따라서 요구수익률과 기대수익률은 같은 의미로 사용한다.

2단계 시장위험보상(market risk premium)을 추정한다. 시장위험보상은 시장 포트폴리오의 수익률과 무위험이자율의 차이이다.

3단계 주식의 베타를 추정한다.

각 단계를 살펴보면 다음과 같다.

무위험이자율

무위험이자율로는 일반적으로 국채의 이자율이 사용된다. 그러나 국채수익률의 기간구조 중에서 어느 만기의 무위험이자율을 사용할 것인가의 문제가 대두된다.

*CAPM*모형은 한 기간의 모형이므로 단기 무위험이자율이 적절하다는 의견이 있다.[08] 이들은 1년 만기 국채수익률의 사용을 제시한다. 그러나 투자안은 보통 장기이므로 지금 현재의 1년 만기 수익률보다는 투자안의 기간 동안 예상되는 1년 만기 무위험이자율의 평균을 사용할 것을 제안하고 있다.

한편 투자안의 평균 투자기간에 상응하는 무위험이자율의 이용을 제시하는 의견도 있다. 이들은 서베이 결과 대부분의 대기업 및 금융전문가들은 장기(10~30년) 국채의 수익률을 무위험이자율로 사용한다는 사실을 지적하고 있다.[09]

또 다른 의견은 10년 만기 국채수익률의 사용을 제안하고 있다.[10]

시장위험보상

시장포트폴리오 수익률과 무위험이자율의 차이인 시장위험보상(market risk premium)은 역사적 시계열 자료로 구하는 방법이 선호된다. 무위험이자율을 측정한 기간과 동일한 기간 동안의 시장위험보상을 추정하는 것이 중요하다.[11]

---

08 이 의견을 제시한 전문가들은 Ross, Westerfield 및 Jaffe이다. Ross, Westerfield and Jaffe(2010), p.396.

09 Berk and DeMarzo(2014), pp.404-406.

10 Brigham and Houston(2013), p.383.

11 Ross, S. A., Westerfield, R. W., and Jaffe는 미국의 경우 약 7%를 추정치로 제시하고 있다. Ross, Westerfield and Jaffe(2010), p.396.

베타

자산 i의 베타는 자산 i의 수익률과 시장포트폴리오 수익률과의 공분산을 시장포트폴리오 수익률의 분산으로 나누어 표준화한 값이다.

$$\beta_i = \frac{Cov(R_i, R_M)}{\sigma_M^2} \tag{8.5}$$

베타는 특성선의 기울기로 추정한다. 예를 들어 코스피지수를 시장포트폴리오의 대용치로 사용한 과거 5년간의 월간수익률과 특정 기업의 동일한 기간 동안의 월간 수익률을 이용하여 회귀식을 이용하여 추정할 수 있을 것이다. 추정기간을 너무 짧게 잡으면 통계의 신뢰성이 저하되고, 경제상황이 과거와는 다르게 많이 변화된 환경에서 추정기간을 너무 길게 잡으면 미래의 예측치로 부정확할 수 있다는 한계를 고려하여야 한다.

실무 전문가들은 생산라인, 기술 또는 시장의 변화로 베타는 변동할 수 있지만 일반적으로 베타는 안정적이라고 주장한다. 그리고 단일 기업의 베타 추정 시의 오차보다는 동일 산업에 속하는 기업들의 포트폴리오로 베타를 추정할 때에 오차가 상대적으로 작기 때문에 **산업베타**(industry beta)를 추정하여 사용하기도 한다. 그러나 산업 내에서도 개별 기업들의 베타에는 차이가 클 수 있으므로 산업 내 대부분의 기업과 운영이 유사한 경우로 주의 깊게 고려하여야 한다.

베타는 현금흐름의 주기성, 영업레버리지 및 재무레버리지의 영향을 받는다.[12] **현금흐름의 주기성**(cyclicality of revenues)의 경우 신기술 기업, 소매업, 철강산업, 자동차산업 등은 식품업이나 전기 가스업에 비하여 현금흐름의 주기성이 더 크다. 따라서 베타는 시장에 대한 민감도를 나타내기 때문에 주기성을 가진 기업들은 일반적으로 베타가 크다.

영업레버리지(operating leverage)의 경우도 마찬가지이다. 영업레버리지란 고정자산이 생산에서 차지하는 정도를 말한다. 즉 제품생산의 총비용 중에서 고정비용이 변동비용에 비해 상대적으로 차지하는 비중이 클수록 영업레버리지가 크며, 그 결과 매출액의 변동에 따른 손실과 이익의 변동이 커진다. 따라서 영업

12 영업레버리지와 재무레버리지는 제11장에서 다루어질 예정이다.

레버리지에 의한 손익 확대효과는 베타를 증가시킨다.

재무레버리지(financial leverage)는 타인자본의 사용 정도를 지칭한다. 타인자본의 사용이 많을수록 이자의 지급이 많기 때문에 고정비처럼 주당순이익(earning per share: EPS)의 축소 또는 확대효과가 나타난다. 따라서 타인자본 사용의 증가는 주주들의 주당 순이익의 변동성을 증가시켜 베타를 증가시킨다.

예제 8-3 ››› 유보이익의 자본비용

시장포트폴리오의 기대수익률 10%, 무위험이자율 4%, 시장포트폴리오 수익률의 표준편차 14%, A주식 수익률의 표준편차 35%, 주식 A와 시장포트폴리오 수익률의 상관계수가 0.8일 때 A기업의 자기자본비용을 계산하시오.

풀이

먼저 베타를 계산하면 다음과 같다.

$$\beta_A = \frac{\rho_{AM}\sigma_A\sigma_M}{\sigma_M^2} = \frac{(0.8)(0.35)(0.14)}{(0.14)^2} = 2$$

CAPM에 대입하면 다음과 같다.

$$\begin{aligned} r_E &= R_F + [E(R_M) - R_F]\beta_A \\ &= (0.04) + (0.1 - 0.04)(2) \\ &= 0.16 \end{aligned}$$

그러므로 자기자본비용은 16%이다.

8.4.2 배당평가모형

우리는 앞서 제5장에서 주식의 가치를 배당평가모형(dividend valuation model)으로 추정한 바 있다. 배당평가모형에 의하면 현재 주가 P_0는 다음과 같이 배당금의 현재가치로 표시된다.

$$P_0 = \frac{D_1}{(1+r_E)} + \frac{D_2}{(1+r_E)^2} + \cdots + \frac{D_\infty}{(1+r_E)^\infty} = \sum_{t=1}^{\infty} \frac{D_t}{(1+r_E)^t} \tag{8.6}$$

여기서 D_t는 t년 말에 기대되는 배당금이고, r_E는 주식의 요구수익률이다.

만약 배당금이 일정한 성장률 g로 증가하고, $g < r_E$이라면 식 (8.6)은 다음과 같이 표시된다.

$$P_0 = \frac{D_1}{r_E - g} \tag{8.7}$$

식 (8.7)을 r_E에 관하여 정리하면 주식의 요구수익률, 즉 자기자본비용(유보이익의 자본비용)은 배당수익률과 배당금 성장률의 합으로 표시된다.

$$r_E = \frac{D_1}{P_0} + g \tag{8.8}$$

따라서 배당평가모형으로 자기자본비용을 추정하려면 1년 말의 배당금, 현재 주가 그리고 향후 일정할 것으로 예상하는 배당금 성장률의 추정이 필요하다.

배당평가모형에서 미래 성장률 g의 추정은 어려운 작업이다. 배당금의 성장률은 세 가지 방법으로 추정할 수 있다. 첫째는 과거 자료로부터 성장률을 추정하는 것이다. 그러나 과거의 성장률이 비정상적으로 너무 높거나 낮을 경우, 또는 기업 및 경제상황이 변화한 경우 과거의 역사적 성장률은 한계가 있다. 두 번째 방법은 배당금 성장률을 다음과 같이 **내부유보율**(retention ratio)과 **자기자본수익률**(*ROE*)의 곱으로 추정하는 것이다.

$$g = \text{내부유보율} \times ROE \tag{8.9}$$

여기서 내부유보율은 (유보이익/당기순이익)이며, *ROE*(return on equity)는 (당기순이익/장부상의 자기자본가치)이다. 세 번째 방법은 증권분석가들의 추정치를 이용하는 방법이다. 증권분석가들은 성장률 전망치들을 제시하고 있으며, 이들의 평균 추정치를 이용할 수 있다.

예제 8-4 ››› **배당평가모형의 자기자본비용**

행복기업의 현재주가는 5,000원이다. 1년 후 지급될 배당금은 400원이다. 그리고 배당성향(payout ratio)은 40%, *ROE*는 10%이다. 자기자본비용을 추정하시오.

풀이

먼저 성장률 *g*를 추정하면 다음과 같다. 내부유보율은 (1−배당성향)이다.

$$g = (1-\text{배당성향})(ROE) = (1-0.4)(0.1) = 0.06$$

그러므로 배당평가모형에 의하여 자기자본비용을 구하면 다음과 같다.

$$r_E = \frac{D_1}{P_0} + g = \frac{400}{5,000} + 0.06 = 0.14 \quad \text{그러므로 } 14\%$$

예제 8-5 ››› **자기자본비용**

미래기업의 현재주가는 40,000원이고, 1년 후 주당순이익(earnings per share: EPS)은 7,200원이다. 배당성향은 50%이고 기대성장률은 4%이다. 자기자본비용을 추정하시오.

풀이

1년 후 배당금은 다음과 같다.

$$D_1 = EPS \times \text{배당성향} = (7,200) \times (0.5) = 3,600$$

그러므로 자기자본비용은 다음과 같다.

$$r_E = \frac{D_1}{P_0} + g = \frac{3,600}{40,000} + 0.04 = 0.13 \quad \text{그러므로 } 13\%$$

8.4.3 채권수익률 + 위험보상 접근법

세 번째 자기자본비용 추정방법은 역사적인 주식과 채권 수익률의 차이인 위험보상(risk premium)을 계산하여 자신의 장기채권수익률과 합하는 방법이다.

$$r_E = \text{채권수익률} + \text{리스크 프리미엄} \quad (8.10)$$

이 방법은 배당금을 지급하지 않아 배당평가모형을 적용하지 못하는 경우나 주식이 거래되지 않아 *CAPM*을 적용할 수 없는 경우에 유용한 방법이다. 그러나 방법 자체가 매우 주관적이라는 한계를 가진다.[13]

예제 8-6 ››› 채권수익률 + 위험보상의 자기자본비용

장기 채권의 만기수익률이 8%이다. 채권에 대한 주식의 리스크 프리미엄은 5%로 기대된다. 자기자본비용을 추정하시오.

풀이

r_E = 채권수익률 + 리스크 프리미엄

= 0.08 + 0.05

= 0.13 그러므로 13%

8.5 신주발행의 자본비용

기업이 신주(new common stock), 우선주 또는 채권을 발행하여 자금을 조달하는 경우에 증권발행을 대행하여 주는 기관에 수수료를 납부한다. 이 수수료는 **발행비용(floating costs)**으로 비용이 클 경우 자기자본비용에 포함되어야 한다. 발행비용을 처리하는 두 가지 방법에 대하여 알아보자.

13 미국의 경우 주식의 역사적 수익률과 채권의 역사적 수익률의 차이가 매년 다르지만 대략 3~5% 수준으로 분석하고 있다. Brigham and Houston(2013), p.384.

8.5.1 투자안의 비용으로 추가

투자안의 자금조달에 발행비용이 발생하는 경우 이를 처리하는 첫 번째 방법은 발행비용을 투자안의 비용에 포함시키는 것이다. 발행비용만큼 현금유출(cash outflow)이 증가할 것이므로 투자안의 전체 기대수익률은 낮아질 것이다.

예를 들어 내구연한이 1년인 투자안을 가정하자. 투자비용이 1억원이라고 가정하자. 1년 후 기대현금흐름이 1.1억원이라면 투자안의 기대수익률은 (1.1억/1억) − 1 = 0.1, 즉 10%이다. 그러나 발행비용이 3백만원이 소요된다면 발행비용을 투자비용에 포함시켜 투자비용은 1.03억원이 된다. 따라서 투자안의 기대수익률은 (1.1억/1.03억) − 1 = 0.068, 즉 6.8%로 낮아진다. 신주 및 회사채 발행비용을 투자안의 비용으로 고려하는 방법은 8.7 가중평균발행비용에서 따로 상세히 공부한다.

8.5.2 자기자본비용에 포함

두 번째 방법은 자본비용을 조정하는 것이다. 투자자로부터 조달하는 자금의 일부가 발행비용으로 지출되므로 기업이 부담하는 자본비용은 상대적으로 증가하게 된다. 배당평가모형을 활용한 신주발행의 자본비용은 다음과 같다.

$$r_E = \frac{D_1}{P_0(1-F)} + g \tag{8.11}$$

여기서 F는 신주발행비용으로 주가 대비 비율을 나타낸다. 따라서 신주발행 시 기업이 수취하는 현금흐름은 $P_0(1-F)$이다.

따라서 신주발행비용이 고려된 자본비용은 유보이익의 자본비용보다 높다.

예제 8-7 ››› 신주발행의 자본비용

행복기업의 현재주가는 40,000원이고, 1년 후 주당순이익(earnings per share: EPS)은 7,200원이다. 배당성향은 50%이고 기대성장률은 4%이다. 그리고 신주의 발행비용은 주가의 10%이다. 자기자본비용을 추정하시오.

풀이

1년 후의 배당금은 다음과 같다.

$$D_1 = EPS \times \text{배당성향} = (7{,}200) \times (0.5) = 3{,}600$$

이제 식 (8.11)에 대입하면 다음과 같다.

$$r_E = \frac{D_1}{P_0(1-F)} + g = \frac{3{,}600}{40{,}000(1-0.1)} + 0.04 = 0.14$$

그러므로 신주발행의 자본비용은 14%이다. 이는 앞서 [예제 8-5]에서 발행비용이 없다는 가정의 자본비용 13%보다 높다.

8.6 가중평균자본비용

8.6.1 가중평균자본비용의 계산

기업의 목표자본구조를 구성하는 부채의 금액을 D, 우선주의 금액을 P, 그리고 자기자본의 금액을 E라 하면 각 자금원천의 총자산($D+P+E$)에 대한 비율은 각각 다음과 같다.

$$\omega_D = \frac{D}{D+P+E} \qquad \omega_P = \frac{P}{D+P+E} \qquad \omega_E = \frac{E}{D+P+E}$$

따라서 최적자본구조를 고려한 기업의 가중평균자본비용(weighted average cost of capital: WACC)은 다음과 같다.

$$WACC = \omega_D r_D(1-T) + \omega_P r_P + \omega_E r_E \tag{8.12}$$

가중평균자본비용은 제9장 자본예산에서 투자안 분석 시 할인율로 사용된다.

예제 8-8 ››› WACC

미래기업의 목표자본구조는 타인자본(debt) 55%, 우선주 5%, 보통주 40%이다. 세전 타인자본비용은 7%, 우선주의 자본비용은 8%, 그리고 유보이익의 자본비용은 12%, 신주발행의 자본비용은 13%이다. 한계법인세율은 20%이다. 신주발행이 없는 *WACC*와 신주발행 경우의 *WACC*를 각각 추정하시오.

풀이

식 (8.12)에 대입하면 다음과 같다.

먼저 신주발행 전 *WACC*

$$\begin{aligned} WACC &= \omega_D r_D(1-T) + \omega_P r_P + \omega_E r_E \\ &= (0.55)(0.07)(1-0.2) + (0.05)(0.08) + (0.4)(0.12) \\ &= 0.0828 \end{aligned}$$

신주발행 경우의 *WACC*

$$\begin{aligned} WACC &= \omega_D r_D(1-T) + \omega_P r_P + \omega_E r_E \\ &= (0.55)(0.07)(1-0.2) + (0.05)(0.08) + (0.4)(0.13) \\ &= 0.0868 \end{aligned}$$

신주발행 전의 *WACC*는 8.28%, 신주발행의 *WACC*는 8.68%이다.

8.6.2 한계자본비용

한계비용(marginal cost)은 한 단위가 추가될 때 추가로 부담하는 비용을 말한다. 기업이 자금을 조달할 때도 마지막 1원 조달 시의 비용을 생각할 수 있다. **한계자본비용(marginal cost of capital: MCC)**은 기업이 조달하는 신규자금의 마지막 1원의 자본비용으로 정의한다.

[예제 8-8]에서 신주발행 전 각 원천별 자본비용이 변하지 않는 동안의

*WACC*는 8.28%이다. [그림 8-2]는 자본조달규모를 x축으로 할 때의 한계자본비용의 그래프를 보여준다.

그림 8-2 | 한계자본비용(*MCC*)

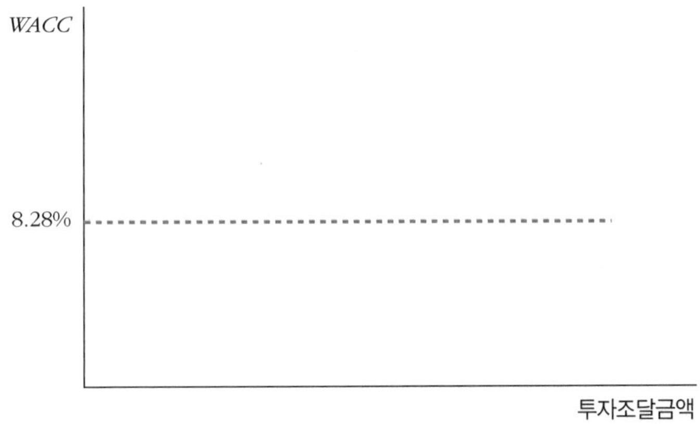

기업이 더 많은 자금을 조달함에 따라 원천별 자본비용은 증가할 수 있다. 자기자본비용은 유보이익의 자본비용이 신주발행의 자본비용보다 낮으므로 기업은 목표자본구조를 충족시키기 위한 자금조달에서 유보이익을 최대한 활용하여야 한다. 그러나 기업이 유보이익으로 충당하기에는 조달규모가 큰 투자안을 가지고 있다면 목표자본구조를 유지하기 위하여 신주를 발행하여야 할 것이다. 신주발행이 필요한 투자규모를 **유보이익 변환점(retained earnings breakpoint)**이라고 한다.

$$\text{유보이익 변환점} = \frac{\text{현재 유보이익 금액}}{\text{목표자본구조에서 자기자본비율}} \tag{8.13}$$

유보이익 변환점은 보유한 유보이익이 투자안에 모두 투입되어 소진되는 투자안의 규모를 말한다.

예제 8-9 ››› 유보이익 변환점

[예제 8-8]과 같이 미래기업의 목표자본구조는 타인자본 55%, 우선주 5%, 보통주 40%이다. 세전 타인자본비용은 7%, 우선주의 자본비용은 8%, 그리고 유보이익의 자본비용은 12%, 신주발행의 자본비용은 13%이다. 한계법인세율은 20%이다. 현재 유보이익 규모는 1.2억원이다. 유보이익 변환점을 계산하시오.

풀이

투자안의 규모를 x라고 하면 투자안의 40%가 유보이익으로 조달된다. 따라서 유보이익 1.2억원이 투자안의 40%가 되는 투자안의 규모는 다음의 식을 만족하는 값이다.

$$0.4x = 120,000,000$$

그러므로 $x = \frac{120,000,000}{0.4} = 300,000,000$원. 즉 3억원이다.

따라서 투자안의 규모가 3억원까지는 유보이익의 자본비용이 적용되어 *WACC*가 8.28%이지만, 그 이후에는 신주발행 자본비용이 적용되어 *WACC*가 8.68%가 된다.

그림 8-3 | 유보이익 변환점

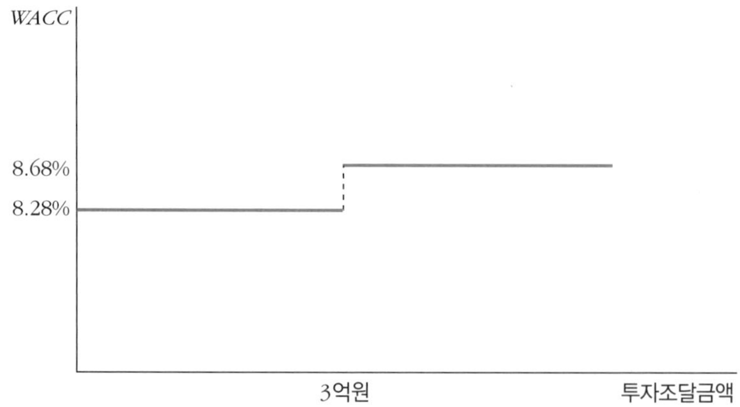

마찬가지로 타인자본비용도 일정금액을 초과하면 상승할 수 있다. 예를 들어 [예제 8-9]에서 현재의 타인자본비용은 부채 조달금액의 규모가 2억원을 초과하면 8%로 상승한다고 가정하자. 그러면 부채의 변환점(debt breakpoint)은

$0.55y = 200,000,000$을 만족한다. 따라서 부채의 변환점은 다음과 같다.

$$y = \frac{200,000,000}{0.55} = 363,636,364\text{원}$$

그러므로 약 3.64억원에서 *WACC*가 증가한다. 새로운 *WACC*는 다음과 같다.

$$\begin{aligned} WACC &= \omega_D r_D(1-T) + \omega_P r_P + \omega_E r_E \\ &= (0.55)(0.08)(1-0.2) + (0.05)(0.08) + (0.4)(0.13) \\ &= 0.0912 \end{aligned}$$

부채의 변환점은 약 3.64억원이고 그 금액 이후의 *WACC*는 9.12%이다.

그림 8-4 | 유보이익 및 부채의 변환점

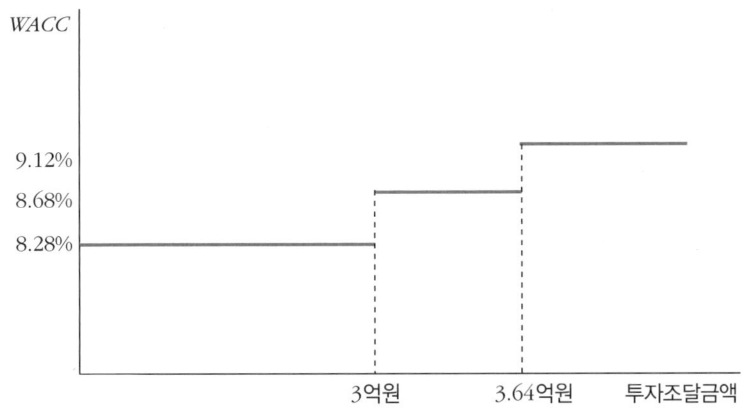

[그림 8-4]는 자금이 한 단위 추가로 조달될 때의 한계가중평균자본비용을 보여준다. 투자조달금액이 증가함에 따라 원천별 자본비용이 증가하면 가중평균자본비용도 증가하게 된다.

8.7 가중평균발행비용

이번에는 가중평균자본비용을 변화시키지 않고 신주 또는 회사채의 발행비용을 고려하는 방법을 살펴보자.[14]

부채가 없이 자기자본으로만 구성된 기업의 자기자본비용이 10%라고 하자. 부채가 없으므로 *WACC*도 10%이다. 이 기업은 10억원 규모의 투자사업을 신주 발행으로 조달하려고 한다. 발행비용은 조달금액의 10%라고 가정하자. 조달금액의 90%만 기업의 투자자금으로 투입될 수 있으므로, 발행비용 차감 후 10억원의 투자자금을 확보하기 위한 조달금액(x)은 $(1-0.1)x=10$억원을 만족하는 값이다. 따라서 $x=11.11$억원으로 발행비용을 포함한 투자 사업비는 11.11억원이고 그 중 발행비용은 1.11억원이다.

또 다른 예로 목표자본구조가 자기자본 60%, 타이자본 40%인 기업을 고려하자. 자기자본의 발행비용은 10%, 부채의 발행비용은 5%라고 가정하자. **가중평균발행비용(weighted average floating costs)** f_O는 총자산 대비 자기자본의 비율(E/V)에 주식발행비용 f_E을 곱하고, 총자산 대비 부채의 비율(D/V)에 채권발행비용 f_D을 곱해서 두 항목을 더하는 방법으로 구한다.

$$\begin{aligned} f_O &= \left(\frac{E}{V}\times f_E\right)+\left(\frac{D}{V}\times f_D\right) \\ &= (0.6)(0.1)+(0.4)(0.05) \\ &= 0.08 \end{aligned} \tag{8.14}$$

따라서 가중평균발행비용은 8%이다. 앞서 자기자본만으로 구성된 기업과 마찬가지로 조달금액의 92%만 기업의 투자자금으로 투입될 수 있으므로, 발행비용 차감 후 10억원의 투자자금을 확보하기 위한 조달금액(y)는 $(1-0.08)y=10$억원을 만족하는 값이다. 따라서 $y=10.87$억원으로 발행비용을 포함한 투자 사

14 투자안의 요구수익률은 투자의 위험(risk)에 의하여 결정되는 것이지, 자금의 원천(sources of funds)에 의하여 결정되는 것이 아니기 때문에 발행비용을 반영하여 *WACC*를 증가시키는 것은 최상의 방법이 아니라고 주장하는 의견이 있다. Ross, Westerfield and Jaffe(2010), p.417. 이하는 이들의 방법론을 설명한다.

업비는 10.87억원이고, 그 중 가중평균발행비용은 0.87억원이다.

예제 8-10 ››› 발행비용을 고려한 자본예산[15]

행복기업의 목표자본구조는 자기자본 50%, 부채 50%이다. 10억원이 소요되는 투자안은 향후 1년 후부터 매년 1.5억원의 세후 현금흐름을 영원히 발생시킨다. 자기자본비용은 20%, 세전 타인자본비용은 10%, 법인세율은 20%이다. 그리고 신주발행비용은 조달금액의 10%, 회사채 발행비용은 조달금액의 2%이다. 발행비용을 고려하지 않은 경우와 고려한 경우에 각각 이 사업의 채택 또는 기각을 결정하시오.

▮ 풀이 ▮

먼저 행복기업의 가중평균자본비용을 계산한다. 단 $V = E + D$이다.

$$
\begin{aligned}
WACC &= \left(\frac{E}{V}\right) r_E + \left(\frac{D}{V}\right)(1-T)\, r_D \\
&= (0.5)(0.2) + (0.5)(1-0.2)(0.1) \\
&= 0.14
\end{aligned}
$$

매년 1.5억원의 현금흐름은 영구연금(perpetuity)이므로 그 현재가치는 다음과 같다.

$$PV = \frac{1.5}{0.14} = 10.714\text{ 억원}$$

따라서 발행비용을 고려하지 않은 순현가(NPV)는 다음과 같다.

$$
\begin{aligned}
NPV &= PV(\text{현금유입}) - PV(\text{현금유출}) \\
&= 10.714\text{ 억원} - 10\text{억원} \\
&= 0.714\text{ 억원}
\end{aligned}
$$

순현가가 0.714억원으로 양의 값이므로 투자안을 채택한다.

이제 외부로부터 신주와 회사채를 발행하여 발행비용이 발생하는 경우를 살펴보자. 가중평균발행비용은 다음과 같다.

$$
\begin{aligned}
f_O &= \left(\frac{E}{V} \times f_E\right) + \left(\frac{D}{V} \times f_D\right) \\
&= (0.5)(0.1) + (0.5)(0.02) \\
&= 0.06
\end{aligned}
$$

---

15 자본예산의 순현가(NPV)는 제9장에서 다루어질 예정이다. Ross, Westerfield and Jaffe(2010), pp.418-419.

따라서 조달금액의 94%만 기업의 투자자금으로 투입될 수 있으므로, 발행비용 차감 후 10억원의 투자자금을 확보하기 위한 조달금액(x)는 $(1-0.06)x=10$억원을 만족하는 값이다. 따라서 $x=10.638$억원으로 발행비용을 포함한 투자 사업비는 10.638억원이고, 그 중 가중평균발행비용은 0.638억원이다.

따라서 발행비용을 고려한 순현가(NPV)는 다음과 같다.

$$NPV = PV(\text{현금유입}) - PV(\text{현금유출})$$
$$= 10.714\text{억원} - 10.638\text{억원}$$
$$= 0.076\text{억원}$$

발행비용을 고려한 경우에도 양의 순현가 0.076억원이므로 투자안을 채택한다.

8.8 사업부 자본비용[16]

지금까지 우리는 새로 추진하는 사업이 기존 기업과 동일한 위험(comparable risk)을 가진다고 가정하고 가중평균자본비용을 추정하였다. 그런데 만약 기업이 추진하는 투자안이 기존 기업의 위험과 동일하지 않은 경우에 기업 전체의 가중평균자본비용을 투자안에 적용하면 의사결정을 왜곡할 수 있다. 또는 전체 기업이 서로 다른 위험을 갖는 상이한 사업부들로 구성되어 있다면 각 사업부의 투자사업에 기업 전체의 가중평균자본비용을 적용하는 것도 의사결정을 왜곡할 수 있어 적절한 방법이 아니다.

[그림 8-5]는 기업 전체의 단일 가중평균자본비용을 적용할 경우의 왜곡현상을 보여준다. 우리는 제9장에서 자본예산을 배우는데, 투자안의 수익률이 자본비용보다 높으면 투자안을 채택(accept)하고, 수익률이 자본비용보다 낮으면 기각(reject)한다. 왜냐하면 자본비용은 투자안이 달성해야 하는 최소한의 수익률이기 때문이다. 투자안 L의 수익률은 9%, 투자안 H의 수익률은 11%이다. 만약

16 본 내용은 자본예산의 내용과 관련되어 있어, 제9장을 학습한 후에 공부할 수도 있다.

그림 8-5 | 기업 전체의 자본비용과 사업부 자본비용

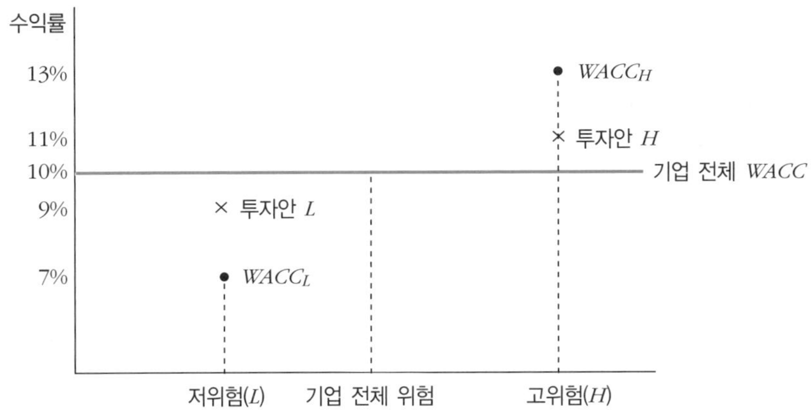

기업 전체의 자본비용 10%를 적용하면 투자안 L은 기각되고, 투자안 H는 채택된다. 그러나 투자안 L과 H는 기업 전체의 위험과 상이하므로 기업 전체 $WACC$를 적용하는 것은 적절한 방법이라고 할 수 없다.

투자안 L의 위험을 반영한 자본비용이 7%이고, 투자안 H의 위험을 반영한 자본비용이 13%라면, 투자안 L은 자본비용 7%를 초과하여 채택되고, 투자안 H는 자본비용 13%에 미달하여 기각된다. 즉 적절한 자본비용 7%를 적용하면 채택되는 투자안 L은 기업 전체의 $WACC$를 적용하면 기각되는 의사결정의 왜곡이 발생할 수 있다. 반대로 투자안 H는 적절한 자본비용 13%를 적용하면 기각되는데, 기업 전체의 $WACC$를 적용하면 채택되는 의사결정의 왜곡이 발생한다. 즉 기업 전체의 $WACC$의 사용은 상대적으로 안전한 투자안은 기각하고 상대적으로 위험한 투자안은 채택하는 오류를 범하게 된다. 그 결과 기업 전체적으로는 고위험 투자안에 투자자금이 집중되는 현상을 가져올 수 있다.

이제 사업부 자본비용(divisional cost of capital)을 구하는 예를 살펴보자.[17]

1단계 세후 타인자본비용을 결정한다. 그리고 이 세후 타인자본비용을 모든 사업부의 투자안에 공통으로 적용한다.

17 Pinches, G. E., *Essentials of Financial Management*, Harper Collins, 5th ed., 1996, pp. 167-169.

2단계 사업부와 동일한 사업만을 운영하고, 경영위험이 **단일사업 집중형기업**(pure-play firms)으로 상장된 기업(publicly traded firms)을 선정한다.
3단계 단일사업 집중형기업(pure-play firm)의 베타를 이용하여 사업부가 독립된 기업인 것처럼 자기자본비용을 추정한다.
4단계 사업부를 독립기업으로 간주하여 목표자본구조를 추정한다. 사업 성격에 따라 부채비율이 상이할 수 있다.
5단계 타인자본비용, 자기자본비용 및 목표자본구조를 이용하여 사업부의 자본비용을 추정한다.

이하에서는 가구, 제지 및 자료처리사업부를 보유하고 있는 기업의 사업부 자본비용을 추정하는 과정을 살펴보자. 먼저 기업 전체의 베타는 1.25, 무위험이자율은 3%, 시장포트폴리오의 수익률은 10%, 세전 타인자본비용은 8%, 법인세율은 20%, 그리고 목표자본구조의 부채는 40%, 자기자본은 60%이라고 가정하자. 기업 전체의 자본비용 추정과정은 다음과 같다.

$$\begin{aligned} r_E &= R_F + [E(R_M) - R_F]\beta_i \\ &= 0.03 + (0.1 - 0.03)(1.25) \\ &= 0.1175 \end{aligned}$$

그러므로 기업 전체 *WACC*는 다음과 같이 9.61%이다.

$$\begin{aligned} WACC &= \omega_D r_D(1-T) + \omega_E r_E \\ &= (0.4)(0.08)(1-0.2) + (0.6)(0.1175) \\ &= 0.0961 \end{aligned}$$

각 사업부별로 동일한 생산라인을 운영하며 상장되어 거래되는 유사기업의 베타를 바탕으로 다음과 같이 베타가 결정되었다고 가정한다. 가구사업부 베타는 성숙한 산업으로 0.75로 가정한다. 제지사업부의 베타는 기업 전체와 동일한 1.25로 가정한다. 자료처리사업부의 베타는 고위험을 반영하여 2로 가정한다. 위험한 사업일수록 타인자본비율이 적다는 것을 고려하여 사업부별로 다음과 같은 목표자본구조를 가정한다.

	기업 전체(%)	사업부		
		가구	제지	자료처리
부채	40	50	40	20
자기자본	60	50	60	80
베타	1.25	0.75	1.25	2

각 사업부별 자본비용은 다음과 같다.

가구사업부 :

$$\begin{aligned} r_E &= R_F + [E(R_M) - R_F]\beta_i \\ &= 0.03 + (0.1 - 0.03)(0.75) \\ &= 0.0825 \end{aligned}$$

$$\begin{aligned} WACC &= \omega_D r_D(1-T) + \omega_E r_E \\ &= (0.5)(0.08)(1-0.2) + (0.5)(0.0825) \\ &= 0.07325 \end{aligned}$$

제지사업부 :

$$\begin{aligned} r_E &= R_F + [E(R_M) - R_F]\beta_i \\ &= 0.03 + (0.1 - 0.03)(1.25) \\ &= 0.1175 \end{aligned}$$

$$\begin{aligned} WACC &= \omega_D r_D(1-T) + \omega_E r_E \\ &= (0.4)(0.08)(1-0.2) + (0.6)(0.1175) \\ &= 0.0961 \end{aligned}$$

자료처리사업부:

$$\begin{aligned} r_E &= R_F + [E(R_M) - R_F]\beta_i \\ &= 0.03 + (0.1 - 0.03)(2) \\ &= 0.17 \end{aligned}$$

$$\begin{aligned} WACC &= \omega_D r_D(1-T) + \omega_E r_E \\ &= (0.2)(0.08)(1-0.2) + (0.8)(0.17) \\ &= 0.1488 \end{aligned}$$

각 사업부별 자본비용을 정리하면 다음과 같다.

	기업 전체	사업부		
		가구	제지	자료처리
자본비용	9.61%	7.325%	9.61%	14.88%

8.9 재무레버리지와 베타

앞에서 재무레버리지는 베타를 증가시킨다는 것을 알았다. 부채의 사용은 고정적인 이자지급을 발생시켜 주주들의 주당순이익(*EPS*)의 변동성을 증가시킨다. 그 결과 자기자본의 베타는 증가한다. 베타가 변화하면 자기자본비용이 변화하며 궁극적으로 가중평균자본비용도 변화한다. 여기서는 가장 널리 활용되고 있는 Hamada(1972)모형을 통해 재무레버리지와 베타와의 관계를 살펴본다.

Hamada모형은 MM(Modigliani-Miller)의 자본구조이론과 자본자산가격결정모형(capital asset pricing model)을 바탕으로 유도되었다. 이 모형은 부채(D)와 자기자본(E)으로 구성된 **부채기업(levered firm)**의 **자기자본베타(levered beta, β_L)**와 오직 자기자본만으로 구성된 **무부채기업(unlevered firm)**의 **자기자본베타(unlevered beta, β_U)**의 관계를 보여준다. 무부채기업의 주주들은 경영위험(business risk)만을 부담하지만, 부채기업의 주주들은 경영위험에 더하여 추가적인 재무위험(financial risk)도 부담한다. Hamada모형은 기업 전체 위험으로부터 경영위험만을 분리하는 방법을 제시한다.

이제 자본구조가 다른 유사기업의 베타를 추정하는 방법을 살펴보자. 시장에서 거래되는 대부분의 기업은 부채를 보유하고 있다. 부채기업의 자기자본베타를 β_L, 무부채기업의 자기자본베타를 β_U, 부채의 시장가치를 D, 자기자본의 시장가치를 E 그리고 법인세율을 T라 하면 다음과 같은 관계식이 성립한다.

$$\beta_U = \frac{1}{\left[1 + (1-T)\dfrac{D}{E}\right]}\beta_L \tag{8.15}$$

예제 8-11 ››› 무부채기업의 자기자본베타

투자하려는 투자안과 동일한 산업에 속하는 유사기업이 시장가치기준으로 부채가 40%, 자기자본은 60%로 구성되고 있다. 이 기업의 베타는 1.5이고 법인세율은 20%이다. 자기자본만으로 구성된 기업의 베타는 얼마로 추정되는가?

▮ 풀이 ▮

주어진 자료들을 대입한다. $D=0.4$, $E=0.6$, $T=0.2$ 그리고 $\beta_L=1.5$

$$\beta_U=\left[\frac{1}{1+(1-0.2)\dfrac{0.4}{0.6}}\right](1.5)=0.98$$

그러므로 무부채기업의 베타는 0.98이다.

식 (8-15)로부터 부채기업의 자기자본베타(β_L)는 다음과 같이 표시된다.

$$\beta_L=\left[1+(1-T)\frac{D}{E}\right]\beta_U \tag{8.16}$$

위 식들로부터 부채기업의 자기자본베타와 무부채기업의 자기자본베타 간에는 다음의 관계가 성립한다.

$$\beta_L > \beta_U \tag{8.17}$$

부채기업의 자기자본베타는 재무레버리지로 인하여 무부채기업의 자기자본베타보다 크다.

예제 8-12 ››› 부채기업의 자기자본베타

투자하려는 투자안과 동일한 산업에 속하는 유사기업의 무부채기업의 자기자본베타가 0.98이다. 그런데 투자하려는 투자안은 부채 20%, 자기자본 80%로 구성된다. 법인세율은 20%, 무위험이자율은 5% 그리고 시장포트폴리오의 기대수익률은 10%로 가정한다.

(1) 이 투자안의 자기자본베타는 얼마로 추정되는가?

(2) 자기자본비용은 얼마인가?

풀이

(1) 주어진 자료를 대입한다. D=0.2, E=0.8, T=0.2 그리고 β_U=0.98.

$$\beta_L = \left[1 + (1-T)\frac{D}{E}\right]\beta_U$$
$$= \left[1 + (1-0.2)\frac{0.2}{0.8}\right](0.98) = 1.18$$

(2) CAPM모형의 증권시장선에 대입한다.

$$E(R_i) = R_F + [E(R_M) - R_F]\beta_i$$
$$= 0.05 + (0.1 - 0.05)(1.18) = 0.109$$

그러므로 자기자본비용은 10.9%이다.

예제 8-13 ››› Hamada모형

Hamada모형의 다음 관계식을 유도하시오.

$$\beta_L = \left[1 + (1-T)\frac{D}{E}\right]\beta_U$$

풀이

부채기업의 베타는 부채기업의 자기자본베타와 부채베타의 가중평균이다.

$$\frac{E}{D+E}\beta_L + \frac{E}{D+E}\beta_D$$

그런데 $V_L = D+E$를 적용하면 다음과 같다.

$$\frac{E}{V_L}\beta_L + \frac{D}{V_L}\beta_D \qquad ①$$

한편 부채기업의 가치는 MM의 자본구조이론(법인세 존재)을 적용하면 무부채기업의 가치와 조세절약액 현가의 합으로 표시된다.[18]

$$V_L = V_U + TD$$

그러므로 부채기업의 베타는 무부채기업의 베타와 조세절약액(tax shield)의 베타의 가중평균으로도 표시할 수 있다(MM이론에서 조세절약액은 영구연금으로 부채와 동일한 위험을 가지는 것으로 가정하여 부채의 자본비용으로 할인한다. 그러므

18 제11장 11.4.1 수정명제 I을 참조하기 바란다.

로 조세절약액의 베타는 부채의 베타를 적용한다).

$$\frac{V_U}{V_L}\beta_U + \frac{TD}{V_L}\beta_D \quad ②$$

①식과 ②식은 모두 부채기업의 가중평균베타를 나타내므로 ①=②이다.

$$\frac{E}{V_L}\beta_L + \frac{D}{V_L}\beta_D = \frac{V_U}{V_L}\beta_U + \frac{TD}{V_L}\beta_D$$

여기서 부채베타(β_D)=0을 가정하면 다음과 같이 정리된다.

$$E \cdot \beta_L = V_U \cdot \beta_U \quad ③$$

그런데 $V_U + TD = E + D$. 그러므로 $V_U = E + (1 - T)D$이다.
이를 ③식에 대입하여 정리하면 다음과 같다.

$$\beta_L = \frac{V_U}{E}\beta_U$$
$$= \frac{1}{E}[E + (1 - T)D]\beta_U$$
$$= \left[1 + (1 - T)\frac{D}{E}\right]\beta_U$$

Hamada모형은 다음과 같은 가정을 하고 있음을 주목한다. 첫째, 조세절약액은 부채와 동일한 위험을 가지고 있다. 둘째, 부채의 베타는 영으로 가정한다. 셋째, 부채는 영구연금으로 일정한 금액이며 변하지 않는다(constant debt).

요 약

01 자본비용(cost of capital)이란 기업 관점에서 각 원천별 자금에 대한 비용을 말한다. 각 원천별 자본비용을 가중평균한 자본비용을 가중평균자본비용(weighted average cost of capital)이라고 부른다. 자본비용은 동일한 위험을 가진 대체적인 투자안의 수익률로 측정되어야 한다는 의미에서 기회자본비용(opportunity cost of capital)이라고도 부른다.

02 자본비용은 자금원천에 따라 타인자본비용, 우선주자본비용, 자기자본비용 등으로 구분한다. 자기자본비용은 유보이익자본비용과 신주발행자본비용으로 구분한다.

03 자본비용은 최소한의 투자수익률, 한계비용의 의미를 가지며, 세후(after-tax) 및 신규자금(new funds)의 요구수익률로 측정되어야 한다.

04 자본비용은 첫째 현재의 자본구조를 최적자본구조로 가정한다. 또는 목표자본구조에 의한 원천별 자본비용을 시장가치에 의하여 가중평균한다. 둘째 투자안은 기존기업과 동일한 위험을 가진다고 가정한다.

05 세후 타인자본비용(cost of debt)은 이자가 세금공제항목이기 때문에 세금절약효과를 반영하여 $r_D(1-T)$로 추정한다. 세금절약액은 (이자지급액)×(법인세율)이다. 세금절약액만큼 주주의 순이익이 증가한다.

06 우선주의 자본비용은 다음과 같이 추정한다.

$$r_P = \frac{D_P}{P_P} \tag{8.2}$$

07 자기자본비용(유보이익자본비용)은 $CAPM$, 배당평가모형 및 채권수익률+위험보상 방법으로 추정한다.

08 $CAPM$ 방법은 무위험이자율, 시장포트폴리오 수익률 및 베타의 추정 자료를 활용한다.

$$r_E = R_F + [E(R_M) - R_F]\beta_i \tag{8.4}$$

09 현금흐름의 주기성이 클수록, 영업레버리지가 클수록, 재무레버리지가 클수록 베타는 증가한다.

10 배당평가모형에 의한 자본비용 추정은 다음과 같다.

$$r_E = \frac{D_1}{P_0} + g \tag{8.8}$$

11 채권수익률을 이용한 자기자본비용 추정은 다음과 같다.

$$r_E = \text{채권수익률} + \text{리스크 프리미엄} \tag{8.10}$$

12 신주발행의 자본비용은 발행비용을 고려한 배당평가모형을 활용한다.

$$r_E = \frac{D_1}{P_0(1-F)} + g \tag{8.11}$$

13 부채, 우선주 및 자기자본의 자본비용을 가중평균한 가중평균자본비용($WACC$)은 다음과 같다.

$$WACC = \omega_D r_D (1-T) + \omega_P r_P + \omega_E r_E \tag{8.12}$$

14 한계자본비용(marginal cost of capital: MCC)은 기업이 조달하는 신규자금의 마지막 1원의 자본비용이다. 원천별 자본비용이 증가하면 한계 가중평균자본비용도 증가한다. 그리고 유보이익의 변환점(retained earnings breakpoint)은 유보이익이 모두 소진되는 투자안의 규모를 말한다.

15 가중평균발행비용(weighted average floating costs) f_O는 총자산 대비 자기자본의 비율(E/V)에 주식발행비용 f_E을 곱하고, 총자산 대비 부채의 비율(D/V)에 채권발행비용 f_D을 곱해서 두 항목을 더하는 방법으로 구한다.

$$f_O = \left(\frac{E}{V}\right) \times f_E + \left(\frac{D}{V}\right) \times f_D \tag{8.14}$$

16 사업부 위험이 기업 전체의 위험과 상이한 경우에는 사업부 자본비용을 추정하여 투자판단의 기준으로 삼는다.

17 부채기업의 자기자본베타(β_L)와 무부채기업의 자기자본베타(β_U)는 다음과 같은 관계식으로 표현된다.(Hamada모형)

$$\beta_L = \left[1 + (1-T)\frac{D}{E}\right]\beta_U \tag{8.16}$$

EXERCISE

|연|습|문|제|

8-1 자본비용의 의의와 가정을 설명하시오.

8-2 세후 타인자본비용을 설명하고, 타인자본비용의 세금절약효과를 설명하시오.

8-3 *CAPM*에 의한 자기자본비용 추정방법을 설명하시오.

8-4 현금흐름의 주기성, 영업레버리지 및 재무레버리지가 베타에 어떻게 영향을 미치는지 설명하시오.

8-5 가중평균자본비용(*WACC*)을 설명하시오.

8-6 투자조달금액이 증가함에 따라 한계자본비용(*MCC*)이 어떻게 변화하는가?

8-7 유보이익 변환점과 부채의 변환점의 의미와 계산방법을 설명하시오.

8-8 사업부 자본비용을 설명하시오.

8-9 서울기업이 과거 5% 표면금리로 발행한 채권의 만기수익률이 현재 6%이다. 서울기업은 동일한 만기수익률을 제공하는 새로운 채권의 액면가 발행을 고려하고 있다. 한계법인세율이 20%라면 서울기업의 세후 타인자본비용은 얼마인가?

8-10 우선주를 주당 6,000원에 발행할 예정이다. 이 우선주는 매년 주당 300원의 일정한 배당금을 지급할 예정이라면 우선주의 자본비용은 얼마인가?

8-11 목표자본구조가 타인자본 60%, 자기자본 40%인 기업이 있다. 이미 발행된 채권의 만기수익률이 8%이고 법인세율은 20%이다. 이 기업의 가중평균자본비용이 8.64%로 추정된다면 이 기업의 자기자본비용은 얼마인가?

8-12 미래기업의 보통주가 주당 10,000원에 거래되고 있다. 연말에 주당 450원의 배당금이 예상된다. 연 성장률은 5%이고, 신주발행의 발행비용은 주가의 10%이다. 유보이익의 자본비용과 신주발행의 자본비용을 각각 구하시오.

8-13 행복기업의 목표자본구조는 타인자본 40%, 자기자본 60%이다. 은행차입은 8%로 차입가능하다. 직전의 배당금(D_0)은 주당 400원이고 배당금의 성장률은 5%이다. 보통주 주식은 현재 10,000원이고 법인세율은 20%이다. 투자를 고려하고 있는 독립적인 투자안 *A*, *B*, *C*의 수익률은 각각 13%, 10%, 8%이며, 기존기업의 위험과 동일한 투자안이다. 가중평균자본비용을 계산하고, 어느 투자안을 선택하는지 설명하시오(제9장의 자본예산과 연계된 문제임).

8-14 미래기업의 최적자본구조는 자기자본 60%, 타인자본 40%이고, 법인세율은 20%이다. 현재 6억원의 투자자금이 소요되는 투자안을 검토하고 있다. 미래기업은 2억원의 유보이익을 보유하고 있고 유보이익의 자본비용은 10%이다. 신주발행은 6억원까지는 자본비용이 12%이다. 은행으로부터 3억원까지는 8%, 3억원을 초과하는 금액은 10%로 차입가능하다. 마지막 투자금액 1원에 대한 한계 가중평균자본비용은 얼마인가?

8-15 현재의 최적자본구조는 부채 8억원, 자기자본 2억원으로 총자산 10억원으로 구성되어 있다. 세전 타인자본비용은 8%, 유보이익의 자본비용은 12%이다. 당기순이익은 1억원이고 배당성향은 40%, 법인세율은 20%이다.

(1) 유보이익이 모두 소진되는 유보이익 변환점(breakpoint)을 계산하시오.

(2) 유보이익 변환점에 도달하기 전의 가중평균자본비용을 계산하시오.

8-16 10%의 이자율로 타인자본을 사용하여 이자지급액이 1,000,000원이 되었다고 가정하자. 만약 이 기업의 한계법인세율이 20%이라면 이 기업은 타인자본 사용으로 세금이 얼마나 절약되었는가? 이 조세절약효과로 이 기업이 실질적으로 부담하는 세후 타인자본비용은 얼마가 되는가?

8-17 행복기업과 미래기업은 같은 산업에 속하는 기업으로 시장가치기준 자본구조는 다음과 같다.

	행복기업	미래기업
부채	10억원	20억원
자기자본	20억원	10억원

두 기업의 무부채기업의 베타는 1.1로 동일하다. 시장포트폴리오의 기대수익률은 10%, 무위험이자율은 4%이다. 법인세율은 20%로 동일하다. 부채의 베타는 영으로 가정한다.

(1) 각 기업의 자기자본베타를 추정하시오.

(2) 각 기업의 자기자본 요구수익률(%)을 계산하시오.

8-18 현재 자기자본만으로 구성된 미래기업의 자본비용은 7.8%이다. 무위험이자율은 3%, 시장포트폴리오의 기대수익률은 7%, 법인세율은 20%라고 가정한다.

(1) 미래기업의 현재 베타는 얼마인가?

(2) 구조조정의 일환으로 자본구조를 부채 20억원, 자기자본 80억원인 자본구조로 변환하려고 한다. 이 경우 자기자본베타와 자기자본비용은 각각 얼마인가?

Chapter 09

자본예산의 기초

본 장에서는 장기고정자산에 대한 투자결정을 의미하는 자본예산을 공부한다. 먼저 자본예산의 기초로 자본예산의 중요성을 살펴보고, 사업의 분류, 투자안 평가절차 및 투자안 의사결정 기법을 개관한다. 다음에는 자본예산 기법들을 차례대로 살펴본다. 회수기간법과 할인회수기간법을 알아보고, 순현가법과 내부수익률법의 의사결정 기준을 공부한다. 내부수익률법의 문제점을 살펴보고, 내부수익률법의 문제점을 개선한 수정내부수익률법을 공부한다. 마지막으로 수익성지수를 살펴본다.

9.1 자본예산 개관

9.1.1 자본예산의 중요성

기업 재무담당자의 핵심기능은 투자분석과 자금조달이다. 그 중 신규 생산라인의 건설, 기존 생산라인의 확장 또는 대체 등은 일반적으로 거액이 투자되고 1년 이상의 기간에 걸쳐 현금흐름이 발생하는 투자안(project)으로 기업가치에 장기적으로 크게 영향을 미친다. **자본예산(capital budgeting)**은 이러한 장기고정자산에 대한 투자결정으로 정의되며, 구체적으로는 투자안을 분석하여 투자여부를 결정하는 일련의 과정(precess)이라고 볼 수 있다. 이 과정에서 투자를 하면 기업가치가 증가할 것으로 기대되는 경우 우리는 투자안을 채택한다.

자본예산이 중요한 이유는 그 성격상 거액이 투자되고 투자의 영향이 장기간 지속되기 때문이다. 예를 들어 제품 수요에 대한 부정확한 예측으로 과도한 고정자산 투자를 하면 매출액의 손익분기점이 높아져 불경기 시에는 수익성이 악화할 수 있다.[01] 한편 고정자산 투자의 미흡으로 미래에 소비자의 수요를 충족시키지 못하면 향후 기업의 시장점유율이 하락할 수도 있다. 항공산업의 경우 장기적인 여객 및 화물 수요를 예측하여 항공기를 주문하여야 하는데, 항공기 주문시점과 인도시점의 차이가 커 여객 및 화물에 대한 수요가 변동할 수 있기 때문에 장기 수요예측이 매우 중요하다. 만약 예측과 달리 여객수요가 적다면 과다한 항공기 보유로 손실이 발생할 수 있고, 극단적으로 수익성이 악화하면 파산할 수도 있다.

거액의 투자를 한 번 실행하면 되돌리기가 쉽지 않다는 점도 자본예산이 중요한 이유이다. 따라서 자본예산은 기업의 성공과 발전에 큰 영향을 미치며, 경영자들은 투자안 평가기법을 잘 이해하고 적용하여 기업가치 극대화에 기여하여야 한다.

01 고정비 투자가 클 경우 손익분기점을 중심으로 매출액의 증감에 따라 이익과 손실의 확대효과가 발생한다. 이를 **영업레버리지(operating leverage)**라고 한다.

9.1.2 투자안의 분류

일반적 투자안 분류

투자안은 일반적으로 대체투자, 확장투자 및 규제투자의 세 종류로 분류할 수 있다. **대체투자안**(replacement projects)은 기존 생산라인의 파손 또는 진부화된 시설을 새로 대체하거나 원가절감 목적으로 시설을 대체하는 투자이다. **확장투자안**(expansion projects)은 기존 제품시장을 확대하거나, 신제품시장을 확대하는 투자이다. 신제품시장으로의 진출은 기존 제품의 확장이나 대체투자보다 더 주의 깊은 투자분석이 요구된다. **규제투자안**(regulatory projects)은 기업의 혜택과 관계없이 정부 또는 지방자치단체의 규제에 따른 투자이다. 예를 들면 규제에 따라 환경의 부정적 영향을 감소시키거나 고객의 건강을 증진시키기 위한 투자 등이다.

독립적 투자안 vs. 상호배타적 투자안

투자안을 분류하는 또 다른 방법은 상호배타적 투자안과 독립적 투자안으로 구분하는 방법이다. **독립적 투자안**(independent project)은 투자안의 선택(accept) 또는 기각(reject)이 다른 투자안의 선택 또는 기각과는 독립적인 투자안이다. 즉 다른 투자안의 채택 또는 기각과 관계없이 투자안의 의사결정이 이루어지는 경우이다. 두 투자안 A, B가 있다면 A, B가 다 선택될 수도 있고, A, B 모두 기각될 수도 있고, 또는 어느 한 투자안만 선택될 수도 있다. 이에 반해 **상호배타적 투자안**(mutually exclusive project)이란 투자안 중에서 한 투자안만 선택하여야 하는 경우이다. 즉 두 투자안 A, B가 있다면 A, B 중에서 A 또는 B만 선택하거나, A, B 모두 기각할 수는 있지만, A, B 모두 동시에 선택할 수는 없다.

9.1.3 투자안의 평가절차

투자안의 평가는 다음과 같은 절차를 거쳐 이루어진다.[02]

투자기회의 탐구 및 확인

먼저 기업가치를 증가시킬 수 있는 투자기회를 탐색하여 확인하는 것이 필요하다. 투자기회의 확인은 기업의 장기적 목표의 범위 내에서 이루어져야 한다.

현금흐름의 규모 및 시기 추정

투자안에 소요되는 비용, 즉 현금유출(cash outflow)의 규모와 시기를 추정한다. 아울러 투자안의 시기별 기대현금흐름(expected cashflow)의 규모를 추정한다.

투자안의 위험에 따른 자본비용 추정

투자안이 기존 기업과 동일한 위험이라면 가중평균자본비용을 적용하고, 위험이 기존 기업과 상이하다면 위험의 크기에 따라 가중평균자본비용을 상향 또는 하향하여 조정한다. 신규 산업으로 진출할 경우에는 단일사업 집중형기업(pure-plays)의 베타를 활용할 수 있다.

투자안 평가기법을 적용한 의사결정

전통적으로 널리 이용되는 순현가법, 내부수익률법 또는 회수기간법 등을 이용하여 투자안의 선택 또는 기각을 결정한다.

투자안의 성과평가

현금흐름의 예측치와 실제치를 비교한다. 현금흐름 예측치 및 투자안 위험의 수정 등을 수행한다. 투자안의 계속 또는 포기 등을 통하여 기업가치의 극대화에 기여한다.

---

02 Pinches(1996), pp. 184–185.

9.1.4 투자안 의사결정 기법

기업가치를 증가시키는 투자안을 선택하기 위한 기법을 개관하면 다음과 같다.

① 순현가(net present value: NPV)법

② 내부수익률(internal rate of return: IRR)법

③ 수정내부수익률(modified internal rate of return: MIRR)법

④ 회수기간(payback period)법

⑤ 할인회수기간(discounted payback period)법

⑥ 수익성지수(profitability index: PI)법

먼저 **순현가(NPV)법**은 각 연도별로 현금흐름을 추정한 다음 추정된 현금흐름의 위험을 반영한 자본비용으로 할인한 현재가치의 합을 계산하는 방법이다. 순현가만큼 기업가치의 증가 또는 감소를 측정할 수 있어서 기업가치의 극대화 관점에서 가장 우수한 평가기법이다. **내부수익률(IRR)법**은 내부수익률을 투자안의 순현가를 영으로 하는 할인율로 정의하거나 현금유출의 현가와 현금유입의 현가를 동일하게 만드는 할인율로 정의한다. 기업가치의 증분 규모를 표시하지는 못하지만 투자안의 수익률을 표시한다는 의미가 있다. 내부수익률법의 문제점을 개선하기 위하여 **수정내부수익률(MIRR)법**도 사용된다. **회수기간(payback period)법**은 기업내부의 방침상 정한 회수기간을 기준으로 그 이내에 투자자금이 회수되는 경우에 투자안을 선택하는 기법이다. 회수기간법이 화폐의 시간가치를 고려하지 않는다는 문제점을 해소하기 위하여 **할인회수기간법**도 사용되고 있다. **수익성지수법**은 미래 기대현금흐름의 현재가치를 기초투자액으로 나눈 비율인 수익성지수를 이용하여 의사결정을 하는 기법이다.

9.2 회수기간법과 할인회수기간법

9.2.1 회수기간법

회수기간(payback period)은 최초 투자자금을 회수하는데 소요되는 기간을 말한다. 그리고 회수기간법은 최초 투자자금을 미리 정한 기간(cutoff period) 내에 회수(payback)할 수 있으면 투자안을 채택하는 방법이다. 따라서 회수기간법을 적용하기 위해서는 투자안의 투자자금 회수기간을 먼저 정하여야 한다. 그리고 투자자금이 이 회수기간 내에 회수되면 투자안을 채택하고, 회수기간 내에 회수되지 못하면 기각한다. 예를 들어 다음의 투자안을 살펴보자.

최초 투자액은 30억원이다. 1년 말에 20억원, 2년 말에 10억원을 회수하여 2년 말까지의 누적현금회수액은 30억원으로 회수기간은 2년이다. 만약 기업 내부 방침으로 회수기간이 2년 이하인 투자안만 채택하기로 하였다면 이 투자안은 2년이므로 투자안을 채택한다.

회수기간법의 의사결정기준

(1) 독립적 투자안

① 채택: 투자안의 회수기간 < 기업이 정한 회수기간(cutoff period)

② 기각: 투자안의 회수기간 > 기업이 정한 회수기간

(2) 배타적 투자안

투자안의 회수기간이 기업이 정한 회수기간보다 작은 투자안 중에서 회수기간이 가장 짧은 투자안을 선택

회수기간법의 장 · 단점

회수기간법의 장점은 첫째, 계산하기 쉽고 간단하다는 점이다. 둘째, 회수기간은 유동성(liquidity)과 위험(risk)에 관한 유용한 정보를 제공한다. 회수기간이 짧을수록 다른 조건이 동일하다면 투자안의 유동성이 더 양호함을 나타낸다. 일반적으로 먼 미래의 현금흐름일수록 위험이 더 크기 때문에 회수기간은 위험지표(risk indicator)의 역할을 한다. 조기에 최초투자자금을 회수할수록, 즉 회수기간이 짧을수록 그 투자안의 위험은 작다고 볼 수 있기 때문이다.

| 표 9-1 | 회수기간법

(단위: 억원)

연도	*A*투자안	*B*투자안	*C*투자안
0	−10	−10	−10
1	5	2	2
2	3	3	3
3	2	5	5
4	4	4	40
회수기간	3년	3년	3년

그러나 회수기간법은 다음과 같은 단점을 가지고 있다. 첫째, 회수기간법은 화폐의 시간가치, 즉 현금흐름의 시기(timing of cash flows)를 고려하지 않는다. [표 9-1]의 *A*와 *B* 투자안을 보면 두 투자안 모두 회수기간이 3년으로 동일하다. 그러나 *A*투자안의 초기 현금흐름이 더 크기 때문에 *A*투자안의 *NPV*가 더 커서 *A*투자안이 더 우수한 투자안이다.

둘째, 회수기간 이후의 현금흐름을 고려하지 않는다. 투자안 *B*와 *C*를 살펴보면, 두 투자안 모두 회수기간은 3년으로 동일하지만 *C*투자안은 4년 말에 40억원이라는 현금흐름이 발생하고 있어 *C*투자안이 더 우수한 투자안임에도 불구하고 회수기간법으로는 차이가 없다. 경우에 따라서는 회수기간 이후에 많은 현금흐름이 발생하는 투자안이 기각될 수도 있다.[03]

셋째, 기업이 정한 회수기간(cutoff period)이 자의적이다. 순현가법과 내부수익

03 회수기간법은 단기 투자안을 선택하고, 장기 투자안을 기각할 확률이 높다고 할 수 있다.

률의 의사결정기준에서 사용되는 자본비용은 시장에서 추정될 수 있어서 객관적이다. 그러나 기업이 정하는 회수기간에 대하여는 선정기준이 없어 자의적이다.

회수기간법은 비교적 소규모 사업의 투자결정 시에 사용되는 경향이 있으며, 회수기간의 단기성은 경영자 의사결정의 결과를 2~3년의 단기간 내에 올바른지 확인할 수 있는 기회를 제공한다는 긍정적 측면이 있다. 아울러 성장성은 좋으나 자본시장에서 자금을 조달하기 어려운 소규모 기업들에게는 빠른 현금회수가 재투자 기회를 증대시키기 때문에 회수기간법의 사용이 정당화될 수 있다고 주장되기도 한다.[04]

예제 9-1 ››› **회수기간법**

다음 투자안의 회수기간을 계산하시오.

▮ 풀이 ▮

2년 말까지의 누적 회수액은 40억원이다. 3년 말의 20억원이 연중 균일하게 분포된다고 가정하면 20억원 중 10억원이 회수되는 기간은 0.5년이다. 그러므로 회수기간은 2.5년이다.

9.2.2 할인회수기간법

할인회수기간(discounted payback period)법은 현금흐름을 할인한 후 할인된 현금흐름의 합이 최초 투자액을 회수하는 데 소요되는 기간을 회수기간으로 사용한다. 그러나 이 방법은 화폐의 시간가치를 고려하기는 하였으나, 여전히 기업이 정한 회수기간 이후의 현금흐름을 고려하지 않고, 기업이 정한 회수기간

04 Ross, Westerfield and Jaffe(2010), p.140.

예제 9-2 ››› 할인회수기간법

현금흐름의 할인율은 10%이고, 회사의 투자안 채택기준 회수기간은 2년이다. 할인회수기간법으로 의사결정을 하시오.

0	1	2	3
−30억	20억	10억	10억

▮ 풀이 ▮

	0	1	2	3
할인현금흐름	−30억	18.18억	8.26억	7.51억
누계		18.18억	26.44억	

3차연도의 7.51억원 중에서 3.56억원이 회수되면 30억원의 기초투자자금이 회수되므로 할인회수기간은 다음과 같다.

$$\text{할인회수기간} = 2\text{년} + \frac{3.56}{7.51} = 2.47\text{년}.$$ 2년을 초과하므로 기각한다.

이 자의적이라는 문제점을 가지고 있다.

9.3 순현가법과 내부수익률법

9.3.1 순현가법

순현가(net present value: NPV)는 투자안의 현금흐름을 자본비용으로 할인한 현재가치의 합으로 정의된다.

$$\begin{aligned} NPV &= CF_0 + \frac{CF_1}{(1+r)} + \frac{CF_2}{(1+r)^2} + \cdots + \frac{CF_n}{(1+r)^n} \\ &= \sum_{t=0}^{n} \frac{CF_t}{(1+r)^t} \end{aligned} \tag{9.1}$$

여기서 CF_t는 t년 말의 기대현금흐름, r은 투자안의 위험이 반영된 가중평균 자본비용($WACC$), 그리고 n은 투자안의 내구연한을 나타낸다. 그리고 현금유출(cash outflow)은 음의 부호, 현금유입(cash inflow)은 양의 부호로 나타낸다. 현금흐름은 편의상 기말에 발생한다고 가정한다.[05]

순현가법은 순현가를 활용하여 투자안의 투자결정을 하는 방법이다. 순현가는 투자안의 가치를 나타낸다. 투자를 하면 순현가만큼 기업가치가 증가함을 나타내기 때문에, 기업가치 극대화가 목표인 기업의 관점에서 가장 적절한 투자안 평가기법이다. 순현가법을 적용하기 위해서는 먼저 프로젝트의 내구연한 동안 각 시점의 현금흐름을 추정한다. 그 다음에 투자안의 자본비용으로 할인한 현재가치의 합을 계산한다. 자본비용이 증가할수록 순현가는 감소한다. 순현가가 양이면 투자안을 채택하고, 순현가가 음이면 투자안을 기각한다.

순현가법의 의사결정기준

(1) 독립적 투자안

① 채택: 투자안의 순현가(NPV) > 0

② 기각: 투자안의 순현가(NPV) < 0

(2) 배타적 투자안

양의 순현가를 가지는 투자안 중에서 순현가가 가장 큰 투자안을 선택

순현가법의 특징

첫째, 순현가법은 현금흐름(cash flow)을 사용하여 분석한다. 당기순이익이 아닌 실제 투자자에게 귀속하는 현금흐름을 분석대상으로 한다. 둘째, 순현가법은 투자안의 모든 현금흐름을 고려한다. 회수기간법은 특정 기간 이후의 현금흐름을 고려하지 않는 단점이 있는데, 순현가법은 투자안의 모든 현금흐름을 분석대상으로 고려한다. 셋째, 화폐의 시간가치와 위험을 고려한 적절한 할인율, 즉

05 거액이 소요되는 투자안의 경우 투자자금이 몇 년 동안 지출되고 최초 양의 현금흐름은 그 이후에 발생될 수도 있다.

자본비용으로 할인한다. 넷째, 순현가는 투자로 인한 기업가치의 변화를 표시한다. 다시 말하여 순현가는 투자안이 기업가치에 기여하는 가치를 나타낸다. 다섯째, 순현가는 가치가산(value additivity) 원칙을 적용할 수 있다. 여러 투자안에 투자한 가치의 합은 개별 투자안 순현가의 합으로 표시할 수 있다.

예제 9-3 ››› 순현가법

투자안의 내구연한이 3년이고 연도 말 현금흐름이 다음과 같을 때 각 투자안의 순현가를 계산하여 보자. 단 자본비용은 10%라고 가정한다.

(단위: 만원)

	0	1	2	3
투자안 *A*	−1,000	500	500	500
투자안 *B*	−1,000	600	600	600

풀이

투자안 *A*, *B*의 순현가는 다음과 같다.

$$NPV(A) = -1,000 + \frac{500}{(1.1)} + \frac{500}{(1.1)^2} + \frac{500}{(1.1)^3}$$
$$= -1,000 + 500\left[\frac{1 - \frac{1}{(1.1)^3}}{0.1}\right]$$
$$= 243.43$$

$$NPV(B) = -1,000 + \frac{600}{(1.1)} + \frac{600}{(1.1)^2} + \frac{600}{(1.1)^3}$$
$$= -1,000 + 600\left[\frac{1 - \frac{1}{(1.1)^3}}{0.1}\right]$$
$$= 492.11$$

(i) 독립적 투자안일 경우 : 두 투자안 모두 양의 순현가를 가지므로 모두 채택[06]

$NPV(A) > 0$ 그러므로 채택
$NPV(B) > 0$ 그러므로 채택

(ii) 상호배타적 투자안인 경우 : 두 투자안 중 순현가가 큰 투자안 *B*를 채택

06 여기서는 조달하는 투자자금에 대한 제약은 없다고 가정한다.

예제 9-4 ››› 순현가법

투자액이 10억원, 1년 후부터 매년 말에 1.2억원의 현금흐름이 영원히 예상되는 투자안이 있다. 순현가법을 이용하여 투자결정을 하시오. 자본비용은 10%이다.

풀이

매년 말의 현금흐름은 영구연금이다.

$$NPV = -10\text{억} + \frac{1.2\text{억}}{0.1} = 2\text{억원}$$

순현가(NPV)가 양수이므로 채택

9.3.2 내부수익률법

내부수익률(internal rate of return: IRR)은 투자안의 현금유입(cash inflow)의 현재가치와 현금유출(cash outflow)의 현재가치를 같게 만드는 할인율이다. 다시 말하면 투자안의 순현가를 영으로 만드는 할인율이다.[07]

$$\begin{aligned} NPV &= CF_0 + \frac{CF_1}{(1+IRR)} + \frac{CF_2}{(1+IRR)^2} + \cdots + \frac{CF_n}{(1+IRR)^n} \\ &= \sum_{t=0}^{n} \frac{CF_t}{(1+IRR)^t} \\ &= 0 \end{aligned} \tag{9.2}$$

여기서 CF_t는 t년 말의 기대현금흐름, IRR은 투자안의 내부수익률, 그리고 n은 투자안의 내구연한을 나타낸다. 그리고 현금유출(cash outflow)은 음의 부호, 현금유입(cash inflow)은 양의 부호로 현금흐름을 나타낸다. 현금흐름은 편의상 기말에 발생한다고 가정한다.

내부수익률법은 투자안의 수익률을 나타낸다는 면에서 유용하다. 자본시장의 이자율과 관계없이 현금흐름분석만으로 결정되므로 '내부' 수익률이다. 순현가

07 채권의 가치평가에서 채권에서 발생하는 미래 현금흐름의 현재가치와 현재 채권가치를 같게 만드는 할인율을 채권의 만기수익률(yield to maturity: YTM)이라고 배웠다. IRR은 투자안의 수익률로 채권의 YTM에 상응하는 개념이다.

법이 자본비용을 매개로 계산되는 것과 달리 내부수익률법은 현금흐름만을 대상으로 분석한다. 다만 최종적인 의사결정에서는 자본비용과 비교하여야 하기 때문에 내부수익률법이 자본비용과 전혀 관계없는 것은 아니다. 내부수익률이 자본비용보다 높으면 투자안을 채택하고, 내부수익률이 자본비용보다 낮으면 투자안을 기각한다. 내부수익률은 투자안의 기대수익률을 나타내므로 내부수익률이 자본비용을 초과하면 기업가치가 증가하고 그 결과 주가가 상승한다.

순현가를 영으로 만드는 내부수익률을 찾기 위해서는 시행착오(trial and error)방법을 사용한다. 그러나 재무계산기나 엑셀을 활용하면 쉽게 구할 수 있다.

내부수익률법의 의사결정기준

(1) 독립적 투자안

① 채택: 내부수익률(IRR) > 자본비용

② 기각: 내부수익률(IRR) < 자본비용

(2) 배타적 투자안

내부수익률이 자본비용보다 큰 투자안 중에서 내부수익률이 가장 큰 투자안을 선택

예제 9-5 ››› 내부수익률법

투자안의 내구연한이 3년이고 연도 말 현금흐름이 다음과 같을 때 각 투자안의 내부수익률을 계산하여 보자. 단 자본비용은 10%라고 가정한다.

(단위: 만원)

	0	1	2	3
투자안 A	−1,000	500	500	500
투자안 B	−1,000	600	600	600

❙ 풀이 ❙

순현가의 값이 영이 되는 내부수익률을 구하면 다음과 같다.

$$NPV(A) = -1{,}000 + \frac{500}{(1+IRR)} + \frac{500}{(1+IRR)^2} + \frac{500}{(1+IRR)^3} = 0 \quad IRR(A) = 23.38\%$$ [08]

$$NPV(B) = -1{,}000 + \frac{600}{(1+IRR)} + \frac{600}{(1+IRR)^2} + \frac{600}{(1+IRR)^3} = 0 \quad IRR(B) = 36.31\%$$

(i) 독립적 투자안일 경우 : 두 투자안의 내부수익률이 모두 자본비용보다 높으므로 채택

$IRR(A) > 10\%$ 그러므로 채택

$IRR(B) > 10\%$ 그러므로 채택

(ii) 상호배타적 투자안인 경우 : 두 투자안 중 *IRR*이 높은 투자안 *B*를 채택

예제 9-6 ››› 내부수익률법

투자액이 10억원, 1년 후부터 매년 말에 1.2억원의 현금흐름이 영원히 예상되는 투자안이 있다. 내부수익률법을 이용하여 투자결정을 하시오. 자본비용은 10%이다.

풀이

매년 말의 현금흐름은 영구연금이다.

$$NPV = -10억 + \frac{1.2억}{IRR} = 0$$

내부수익률(*IRR*)은 12%이다. 내부수익률이 자본비용보다 높으므로 채택

9.3.3 순현가, 내부수익률 및 자본비용의 관계

내부수익률과 순현가가 자본비용의 변화에 따라 어떻게 변화하는지 살펴보자. 위의 예제에서 투자안 *A*의 현금흐름은 다음과 같다. 자본비용은 10%로 가정한다.

---

08 BA II Plus 계산기로 다음과 같이 계산한다. 3, (N), 1,000, (+/−), (PV), 500, (PMT), (CPT), (I/Y). 또는 (CF), (2ND), (CE/C), 1,000, (+/−), (ENTER), (↓), 500, (ENTER), (↓), 3, (ENTER), (↓), (IRR), (CPT).

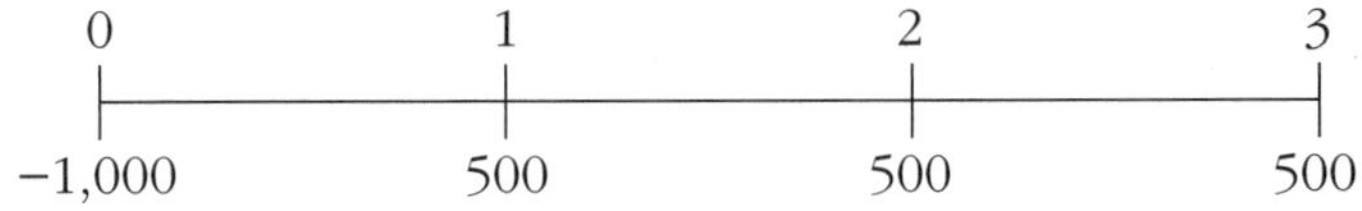

$$NPV(A) = -1,000 + \frac{500}{(1+r)} + \frac{500}{(1+r)^2} + \frac{500}{(1+r)^3} \quad (9.3)$$

$$NPV(A) = -1,000 + \frac{500}{(1+IRR)} + \frac{500}{(1+IRR)^2} + \frac{500}{(1+IRR)^3} = 0 \quad (9.4)$$

순현가법은 식 (9.3)에서 보듯이 할인율인 자본비용이 주어지고 순현가를 계산한다. 먼저 자본비용이 영일 때의 순현가는 모든 현금흐름을 합한 것과 같으므로 500만원이다. 그리고 순현가는 자본비용이 증가할수록 감소한다. [그림 9-1]은 할인율(자본비용) 변화에 따른 순현가를 보여준다. 자본비용이 10%일 때 투자안 *A*의 순현가는 243.43만원이다.

한편 내부수익률은 식 (9.4)에서 보듯이 순현가가 영으로 주어지고 할인율을 계산한다. [그림 9-1]에서 *y*축의 절편은 할인율이 영일 때의 순현가를 나타내고, *x*축과의 교점은 순현가가 영일 때의 할인율, 즉 내부수익률을 나타낸다. 따라서 그림에서 순현가가 영일 때 내부수익률은 23.38%이다.

이제 순현가와 내부수익률의 관계에 대하여 살펴보자. 할인율이 내부수익률 23.38%보다 낮으면 순현가는 양(+)이고, 내부수익률보다 높으면 순현가는 음(−)이다. *IRR*(23.38%)이 할인율(자본비용)(10%)보다 높을 때 투자안을 선택한다는 것은 양의 순현가를 가지는 투자안을 선택한다는 것과 동일하다. 즉 예제에서 자본비용이 10%일 때 투자안 *A*의 순현가는 243.43만원으로 양의 값을 가지므로 투자안을 채택하며, 자본비용이 10%일 때 투자안 *A*의 내부수익률은 23.38%로 자본비용(10%)보다 높으므로 투자안을 채택한다. 즉 이와 같이 동일한 투자안에 대하여 순현가법을 적용하거나 내부수익률법을 적용하거나 동일한 결론에 도달한다. 그러나 내부수익률법은 다음에 살펴보는 바와 같이 문제점을 안고 있다.

그림 9-1 | 할인율과 순현가의 관계(*NPV* Profile)

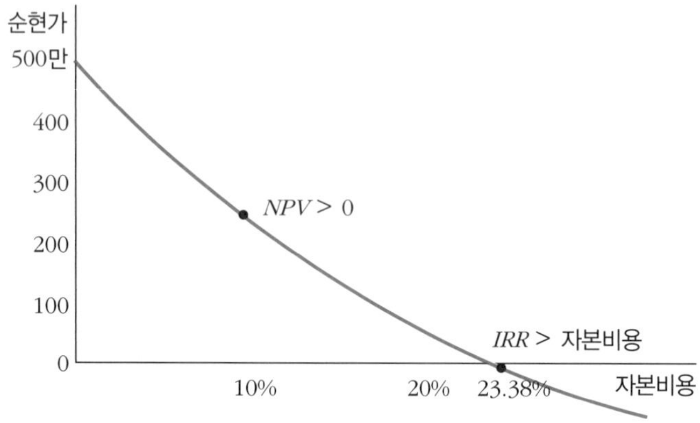

자본비용	순현가(만원)
0%	500
10%	243.43
20%	53.24
23.38%(*IRR*)	0
30%	−91.94

9.4 내부수익률법의 문제점[09]

9.4.1 일반적 문제점

내부수익률법을 일반적인 투자안 평가 시 적용할 때 당면하는 문제점으로는 자금조달(또는 지체된 투자) 시 발생하는 문제점과 복수의 *IRR* 문제점이 있다. 이 문제점을 알아보기 위하여 [표 9-2]와 [그림 9-2]를 같이 살펴본다. 투자안 *C* 는 투자로 인하여 처음에는 음의 현금흐름이 발생하고 그 후 양의 현금흐름이

09 다음의 두 자료를 참고하였다. Ross, Westerfield and Jaffe(2010). Berk and DeMarzo(2014).

발생하는 전통적인 투자안이다. 투자안 D는 자금조달(차입) 또는 지체된 투자로 인하여 처음에는 양의 현금흐름이 발생하고, 그 후 음의 현금흐름이 발생하는 투자안이다. 세 번째 투자안 E는 음의 현금흐름에 이어 양의 현금흐름이 발생한 후에 최종적으로 다시 음의 현금흐름이 발생하는 투자안이다. C와 D는 각각 현금흐름의 부호가 한 번 변한 반면에 E는 현금흐름의 부호가 −, +, −로 두 번 변한 것을 주목한다.

| 표 9-2 | 순현가와 내부수익률

		투자안 C	투자안 D	투자안 E
현금흐름 (만원)	0	−100	100	−100
	1년 후	130	−130	230
	2년 후			−132
IRR		30%	30%	10% 또는 20%
NPV(자본비용 10%)		18.18	−18.18	0
투자안 채택 시 자본비용의 조건		자본비용 < 30%	자본비용 > 30%	10% < 자본비용 < 20%
현금흐름의 종류		투자	자금조달	혼합

그림 9-2 | 순현가와 할인율의 관계

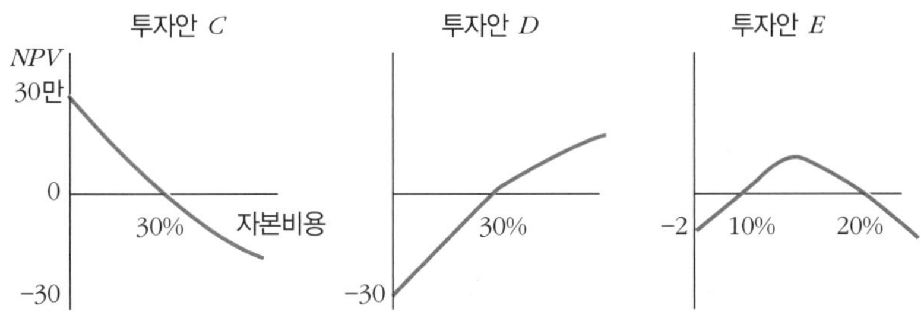

자금조달형 투자안

투자안 D는 전통적인 투자안 C와 달리 먼저 양의 현금흐름이 발생하고, 후에 음의 현금흐름이 발생한다.[10] 투자안 C와 D의 NPV와 IRR은 다음과 같다.

10 예를 들면 행사를 기획하는 기업이 행사참가비를 먼저 수취하고 행사 시에 행사비를 집행하는

$$NPV(C) = -100 + \frac{130}{1.1} = 18.18\text{만원}$$

$$NPV(D) = 100 - \frac{130}{1.1} = -18.18\text{만원}$$

$$NPV(C) = -100 + \frac{130}{1 + IRR} = 0 \quad \text{풀면 } IRR = 30\%$$

$$NPV(D) = 100 - \frac{130}{1 + IRR} = 0 \quad \text{풀면 } IRR = 30\%$$

투자안 D는 투자안 C와 현금흐름의 부호가 반대인데도 내부수익률이 30%로 동일하다. 그러나 자본비용 10%에서는 투자안 C와 달리 순현가가 −18.18만원으로 음이다. 즉 내부수익률 30%를 기준으로 자본비용이 30%보다 작으면 음의 순현가를 보이고, 만약 자본비용이 내부수익률 30%보다 크면 양의 순현가를 보인다. 이는 전통적인 투자안 C의 의사결정 기준과 정반대이다. 자금조달 시 의사결정기준은 다음과 같다.

(1) 독립적 투자안

① 채택: 내부수익률(IRR) < 자본비용

② 기각: 내부수익률(IRR) > 자본비용

(2) 배타적 투자안

내부수익률이 자본비용보다 작은 투자안 중에서 순현가가 가장 큰 투자안을 선택

[그림 9-2]에서 투자안 D의 그래프는 자본비용이 증가함에 따라 NPV가 증가함을 보여준다. 투자안 D의 채택은 투자안을 통해 30%의 이자율로 **차입(borrow)**하는 것과 동일하다. 만약 은행으로부터 30%보다 낮은 이자율로 차입할 수 있다면 투자안을 기각하여야 한다. 반면에 은행으로부터 30%보다 높은 이자율로 차입하여야 한다면 투자안을 채택하여야 한다. 따라서 은행 차입이자율(할인율, 자본비용)이 내부수익률보다 높으면 투자안을 채택하고, 반대로 은

경우를 들 수 있다.

행 차입이자율이 내부수익률보다 낮으면 투자안을 기각한다.

반대로 전통적인 투자안 C의 채택은 투자안을 통해 30%의 이자율로 **대출**(lend)하는 것과 동일하다. 만약 은행을 통한 대출이자율이 30%보다 낮다면 투자안을 채택하여야 한다. 반면에 은행의 대출이자율이 30%보다 높다면 투자안을 기각하여야 한다. 따라서 은행의 대출이자율(할인율, 자본비용)이 내부수익률보다 낮으면 투자안을 채택하고, 반대로 대출이자율이 내부수익률보다 높으면 투자안을 기각한다.

투자안 C와 같은 투자안을 **투자형 투자안**(investing type project)이라고 하고, 투자안 D와 같은 투자안을 **자금조달형**(차입형) **투자안**(financing type project)이라고 부른다. 자금조달형 투자안의 분석 시에는 내부수익률의 의사결정기준이 뒤바뀌므로 IRR의 적용 시 주의하여야 한다.[11]

복수의 내부수익률

이제 투자안 E를 고려하자. 투자안 E는 복수의 IRR을 갖고 있다. 10%와 20%의 내부수익률은 투자안의 순현가를 영으로 하는 수익률이다. 복수의 IRR이 존재하기 때문에 우리는 내부수익률법의 의사결정 기준을 적용할 수가 없다. 노천광산과 같이 투자안의 내구연한이 종료할 때, 토지를 원상회복시키거나 환경문제에 대응하기 위한 지출이 발생한다면 최종적으로 음의 현금흐름이 발생할 수 있다.

현금흐름 중에서 초기에 음의 현금흐름이 발생하고 이어서 나머지 기간 동안에는 양의 현금흐름이 발생한다면 이를 **정규 현금흐름**(normal cash flow)이라고 한다. 정규 현금흐름에서는 현금흐름의 부호가 한 번 변화한다. 이에 반해 음의 현금흐름 이후에 현금흐름의 부호가 2회 이상 변화하는 현금흐름을 **비정규 현금흐름**(nonnormal cash flow)이라고 부른다.[12] 복수의 내부수익률이 존재하는 이유는 최초 음의 현금흐름(투자액) 이후 양의 현금흐름과 음의 현금흐름이 발생

11 자금조달형 투자안임을 고려하지 않고, 단지 내부수익률(30%)이 자본비용(10%)보다 높으므로 투자안을 채택한다는 잘못된 결정을 내릴 수 있다.

12 정규 현금흐름은 −, −, +, +, +와 같은 현금흐름이고, 비정규 현금흐름은 −, +, +, +, −와 같은 현금흐름이다.

하기 때문이다. 일반적으로 현금흐름 부호가 2회 이상 변화하면 복수의 내부수익률을 발생시킨다. 이론적으로 현금흐름 부호가 K번 변화한 투자안은 K개의 내부수익률이 존재한다. 따라서 현금흐름의 부호가 오직 1번 변화하는 정규 현금흐름의 투자안은 1개의 내부수익률이 존재하여 복수의 내부수익률 문제가 발생하지 않는다.

투자안 *E*는 내부수익률법을 적용하면 복수의 내부수익률 문제점을 가지고 있는 반면에, 순현가법을 적용하면 자본비용이 10%일 때 순현가가 영임을 보여준다. 아울러 자본비용이 10%와 20% 사이에 있을 때에는 양의 순현가를 가진다.

요약하면 순현가법은 현금흐름의 부호와 관계없이 일관되게 의사결정기준을 적용할 수 있지만, 내부수익률법은 첫 현금흐름의 부호가 양이면 의사결정기준이 반대로 되고, 현금흐름의 부호가 2회 이상 변화하면 복수의 내부수익률이 나타나는 문제점이 발생한다.

9.4.2 상호배타적 투자안의 선택 시 문제점

여러 투자안 중에서 오직 하나의 투자안만을 선택하여야하는 경우를 상호배타적 투자안이라고 정의하였다. 상호배타적 투자안의 경우 순현가법을 적용하면 양의 순현가가 가장 큰 투자안을 선택하면 된다.

그러나 내부수익률법을 적용할 경우에는 그릇된 의사결정을 할 경우가 발생한다. 투자안의 규모가 차이가 나는 경우와 투자안의 현금흐름 시기가 차이가 나는 경우가 이에 해당한다. 각각의 경우를 살펴보자.

투자안 규모의 차이

첫 번째 문제점은 **투자안 규모의 차이**(difference in scale)가 존재하는 경우이다. 다음의 예를 살펴보자.

다음의 두 투자안 중에서 기업가치를 극대화하는 투자안은 순현가가 큰 *G*이다. 그런데 내부수익률법은 *IRR*이 자본비용보다 큰 투자안 중에서 내부수익률

	현금흐름(만원)		*NPV*(만원) (자본비용 10%)	*IRR*
	$t=0$	$t=1$		
투자안 *F*	−1	+2	0.82	100%
투자안 *G*	−100	+120	9.09	20%

이 가장 큰 투자안을 채택하는 것을 의사결정 기준으로 정하고 있다. 이 기준에 따르면 투자안 *F*는 내부수익률이 100%이고 투자안 *G*는 내부수익률이 20%이므로 투자안 *F*가 선택되어야 한다. 이 선택은 기업가치 극대화 관점에서 바른 의사결정이 아니다. *IRR*의 문제점은 규모(scale)를 고려하지 않는다는 점이다. 비록 투자안 *F*의 내부수익률이 100%이지만 투자규모가 작기 때문에 *NPV* 즉 기업가치의 증분이 0.82만원인 데 반해, 내부수익률이 20%이지만 투자규모가 큰 투자안 *G*는 *NPV*, 즉 기업가치 증분이 9.09만원으로 투자안 *F*보다 훨씬 더 크다.

양의 순현가를 가지는 투자안을 가정하자. 만약 투자안의 규모(scale)를 두 배로 증가시키면 **가치가산(value additivity) 원칙**에 따라 순현가도 두 배로 증가한다. 그러나 내부수익률은 가치가산의 원칙이 적용되지 않는다. 즉 투자규모를 두 배로 증가시키더라도 내부수익률은 영향을 받지 않는다. 왜냐하면 내부수익률은 투자안의 평균수익률을 측정하기 때문이다. 따라서 내부수익률은 상이한 규모의 투자안을 비교하는 데에는 사용될 수 없다.

비교를 위하여 규모가 동일한 경우와 규모가 차이가 있는 경우를 나누어 살펴본다.

(1) 규모가 동일한 경우

앞서 살펴본 [예제 9-3]과 [예제 9-5]에서 논의된 투자안 *A*와 투자안 *B*의 예를 다시 살펴보자. 투자안 *A*, *B* 모두 최초 투자액은 1,000만원으로 규모가 동일

(단위: 만원)

	0	1	2	3
투자안 *A*	−1,000	500	500	500
투자안 *B*	−1,000	600	600	600

하다. 내구연한은 3년, 자본비용은 10%를 가정한다.

먼저 투자안 A의 순현가와 내부수익률은 다음과 같다.

$$NPV(A) = -1{,}000 + \frac{500}{(1.1)} + \frac{500}{(1.1)^2} + \frac{500}{(1.1)^3} = 243.43\text{만원}$$

$$NPV(A) = -1{,}000 + \frac{500}{(1+IRR)} + \frac{500}{(1+IRR)^2} + \frac{500}{(1+IRR)^3} = 0 \quad IRR(A) = 23.38\%$$

투자안 B의 순현가와 내부수익률은 다음과 같다.

$$NPV(B) = -1{,}000 + \frac{600}{(1.1)} + \frac{600}{(1.1)^2} + \frac{600}{(1.1)^3} = 492.11\text{만원}$$

$$NPV(B) = -1{,}000 + \frac{600}{(1+IRR)} + \frac{600}{(1+IRR)^2} + \frac{600}{(1+IRR)^3} = 0 \quad IRR(B) = 36.31\%$$

[그림 9-3]과 같이 순현가 기준에 의하면 투자안 A의 순현가는 243.43만원, 투자안 B의 순현가는 492.11만원으로 투자안 B를 선택한다. 내부수익률 기준에 의하면 투자안 A의 내부수익률은 23.38%, 투자안 B의 내부수익률은 36.31%로 투자안 B를 선택한다. 이 경우 내부수익률이 높은 투자안이 순현가도 더 크다. 따라서 내부수익률법은 순현가법과 동일한 의사결정을 한다.

그림 9-3 | 규모가 동일한 경우의 순현가와 내부수익률 관계

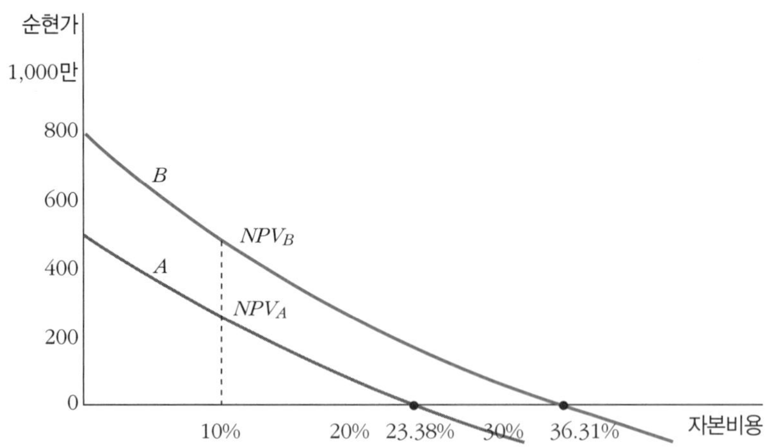

자본비용	순현가(*NPV*)(만원)	
	투자안 *A*	투자안 *B*
0%	500	800
10%	243.43	492.11
20%	53.24	263.89
23.38%(IRR_A)	0	
30%	−91.94	89.67
36.31%(IRR_B)		0

(2) 규모가 상이한 경우

앞서 살펴본 투자안 *A*의 3배로 확충한 투자안을 투자안 *H*라고 하자. 이제 투자안 *H*와 투자안 *B*를 비교하자. 투자안 *H*의 내구연한도 3년, 자본비용도 10%를 가정한다.

(단위: 만원)

	0	1	2	3
투자안 *H*	−3,000	1,500	1,500	1,500
투자안 *B*	−1,000	600	600	600

투자안 *H*의 순현가와 내부수익률은 다음과 같다.

$$NPV(H) = -3{,}000 + \frac{1{,}500}{(1.1)} + \frac{1{,}500}{(1.1)^2} + \frac{1{,}500}{(1.1)^3} = 730.28\text{만원}$$

$$NPV(H) = -3{,}000 + \frac{1{,}500}{(1+IRR)} + \frac{1{,}500}{(1+IRR)^2} + \frac{1{,}500}{(1+IRR)^3} = 0 \quad IRR(H) = 23.38\%$$

투자안 *H*의 순현가는 730.28만원이다. 투자안 *H*는 투자안 *A* 3개로 구성된 포트폴리오와 동일하다. 가치가산(value additivity) 원칙에 따라 투자안 *H*의 순현가는 투자안 *A* 순현가 243.43만원의 3배이다.

그러나 투자안 *H*의 내부수익률은 23.38%로 투자안 *A*의 내부수익률과 동일하다. 즉 투자안 *A* 3개로 구성된 포트폴리오의 내부수익률은 규모의 확대에 의하여 영향을 받지 않는다. 이제 투자안 *H*와 투자안 *B*의 순현가와 내부수익률 관계를 [그림 9-4]를 통해 살펴보자.

그림 9-4 | 규모가 상이한 경우의 순현가와 내부수익률 관계

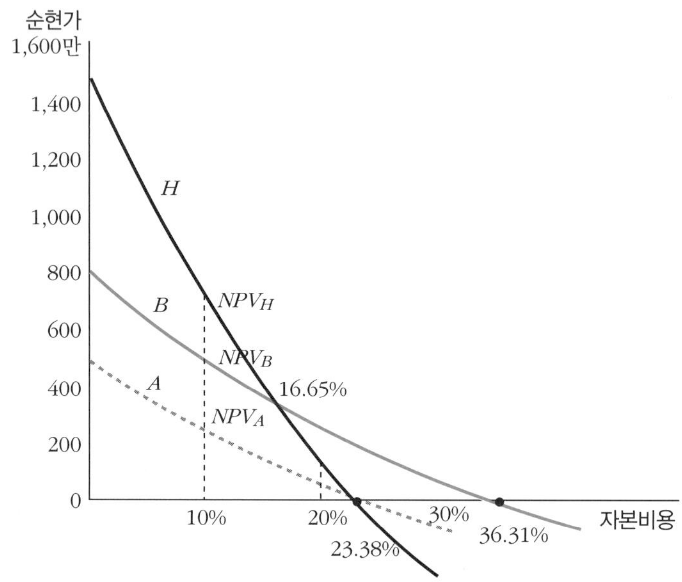

자본비용	순현가(*NPV*)(만원)		
	투자안 *A*	투자안 *B*	투자안 *H*
0%	500	800	1,500
10%	243.43	492.11	730.28
20%	53.24	263.89	159.72
23.38%(IRR_A IRR_H)	0		0
30%	−91.94	89.67	−275.83
36.31%(IRR_B)		0	

[그림 9-4]는 자본비용이 변화할 때 투자안 *H*의 순현가 변화를 보여준다. 자본비용 10%일 때 투자안 *H*의 순현가는 투자안 *A* 순현가의 3배인 730.28만원이고, 내부수익률은 투자안 *A*와 동일한 23.38%이다. 점선으로 표시된 투자안 *A*와 달리 투자안 *H*의 순현가 그래프는 투자안 *B*와 교차한다.

내부수익률법의 의사결정기준에 의하면 투자안 *B*의 내부수익률은 36.31%, 투자안 *H*의 내부수익률은 23.38%이므로, 내부수익률이 높은 투자안 *B*를 선택하는 오류를 범하게 된다. 왜냐하면 자본비용이 10%일 때 투자안 *B*의 순현가는

492.11만원이지만, 투자안 H의 순현가는 730.28만원으로 투자안 H의 선택이 기업가치 극대화에 더 기여하기 때문이다.

결국 소규모 투자안 B의 내부수익률이 높지만 순현가는 작고, 대규모 투자안 H는 내부수익률은 상대적으로 낮지만 순현가는 더 크다. 따라서 순현가가 더 큰 투자안 H가 선택되어야 한다는 것을 보여준다. 그러므로 규모가 다른 투자안의 평가 시에는 내부수익률을 직접 비교하여 의사결정을 할 수가 없다.

[그림 9-4]를 보면 순현가 그래프의 **교차점의 자본비용(crossover rate)**을 중심으로 투자안의 의사결정이 달라짐을 알 수 있다. 자본비용이 교차점의 자본비용보다 낮을 때에는 투자안 H의 순현가가 투자안 B의 순현가보다 크므로 투자안 H를 선택하여야 하고, 자본비용이 교차점의 자본비용을 초과하는 경우에는 투자안 B의 순현가가 투자안 H의 순현가보다 더 크므로 투자안 B를 선택하여야 한다. 따라서 자본비용이 교차점의 오른쪽에 위치할 때는 내부수익률법과 동일한 의사결정이 되지만, 자본비용이 교차점의 왼편에 있을 경우에는 내부수익률법에 의한 의사결정은 그릇된 의사결정이 된다.

예제 9.7 ››› 교차점의 자본비용(crossover) 계산

투자안 B와 투자안 H의 순현가 그래프가 교차하는 자본비용을 계산하시오.

(단위: 만원)

	0	1	2	3
투자안 H	−3,000	1,500	1,500	1,500
투자안 B	−1,000	600	600	600

▮ 풀이 ▮

교차점의 자본비용에서는 두 투자안의 순현가가 동일하다. 따라서 두 투자안의 순현가를 일치시키는 방법으로 자본비용을 구할 수 있다.

$$NPV(H) = NPV(B)$$

이를 다시 정리하면 순현가의 차이를 영으로 만드는 자본비용이다.

$$NPV(H) - NPV(B) = 0$$

이 경우 규모가 큰 투자안의 순현가로부터 규모가 작은 투자안의 순현가를 차감하는 형식을 적용한다.

$$NPV(H) - NPV(B) = -3,000 + \frac{1,500}{(1+r)} + \frac{1,500}{(1+r)^2} + \frac{1,500}{(1+r)^3}$$
$$- \left[-1,000 + \frac{600}{(1+r)} + \frac{600}{(1+r)^2} + \frac{600}{(1+r)^3} \right]$$
$$= -2,000 + \frac{900}{(1+r)} + \frac{900}{(1+r)^2} + \frac{900}{(1+r)^3} = 0$$

위 식은 결국 두 투자안의 현금흐름의 차이를 각 연도의 현금흐름으로 하는 투자안의 내부수익률을 구하는 것과 동일하다.

(단위: 만원)

	0	1	2	3
투자안 H	−3,000	1,500	1,500	1,500
투자안 B	−1,000	600	600	600
H–B	−2,000	900	900	900

위 식을 만족시키는 내부수익률은 16.65%이다. 그러므로 교차점의 자본비용은 16.65%이다.

교차점의 자본비용은 증분내부수익률(incremental IRR)이라고 불린다. 증분내부수익률의 의미를 살펴보자. 위 표에서 H–B의 현금흐름은 소규모 투자안 B 대신에 대규모 투자안 H를 선택할 경우의 증분현금흐름(incremental cash flow)이다. 그리고 이 증분현금흐름의 내부수익률 16.65%를 증분내부수익률이라고 부른다. 즉 대규모 투자안 선택 시 추가적인 지출로 인한 현금흐름의 수익률을 나타낸다.

$$-2,000 + \frac{900}{(1+IIRR)} + \frac{900}{(1+IIRR)^2} + \frac{900}{(1+IIRR)^3} = 0$$

증분내부수익률 16.65%는 자본비용 10%를 초과한다. 즉 소규모 투자안 B로부터 대규모 투자안 H로 전환하는 것은 기업가치를 증가시킨다는 것을 의미한다. 그 가치의 증분은 위 H–B 현금흐름의 순현가를 구해서 확인할 수 있다.

$$NPV(H-B) = -2{,}000 + \frac{900}{(1.1)} + \frac{900}{(1.1)^2} + \frac{900}{(1.1)^3} = 238.17\text{만원}$$

증분현금흐름의 순현가(NPV of incremental cash flows)는 238.17만원이다. 즉 추가적인 현금흐름은 양(+)의 순현가를 가진다. 이는 [그림 9-4] 내의 표에서도 확인할 수 있다. 자본비용이 10%일 때 투자안 B의 순현가는 492.11만원이고, 투자안 H의 순현가는 증분현금흐름의 순현가인 238.17만원이 증가한 730.28만원을 보여준다.

요약하면 상호배타적 투자안의 의사결정 시 투자안의 규모가 상이한 경우에는 내부수익률을 직접 비교하여 의사결정을 해서는 안 된다.[13] 그 경우에는 증분현금흐름을 계산하여 증분내부수익률(incremental IRR)이 자본비용을 초과하면 대규모 투자안을 선택한다. 그리고 이는 증분현금흐름의 순현가(NPV of incremental cash flows)로 확인할 수 있다. 그러나 이 모든 문제점은 순현가를 직접 적용할 경우에는 발생하지 않는다.

투자안 현금흐름 시기의 차이

두 번째 문제점은 투자안 현금흐름 시기의 차이(difference in timing)가 존재하는 경우이다. 다음 두 투자안을 이용하여 내부수익률의 문제점을 살펴보자.

	현금흐름(만원)				*NPV*(만원) (자본비용 10%)	*IRR*
	0	1	2	3		
투자안 S	−1,000	1,000	200	100	149.51	22.90%
투자안 L	−1,000	100	300	1,100	165.29	16.61%

13 소규모 투자안 B의 내부수익률이 36.31%, 대규모 투자안 H의 내부수익률이 23.38%이지만, 투자안 B의 선택이 최적이 아님을 살펴보았다.

그림 9-5 | 현금흐름 시기가 상이한 경우의 순현가와 내부수익률 관계

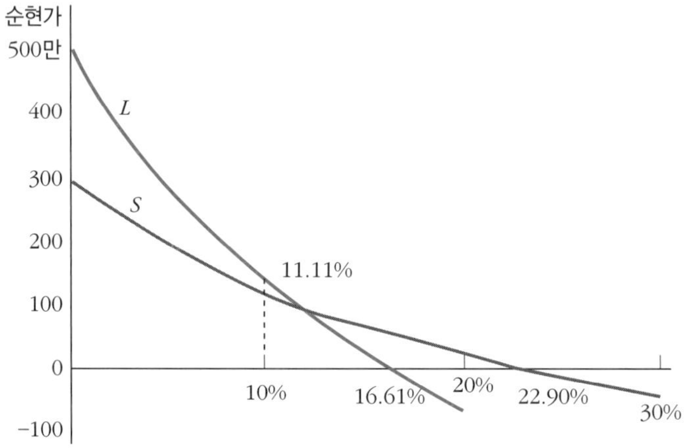

자본비용	순현가(*NPV*)(만원)	
	투자안 *S*	투자안 *L*
0%	300	500
10%	149.51	165.29
16.61%(IRR_L)		0
20%	30.09	−71.76
22.90%(IRR_S)	0	
30%	−66.91	−244.88

투자안이 규모가 동일할지라도 현금흐름 시기(cash flow timing)에 차이가 있는 경우에는 내부수익률을 직접 비교하여 의사결정을 해서는 안 된다. 투자안 *S*와 *L*은 기초 투자액은 1,000만원으로 규모가 동일하지만, 현금흐름의 시기가 서로 상이하다. 투자안 *S*는 가까운 미래에 많은 현금흐름이 발생하는 투자안으로 실질적으로 단기 투자안의 성격을 가진다. 이에 반해 투자안 *L*은 먼 미래에 많은 현금흐름이 발생하는 투자안으로 장기 투자안의 성격을 가진다. 자본비용이 영으로부터 출발해서 자본비용이 증가함에 따라 두 투자안의 순현가는 다르게 변화한다. 즉 투자안 *L*은 할인율이 증가할수록 현금흐름이 많이 발생하는 먼 미래 현금흐름의 현재가치가 크게 감소하는 반면, 투자안 *S*는 가까운 미래에 현

금흐름이 많이 발생하고 있어 가까운 미래 현금흐름의 현재가치가 상대적으로 적게 감소한다. 그 결과 장기투자안 성격의 투자안 L은 자본비용이 증가함에 따라 크게 순현가가 감소하고, 반대로 투자안 S는 상대적으로 완만하게 순현가가 감소한다.

순현가 그래프의 교차점 자본비용을 계산하기 위하여 $L-S$의 현금흐름을 구하면 다음과 같다.[14]

	현금흐름(만원)			
	0	1	2	3
$L-S$	0	−900	100	1,000

이 증분현금흐름의 증분내부수익률(incremental IRR)은 11.11%이다. 즉 자본비용 11.11%에 두 투자안의 순현가 그래프가 교차하여 동일한 순현가를 갖는다.

순현가 기준을 적용하면, 자본비용이 11.11%보다 작으면 투자안 L을 선택하고, 자본비용이 11.11%보다 크면 투자안 S를 선택하여야 한다. 이 경우 자본비용이 10%라면 투자안 L을 선택하여야 한다. 현금흐름의 시기가 상이할 때에는 내부수익률을 직접 사용하면 안 되므로 증분내부수익률을 사용한다. 증분내부수익률이 11.11%로 자본비용 10%보다 높으므로 투자안 L을 선택한다. 만약 자본비용이 11.11%보다 크면 예를 들면 15%이라면 투자안 S를 선택하여야 한다. 마지막으로 증분현금흐름의 순현가(NPV of incremental cash flows)는 15.78만원이다.[15] 증분현금흐름의 순현가가 양(+)이므로 투자안 L을 선택한다. 만약 증분현금흐름의 순현가가 음(−)이면 투자안 S를 선택하여야 한다.

결론적으로 현금흐름의 시기가 상이한 경우에도 투자안의 규모가 상이한 경우와 마찬가지로 내부수익률을 직접 사용할 수 없으므로 증분내부수익률 또는 증분현금흐름의 순현가를 사용하여 의사결정을 하여야 한다. 그리고 이 모든 문

14 전통적인 투자안이 되도록 L에서 S를 차감한다. 그래야 최초의 현금흐름이 음(−)으로 나타나 자금조달형 투자안의 문제점을 피할 수 있다. 앞서 자금조달형 투자안은 IRR의 의사결정기준이 뒤바뀐다는 문제점을 지적한 바 있다.

15 $NPV(L-S) = -\frac{900}{(1.1)} + \frac{100}{(1.1)^2} + \frac{1,000}{(1.1)^3} = 15.78$만원

제점은 순현가를 직접 적용할 경우에는 발생하지 않는다.

9.4.3 재투자수익률에 대한 가정

순현가법은 현금흐름이 투자안의 **자본비용**(cost of capital)으로 재투자된다고 가정하고, 내부수익률법은 현금흐름이 **내부수익률**(IRR)로 재투자된다고 가정한다.

$$NPV = CF_0 + \frac{CF_1}{(1+r)} + \frac{CF_2}{(1+r)^2} + \cdots + \frac{CF_n}{(1+r)^n} \tag{9.5}$$

$$NPV = CF_0 + \frac{CF_1}{(1+IRR)} + \frac{CF_2}{(1+IRR)^2} + \cdots + \frac{CF_n}{(1+IRR)^n} = 0 \tag{9.6}$$

식 (9.5)에서 순현가를 계산하기 위하여 자본비용으로 할인한다는 것은 자본비용으로 재투자한다는 것과 동일하다는 것이 식 자체에 내재되어 있다. 마찬가지로 식 (9.6)에서 내부수익률로 할인한다는 것은 내부수익률로 재투자한다는 것과 같다는 것이 식 자체에 내재되어 있다. 그런데 자본비용과 내부수익률의 재투자 가정 중에서 자본비용으로 재투자된다고 가정하는 것이 합리적이다.

자본시장에서 조달할 수 있는 이자율, 다시 말하여 투자자가 요구하는 수익률은 자본비용이 적합하다. 또한 내부수익률은 투자안에 따라 아주 높을 수도 있는데, 투자안의 수익률이 높다고 해서 현금흐름도 지속적으로 높은 수익률로 재투자된다고 가정하는 것은 비현실적이다.

9.5 수정내부수익률법

내부수익률법은 투자안이 내부수익률로 재투자된다고 가정하는 문제점을 가지고 있다. 그래서 재투자수익률을 합리적인 자본비용으로 사용하고, 복수의 내부수익률 문제를 해소하기 위하여 **수정내부수익률**(modified internal rate of return: MIRR)법이 사용된다. 이 방법은 오직 단 한 번의 음(−)의 현금흐름이 발생하도록 현금흐름을 조정한다. 현금흐름이 오직 한 번만의 음의 현금흐름을 가지므로 부호의 변화는 한번 발생하고 그 결과 단 하나의 *IRR*만이 존재한다.

수정내부수익률법은 모든 음의 현금흐름은 자본비용으로 할인한 현재가치를 구하여 합한다. 그리고 양의 현금흐름은 모두 자본비용으로 재투자된다고 가정하여 현금흐름의 **최종시점의 미래가치(terminal value)**를 구한다. 그 다음 현금유출의 현재가치와 현금유입의 미래가치를 동일하게 만드는 할인율을 구하며, 이를 수정내부수익률이라고 한다.

$$\sum_{t=0}^{n}\frac{COF_t}{(1+r)^t}=\frac{\sum_{t=0}^{n}CIF_t(1+r)^{n-t}}{(1+MIRR)^n} \qquad (9.7)$$

여기서 COF_t는 시점 t의 현금유출(cash outflow), CIF_t는 시점 t의 현금유입(cash inflow), 그리고 r은 자본비용을 나타낸다.

식 (9.7) 등호의 왼쪽은 자본비용으로 할인한 현금유출, 즉 투자액의 현재가치의 합이고, 등호 오른쪽의 분자는 자본비용으로 복리한 미래가치의 합이다. 그리고 *MIRR*은 최종시점의 미래가치를 투자액의 현재가치와 같게 만드는 할인율이다.

수정내부수익률법의 첫 번째 장점은 현금흐름이 자본비용으로 재투자된다고 가정한다는 점이다. 두 번째 장점은 복수의 *IRR*문제를 발생시키지 않는다는 점이다.

다음과 같은 현금흐름을 가지는 투자안의 수정내부수익률을 계산하여 보자. 자본비용은 15%로 가정한다.

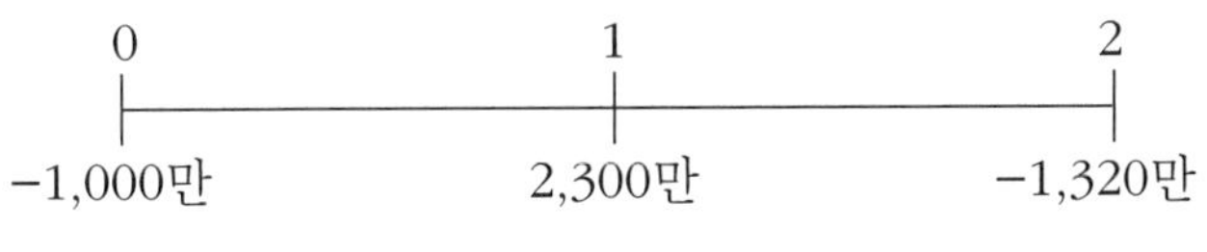

먼저 자본비용의 변화에 따른 순현가를 계산하여 보자.

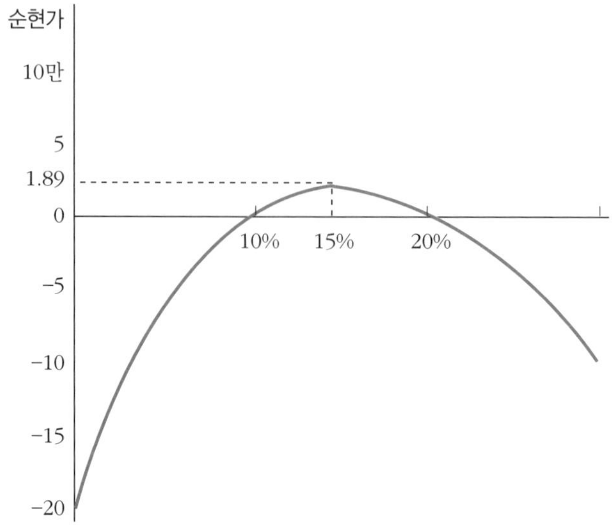

자본비용	순현가(만원)
0%	−20
5%	−6.80
10%(*IRR*)	0
14%	1.85
15%	1.89
16%	1.78
20%(*IRR*)	0
25%	−4.8
30%	−11.83

자본비용 15%를 적용한 순현가는 1.89만원이고, *IRR*은 10%와 20%로 복수의 해가 존재한다.

*MIRR*을 적용하기 위하여 현금흐름을 다음과 같이 조정한다.

$$\text{현금유출의 현가}(t=0):\ -1{,}000-\frac{1{,}320}{(1.15)^2}=-1{,}998.11\text{만원}$$

$$\text{현금유입의 미래가치}(t=2):\ 2{,}300(1.15)=2{,}645\text{만원}$$

조정된 현금흐름은 다음과 같이 표시된다.

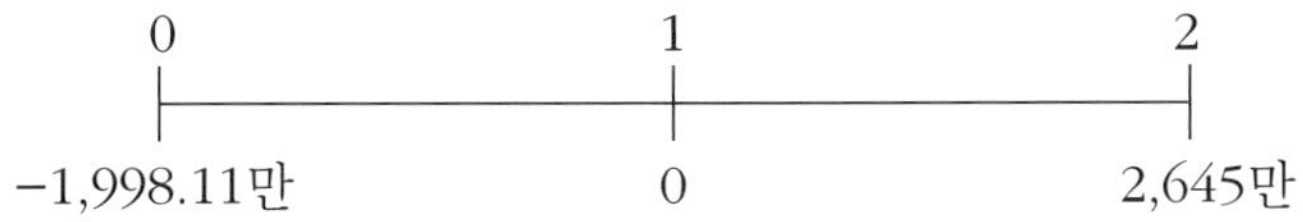

*MIRR*의 공식에 대입하면 *MIRR*은 15.05%이다.

$$1{,}998.11 = \frac{2{,}645}{(1 + MIRR)^2} \qquad MIRR = 15.05\%$$

조정된 현금흐름의 순현가 그래프는 다음과 같다.

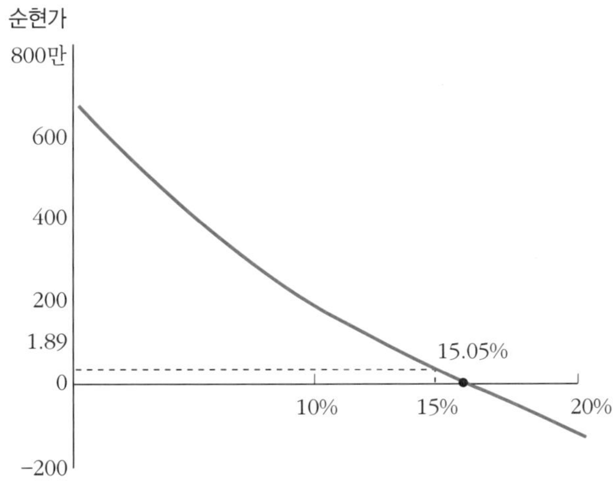

자본비용	순현가(만원)
0%	646.89
5%	400.98
10%	187.84
15%	1.89
15.05%(*MIRR*)	0
20%	−161.30

부호의 변화가 오직 한 번으로 조정된 현금흐름의 *MIRR*은 15.05%로 오직 하나이다. *MIRR*이 자본비용 15%를 초과하므로 투자안을 채택한다. 조정된 현금

흐름의 순현가(자본비용 15% 적용)는 1.89만원으로, 조정 전의 현금흐름을 바탕으로 계산한 순현가와 일치한다. 왜냐하면 자본비용 15%로 할인 및 복리를 하였기 때문이다.

예제 9-8 ››› 수정내부수익률법

다음 투자안의 *MIRR*을 계산하시오. 자본비용은 10%이다.

(단위: 만원)

	0	1	2	3
투자안 *A*	−1,000	500	500	500

풀이

현금유출의 현가 $(t=0)$: $-1,000$

현금유입의 미래가치

$$(t=3): 500(1.1)^2 + 500(1.1)^1 + 500 = 500\left[\frac{(1.1)^3 - 1}{0.1}\right] = 1,655$$

$$1,000 = \frac{1,655}{(1+MIRR)^3}$$ 그러므로 $MIRR = 18.29\%$[16]

*MIRR*이 자본비용 10%보다 높으므로 투자안을 채택한다.

9.6 수익성지수

회수기간법, 순현가법 및 내부수익률법 외에도 수익성지수가 투자안 분석 시 사용된다. 수익성지수(profitability index)는 미래 기대현금흐름의 현재가치를 기초투자액으로 나눈 비율이다.

16 [예제 9-5]에서 계산한 투자안 *A*의 내부수익률은 23.38%이다. 그러나 재투자수익률로 자본비용 10%를 적용한 결과 *MIRR*은 18.29%로 작아졌다.

$$수익성지수 = \frac{미래\ 기대현금흐름의\ 현재가치}{기초투자액} \tag{9.8}$$

다음 투자안 A, B의 수익성지수를 살펴보자. 투자안의 가중평균자본비용은 10%이다.

투자안	현금흐름(만원)				미래현금흐름의 현가(만원)	수익성지수	순현가 (만원)
	0	1	2	3			
A	−3,000	5,000	3,000	1,000	7,776	2.59	4,776
B	−1,000	1,000	2,000	3,000	4,816	4.82	3,816

투자안 A의 순현가는 4,776만원이고 수익성지수는 7,776/3,000 = 2.59이다. 투자안 B의 순현가는 3,816만원이고 수익성지수는 4,816/1,000 = 4.82이다. 이와 같이 투자안의 순현가가 양이면, 미래현금흐름의 현재가치는 기초투자액보다 더 크다. 따라서 양의 순현가를 가지는 투자안의 수익성지수는 1보다 크다. 마찬가지로 음의 순현가를 가지는 투자안의 수익성지수는 1보다 작다. 따라서 수익성지수의 의사결정기준은 다음과 같다.

수익성지수의 의사결정기준

(1) 독립적 투자안

① 채택: 투자안의 수익성지수(PI) > 1

② 기각: 투자안의 수익성지수(PI) < 1

(2) 배타적 투자안

수익성지수가 1보다 큰 투자안 중에서 수익성지수가 가장 큰 투자안을 선택

그러나 상호배타적 투자안의 경우 수익성지수는 투자규모가 상이한 경우 올바른 의사결정을 하지 못한다.[17] 위의 예에서 투자안 A, B가 상호배타적이라면

17 상호배타적 투자안에 내부수익률을 적용할 때도 동일한 문제점을 이미 살펴본 바 있다.

순현가가 높은 투자안 *A*가 채택되어야 하나, 수익성지수는 투자안 *B*가 더 높다. 즉 수익성지수는 비율(ratio)이기 때문에 규모의 차이를 고려하지 못하는 한계가 있다.

증분현금흐름(incremental cash flow)의 수익성지수를 살펴보자.

투자안	현금흐름(만원)				미래현금흐름의 현가(만원)	수익성지수	순현가 (만원)
	0	1	2	3			
A−*B*	−2,000	4,000	1,000	−2,000	2,960	1.48	960

증분현금흐름의 수익성지수는 1.48로 1보다 크기 때문에 투자규모가 큰 투자안 *A*를 채택하여야 함을 보여준다. 증분현금흐름의 순현가도 960만원으로 양이기 때문에 투자안 *A*의 선택이 바른 것임을 확인할 수 있다. 수익성지수는 투자자본이 한정된 경우 수익성지수가 높은 순서대로 투자자금을 할당하는 데에 이용된다.[18]

9.7 자본예산의 실제

실제 기업들이 어느 자본예산 기법을 사용하고 있는지를 살펴보자. Graham and Harvey(2001)은 392명의 CFO들로부터 자본비용, 자본예산 및 자본구조에 관한 설문조사 결과를 발표하였다.[19] 그 중 0–4의 스케일[20]을 사용한 자본예산 설문조사에서 순현가법과 내부수익률법이 가장 널리 사용되고 있음을 발견하였다. 응답자의 74.93%가 순현가법을 '항상 사용(always)'(4 스케일) 또는 '거의 사용(almost always)'(3 스케일)한다고 답하였으며, 응답자의 75.61%는

18 제10장 자본예산의 실제 10.6 자본할당을 참조하시오.
19 Graham and Harvey(2001), pp.187–243.
20 0은 '결코 사용하지 않음' 그리고 4는 '항상 사용함'을 의미한다.

내부수익률법을 항상 또는 거의 사용한다고 답하였다. 그리고 대기업은 소기업에 비하여 순현가법을 선호하였다. 회수기간법을 항상 또는 거의 사용한 응답자도 56.74%였다.

그밖에 민감도분석 51.54%, 할인회수기간법은 29.45%, 수익성지수 11.87% 등으로 나타났다. 자본예산 설문조사 결과는 다음과 같다.

| 표 9-3 | 항상 또는 거의 사용한다고 답한 CFO의 비율

자본예산 기법	%	자본예산 기법	%
내부수익률법	75.61	할인회수기간법	29.45
순현가법	74.93	실물옵션	26.59
회수기간법	56.74	회계수익률법	20.29
hurdle rate	56.94	VAR 또는 시뮬레이션	13.66
민감도분석	51.54	Adjusted NPV	10.78
이익배수접근법	38.92	수익성지수	11.87

자료: Graham and Harvey(2001), 표 2.

요 약

01 자본예산(capital budgeting)은 장기고정자산에 대한 투자결정으로 성격상 거액이 투자되고 투자의 영향이 장기간 지속되며, 투자를 되돌리기가 쉽지 않다는 점에서 매우 중요하다.

02 투자안은 독립적 투자안과 상호배타적 투자안으로 구분한다.

03 투자안 의사결정의 주요 기법으로는 순현가(*NPV*)법, 내부수익률(*IRR*)법, 수정내부수익률(*MIRR*)법, 회수기간(payback period)법 및 할인회수기간법이 있다.

04 회수기간법은 최초 투자자금을 미리 정한 기간 내에 회수할 수 있으면 투자안을 채택하는 방법이다. 계산하기 쉽고 간단하며, 유동성과 위험에 관한 유용한 정보를 제공하는 장점이 있다. 그러나 화폐의 시간가치를 고려하지 않고, 회수기간 이후의 현금흐름을 고려하지 않으며 기업이 정하는 회수기간이 자의적이라는 단점을 가지고 있다.

05 순현가법은 독립적 투자안의 경우 투자안의 현금흐름을 자본비용으로 할인한 현재가치의 합이 양(+)이면 투자안을 채택하고, 음(−)이면 기각하는 방법이다. 배타적 투자안의 경우에는 양의 순현가를 가지는 투자안 중에서 순현가가 가장 큰 투자안을 채택한다.

06 내부수익률법은 독립적 투자안의 경우 내부수익률이 자본비용보다 높으면 투자안을 채택하고 내부수익률이 자본비용보다 낮으면 투자안을 기각한다. 배타적 투자안의 경우 내부수익률이 자본비용보다 큰 투자안 중에서 내부수익률이 가장 큰 투자안을 채택한다. 여기서 내부수익률은 순현가를 영으로 하는 할인율이다.

07 *NPV Profile*에서 *Y*축 절편은 자본비용이 영일 때의 순현가를 나타내고, *X*축과의 교점은 순현가가 영일 때의 할인율(내부수익률)을 나타낸다. 독립적 투자안의 경우 자본비용이 내부수익률보다 낮으면 순현가는 양(+)이고, 자본비용이 내부수익률보다 높으면 순현가는 음(−)이다.

08 내부수익률의 일반적인 문제점은 자금조달형 투자안의 경우에는 의사결정기준이 일반 투자형 의사결정 기준과 반대로 된다는 점이다. 또한 일반적으로 현금흐름의 부호가 2회 이상 변화하면 복수의 내부수익률이 존재한다는 단점을 가지고 있다.

09 상호배타적 투자안의 경우 투자안 규모의 차이(difference in scale)와 투자안 현금흐름 시기의 차이(difference in timing)가 있는 경우 순현가 그래프가 서로 교차할 수 있다. 그 경우 자본비용이 교차점의 왼쪽에 위치할 때는 내부수익률에 의한 의사결정은 올바른 의사결정이 아니다.

10 순현가 그래프 교차점의 자본비용을 증분내부수익률(incremental IRR)이라고 한다. 이는 두 투자안의 현금흐름의 차이를 각 연도의 현금흐름으로 하는 투자안의 내부수

익률과 같다. 다시 말하여 증분현금흐름(incremental cash flow)의 내부수익률을 증분내부수익률이라고 부른다. 그리고 증분내부수익률이 자본비용을 초과하면 대규모 투자안을 선택한다.

11 순현가법은 현금흐름이 투자안의 자본비용으로 재투자된다고 가정하고, 내부수익률법은 현금흐름이 내부수익률로 재투자된다고 가정한다.

12 수정내부수익률법은 모든 음의 현금흐름은 자본비용으로 할인한 현재가치의 합을 구하고 양의 현금흐름은 자본비용으로 재투자된다고 가정하여 최종시점의 미래가치를 구한 후 양자를 동일하게 만드는 할인율, 즉 *MIRR*을 구하여 자본비용과 비교하는 방법이다.

13 수익성지수(profitability index)는 미래 기대현금흐름의 현재가치를 기초투자액으로 나눈 비율이다.

E X E R C I S E

|연|습|문|제|

9-1 자본예산의 중요성을 설명하시오.

9-2 독립적 투자안과 상호배타적 투자안을 설명하시오.

9-3 회수기간법의 의사결정기준 및 장점과 단점을 설명하시오.

9-4 순현가법과 내부수익률법의 의사결정기준을 설명하시오.

9-5 내부수익률법의 일반적인 문제점을 설명하시오.

9-6 상호배타적 투자안의 경우 순현가 그래프가 서로 교차하는 경우는 언제인지 설명하시오.

9-7 순현가 그래프가 교차하는 경우 증분현금흐름을 이용하여 증분내부수익률을 구하는 방법을 설명하시오.

9-8 수정내부수익률법과 수익성지수를 설명하시오.

9-9 투자안의 기초투자액은 45,000,000원이다. 향후 10년간 매년 말에 8,000,000원의 현금흐름이 발생한다. 가중평균자본비용이 10%라면 이 투자안의 순현가는 얼마인가? 투자안의 채택 또는 기각 여부를 설명하시오.

9-10 문제 9-9의 내부수익률은 얼마인가? 투자안의 채택 또는 기각 여부를 설명하시오(%로 답하고 소수점 셋째 자리까지 구하시오).

9-11 문제 9-9의 수정내부수익률(*MIRR*)은 얼마인가? 투자안의 채택 또는 기각 여부를 설명하시오(%로 답하고 소수점 셋째 자리까지 구하시오).

9-12 문제 9-9의 회수기간을 구하시오. 기업이 설정한 회수기간은 6년이다. 투자안의 채택 또는 기각 여부를 설명하시오.

9-13 자본비용이 5%일 때 상호배타적인 다음 투자안의 순현가를 계산하시오.

(단위: 백만원)

	0	1	2	3
투자안 *A*	−25	5	10	17
투자안 *B*	−20	10	9	6

EXERCISE

9-14 문제 9-13의 내부수익률을 계산하시오(%로 답하고 소수점 셋째 자리까지 구하시오).

9-15 문제 9-13에서 자본비용이 5%일 때, 투자안의 선택과정을 보여주시오.

9-16 문제 9-13에서 증분내부수익률(incremental IRR)을 계산하시오. 이를 바탕으로 투자안 선택과정을 설명하시오.

9-17 문제 9-13에서 증분현금흐름의 순현가(NPV of incremental cash flows)를 계산하시오. 이를 바탕으로 투자안 선택과정을 설명하시오.

9-18 대형 투자안 *A*는 4천만원의 투자 후 향후 20년 간 매년 말에 640만원의 현금흐름이 발생한다. 소형 투자안 *B*는 1,200만원의 투자 후 향후 20년간 매년 말에 270만원의 현금흐름이 발생한다. 두 상호배타적인 투자안의 증분내부수익률을 구하여 투자의사결정을 하시오. 자본비용은 10%이다.

9-19 투자안의 자본비용은 10%이고, *MIRR*은 14%이다. 2년 말의 현금흐름(cash outflow)을 계산하시오.

(단위: 백만원)

	0	1	2	3	4
현금흐름	−500	200	−X	400	600

9-20 자본예산에 관한 설명 중 바른 설명과 가장 거리가 먼 것은?

① 순현가(*NPV*)법은 자본비용으로 재투자된다고 가정한다.
② 회수기간(Payback Period)법은 유동성과 위험의 지표라는 장점을 가진다.
③ 내부수익률(*IRR*)은 복수의 해(Multiple Solutions)라는 문제점을 가지고 있다.
④ 내부수익률은 *NPV*가 1일 때의 할인율이다.
⑤ 기업가치 극대화에 적합한 기법은 내부수익률법이 아니라 순현가법이다.

9-21 투자형 투자안의 *NPV Profile*에 관한 설명으로써 바른 설명과 가장 거리가 먼 것은?

① *NPV Profile*이 x축과 만나는 점이 그 프로젝트의 내부수익률이다.
② 프로젝트의 순현가와 자본비용과의 관계를 보여주는 그래프이다.
③ *NPV Profile*은 자본비용이 증가할수록 순현가가 증가함을 보여준다.
④ 프로젝트의 규모가 다르면 두 프로젝트의 *NPV Profile*이 교차하는 경우도 있다.
⑤ *NPV Profile*이 y축과 만나는 점은 자본비용이 영(zero)일 때의 순현가를 나타낸다.

EXERCISE

9-22 기초투자가 이루어지고 난 후에는 양의 현금흐름이 발생하는 투자안이 있다. 자본비용(할인율)이 증가함에 따라 *IRR*과 *NPV*는 각각 어떻게 변화하는가?

① *IRR*은 일정하지만, *NPV*는 증가한다.
② *IRR*은 감소하지만, *NPV*는 일정하다.
③ *IRR*은 일정하지만, *NPV*는 감소한다.
④ *IRR*은 증가하지만, *NPV*는 일정하다.
⑤ *IRR*은 증가하지만, *NPV*는 감소한다.

9-23 상호배타적 투자안 *L*과 *S*는 각각 1억원의 자금이 소요된다. 할인율이 영(zero)일 때 프로젝트 *L*은 누적현금(cumulative cash flow)이 1.5억원, 프로젝트 *S*는 1.3억원이다. 그들의 *NPV Profile*은 자본비용이 10%일 때 서로 교차한다. 다음 중 상황을 가장 잘 기술하고 있는 문장은?

① 만약 자본비용이 10%보다 높으면 *NPV*법과 *IRR*법은 같은 투자안을 선택한다.
② 만약 자본비용이 10%보다 낮으면 *NPV*법과 *IRR*법은 같은 투자안을 선택한다.
③ 투자안 *L*의 *IRR*이 더 높기 때문에 어떤 자본비용에 대하여도 투자안 *L*이 선택된다.
④ 투자안 *S*의 *IRR*이 더 높기 때문에 어떤 자본비용에 대하여도 투자안 *S*가 선택된다.

Chapter 10

자본예산의 실제

본 장에서는 자본예산의 실제를 공부한다. 먼저 투자안 분석을 위한 기초자료인 현금흐름의 추정을 살펴본다. 영업현금흐름, 총현금흐름을 살펴보고, 증분현금흐름 분석 시에 고려하여야 하는 매몰비용, 기회비용 및 외부효과 등을 알아본다. 또한 투자안 분석 시 인플레이션 관련 내용을 알아본다. 그 다음에는 자본예산의 특별한 경우로 내구기간이 서로 다른 배타적 투자안의 평가방법을 알아본다. 그리고 현금흐름의 불확실성을 고려한 민감도분석, 시나리오분석, 시뮬레이션분석 및 손익분기점분석을 살펴본다. 손익분기점분석에서는 회계손익분기점, 현금손익분기점 및 재무손익분기점을 알아본다. 마지막으로 실물옵션과 자본할당이 자본예산에서 어떻게 반영되는지 공부한다.

10.1 현금흐름의 추정

지금까지 우리는 투자안의 현금흐름이 기업가치에 미치는 영향을 분석하기 위한 여러 기법들을 살펴보았다. 그런데 자본예산, 즉 장기고정자산에 대한 투자결정에서 가장 중요한 요소는 투자안 현금흐름의 추정이다.

현금흐름의 추정은 현실적으로 용이하지 않다. 현금흐름의 추정을 위해서는 마케팅부서, 생산담당부서 등 기업 내부 관련부서의 도움이 필요하다. 예를 들면 미래 수익의 현금흐름을 추정하기 위하여 경제전망, 경쟁사의 경쟁, 소비자 취향 등의 연구 조사가 이루어져야 하고, 이를 바탕으로 연도별 예상 판매량, 판매가, 생산설비가격, 설치비용, 그리고 필요한 운전자본 등을 추정하여야 한다. 현금흐름의 추정이 바르게 이루어지지 않는다면 아무리 정교한 투자기법을 적용하더라도 그릇된 투자결정을 하게 된다. 그 결과는 기업가치의 하락으로 이어지고 궁극적으로 기업의 파산으로도 이어질 수 있기 때문에 현금흐름의 추정은 매우 중요하다.

투자안 분석에 필요한 자료는 회계 관점의 순이익이 아니라 현금흐름이라는 것을 주목하여야 한다. 그리고 현금흐름은 투자안의 채택으로 인한 **증분현금흐름(incremental cash flow)**이어야 한다. 투자안의 현금흐름을 추정하기 위하여 우리는 먼저 회계 관점의 당기순이익을 추정하고 이를 바탕으로 영업현금흐름과 잉여현금흐름의 추정과정을 살펴본다. 이 과정에서 고려되어야 하는 매몰비용, 기회비용 및 외부효과도 함께 살펴본다.

10.1.1 무차입당기순이익

무차입당기순이익(unlevered net income)을 추정하기 위하여 각 단계별로 살펴보면 다음과 같다.[01]

01 투자안의 현금흐름 추정이 목적이기 때문에 이자비용은 고려하지 않는다. 따라서 이를 나타내기 위하여 무차입당기순이익이라고 부른다.

영업비용 및 자본적지출

투자 초기에는 시장조사비용, 시제품의 개발, 광고 등의 영업비용(operating expenses)이 발생한다. 이 비용은 당해 연도에 비용으로 처리된다. 아울러 공장 설비, 토지, 기계장비 등에 대한 자본적지출(capital expenditures)도 발생한다. 자본적지출은 구입 시에 일시에 비용처리하지 않고 일정기간 동안 정액법 또는 정률법으로 감가상각하여 비용처리한다.

자본적지출은 즉시 발생한 비용이지만 일정기간 감가상각비로 배분된다. 따라서 현금흐름관점에서는 $t=0$에 지출되었지만, 회계적으로는 영업비용만 $t=0$의 비용으로 처리하고 자본적지출은 미래에 비용으로 나누어 계상된다. 따라서 감가상각비는 현금흐름 항목이 아니다.

수익과 비용

다음은 투자안의 수익(revenues)과 비용(costs)을 추정한다.[02] 상품이 시장에 출하되면 처음에는 매출액이 작지만, 점차 시장에 알려지면서 매출액이 증가하고 나중에는 진부화로 감소하는 과정을 거친다. 판매가도 물가상승률의 영향을 받지만, 진부화의 영향으로 점차 가격이 하락할 수 있다. 그리고 경쟁이 심화되면 순이익이 작아진다.

투자안의 채택으로 인한 수익과 비용은 증분 기준으로 추정되어야 한다. 예를 들어 매출액 및 비용의 증가분이어야 한다. 이제 영업이익(earnings before interest and taxes: EBIT)의 증분은 다음과 같다.

$$\text{증분영업이익} = \text{증분수익} - \text{증분비용} - \text{감가상각비} \tag{10.1}$$

세금

법인세를 추정하여야 한다. 법인세는 증분현금흐름에 한계법인세율(marginal corporate tax rate)을 적용하여 계산한다.

02 비용(cost)은 매출원가(costs of goods sold)와 판매관리비(selling, general and administrative expenses)를 의미한다.

$$\text{법인세} = \text{영업이익}(EBIT) \times \text{한계법인세율} \quad (10.2)$$

무차입당기순이익

무차입당기순이익(unlevered net income)은 다음과 같이 계산한다.

$$\begin{aligned}\text{당기순이익} &= (\text{수익} - \text{비용} - \text{감가상각비}) \times (1 - \text{법인세율}) \\ &= \text{영업이익}(EBIT) \times (1 - \text{법인세율}) \quad (10.3)\end{aligned}$$

자본예산에서는 자금조달과는 별개로 투자안의 이익(earnings)의 기여도를 측정하고자 하기 때문에 이자비용을 고려하지 않는다. 따라서 투자안 분석 시 부채를 사용하지 않는 것처럼 분석하여 당기순이익을 추정하였기 때문에 무차입(unlevered)당기순이익이라고 부른다.

예제 10-1 ››› **현금흐름의 추정**

미래기업은 확장 투자안으로 향후 4년간 매년 개당 10만원의 제품을 1,000개씩 추가로 판매하여 1억원의 매출액(수익)이 발생할 것으로 예측한다. 제품의 재료비 원가는 개당 4만원이다. 내구연한 5년인 기계설비를 5천만원에 구입하고 5년간 정액법으로 감가상각한다. 증분판매관리비는 4년간 매년 2천만원이 발생한다. 법인세율은 20%이다. 무차입당기순이익을 계산하시오.

▮ 풀이 ▮

수익은 10만원×1,000개=1억원이다. 원가는 4만원×1,000개=4천만원이다. 감가상각비는 5천만원을 5년으로 나누면 연간 1천만원이다. 무차입 증분당기순이익은 다음과 같다.

(단위: 만원)

연도	0	1	2	3	4	5
매출액		10,000	10,000	10,000	10,000	
매출원가		−4,000	−4,000	−4,000	−4,000	
판매관리비		−2,000	−2,000	−2,000	−2,000	
감가상각비		−1,000	−1,000	−1,000	−1,000	−1,000
영업이익(*EBIT*)		3,000	3,000	3,000	3,000	−1,000
법인세(20%)		−600	−600	−600	−600	200
당기순이익		2,400	2,400	2,400	2,400	−800

5년차의 증분영업이익은 −1,000만원이다. 이는 기존 사업부의 과세대상소득을 1,000만원만큼 감소시켜 법인세를 200만원만큼 감소시킨다. 따라서 이 조세절약효과는 이 투자안의 현금흐름에 포함되어야 한다.

10.1.2 영업현금흐름

기업의 영업에서 발생한 현금흐름을 영업현금흐름(operating cash flow: OCF)이라고 한다. 영업현금흐름은 세금을 포함하지만, 자금조달(financing), 자본적지출(capital expenditure) 및 순운전자본의 변화는 포함하지 않는다. 영업현금흐름을 구하는 방법을 알아본다. 다음에 설명하는 영업현금흐름(OCF)을 구하는 세 가지 방법은 모두 동일한 현금흐름을 나타낸다.

[예제 10-1]을 이용하여 영업현금흐름을 계산하는 세 방법을 살펴본다. 먼저 투자안 채택으로 인한 증분매출액은 1억원, 현금지출비용은 6,000만원, 그리고 감가상각비는 1,000만원, 법인세율은 20%라고 가정한다. 법인세는 다음과 같이 계산된다.

$$\begin{aligned}\text{세금} &= (\text{매출액} - \text{비용} - \text{감가상각비}) \times \text{법인세율} \\ &= (1\text{억원} - 6{,}000\text{만원} - 1{,}000\text{만원}) \times 20\% \\ &= 600\text{만원}\end{aligned}$$

하향접근법(top-down approach)

손익계산서의 위의 수익에서부터 아래로 비용, 세금을 차감하는 방법이다.

$$\text{영업현금흐름} = \text{수익} - \text{비용}^{03} - \text{세금} \tag{10.4}$$

위의 예를 이용하면 다음과 같다.

$$OCF = 1\text{억원} - 6{,}000\text{만원} - 600\text{만원} = 3{,}400\text{만원}$$

03 비용은 현금비용(cash costs)을 의미한다.

상향접근법(bottom-up approach)

무차입당기순이익에 다시 감가상각비를 더하는 방법이다. 감가상각비는 현금흐름이 아니므로 다시 더해준다.

$$\text{영업현금흐름} = \text{당기순이익} + \text{감가상각비}$$
$$= (\text{수익} - \text{비용} - \text{감가상각비})(1 - \text{법인세율}) + \text{감가상각비} \quad (10.5)$$

위의 예를 이용하면 다음과 같다.

$$OCF = (1\text{억원} - 6{,}000\text{만원} - 1{,}000\text{만원})(1 - 0.2) + 1{,}000\text{만원} = 3{,}400\text{만원}$$

조세절약법(tax shield approach)

하향접근법을 다시 정리한 방법이다.

$$\text{영업현금흐름} = \text{수익} - \text{비용} - (\text{수익} - \text{비용} - \text{감가상각비}) \times (\text{법인세율})$$
$$= (\text{수익} - \text{비용}) \times (1 - \text{법인세율}) + (\text{감가상각비} \times \text{법인세율}) \quad (10.6)$$

위의 예를 이용하면 다음과 같다.

$$OCF = (1\text{억원} - 6{,}000\text{만원})(1 - 0.2) + (1{,}000\text{만원} \times 0.2) = 3{,}400\text{만원}$$

이 중에서 감가상각비×법인세율은 감가상각을 비용으로 처리하여 법인세를 감소시킨 부분이다. 이를 **감가상각비조세절약(depreciation tax shield)**이라고 한다.

10.1.3 총현금흐름

투자안이 기업의 현금흐름에 미치는 영향을 측정하기 위하여 영업현금흐름을 바탕으로 기업의 증분총현금흐름을 추정하여야 한다. **총현금흐름(total cash flow)**은 **잉여현금흐름(free cash flow)**이라고도 한다.

$$\begin{aligned}\text{총현금흐름} &= \text{무차입당기순이익} + \text{감가상각비} - \text{자본적지출} - \text{순운전자본의 변화} \\ &= \text{영업현금흐름} - \text{자본적지출} - \text{순운전자본의 변화} \qquad (10.7)\end{aligned}$$

자본적지출

자본적지출은 투자안의 시작 시에 지출된 현금흐름인데 회계처리상의 목적으로 일정기간 감가상각비로 처리된다. 따라서 자본적지출은 지출시점에 현금유출(cash outflow)로 조정되어야 한다. 당기순이익 계산 시 감가상각비가 포함된 이유는 감가상각비가 세금을 감소시키기 때문이다. 그래서 세금 계산 전에 감가상각비가 차감된다. 그러나 감가상각비는 현금흐름이 아니므로 총현금흐름에 포함되어야 한다. 요약하면 총현금흐름은 당기순이익에 감가상각비를 더하고 자본적지출을 차감하여 조정하여야 한다. 아울러 순운전자본의 변화도 고려하여야 한다.

순운전자본의 변화

순운전자본(net working capital: NWC)은 유동자산과 유동부채의 차이로 정의된다. 운전자본의 주요 항목이 현금, 재고자산, 매출채권(accounts receivable) 및 매입채무(accounts payable)이므로 다음과 같이 표시할 수 있다.

$$\begin{aligned}\text{순운전자본} &= \text{유동자산} - \text{유동부채} \\ &= \text{현금} + \text{재고자산} + \text{매출채권} - \text{매입채무} \qquad (10.8)\end{aligned}$$

대부분의 투자안은 투자 초기에 순운전자본이 필요하다. 기업은 기대하지 않은 현금지출에 대비하여 현금을 보유할 필요가 있으며, 원자재를 재고로 보유하거나 완제품을 생산의 불확실성 또는 수요의 변동에 대비하기 위하여 재고로 보유하여야 한다. 상품을 고객에게 외상으로 매출한 경우에 발생하는 매출채권은 기업이 고객에게 제공한 일종의 금융이다. 반대로 매입채무는 기업이 협력업체(supplier)로부터 원자재를 구입하고 아직 대금을 지급하지 않은 경우로 기업이 제공받은 금융이다.

순운전자본은 단기투자를 나타낸다. 보유현금, 재고자산 및 매출채권은 기업이 재투자 등으로 운용할 수 있는 현금흐름의 시기를 그만큼 늦추는 효과가 있으므로 화폐의 시간가치를 고려하여야 한다. 따라서 순운전자본의 증가는 운전자본에 대한 추가적인 투자, 즉 현금흐름의 감소를 의미한다. 그리고 투자안이 종료됨에 따라 순운전자본은 다시 모두 회수된다.

예제 10-2 ››› 현금흐름의 추정

앞의 [예제 10-1]에서 매년 매출액의 10%가 매출채권, 매출원가의 10%가 매입채무라고 가정한다. 현금보유는 매년 500만원, 재고자산은 매출액의 10%를 가정한다. 순운전자본의 변화는 다음과 같다.

(단위: 만원)

연도	0	1	2	3	4	5
보유현금	0	500	500	500	500	0
재고자산	0	1,000	1,000	1,000	1,000	0
매출채권	0	1,000	1,000	1,000	1,000	0
매입채무	0	−400	−400	−400	−400	0
순운전자본	0	2,100	2,100	2,100	2,100	0
순운전자본의 변화	0	2,100	0	0	0	−2,100

1차연도말 순운전자본의 변화 2,100만원의 현금흐름은 단가투자를 의미하므로 음(−)의 현금흐름이다. 그 이후에는 변화가 없다가 5차연도에 모두 회수되므로 양(+)의 현금흐름으로 나타난다.

(단위: 만원)

연도	0	1	2	3	4	5
매출액		10,000	10,000	10,000	10,000	
매출원가		−4,000	−4,000	−4,000	−4,000	
판매관리비		−2,000	−2,000	−2,000	−2,000	
감가상각비		−1,000	−1,000	−1,000	−1,000	−1,000
영업이익(*EBIT*)		3,000	3,000	3,000	3,000	−1,000
법인세(20%)		−600	−600	−600	−600	200
당기순이익		2,400	2,400	2,400	2,400	−800
(+) 감가상각비		1,000	1,000	1,000	1,000	1,000
(−) 자본적지출	−5,000					
(−) 순운전자본		−2,100				+2,100
총현금흐름	−5,000	1,300	3,400	3,400	3,400	2,300

미래기업의 자본비용이 15%일 때, 확장 투자안의 순현가는 다음과 같이 추정한다.

$$NPV = -5,000 + \frac{1,300}{(1.15)} + \frac{3,400}{(1.15)^2} + \frac{3,400}{(1.15)^3} + \frac{3,400}{(1.15)^4} + \frac{2,300}{(1.15)^5}$$

$$= 4,024.3\text{만원}$$

그러므로 투자안의 순현가는 4,024.3만원이다.

10.1.4 증분현금흐름 고려사항

현금흐름은 투자안의 채택으로 인한 **증분현금흐름(incremental cash flow)**이어야 한다. 앞서 총현금흐름을 추정하는 과정에서 운전자본의 변화도 현금흐름에 포함되어야 함을 보았다. 그리고 투자안으로부터 발생하는 현금흐름을 분석하는 것이기 때문에 자금조달 관련 비용, 예를 들면 이자지급, 배당금지급 또는 차입금의 상환 등은 현금흐름분석에 포함되지 않는다. 아울러 모든 현금흐름은 세후(after tax) 현금흐름이어야 한다. 그밖에 현금흐름분석 시 고려하여야 할 매몰비용, 기회비용 및 외부효과를 살펴본다.

매몰비용

매몰비용(sunk cost)은 투자안의 선택과 관계없이 이미 집행되어 회수할 수 없는 비용이다. 이 비용은 증분현금흐름이 아니며 따라서 현금흐름에서 제외되어야 한다. 다시 말하여 기업이 투자안 채택과 관계없이 지출하여야 하는 비용이라면 그것은 증분현금흐름이 아니다. 매몰비용의 예로는 투자안 검토를 위한 사전 시장조사비용, 컨설팅기업에 지출한 비용 등을 들 수 있다. 이 비용들은 투자안 채택과 관계없이 지출되는 비용이다.

기회비용

기업들은 종종 보유하고 있는 자산을 투자안에 사용하기도 한다. 그 경우 그 자산을 사용하기 위한 추가적인 지출이 없기 때문에 비용으로 계상하지 않기 쉽다. 그러나 만약 그 자원을 다른 용도에 사용한다면 들어올 수 있는 현금흐름을 희생하는 것이기 때문에 그 비용을 증분비용으로 계상하여야 한다. 즉 기회비용(opportunity cost)은 그 자산을 투자안에 사용하지 않았더라면 발생할 수 있는 가치를 말한다. 예를 들면 보유토지에 공장을 건설하려고 하는데, 만약 공장을 건설하지 않는 경우의 대안이 그 토지를 매각하는 것이라면 매각비용이 기회비용이 된다.

외부효과

외부효과(externalities, side effects)는 투자안이 기업의 다른 부문의 현금흐름에 미치는 간접적 효과를 말한다. 투자안의 영향으로 타 부문의 현금흐름이 잠식(erosion)되기도 하고, 또는 시너지(synergy)가 생기기도 한다. 잠식과 시너지 효과는 투자안으로 인한 증분현금흐름이므로 현금흐름에 포함되어야 한다. 예를 들면 신제품의 개발로 고객의 수요가 기존 제품으로부터 신제품으로 이동한다면, 기존 제품 현금흐름이 잠식된다. 또는 신제품의 영향으로 기존 제품의 수요가 증가한다면 시너지효과로 인한 현금흐름은 증가한다.

10.1.5 인플레이션

인플레이션은 화폐의 구매력을 감소시킨다. 1,000원을 은행에 연 10%의 이자율로 1년간 예치하면 미래가치는 1,100원이다. 인플레이션이 없다면 100원짜리 빵을 지금은 10개, 1년 후에는 11개를 살 수 있다. 그러나 인플레이션율이 5%라면 1년 후 빵의 가격은 105원이 되어 1,100원으로는 10.48개를 살 수 있어 실질적으로 살 수 있는 빵의 개수는 4.8% 증가에 그친다.

일반적으로 **명목이자율**(nominal interest rate), **실질이자율**(real interest rate) 및 **인플레이션율**(inflation rate) 간에는 다음 관계가 성립한다.

$$1 + \text{명목이자율} = (1 + \text{실질이자율}) \times (1 + \text{인플레이션율})$$

실질이자율로 정리하면,

$$\text{실질이자율} = \frac{1 + \text{명목이자율}}{1 + \text{인플레이션율}} - 1 \tag{10.9}$$

위에 언급한 빵의 예에서 명목이자율은 10%이고, 인플레이션율은 5%이다. 따라서 실질이자율은 (1.1/1.05) − 1, 즉 4.8%이다.

실질이자율은 다음과 같은 어림계산법으로도 계산된다.

$$\text{실질이자율} = \text{명목이자율} - \text{인플레이션율} \tag{10.10}$$

위의 예에서 실질이자율은 대략 10% − 5%로 5%이다.

명목현금흐름(nominal cash flow)은 실제 발생하는 현금흐름이며, **실질현금흐름**은 구매력을 나타내는 현금흐름이다. 투자안의 현금흐름분석 시 명목현금흐름은 명목이자율로 할인하고, 실질현금흐름은 실질이자율로 할인하여야 한다. 순현가는 명목현금흐름과 실질현금흐름의 방법에 의하여 영향을 받지 않는다.

10.2 내구기간이 다른 투자안의 평가

투자안분석의 특별한 경우로 상호배타적이고, **내구기간(project life)**이 다른 투자안들을 평가하는 방법을 알아보자. 자본비용이 10%로 동일하지만 내구기간이 각각 4년, 2년인 두 투자안 *A*와 *B*를 고려하자.

투자안	내구연수	현금흐름(만원)				
		0	1년	2년	3년	4년
A	4년	−1,000	500	500	500	500
B	2년	−1,000	800	800		

각 투자안의 순현가는 다음과 같다.

$$NPV(A) = -1,000 + 500\left[\frac{1 - \frac{1}{(1.1)^4}}{0.1}\right] = 584.93\text{만원}$$

$$NPV(B) = -1,000 + 800\left[\frac{1 - \frac{1}{(1.1)^2}}{0.1}\right] = 388.43\text{만원}$$

투자안 A의 순현가는 584.93만원, 그리고 투자안 B의 순현가는 388.43만원이다. 투자안 A를 선택할 것처럼 보이지만, 투자기간이 서로 다르므로 올바른 결정이 아니다. 이 경우 공통기간법 또는 등가연금법을 이용하여 투자결정을 한다.

10.2.1 공통기간법

공통기간법(replacement chain method, common life method)은 다음과 같은 가정하에서 공통기간의 순현가를 비교하여 순현가가 많은 투자안을 선택한다.

① 투자안은 반복될 수 있다.

② 투자안의 현금흐름은 반복 시에도 변화가 없다

③ 자본비용은 변화가 없다.

내구기간 4년과 2년의 공통기간, 즉 최소공배수는 4년이므로 투자안 B가 동일한 현금흐름의 투자안이 반복될 수 있다고 가정하여 내구기간이 4년인 투자안의 순현가를 계산한다.

투자안	내구연수	현금흐름(만원)				
		0	1년	2년	3년	4년
B	2년	−1,000	800	800		
	2년(반복)			−1,000	800	800
	4년	−1,000	800	−200	800	800

$$NPV(B, 4\text{년}) = -1{,}000 + \frac{800}{(1.1)} - \frac{200}{(1.1)^2} + \frac{800}{(1.1)^3} + \frac{800}{(1.1)^4} = 709.45\text{만원}$$ [04]

이제 공통기간 4년간의 순현가는 709.45만원으로 투자안 A보다 크다. 그러므로 투자안 B를 채택한다. 이 방법의 단점은 공통기간(최소공배수) 투자안의 현금흐름을 분석하기 때문에 매우 긴 기간이 될 수 있고, 그 경우 위의 세 가지 가정의 타당성이 감소한다는 문제점이 있다.[05]

10.2.2 등가연금법

마찬가지로 **등가연금(equivalent annual annuity: EAA)법**도 공통기간법과 마찬가지로 투자안이 반복된다는 가정에 바탕을 두고 다음의 절차에 따라 평가한다.

① 투자안의 순현가 계산

② 투자안의 순현가를 가져오는 연금의 균일한 현금흐름, 즉 등가연금(EAA)을 계산[06]

③ 등가연금의 값이 큰 투자안을 선택

등가연금법은 공통기간 동안의 모든 현금흐름을 고려하여야 하는 공통기간법의 단점을 해소한다. 그리고 투자안이 반복된다는 가정하에 무한정 계속되는 등가연금을 구하여 비교하는 방법이다.

투자안 A와 B의 등가연금은 다음과 같다.

$$584.93 = C_A\left[\frac{1-\frac{1}{(1.1)^4}}{0.1}\right] \qquad \text{그러므로 } C_A = 184.53$$

---

04 투자안이 반복되므로 다음과 같이 구할 수도 있다. $NPV(B, 4\text{년}) = 388.43 + \frac{388.43}{(1.1)^2} = 709.45\text{만원}$

05 예를 들어 3년과 5년의 공통기간은 15년이며, 그 기간 동안 내구기간 3년의 투자안이 현금흐름의 변동 없이 5번 반복된다는 가정은 비현실적이다.

06 연금의 현재가치 공식을 활용한다. $PV = C\left[\frac{1-\frac{1}{(1+r)^n}}{r}\right]$

$$388.43 = C_B\left[\frac{1-\frac{1}{(1.1)^2}}{0.1}\right] \quad \text{그러므로 } C_B = 223.81$$

여기서 C_A과 C_B은 투자안 A와 B의 등가연금(EAA)이다.

투자안 A와 B의 등가연금 현금흐름은 다음과 같이 정리할 수 있다.

투자안	내구기간	순현가 (만원)	등가연금(EAA) (만원)				
			0	1년	2년	3년	4년
A	4년	584.93	0	184.53	184.53	184.53	184.53
B	2년	388.43	0	223.81	223.81		

투자안 A는 매년 184.53만원의 일정한 현금흐름을 발생시키는 투자안과 동일하고, 투자안 B는 매년 223.81만원의 일정한 현금흐름을 발생시키는 투자안과 동일하다. 투자안 B의 등가연금이 더 크므로 투자안 B를 선택한다. 공통기간법과 동일한 문제점을 갖지만, 계산이 간편하다는 장점을 가지고 있다.

예제 10-3 ››› 내구기간이 다른 투자안의 평가

대체적인 두 자동화 설비의 구입가격($t=0$)과 내구기간의 관리유지비용($t\geq1$)은 다음과 같다. 어느 자동화 설비를 구입하는 것이 경제적인가? 자본비용은 10%이다.

투자안	내구기간	현금흐름(만원)				
		0	1	2	3	4
설비 C	3년	−800	−150	−150	−150	
설비 D	4년	−1,000	−100	−100	−100	−100

풀이

내구기간이 상이하므로 순현가를 구한 후 등가연금(EAA)을 구한다.

$$NPV(C) = -800 - 150\left[\frac{1-\frac{1}{(1.1)^3}}{0.1}\right] = -1,173.03\text{ 만원}$$

$$NPV(D) = -1,000 - 100\left[\frac{1-\frac{1}{(1.1)^4}}{0.1}\right] = -1,316.99\text{ 만원}$$

각 자동화 설비의 EAA를 계산한다.

$$-1{,}173.03 = C_C\left[\frac{1-\dfrac{1}{(1.1)^3}}{0.1}\right] \qquad \text{그러므로 } C_C=-471.69$$

$$-1{,}316.99 = C_D\left[\frac{1-\dfrac{1}{(1.1)^4}}{0.1}\right] \qquad \text{그러므로 } C_D=-415.47$$

자동화설비 C의 구입 및 운영유지 비용의 순현가는 1,173.03만원이고, 등가연금은 471.69만원이다. 그리고 자동화설비 D의 구입 운영유지 비용의 순현가는 1,316.99만원이고, 등가연금은 415.47만원이다. 이번 경우는 비용이 적은 투자안을 선택하여야 하므로 자동화설비 D를 선택한다.[07]

10.3 현금흐름 불확실성 분석

앞에서 추정된 현금흐름과 그로부터 추정된 순현가들은 추정치들이다. 그런데 미래의 불확실성으로 현금흐름도 불확실성이 수반된다. 불확실한 현금흐름을 검토하기 위한 기법으로 민감도분석, 시나리오분석, 시뮬레이션분석 그리고 손익분기점분석을 살펴본다.

10.3.1 민감도분석

민감도분석(sensitivity analysis)은 판매량, 판매가, 매출원가, 순운전자본, 자본비용 등에 관한 기본 가정이 변화할 때 순현가(NPV)가 얼마나 민감하게 변화하는가를 살펴보는 방법이다. 민감도분석을 통해서 우리는 어느 가정이 가장 중요한지를 알 수 있다. 예를 들면 변수들에 관한 가정을 기본(base) 가정 외에

07 자동화설비 D의 경우 설비를 구입하여 관리비를 지급하며 사용하는 것은 매년 415.47만원을 지급하는 리스계약과 같다고 볼 수 있다.

낙관적(optimistic) 가정 및 비관적(pessimistic) 가정으로 구분하여, 다른 변수들의 가정은 고정시키고 특정 변수의 변화가 투자안의 순현가에 어떻게 영향을 미치는지를 조사하는 것이다. 이 방법으로 순현가를 상대적으로 크게 변화시키는 특정 변수를 확인할 수 있다. 그리고 이렇게 확인된 변수들은 더욱 세심하게 추정하도록 관심을 기울여야 한다.

간단한 예를 통하여 민감도분석을 살펴보자. 행복전자는 소형 청소기의 개발을 마치고 대량생산을 위한 설비 투자안을 분석하고 있다. 총투자비용은 5억원, 설비의 내구연한은 5년이며 잔존가치는 없다고 가정한다. 감가상각은 5년간 정액법을 적용한다. 추가적인 운전자본은 필요하지 않다. 가중평균자본비용은 15%, 법인세율은 20%이다. 청소기의 판매가는 10만원, 변동비는 판매가의 50%, 고정비는 연 1억원이다. 시장조사 결과 향후 5년간 매년 6,000대의 판매를 예상하고 있다. 설비투자금액 5억원에 정액법을 적용하면 연간 감가상각비는 1억원이다.

위의 자료를 바탕으로 연간 당기순이익을 계산하면 다음과 같다.

매출액	6억원 (10만원×6,000대)
변동비	3억 (5만원×6,000대)
고정비	1억
감가상각비	1억
영업이익(*EBIT*)	1억원
법인세(20%)	0.2억
당기순이익	0.8억원

그러므로 연간 영업현금흐름(*OCF*)은 다음과 같다.

$$OCF = \text{당기순이익} + \text{감가상각비} = 0.8\text{억} + 1\text{억} = 1.8\text{억원}$$

5억원을 투자하면 향후 5년간 매년 1.8억원의 현금흐름이 발생하는 연금이므로 순현가는 다음과 같다.

$$NPV = -5\text{억} + 1.8\text{억}\left[\frac{1-\frac{1}{(1.15)^5}}{0.15}\right] = 1.0339\text{억원}$$

이 투자안의 순현가는 약 1억 339만원이다. 내부수익률은 23.4%이다.

위의 분석을 기준으로 행복전자의 경영진은 청소기의 연간 판매대수가 최악의 경우 5,000대, 최상의 경우 7,000대를 예상하고 다른 변수들은 변화가 없는 경우에 각각의 민감도분석을 다음과 같이 시행할 수 있다.

(단위: 원)

	최악(5,000대)	기준(6,000대)	최상(7,000대)
매출액	5억	6억	7억
변동비	2.5억	3억	3.5억
고정비	1억	1억	1억
감가상각비	1억	1억	1억
영업이익(*EBIT*)	0.5억	1억	1.5억
법인세(20%)	0.1억	0.2억	0.3억
당기순이익	0.4억	0.8억	1.2억
영업현금흐름(*OCF*)	1.4억	1.8억	2.2억
순현가(*NPV*)	−0.3070억	1.0339억	2.3747억
내부수익률(*IRR*)	12.38%	23.44%	33.70%

최악(5,000대)의 경우의 순현가는 다음과 같다.

$$NPV = -5\text{억} + 1.4\text{억}\left[\frac{1-\frac{1}{(1.15)^5}}{0.15}\right] = -0.3070\text{ 억원. 그러므로 약 }-3{,}070\text{만원}$$

최상(7,000대)의 경우의 순현가는 다음과 같다.

$$NPV = -5\text{억} + 2.2\text{억}\left[\frac{1-\frac{1}{(1.15)^5}}{0.15}\right] = 2.3747\text{ 억원. 그러므로 약 }2\text{억 }3{,}747\text{만원}$$

따라서 경영진은 최악의 경우 순현가가 −3,070만원이며, 내부수익률도 12.38%로 가중평균자본비용 15%에 미치지 못하는 것을 알 수 있다. 마찬가지로 매출액 외의 변수도 동일한 민감도분석을 하여 볼 수 있을 것이다.

민감도분석의 문제점은 다음과 같다. 최악 또는 최상의 상황이 매우 주관적이라는 것이다. 투자안의 분석 부서(마케팅부서, 생산부서)에 따라 매출량에 대한 최악과 최상의 의미가 다를 수 있다. 두 번째는 민감도분석은 특정한 한 변수의 변화가 전체 순현가에 미치는 영향을 분석하는데, 실제로 각 변수들은 서로 연관되어 있기 때문에 한 변수만의 효과를 측정하는 데에는 무리가 따를 수 있다.

10.3.2 시나리오분석

민감도분석은 특정 변수의 변화가 전체 순현가에 미치는 영향을 분석한다. 이에 반해 **시나리오분석(scenario analysis)**은 여러 변수가 동시에 변화할 때 순현가에 미치는 영향을 분석한다. 예를 들면 기본(most likely) 시나리오 외에 모든 변수들이 변화된 최상(best)의 시나리오와 최악(worst)의 시나리오를 가정하여 각 시나리오별로 순현가를 추정할 수 있다. 그리고 각 시나리오별로 구한 순현가 추정치에 각 시나리오의 기대확률을 곱하여 **기대순현가(expected NPV)**를 도출한다.

민감도분석의 예를 다시 활용하여 다음과 같은 시나리오를 가정하자. 각 시나리오는 판매량뿐만 아니라 판매가, 단위당 변동비 및 연간 고정비의 변화를 고려한다.

변수	시나리오(확률)		
	최악(25%)	기준(50%)	최상(25%)
판매량	5,000대	6,000대	7,000대
판매가	9.5만원	10만원	10.5만원
단위당 변동비	5.1만원	5만원	4.9만원
연간 고정비	1.1억원	1억원	0.9억원

위의 변화된 변수들을 바탕으로 분석한 시나리오별 순현가를 계산하면 다음과 같다.

	최악(5,000대)	기준(6,000대)	최상(7,000대)
매출액	4.75억	6억	7.35억
변동비	2.55억	3억	3.43억
고정비	1.1억	1억	0.9억
감가상각비	1억	1억	1억
영업이익(*EBIT*)	0.1억	1억	2.02억
법인세(20%)	0.02억	0.2억	0.404억
당기순이익	0.08억	0.8억	1.616억
영업현금흐름(*OCF*)	1.08억	1.8억	2.616억
순현가(*NPV*)	−1.3797억	1.0339억	3.7692억
내부수익률(*IRR*)	2.62%	23.44%	43.82%

최상의 시나리오에서는 매우 높은 양의 순현가 3억 7,692만원이 예상되지만, 최악의 시나리오에서는 음의 순현가 −1억 3,797만원이 예상되고 있다. 확률이 고려된 기대순현가를 구해보면 다음과 같이 1억 1,143만원이다.

$$NPV = (0.25)(-1.3797\text{억}) + (0.5)(1.0339\text{억}) + (0.25)(3.7692\text{억}) = 1.1143\text{억원}$$

위에서는 세 가지 시나리오를 예로 들었지만, 그보다 더 많은 시나리오도 고려할 수 있다. 그리고 더 많은 변수의 변화와 시나리오들을 고려하는 방법이 다음의 시뮬레이션분석이다.

10.3.3 시뮬레이션분석

민감도분석은 특정 변수가 순현가에 미치는 영향을 분석하기 위하여 특정 변수의 값을 여러 가지로 변화시키면서 순현가의 변화를 살펴본다. 반면에 시나리오분석에서는 여러 변수들을 변화시킨 여러 시나리오를 분석하지만 예상할 수 있는 시나리오에는 한계가 있다. 시뮬레이션분석(simulation analysis)은 이 두 방법을 결합한 방법이다. 즉 모든 변수들이 동시에 변화하는 수많은 시나리오별로 순현가를 계산하여 순현가의 분포를 확인할 수 있는 방법이다.

10.4 손익분기점분석

민감도분석과 시나리오분석은 최악의 상황에서의 순현가를 추정하여 투자안 채택의 의사결정에 반영하고자 하는 기법이다. 이에 반해 **손익분기점분석(break-even point analysis)**은 매출량과 수익성의 관계를 분석하는 기법이다. 고정비와 변동비, 회계손익분기점, 현금손익분기점 및 재무손익분기점에 대하여 살펴본다.[08]

10.4.1 고정비와 변동비

손익분기점분석에서 사용되는 고정비와 변동비의 개념을 살펴보면 다음과 같다. **변동비(variable cost: VC)**란 매출량(생산량)의 변화에 따라 변동하는 비용을 말한다. 생산근로자임금과 원자재비용이 대표적인 변동비이다. 이 비용들은 매출량에 비례하여 비용이 증가하며, 생산량이 영이면 변동비도 영이다. 변동비는 생산물 단위당 일정하다고 가정한다. 따라서 총변동비는 단위당 변동비에 생산량을 곱하여 계산한다.

$$\text{총변동비}(VC) = \text{총생산량}(Q) \times \text{단위당 변동비}(v) \tag{10.11}$$

예를 들어 단위당 변동비가 2만원인 제품을 1,000개 생산한다면 총변동비는 2,000만원이 된다.

고정비(fixed cost: FC)는 일정기간 동안 생산량의 변화와 관계없이 일정한 비용이다. 예를 들면 임대료, 설비리스료, 경영진의 급여 등이다. 물론 일정기간 동안 변하지 않는 비용이며, 장기적으로는 변화한다. 생산량이 영일지라도 고정비는 발생한다.[09]

08 주로 다음 자료를 참조하였다. Ross, S. A., Westerfield, R. W., and Jordan B. D., *Fundamentals of Corporate Finance*, 6th ed., McGraw-Hill/Irwin, 2003, pp.356-367.

09 생산과 관계없이 지급하여야 하는 비용이기 때문에 매몰비용이라고 볼 수 있다.

총비용(total cost: TC)은 고정비와 변동비의 합으로 표시된다.

$$TC = VC + FC = (v \times Q) + FC \qquad (10.12)$$

여기서 Q는 생산량(매출량)을 나타낸다.

예를 들어 인형 수공업체를 가정하자. 인형 단위당 변동비가 2만원, 고정비가 100만원인 기업의 총비용은 다음과 같이 표시된다.

$$TC = (2 \times Q) + 100\text{만원}$$

이를 그림으로 표시하면 [그림 10-1]과 같다.

그림 10-1 | 생산량에 따른 고정비와 변동비

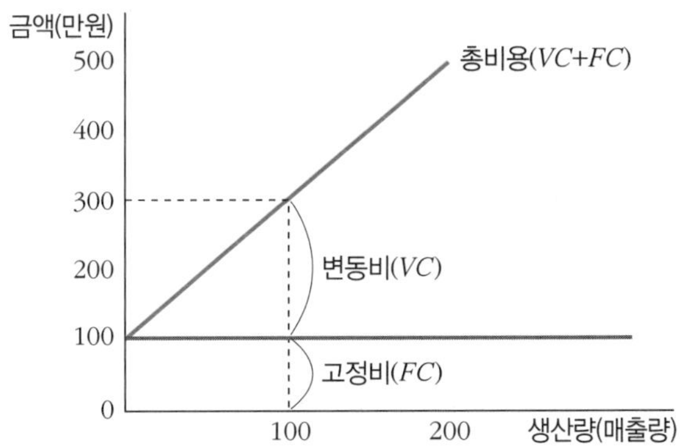

10.4.2 회계손익분기점

회계손익분기점(accounting break-even point)은 투자안의 당기순이익(net income)이 영이 되는 매출량(생산량)을 말한다.

앞서 민감도분석에서 다룬 행복전자의 청소기 예를 다시 사용하자. 청소기의 판매가는 10만원, 청소기의 변동비는 단위당 5만원, 그리고 연 고정비는 1억원, 감가상각비는 1억원이다.[10] 당기순이익이 영이 되기 위한 청소기의 판매 대수를

10 행복전자의 예에서 총설비투자비용은 5억원, 내구연한은 5년, 잔존가치는 없으며, 감가상각은

구해 보자.

먼저 당기순이익은 다음과 같이 구한다.

$$\begin{aligned}\text{당기순이익} &= (\text{매출액}-\text{변동비}-\text{고정비}-\text{감가상각비})\times(1-\text{법인세율}) \\ &= \text{영업이익}(EBIT)\times(1-\text{법인세율})\end{aligned}$$

이를 간단히 표시하면 다음과 같다.

$$\text{당기순이익} = (P\times Q - v\times Q - FC - Dep)\times(1-T) \tag{10.13}$$

여기서 P는 단위당 판매가, Q는 매출량, v는 단위당 변동비, FC는 고정비, Dep는 감가상각비 그리고 T는 법인세율을 나타낸다.[11]

당기순이익 계산 시 이자지급은 고려하지 않는다. 한편 현금흐름이 아닌 감가상각비를 비용에 포함시켜 당기순이익을 계산한 점이 회계손익분기점 분석의 특징이다.

식 (10.13)으로 표시된 당기순이익을 영으로 하는 회계손익분기점의 매출량을 구하면 다음과 같다.

$$(P\times Q - v\times Q - FC - Dep)\times(1-T) = 0$$

양변을 $(1-T)$로 나누면,

$$(P\times Q - v\times Q - FC - Dep) = 0 \tag{10.14}$$

매출량에 관하여 정리하면,

$$Q = \frac{FC + Dep}{P - v} \tag{10.15}$$

여기서 $P-v$를 **단위당 공헌이익**(contribution margin per unit)이라고 부른다.

5년간 정액법을 적용하면 연 감가상각비는 연 1억원이다.

11 고정비는 감가상각비를 포함하지 않는다는 것을 주목할 필요가 있다.

행복전자의 청소기 예를 대입하면 회계손익분기점은 다음과 같다.

$$Q = \frac{1\text{억} + 1\text{억}}{100{,}000 - 50{,}000} = 4{,}000\text{대}$$

따라서 민감도분석 시에 언급된 시장조사에 의한 기대판매대수 6,000대는 회계손익분기점인 4,000대를 초과하는 판매량이다.

한편 식 (10.14)를 다시 정리하면 다음과 같다.

$$P \times Q = v \times Q + FC + Dep \tag{10.16}$$

식 (10.16)의 왼쪽은 총수익을 그리고 식의 오른쪽은 총비용을 나타낸다. 그러므로 회계손익분기점은 총수익(total revenue)과 총비용(total cost)이 같아지는 판매량을 의미한다. 총수익은 판매량에 판매가를 곱한 값이며, 총비용은 판매량에 단위당 변동비를 곱한 변동비에 고정비와 감가상각비를 더한 값이다. 행복전자의 예를 적용하면 총수입은 (100,000 × Q)이고, 총비용은 (50,000 × Q+1억+1억)이다. 판매량이 회계손익분기점인 4,000대일 때 총수입과 총비용은 각각 4억원이다.

총수입과 총비용을 정리하면 다음과 같다.

판매량(Q)	0	2,000	4,000	6,000
총수익(100,000 × Q) 총비용(50,000 × Q+1억+1억)	0 2억원	2억원 3억원	4억원 4억원	6억원 5억원
영업이익(총수익−총비용)	−2억원	−1억원	0	1억원

이 표를 바탕으로 총수익과 총비용의 그림표를 그리면 [그림 10-2]와 같다. 그리고 총수익과 총비용의 교차점이 회계손익분기점이다.

그림 10-2 | 회계손익분기점

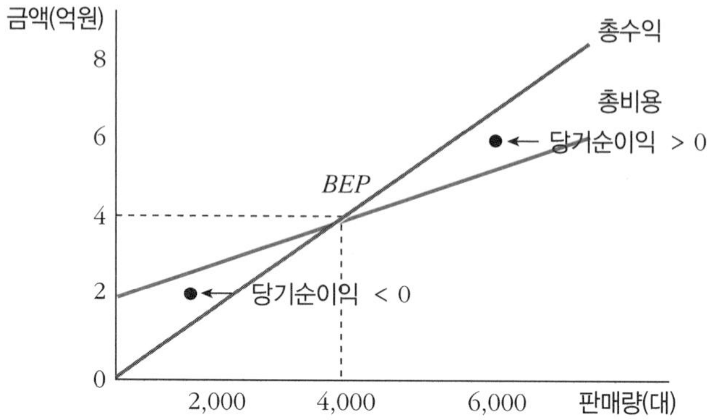

회계손익분기점 분석의 유용성은 회수기간법처럼 계산하기가 쉽고 간편하다는 점이다. 회수기간법이 화폐의 시간가치를 고려함이 없이 투자안의 투자금액이 회수되는 데에 소요되는 최소기간을 나타내듯이 회계손익분기점 분석은 총수익과 총비용이 같아지는 판매량, 다시 말하여 당기순이익이 영이 되는 판매량을 보여준다. 회계손익분기점에서는 영업이익이 영이고 법인세도 영이고 따라서 당기순이익도 영이다. [그림 10-2]에서 보듯이 판매량이 손익분기점보다 작아지면 당기순이익이 음이고, 판매량이 손익분기점보다 많아지면 당기순이익이 양임을 알 수 있다. 아울러 손익분기점에서 왼쪽으로 판매량이 감소할수록 손실이 더 커지고, 오른쪽으로 판매량이 증가할수록 이익이 더 확대되는 효과를 보여준다.

회계손익분기점 분석을 현금흐름 관점에서 살펴보자. 식 (10.5)에서 보듯이 영업현금흐름(*OCF*)은 당기순이익에 감가상각비를 더한 것과 같다.

$$OCF = \text{당기순이익} + \text{감가상각비}$$

회계손익분기점에서는 당기순이익이 영이므로 영업현금흐름은 감가상각비이다.

$$OCF = \text{감가상각비}$$

즉 투자안이 회계적으로 손익분기를 이룰 때 그 해의 현금흐름은 감가상각비이다. 행복전자의 경우 회계손익분기점인 4,000대의 영업현금흐름은 감가상각비인 1억원이다. 이는 설비투자금액 5억원을 매년 1억원의 영업현금흐름으로 회수함을 의미한다. 그러므로 설비의 내구연한 5년이 회수기간이 된다. 화폐의 시간가치를 고려하지 않은 회수기간이 5년이므로 화폐의 시간가치를 고려하면 순현가는 음(−)이 될 것이다. 즉 회계손익분기점의 판매량에서는 투자안의 순현가가 음이다.

행복전자의 예를 들면 설비투자로 5억원을 투자하면 향후 5년간 매년 1억원의 영업현금흐름이 발생하는 연금이므로 순현가는 다음과 같다.

$$NPV = -5\text{억} + 1\text{억}\left[\frac{1-\frac{1}{(1.15)^5}}{0.15}\right] = -1.6478\text{억원}$$

그러므로 매년 회계손익분기점인 4,000대 판매 시 투자안의 순현가는 약 −1억 6,478만원이다. 한편 내부수익률은 0%이다.[12]

현금흐름과 손익분기점

영업현금흐름을 판매량(Q)의 함수로 표시하면 다음과 같다.

$$\begin{aligned} OCF &= (P\times Q - v\times Q - FC - Dep)\times(1-T) + Dep \\ &= [(P-v)\times Q - FC - Dep]\times(1-T) + Dep \end{aligned} \qquad (10.17)$$

여기서 P는 단위당 판매가, Q는 매출량, v는 단위당 변동비, FC는 고정비, Dep는 감가상각비 그리고 T는 법인세율을 나타낸다.

단순화를 위해 법인세(T)가 없다고 가정하면($T=0$) 식 (10.17)은 다음과 같다.

$$OCF = (P-v)\times Q - FC \qquad (10.18)$$

식 (10.18)을 변형하여 판매량(Q)로 표시하면 다음과 같다.[13]

12 판매량이 손익분기점보다 많으면 회수기간은 투자안의 내구연한보다 작아진다. 그리고 내부수익률은 영보다 커진다.

13 법인세가 존재하면 판매량(Q)은 다음과 같다. $Q = \dfrac{FC + Dep + \dfrac{OCF - Dep}{(1-T)}}{P-v}$

$$Q=\frac{FC+OCF}{P-v} \tag{10.19}$$

회계손익분기점의 영업현금흐름(*OCF*)은 감가상각비(*Dep*)이다. 그러므로 식 (10.19)에서 *OCF* 대신에 *Dep*를 대입하면 회계손익분기점의 판매량은 앞서 식 (10.15)에서 살펴본 것처럼 다음과 같이 표시된다.[14]

$$Q=\frac{FC+Dep}{P-v}$$

회계손익분기점에서는 단위당 공헌이익($P-v$)이 고정비(*FC*)와 감가상각비(*Dep*)를 감당한다.

10.4.3 현금손익분기점

앞서 살펴보았듯이 회계손익분기점에서 당기순이익은 영이고, 영업현금흐름은 감가상각비이다. 이제 영업현금흐름이 영이 되는 경우를 살펴보자. **현금손익분기점(cash break-even point)**은 영업현금흐름이 영이 되는 판매량(생산량)을 나타낸다.

식 (10.19)에서 영업현금흐름(*OCF*)이 영이라면 현금손익분기점의 판매량은 다음과 같다.

$$Q=\frac{FC}{P-v} \tag{10.20}$$

현금손익분기점은 단위당 공헌이익($P-v$)이 고정비용(*FC*)만을 감당한다. 따라서 현금손익분기점의 판매량은 회계손익분기점의 판매량보다 적다.

예를 들어 행복전자의 현금손익분기점은 다음과 같다.[15]

---

14 법인세율은 회계손익분기점의 판매량 결정에 영향을 미치는 변수가 아니다. 따라서 법인세율 유무와 관계없이 회계손익분기점의 판매량 Q는 식 (10.15)로 표시된다. 그러나 회계손익분기점이 아닌 판매량의 당기순이익은 법인세가 있는 경우에는 달라진다.

15 법인세 20%를 가정하면 $Q=\dfrac{FC+Dep-\dfrac{Dep}{(1-T)}}{P-v}=\dfrac{1억+1억-\dfrac{1억}{(1-0.2)}}{100{,}000-50{,}000}=1{,}500$대이다.

$$Q = \frac{100,000,000}{100,000 - 50,000} = 2,000\text{대}$$

행복전자의 경우 설비투자로 5억원을 투자하고 매년 2,000대만을 판매한다면 향후 5년간 매년 0원의 영업현금흐름이 발생하므로 순현가는 −5억원이다. 내부수익률은 −100%이다.

영업현금흐름이 영이면 현금유입과 현금유출이 일치한다. 따라서 현금손익분기점 이하의 판매량에서는 현금유출이 현금유입보다 커지게 된다. 그리고 현금손익분기점을 지나 회계손익분기점의 판매량으로 접근할수록 현금유입이 현금유출보다 많아져서 회계손익분기점에 도달하면 영업현금흐름이 감가상각비와 일치한다.

10.4.4 재무손익분기점

재무손익분기점(financial break-even point)은 순현가(NPV)가 영이 되는 판매량을 말한다. 순현가가 영보다 커야 그 투자안은 기업가치의 증가에 기여하므로, 순현가는 재무담당자에게 가장 중요한 개념이다. 재무손익분기점의 판매량을 찾기 위해서 우리는 두 단계로 접근한다. 먼저 순현가를 영으로 만드는 영업현금흐름(OCF)을 추정한다. 그 다음에 그 영업현금흐름을 충족시키는 판매량을 구한다.

첫째, 내구연한이 n년인 투자안의 기초투자액을 C라고 하자. 그리고 내구연한 동안 매년말의 일정한 영업현금흐름을 OCF라고 하자. 매년의 영업현금흐름의 현재가치가 기초의 투자액과 일치하면 투자안의 순현가는 영이 된다. n년 동안 매년말의 일정한 현금흐름은 연금(annuity)이므로 연금의 현재가치 공식을 적용하면 일정한 영업현금흐름을 구할 수 있다.

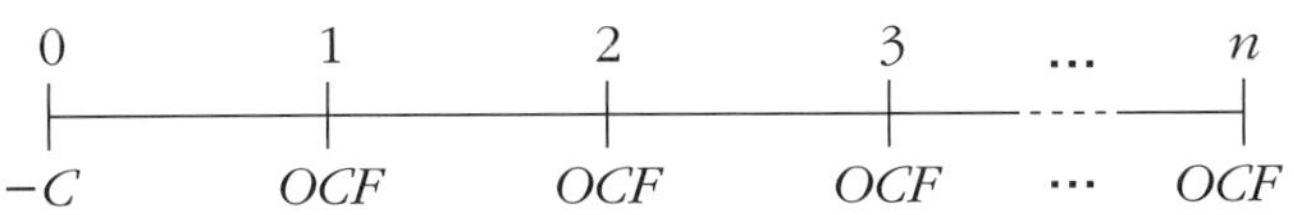

투자안의 순현가는 다음과 같다.

$$NPV = -C + OCF\left[\frac{1-\frac{1}{(1+r)^n}}{r}\right] = 0 \quad (10.21)$$

식 (10.21)을 만족하는 *OCF*를 *OCF**라고 하면 *OCF**는 다음의 식을 만족한다.

$$OCF^* = [(P-v)\times Q - FC - Dep]\times(1-T) + Dep \quad (10.22)$$

법인세가 없다고 가정하면 위 식은 다음과 같다.

$$OCF^* = (P-v)\times Q - FC \quad (10.23)$$

법인세가 없는 경우의 재무손익분기점의 판매량은 다음과 같다.

$$Q^* = \frac{FC + OCF^*}{P-v} \quad (10.24)$$

순현가를 0으로 하는 영업현금흐름을 행복전자의 예에 적용하면 다음과 같다.

$$NPV = -5\text{억} + OCF\left[\frac{1-\frac{1}{(1+0.15)^5}}{0.15}\right] = 0$$

이를 만족하는 OCF^*는 149,157,776원이다.
그러므로 재무손익분기점의 판매량은 다음과 같다.[16]

$$Q^* = \frac{FC + OCF^*}{P-v} = \frac{100{,}000{,}000 + 149{,}157{,}776}{100{,}000 - 50{,}000} = 4{,}983\text{대}$$

따라서 행복전자는 재무적으로 손익분기를 이루기 위해서는 매년의 영업현금흐름이 약 1억 4,916만원이 필요하며, 이를 달성하기 위한 청소기 대수는 4,983대이다.

---

16 법인세가 존재하면 재무손익분기점 판매량은 다음과 같다.

$$Q = \frac{FC + Dep + \frac{OCF^* - Dep}{(1-T)}}{P-v} = \frac{1\text{억} + 1\text{억} + \frac{149{,}157{,}776 - 1\text{억}}{(1-0.2)}}{100{,}000 - 50{,}000} = 5{,}229\text{대}$$

$$\text{또는 } Q = \frac{OCF^* + FC(1-T) - Dep(T)}{(P-v)(1-T)} = \frac{149{,}157{,}776 + 1\text{억}(1-0.2) - 1\text{억}(0.2)}{(100{,}000 - 50{,}000)(1-0.2)} = 5{,}229\text{대}$$

지금까지 살펴본 행복전자의 손익분기점 분석 결과는 다음과 같다.[17]

현금손익분기점 < 회계손익분기점 < 재무손익분기점 (10.25)

재무손익분기점 분석이 회계손익분기점 분석과 다른 점은 다음과 같다. 회계손익분기점 분석에서는 기초투자액의 기회비용, 즉 자본비용을 고려하지 않았다. 행복전자의 예에서 보면, 5억원 투자액의 연간 감가상각비는 1억원이다. 즉 매년 회수되는 영업현금흐름이 감가상각비와 같은 경우이다. 이는 화폐의 시간가치를 고려하지 않은 방법이다. 위에서 보듯이 15%의 가중평균자본비용을 고려하면 기초투자액 5억원은 5년간 매년 약 1억 4,916만원의 영업현금흐름과 동일한 가치를 가진다. 즉 1억원의 회수만으로는 기초투자액을 회수할 수 없다. 따라서 회계손익분기점에서 순현가는 음이 되는 것이다.

10.5 실물옵션

지금까지 우리가 논의해온 자본예산은 기초투자결정에만 초점을 맞추고 기초투자결정 이후 투자기간 동안 행해질 수 있는 미래의 의사결정은 고려하지 않았다. 실물옵션(real option)은 투자결정 이후에 기업이 의사결정을 할 수 있는 권리(right)를 말한다. 즉 기초 투자결정 후 새로운 정보에 의거 투자안의 순현가 증가가 기대된다면 기업이 의사결정을 할 수 있는 권리이다.

10.5.1 포기옵션

포기옵션(option to abandon)은 투자안이 성공적이지 못하다고 판단될 경우 투자안을 포기할 권리를 말한다. 성공적이지 못한 투자안을 지속시키는 것은 기

17 2,000대 < 4,000대 < 4,983대. 법인세를 고려하면 1,500대 < 4,000대 < 5,229대이다.

업의 순현가를 감소시킬 것이기 때문에 투자안을 포기할 수 있는 권리는 그만큼 가치가 있다. 예를 들어 2억원을 투자하면 낙관적인 시나리오에서는 매년 1억원의 현금흐름이 영원히 발생하고, 비관적인 시나리오에서는 −3,000만원의 현금흐름이 영원히 발생하는 투자안을 고려하자. 자본비용은 20%이고 각 시나리오의 확률은 50%라고 할 때, 각 순현가는 다음과 같다.

$$\text{낙관적 시나리오: } NPV = -2\text{억} + \frac{1\text{억}}{0.2} = 3\text{억원}$$

$$\text{비관적 시나리오: } NPV = -2\text{억} - \frac{3\text{천}}{0.2} = -3\text{억 } 5{,}000\text{만원}$$

$$\text{기대순현가: } NPV = (0.5)(3\text{억}) + (0.5)(-3\text{억 } 5\text{천}) = -2{,}500\text{만원}$$

기대순현가가 음이라 사업을 기각한다. 그러나 첫해에 비관적인 시나리오인 것으로 판명이 되면 더 이상 투자를 진행하지 않는 포기옵션을 고려하면 비관적인 시나리오의 순현가는 다음과 같다.

$$NPV = -2\text{억} - \frac{3\text{천}}{1.2} = -2\text{억 } 2{,}500\text{만원}$$

그러므로 1년 후 비관적 시나리오 발생 시 포기 옵션을 행사한다면 기대순현가는 다음과 같다.

$$NPV = (0.5)(3\text{억}) + (0.5)(-2\text{억 } 2{,}500\text{만}) = 3{,}750\text{만원}$$

따라서 포기옵션 고려 시는 순현가가 양으로 투자안을 채택할 수 있다는 것을 보여준다.

10.5.2 확장옵션

확장옵션(option to expand)은 처음에는 소량으로 생산을 시작한 후, 시장의 반응이 좋아 성공적이면 추후에 더 많이 생산할 수 있는 권리이다. 앞서 행복전자는 시장조사 결과 6,000대의 청소기 생산을 계획하였지만, 시장에서 우수성을 인정받아 수요가 예상을 초과한다면 추후 더 많이 생산할 옵션을 보유한다. 따라서 확장옵션을 고려한 투자안은 확장옵션이 고려되지 않은 투자안에 비하여 순현가가 높아질 것으로 기대된다.

10.5.3 대기옵션

대기옵션(option to delay, timing option)은 투자를 지연시키는 옵션이다. 즉 투자를 지연시키는 것이 투자안의 순현가를 증가시키는 경우이다. 예를 들어 토지에 건물을 지었을 때 현재에는 임대료수입이 기초투자액을 회수할 수 없지만, 향후 사무실에 대한 수요가 증가하여 임대료가 상승하면 건물 건축이 양의 순현가가 기대되는 경우 기업은 대기옵션을 행사할 수 있다. 그밖에 예를 들어 곧 도입될 신기술을 적용하여 투자하면 현금흐름이 증가가 예상되거나, 또는 향후 원자재 가격이 하락하여 제품의 생산원가가 현저히 하락하여 그 결과 순현가가 양의 값으로 변화되리라 기대되는 경우 기업은 대기옵션을 행사할 수 있을 것이다.

10.6 자본할당

자본할당(capital rationing)은 기업이 충분한 투자자금을 보유하지 못해서 양의 순현가를 가지는 모든 투자안에 투자할 수 없는 경우를 말한다. 이와 같이 투자자금이 한정된 경우 수익성지수가 높은 순서대로 투자자금을 할당하는 방법이 이용된다.[18] 기업이 다음 세 종류의 독립적 투자안을 고려하고 있다고 하자. 다음 투자안 A, B, C의 수익성지수와 순현가는 다음과 같다. 투자안의 가중평균자본비용은 10%이다.

18 수익성지수(profitability index)는 미래 기대현금흐름의 현재가치를 기초투자액으로 나눈 비율이다.

투자안	현금흐름(만원)				미래현금흐름의 현가(만원)	수익성지수	순현가 (만원)
	0	1	2	3			
A	−3,000	5,000	3,000	1,000	7,776	2.59	4,776
B	−1,000	1,000	2,000	3,000	4,816	4.82	3,816
C	−2,000	2,000	2,000	4,000	6,476	3.24	4,476

기업은 현재 투자자금으로 3,000만원을 보유하고 있다고 가정하자. 투자자금의 제한으로 양의 순현가를 가지는 모든 투자안을 선택할 수 없다. 그러므로 이 기업은 투자자금이 3,000만원인 투자안 *A*만을 선택하거나, 투자자금의 합이 3,000만원인 투자안 *B*와 *C*를 동시에 선택할 수 있다. 개별 투자안들을 순현가 기준으로 보면 투자안 *A*의 순현가가 가장 높고 그 다음으로 투자안 *C*와 투자안 *B*의 순서이다. 그러나 투자안 *B*와 *C*의 순현가의 합은 투자안 *A*의 순현가보다 더 높다. 따라서 투자자금 3,000만원의 제약 하에서는 투자안 *B*와 *C*를 선택하여야 한다.

이와 같이 투자자금이 제약된 경우에는 순현가 기준으로 투자안 선택의 순서를 매길 수가 없다. 대신에 투자안들을 수익성지수에 따라 순위를 매겨야 한다. 수익성지수의 순서는 투자안 *B*, 투자안 *C* 그리고 투자안 *A*의 순서이다. 따라서 투자안 *B*와 *C*의 수익성지수가 투자안 *A*의 수익성지수보다 높으므로 자본할당 시에는 투자안 *B*와 *C*를 선택한다.

요 약

01 현금흐름의 추정이 바르게 이루어져야 올바른 투자결정을 할 수 있다. 투자안 분석에 필요한 자료는 회계 관점의 순이익이 아니라 현금흐름이며, 현금흐름은 투자안의 채택으로 인한 증분현금흐름(incremental cash flow)이어야 한다.

02 무차입당기순이익(unlevered net income)은 다음과 같이 계산한다.

$$\text{당기순이익} = (\text{수익} - \text{비용} - \text{감가상각비})\times(1 - \text{법인세율})$$
$$= \text{영업이익}(EBIT)\times(1 - \text{법인세율}) \quad (10.3)$$

자본예산에서는 이자비용을 고려하지 않는다. 따라서 투자안 분석 시 부채를 사용하지 않는 것처럼 당기순이익을 추정하였기 때문에 무차입(unlevered)당기순이익이라고 부른다.

03 영업현금흐름(OCF)은 다음의 방법으로 추정한다.

$$\text{영업현금흐름} = \text{수익} - \text{비용} - \text{세금} \quad (10.4)$$
$$\text{영업현금흐름} = \text{무차입당기순이익} + \text{감가상각비} \quad (10.5)$$
$$\text{영업현금흐름} = (\text{수익} - \text{비용})\times(1 - \text{법인세율}) + (\text{감가상각비}\times\text{법인세율}) \quad (10.6)$$

04 총현금흐름(total cash flow)은 영업현금흐름을 바탕으로 기업의 증분총현금흐름을 추정하여야 한다. 총현금흐름은 잉여현금흐름(free cash flow)이라고도 한다.

$$\text{총현금흐름} = \text{무차입당기순이익} + \text{감가상각비} - \text{자본적지출} - \text{순운전자본의 변화}$$
$$= \text{영업현금흐름} - \text{자본적지출} - \text{순운전자본의 변화} \quad (10.7)$$

05 자금조달 관련 비용, 예를 들면 이자지급, 배당금지급 또는 차입금의 상환 등은 현금흐름분석에 포함되지 않는다. 아울러 모든 현금흐름은 세후(after tax) 현금흐름이어야 한다. 그밖에 현금흐름분석 시 매몰비용, 기회비용 및 외부효과를 고려하여야 한다.

06 투자안의 현금흐름분석 시 명목현금흐름은 명목이자율로 할인하고, 실질현금흐름은 실질이자율로 할인하여야 한다. 순현가는 명목현금흐름과 실질현금흐름의 방법에 의하여 영향을 받지 않는다.

07 상호배타적이고, 내구기간(project life)이 다른 투자안들은 공통기간법 또는 등가연금법을 이용하여 투자결정을 한다.

08 불확실한 현금흐름을 검토하기 위한 기법으로 민감도분석, 시나리오분석, 시뮬레이션분석 그리고 손익분기점분석이 사용된다. 손익분기점분석에는 회계손익분기점, 현금손익분기점 및 재무손익분기점이 있다.

09 회계손익분기점(accounting break-even point)은 투자안의 당기순이익(net income)이 영이 되는 매출량(생산량)을 말한다. 투자안이 회계적으로 손익분기를 이

룰 때 그 해의 현금흐름은 감가상각비이다. 회계손익분기점 분석에서는 기초투자액의 기회비용, 즉 자본비용을 고려하지 않았다. 그러므로 회계손익분기점의 판매량에서는 투자안의 순현가가 음이다.

10 재무손익분기점(financial break-even point)은 순현가(*NPV*)가 영이 되는 판매량을 말한다. 먼저 순현가를 영으로 만드는 영업현금흐름(*OCF*)을 추정하고, 그 다음에 그 영업현금흐름을 충족시키는 판매량을 구한다.

11 실물옵션(real option)은 투자결정 이후에 기업이 의사결정을 할 수 있는 권리(right)를 말한다. 포기옵션, 확장옵션, 대기옵션 등이 있다.

12 자본할당(capital rationing)은 기업이 충분한 투자자금을 보유하지 못해서 양의 순현가를 가지는 모든 투자안에 투자할 수 없는 경우를 말한다. 투자자금이 한정된 경우 수익성지수가 높은 순서대로 투자자금을 할당하는 방법이 이용된다.

E X E R C I S E

| 연 | 습 | 문 | 제 |

10-1 영업현금흐름(operating cash flow: OCF)의 추정방법을 설명하시오.

10-2 총현금흐름(잉여현금흐름)의 추정방법을 설명하시오.

10-3 매몰비용, 기회비용 및 외부효과는 자본예산의 현금흐름에서 어떻게 처리하는지 설명하시오.

10-4 배타적 투자안의 내구연한이 다른 경우에 적용되는 공통기간법 및 등가연금법을 설명하시오.

10-5 민감도분석, 시나리오분석 및 시뮬레이션분석의 차이를 설명하시오.

10-6 회계손익분기점과 재무손익분기점의 차이를 설명하시오.

10-7 실물옵션에 대하여 설명하시오.

10-8 자본할당에 수익성지수가 어떻게 이용되는지 설명하시오.

10-9 미래기업은 제품수요의 증가에 부응하기 위하여 설비투자를 계획하고 있다. 새로운 설비는 1,000만원이 소요되고, 내구연한은 5년으로 정액법으로 상각하고 잔존가치는 없다고 한다. 새로운 설비는 매년 500개의 제품을 생산할 계획인데, 개당 판매가는 2만원이고 개당 비용은 1만원이다. 가중평균자본비용은 15%, 법인세율은 20%이다. 순현가를 구하고 설비투자계획의 채택여부를 결정하시오.

10-10 신제품 생산을 위하여 설비도입을 고려하고 있다. 설비투자소요액은 1억원이고, 4년간 정액법으로 상각하고 잔존가치는 없다. 새로운 설비로 생산된 제품의 매출액은 향후 4년간 매년 7,000만원이 예상되고, 제품의 매출원가 및 관리비용은 매출액의 30%이다. 투자 초기에 500만원의 순운전자본이 필요하고 이 순운전자본은 4년말에 전액 회수될 예정이다. 자본비용은 20%, 법인세율은 20%이다. 순현가를 구하고 투자계획의 채택여부를 결정하시오.

10-11 다음과 같은 현금흐름을 가지는 상호배타적 투자안 A와 B가 있다. 투자안 A와 B의 위험은 동일하고, 무한정 반복될 수 있다고 가정한다. 가중평균자본비용이 각각 12%일 때, 각각의 등가연간연금(equivalent annual annuity: EAA)을 계산하시오, 어느 투자안을 선택하여야 하는가?

EXERCISE

시점(년)	투자안 A	투자안 B
0	−1,000만원	−700만원
1	400만	100만
2	500만	300만
3	600만	300만
4		300만
5		300만

10-12 생산설비의 현대화의 일환으로 새로운 기계의 도입을 검토하고 있다. 기계 A는 구입가는 2,100만원, 내구연한은 3년, 그리고 세전 운영비는 연간 300만원이다. 기계 B의 구입가는 3,000만원, 내구연한은 5년, 그리고 세전 운영비는 연간 200만원이다. 두 기계는 내구연한에 걸쳐 구입가 전액을 정액법으로 상각하며, 잔존가치는 모두 150만원으로 동일하다. 어느 기계를 도입하더라도 매출액은 동일하다고 가정한다. 법인세는 20%, 가중평균자본비용은 15%일 때, 등가연간비용(equivalent annual cost: EAC)을 계산하시오. 어느 기계를 구입하여야 하겠는가?

10-13 설비투자안의 기초투자액은 8,000만원, 내구연한은 8년, 내구연한에 걸쳐 투자액 전액을 정액법으로 상각하며, 잔존가치는 없다. 매출액은 연간 10,000개로 예측되며, 개당 판매가는 4만원, 개당 변동비는 24,000원, 고정비는 연간 1억 2,000만원이다. 순운전자본의 변화는 없다. 법인세는 20%, 자본비용은 15%이다. 회계손익분기점을 계산하고, 순현가를 계산하시오.

10-14 공구세트 생산설비를 1억원에 구입하였다. 설비의 내구연한은 5년으로 내구연한에 걸쳐 구입액 전액을 정액법으로 상각하며, 잔존가치는 없다. 공구세트는 세트당 30,000원에 판매 예정이며, 세트당 변동비는 5,000원이다. 고정비는 매년 5,000만원이 발생한다. 순운전자본의 변화는 없다. 법인세율은 20%, 자본비용은 10%이다. 재무손익분기점을 계산하시오.

10-15 사무용품 전문생산기업이 신형 재무계산기를 생산하고자 설비투자로 5,000만원을 투자할 예정이다. 설비의 내구연한은 5년이고, 내구연한에 걸쳐 구입액 전액을 정액법으로 상각하며, 잔존가치는 없다. 계산기 판매가는 개당 50,000원, 개당 변동비는 10,000원이고 연간 고정비는 3,000만원이다. 법인세율은 20%, 자본비용(요구수익률)은 15%이다. 회계손익분기점과 재무손익분기점을 계산하시오.

10-16 현금흐름을 추정할 때 포함되지 않는 항목은 무엇인가?

① 매몰비용
② 기회비용
③ 외부효과
④ 증분현금흐름

Part **05**

자본구조와 배당정책

제11장 자본구조와 레버리지
제12장 배당정책

미래 CEO를 위한 재무관리

Chapter 11

자본구조와 레버리지

본 장에서는 기업의 자본구조를 살펴본다. 먼저 부채 사용이 주주가치에 미치는 영향으로 재무레버리지를 살펴본다. 그리고 완전자본시장 가정에서 전통적인 모디글리아니-밀러의 자본구조이론을 법인세가 없는 경우와 있는 경우로 나누어서 살펴본다. 그 다음에는 조세절약효과와 재무곤경비용을 함께 고려하는 상반관계이론을 알아본다. 아울러 신호이론, 대리인비용이론, 잉여현금흐름이론 및 자본조달순위이론의 순서로 자본구조의 실제를 공부한다.

11.1 자본구조와 기업가치

지금까지 우리는 장기고정자산에 대한 투자결정, 즉 자본예산이 기업가치에 미치는 영향을 분석하여왔다. 이제는 자본조달 측면으로 눈을 돌려 장기자금조달결정, 즉 자본구조가 기업가치에 미치는 영향을 살펴보고자 한다.

자본구조(capital structure)는 기업의 타인자본(부채)과 자기자본의 자본조달 구성비를 나타낸다. 기업은 외부 투자자로부터 타인자본과 자기자본을 통해 자본을 조달하며 그 결과가 재무상태표의 오른쪽에 나타나게 된다. 일반적으로 기업은 자기자본만으로 조달하거나 또는 자기자본과 타인자본의 결합된 형태로 자본을 조달한다. 자본구조 측면에서 기업가치(V)는 다음과 같이 표시할 수 있다.

$$V = D + E \tag{11.1}$$

여기서 D는 **부채(debt)**의 시장가치, 그리고 E는 **자기자본(equity)**의 시장가치를 나타낸다.

그런데 산업에 따라 기업의 자본구조, 즉 부채와 자기자본의 구성비가 상이하다. 동일한 산업 내에서도 기업들의 자본구조는 자산의 구성내용에 따라 다른 경향이 있다. 일반적으로 유형자산을 많이 보유한 기업들은 총자산 대비 부채비율이 높은 반면, 유형고정자산이 적은 신기술기업 같은 경우에는 부채비율이 낮다.

앞서 제1장에서 살펴본 바와 같이 기업가치 극대화는 주주가치 극대화와 일치한다. 따라서 경영자는 주주가치를 극대화하는 **최적자본구조(optimal capital structure)**를 유지하여야한다. 또는 현재의 자본구조가 최적이 아니라면 **목표자본구조**를 설정하여 자본구조의 변화를 추구하여야 할 것이다. 다음에는 부채의 레버리지 효과를 살펴본다.

11.2 재무레버리지

재무레버리지(financial leverage)는 자본구조에서 타인자본, 즉 부채가 사용되는 정도를 말한다.[01] 그리고 재무레버리지로 인하여 주주들이 경영위험에 더하여 부담하는 위험을 재무위험(financial risk)이라고 한다. 자기자본과 부채(타인자본)의 구성비가 각각 50%인 기업 A와 자기자본의 구성비가 20%, 부채의 구성비가 80%인 기업 B가 있다면, 기업 B가 재무레버리지가 더 높다고 말한다. 이제 재무레버리지의 효과를 다음의 예를 통해 살펴보자.

11.2.1 재무레버리지 효과

미래기업은 총자산이 2억원이고, 자본구조는 부채가 없이 2만주의 자기자본으로 구성된 기업이다. 주당 시장가치는 만원이고 법인세율은 20%이다. 경영진은 기존의 자본구조 대신에 이자율 10%로 부채를 1억원 차입하여 발행주식수 2만주 중 1만주를 주당 1만원에 매입하여 자기자본과 타인자본의 구성비를 각각 50%로 하는 자본구조 방안을 검토하고자 한다. [표 11-1]은 향후 경제전망이 불황, 보통 및 호황의 확률이 각각 1/3으로 예상될 때 향후 기대되는 매년의 현금흐름을 나타낸다. 각각의 영업이익을 바탕으로 주당순이익(earning per share: EPS)과 자기자본수익률(return on equity: ROE)의 변화를 보여준다.

---

01 고정이자를 지급하는 부채와 같이 고정배당금을 지급하는 우선주을 포함하여 고정수익증권(fixed income securities)이 사용되는 정도라고 정의하기도 한다. Brigham, E. F. and Houston, J. F., *Essentials of Financial Management*, Cengage Learning, 3rd ed., 2013, p. 512.

| 표 11-1 | 재무레버리지 효과

(단위: 원)

	자기자본 100%			자기자본 50%, 타인자본 50%		
총자산	2억			2억		
자기자본	2억			1억		
타인자본	0			1억(이자율 10%)		
주식수	2만주			1만주		
경제전망	불황	보통	호황	불황	보통	호황
영업이익(*EBIT*)	1,000만	3,000만	5,000만	1,000만	3,000만	5,000만
이자	0	0	0	1,000만	1,000만	1,000만
세전이익(*EBT*)	1,000만	3,000만	5,000만	0	2,000만	4,000만
법인세(20%)	200만	600만	1,000만	0	400만	800만
당기순이익	800만	2,400만	4,000만	0	1,600만	3,200만
주당순이익(*EPS*)	400	1,200	2,000	0	1,600	3,200
ROE(%)	4	12	20	0	16	32
EPS 기대값	1,200원			1,600원		
ROE 기대값	12%			16%		

먼저 기존 자본구조를 살펴보자. [표 11-1]의 왼쪽을 보면 이자가 없으므로 영업이익(earnings before interest and taxes: EBIT)이 그대로 세전이익(earnings before taxes: EBT)이 된다. 경제전망이 보통일 때를 보면 당기순이익이 2,400만원이다. 그러므로 주당순이익(*EPS*)은 1,200원(=2,400만원/2만주)이다. 호황과 불황인 경우에도 주당순이익을 계산하면 각각 2,000원과 400원이다. 그리고 자기자본수익률(*ROE*)은 보통 전망의 경우 12%(=2,400만원/2억원), 호황과 불황의 경우에는 각각 20%와 4%이다.

부채를 사용한 자본구조를 살펴보자. [표 11-1]의 오른쪽을 보면 부채의 시장가치가 1억원, 이자율이 10%이므로 이자는 1,000만원이다. 보통의 경제전망의 경우 영업이익 3,000만원에서 이자를 차감하면 세전이익이 2,000만원이 되고, 다시 법인세율 20%를 차감하면 당기순이익은 1,600만원이다. 그러므로 주당순이익(*EPS*)은 1,600원(=1,600만원/1만주)이다. 호황과 불황의 경우에도 주당순이익을 각각 계산하면 3,200원과 0원이다. 그리고 자기자본수익률(*ROE*)은 보통 전망의 경우 16%(1,600만원/1억원), 호황과 불황의 경우에는 각각 32%와 0%이다.

부채 사용의 재무레버리지의 효과를 살펴보면 다음과 같다. 경제전망이 보통인 경우에는 부채를 사용하는 자본구조의 주당순이익은 1,600원으로 기존의 자기자본만 사용하는 자본구조의 주당순이익 1,200원보다 더 높다. 호황인 경우에는 부채를 사용하는 자본구조의 주당순이익은 3,200원으로 자기자본만 사용하는 자본구조의 주당순이익 2,000원보다 훨씬 더 높다. 반면에 경제전망이 불황인 경우에는 부채를 사용하는 자본구조의 주당순이익은 0원이고, 기존의 자기자본만 사용하는 자본구조의 주당순이익은 400원이다. 영업이익(*EBIT*)의 변화에 따른 주당순이익(*EPS*)의 변화를 그림으로 나타내면 [그림 11-1]과 같다.

그림 11-1 | 재무레버리지의 효과

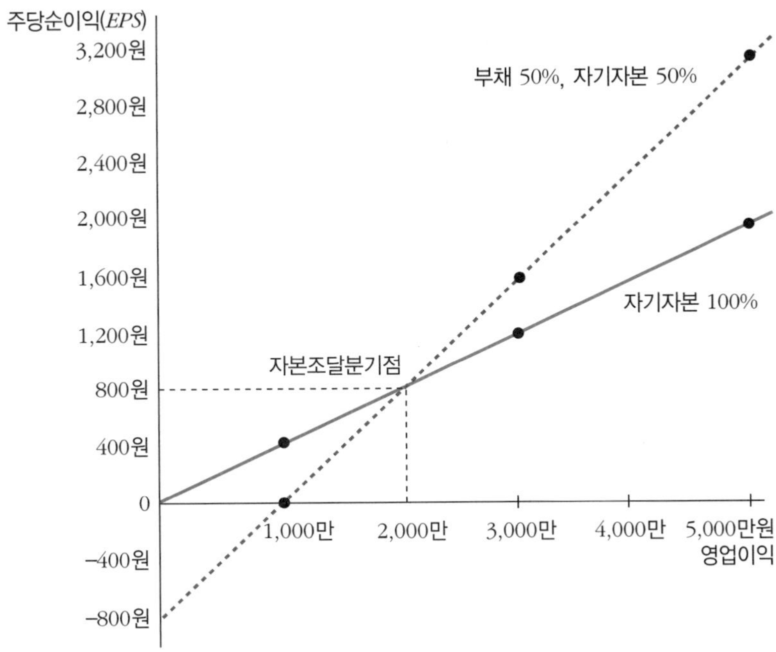

[그림 11-1]에서 보는 바와 같이 실선은 부채를 사용하지 않은 기존기업(unlevered firm)의 영업이익 변화에 따른 주당순이익을 보여준다. 그리고 점선

은 자기자본 50%, 타인자본 50%를 사용한 기업(levered firm)의 주당순이익 변화를 나타낸다. 자기자본만으로 구성된 기존기업의 자본구조에서는 영업이익이 영이면 *EPS*도 영이다. 그 이후 영업이익이 증가함에 따라 *EPS*도 증가한다. 점선은 타인자본을 사용하는 자본구조의 *EPS* 변화를 나타내는데, 영업이익이 영일 때 *EPS*는 −800원이다. 왜냐하면 영업이익이 없더라도 타인자본의 이자를 지급하여야 하기 때문이다.

두 선의 기울기를 보면 타인자본을 사용하는 자본구조의 기울기가 더 크다. 왜냐하면 타인자본을 사용하는 기업(levered firm)의 주식수는 자기자본만 사용하는 기업(unlevered firm)의 주식수보다 적기 때문이다. 따라서 영업이익이 증가함에 따라 영업이익의 증분이 상대적으로 적은 주식수로 배분되기 때문에 주당순이익의 증분이 더 크게 나타난다.

두 선의 교차점은 **자본조달분기점(break-even point)**으로 동일한 주당순이익(*EPS*)을 가지는 영업이익을 나타낸다.[02] 주당순이익은 다음과 같이 계산한다.

$$EPS = \frac{(EBIT - I)(1 - T)}{N} \tag{11.2}$$

여기서 *EBIT*는 영업이익, *I*는 이자, *T*는 법인세율, 그리고 *N*은 주식수를 나타낸다.

두 자본구조의 *EPS*가 동일하므로 다음을 만족하는 *EBIT*를 찾을 수 있다.[03]

$$\frac{(EBIT - 0)(1 - 0.2)}{20,000} = \frac{(EBIT - 10,000,000)(1 - 0.2)}{10,000}$$

여기서 등호의 왼쪽은 자기자본만 사용하는 자본구조의 주당순이익이고, 오른쪽은 타인자본을 사용하는 자본구조의 주당순이익이다.

풀면 식을 만족하는 영업이익(*EBIT*)은 2,000만원이다. 따라서 영업이익이 2,000만원이면 두 자본구조의 주당순이익은 800원으로 동일하다. 영업이익이

---

02 자본조달분기점은 주당순이익 무차별점(EPS indifference point)이라고도 한다.

03 일반적으로 $\frac{(EBIT-0)(1-T)}{N_1} = \frac{(EBIT-I)(1-T)}{N_2}$. 여기서 N_1은 자기자본 100% 자본구조의 주식수, N_2는 타인자본을 사용하는 자본구조의 주식수를 지칭한다. *EBIT*에 관하여 풀면 $EBIT = \frac{I \times N_1}{N_1 - N_2}$이다.

교점인 2,000만원보다 크면 주당순이익은 타인자본을 사용하는 자본구조의 주당순이익이 더 크고, 2,000만원보다 작으면 자기자본만 사용하는 자본구조의 주당순이익이 더 크다.

이와 같이 재무레버리지는 부채 사용으로 영업이익의 변동성 대비 주당순이익의 변동성을 확대시키는 재무위험을 증대시킨다. 경제가 불황으로 예상될 때는 타인자본 사용 자본구조의 주당순이익은 0원으로 자기자본만 사용하는 자본구조의 주당순이익 400원보다 낮다. 반면에 보통의 경제전망에서는 자기자본만 사용하는 기업의 주당순이익 1,200원보다 높은 1,600원이 되고, 호황에서는 자기자본만 사용하는 자본구조에서는 주당순이익이 2,000원인데 부채를 사용하는 자본구조에서는 3,200원으로 크게 증가한다. 재무레버리지에서는 부채에 대한 이자가 영업이익의 변화와 관계없이 일정하게 발생한다. 그리고 그 영향으로 동일한 영업이익의 변동성에 대하여 주당순이익의 변동성을 더 크게 확대시키는 효과가 있다.

11.2.2 재무레버리지도

재무레버리지도(degree of financial leverage: DFL)는 다음과 같이 정의한다.

$$DFL=\frac{\frac{\Delta EPS}{EPS}}{\frac{\Delta EBIT}{EBIT}}=\frac{\text{주당순이익}(EPS)\text{의 변화율}}{\text{영업이익}(EBIT)\text{의 변화율}} \tag{11.3}$$

그런데 $EPS=\frac{(EBIT-I)(1-T)}{N}$, 그리고 $\Delta EPS=\frac{(\Delta EBIT-\Delta I)(1-T)}{N}$.

이자 I는 상수이므로, $\Delta I=0$. 그러므로 EPS의 변화율은 다음과 같다.

$$\frac{\Delta EPS}{EPS}=\frac{\frac{\Delta EBIT(1-T)}{N}}{\frac{(EBIT-I)(1-T)}{N}}=\frac{\Delta EBIT}{EBIT-I} \tag{11.4}$$

식 (11.4)를 식 (11.3)에 대입하면 다음과 같다.

$$DFL = \frac{\frac{\Delta EPS}{EPS}}{\frac{\Delta EBIT}{EBIT}} = \frac{\frac{\Delta EBIT}{EBIT - I}}{\frac{\Delta EBIT}{EBIT}} = \frac{EBIT}{EBIT - I} \tag{11.5}$$

식 (11.5)는 이자지급액이 클수록, 즉 타인자본이 많이 사용될수록 재무레버리지도는 증가함을 나타낸다.

앞서의 [표 11-1]에서 타인자본을 사용하지 않는 기업의 *DFL*은 1이다. 타인자본을 사용하는 자본구조에서는 경제전망이 보통일 때, 영업이익이 3,000만원이고 이자지급액이 1,000만원이면 *DFL*은 1.5(=3,000만/(3,000만−1,000만))가 된다. 이는 영업이익이 1% 증가하면 주당순이익은 1.5% 증가함을 시사한다. 경제전망이 호황일 때, 영업이익이 5,000만원이고 이자지급액이 여전히 1,000만원이면 *DFL*은 1.25(=5,000만/(5,000만−1,000만))이다. 마찬가지로 영업이익이 1% 증가하면 주당순이익은 1.25% 증가함을 나타낸다.

식을 보면 영업이익 대비 이자지급액이 클수록 *DFL*은 커지고, 이자지급액이 일정하다면 영업이익이 작을수록 *DFL*은 커진다. 즉 다른 것이 모두 동일하다면 타인자본을 많이 사용할수록 주당순이익의 변화율이 더 크고, 영업이익이 작을수록 주당순이익의 변화율이 더 크다. 재무레버리지와 관련하여 다음에서는 영업레버리지와 결합레버리지에 대하여 간략히 살펴보자.

11.2.3 영업레버리지도

영업레버리지(operating leverage)는 고정비의 사용 정도를 말한다. 앞서 제10장에서 회계손익분기점을 설명하면서 영업이익(*EBIT*)을 다음과 같이 정의하였다.

$$EBIT = P \times Q - v \times Q - FC - Dep \tag{11.6}$$

여기서 P는 단위당 판매가, Q는 매출량, v는 단위당 변동비, FC는 고정비, Dep는 감가상각비를 나타낸다.[04]

---

04 감가상각비는 고정비의 성격을 가지지만 고정비에 포함시키지 않았다는 것을 주목할 필요가 있다. 고정비가 감가상각비를 포함한 개념으로 손익분기점을 정의하기도 한다. Brigham and

그러므로 영업이익은 총수익($P\times Q$)에서 총비용($v\times Q+FC+Dep$)을 차감한 것이다. 총비용은 변동비와 고정적인 비용인 고정비와 감가상각비로 구성된다. 그리고 회계손익분기점은 영업이익을 영으로 하는 판매량으로 다음과 같이 추정하였다.[05]

$$Q=\frac{FC+Dep}{P-v} \tag{11.7}$$

식 (11.7)이 보여주듯이 회계손익분기점의 판매량은 고정비와 감가상각비가 클수록 증가한다.

제10장의 [그림 10-2]의 회계손익분기점을 이용하여 다음과 같은 두 기업의 손익분기점을 비교하자. *A*기업은 노동집약적 기업으로 시설투자가 적어 고정비와 감가상각비가 적은 반면에 인건비가 많이 소요되어 단위당 변동비가 상대적으로 큰 기업이라고 하자. 반면에 *B*기업은 자본집약적 기업으로 시설투자가 많아 고정비와 감가상각비가 많은 반면에 설비자동화의 영향으로 단위당 변동비가 상대적으로 적은 기업이라고 하면 회계손익분기점은 다음과 같은 형태를 가질 것이다.

그림 11-2 | 영업레버리지 효과

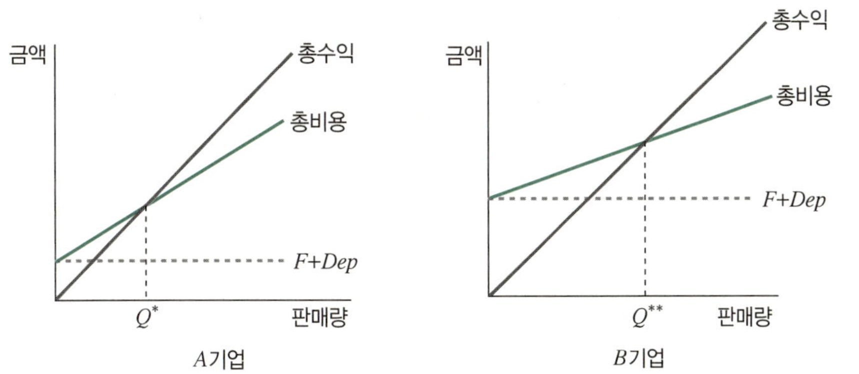

Houston(2013), p.509.

05 회계손익분기점은 법인세율의 영향을 받지 않으므로 당기순이익을 영으로 하는 판매량은 영업이익을 영으로 하는 판매량과 같은 의미를 갖는다.

[그림 11-2]를 보면 A기업은 고정비와 감가상각비가 적은 대신에 단위당 변동비가 커서 판매량이 증가할수록 총비용이 크게 증가하고 그 결과 총비용의 기울기가 상대적으로 크다. 반면에 B기업은 고정비와 감가상각비가 크고 대신에 단위당 변동비가 작아 판매량이 증가할수록 총비용이 완만하게 증가하고 그 결과 총비용의 기울기가 상대적으로 작다. 두 기업의 판매가(P)가 동일하다면 총수익의 기울기는 두 기업의 경우에 동일하다.

고정비와 감가상각비 합의 차이로 인하여 손익분기점은 고정비와 감가상각비가 큰 기업 B가 더 높다. 즉, $Q^* < Q^{**}$이다. 그리고 고정비와 감가상각비가 많은 기업 B는 판매량이 손익분기점을 초과하여 많아질수록 기업 A보다 영업이익이 더 크게 증가한다. 반면에 손익분기점에 미치지 못하면 기업 A보다 영업손실이 더 커진다. 즉 이익과 손실의 확대효과가 나타난다. 이를 영업레버리지 효과라고 한다.

영업레버리지가 클수록 현금흐름의 변동성이 증가한다. 따라서 영업레버리지는 **경영위험(business risk)**의 주요 요인이다. 경영위험은 미래 자산수익률(return on assets: ROA) 또는 자기자본수익률(return on equity: ROE)의 불확실성을 의미한다.

영업레버리지도(degree of operating leverage: DOL)는 판매량의 변화율이 영업이익의 변화율에 미치는 영향을 다음과 같이 측정한다.

$$DOL = \frac{\frac{\Delta EBIT}{EBIT}}{\frac{\Delta Q}{Q}} = \frac{\text{영업이익}(EBIT)\text{의 변화율}}{\text{판매량}(Q)\text{의 변화율}} \qquad (11.8)$$

그런데 $EBIT = Q(P - v) - FC - Dep$, 그리고 고정비, 감가상각비, 판매가 및 단위당 변동비는 상수이므로 $\Delta EBIT = \Delta Q(P - v)$. 그러므로 $EBIT$의 변화율은 다음과 같다.

$$\frac{\Delta EBIT}{EBIT} = \frac{\Delta Q(P - v)}{Q(P - v) - F - Dep} \qquad (11.9)$$

식 (11.9)를 식 (11.8)에 대입하면 다음과 같다.

$$DOL = \frac{\frac{\Delta EBIT}{EBIT}}{\frac{\Delta Q}{Q}} = \frac{\frac{\Delta Q(P-v)}{Q(P-v)-F-Dep}}{\frac{\Delta Q}{Q}} = \frac{Q(P-v)}{Q(P-v)-F-Dep} \tag{11.10}$$

식 (11.10)을 보면 고정비와 감가상각비가 영인 기업의 DOL은 1이다. 영업레버리지는 1보다 큰데, 영업레버리지가 2라면 판매량이 1% 증가할 때 영업이익은 2% 증가함을 시사한다.

식으로부터 우리는 고정비와 감가상각비가 증가할수록 영업레버리지도(DOL)는 증가한다는 것을 알 수 있다. 즉 고정비와 감가상각비가 증가할수록 판매량의 변화에 대한 영업이익의 변화율이 더 커진다. 즉 영업이익과 영업손실의 확대효과가 나타난다.

11.2.4 결합레버리지도

대부분의 기업들은 고정비와 감가상각비가 존재하는 영업레버리지는 물론 이자지급이 존재하는 재무레버리지도 동시에 사용하고 있다. 결합레버리지(degree of combined(total) leverage: DTL)는 영업레버리지와 재무레버리지의 결합효과로 판매량의 변화가 주당순이익에 미치는 효과를 측정한다.

$$DTL = \frac{\frac{\Delta EPS}{EPS}}{\frac{\Delta Q}{Q}} = \frac{\text{주당순이익}(EPS)\text{의 변화율}}{\text{판매량}(Q)\text{의 변화율}} \tag{11.11}$$

그러므로 DTL은 다음과 같이 DOL과 DFL의 곱으로 표시할 수 있다.

$$DTL = DOL \times DFL = \frac{\frac{\Delta EBIT}{EBIT}}{\frac{\Delta Q}{Q}} \times \frac{\frac{\Delta EPS}{EPS}}{\frac{\Delta EBIT}{EBIT}} = \frac{\frac{\Delta EPS}{EPS}}{\frac{\Delta Q}{Q}} \tag{11.12}$$

DTL은 다음과 같다.

$$DTL = \frac{Q(P-v)}{EBIT} \times \frac{EBIT}{EBIT-I} = \frac{Q(P-v)}{EBIT-I} = \frac{Q(P-v)}{Q(P-v)-F-Dep-I} \quad (11.13)$$

고정적 지출인 고정비, 감가상각비 및 이자지급액이 증가할수록 판매량의 변화 대비 주당순이익의 변화가 커진다는 것을 보여준다. 예를 들어 *DOL*이 1.5이고 *DFL*이 2인 기업의 경우 *DTL*은 3이다. 이는 판매량이 1% 증가할 때 영업이익이 1.5% 증가하는 기업이 영업이익이 1% 증가할 때 주당순이익이 2% 증가한다면, 판매량이 1% 증가할 때 주당순이익은 3% 증가함을 나타낸다.

11.3 MM의 자본구조이론(법인세 없음)

경영자는 주식, 채권 등의 발행을 통하여 자기자본과 타인자본을 조달한다. 그 경우에 자기자본과 타인자본의 구성비가 기업가치와 어떤 관계를 가지는가는 매우 중요한 이슈이다. 여기서 자기자본과 타인자본의 구성비를 **자본구조(capital structure)**라고 한다. 그리고 **최적자본구조(optimal capital structure)**는 기업가치를 극대화하는 자본구조를 의미한다.

모디글리아니와 밀러(Modigliani and Miller: MM)는 자본구조이론의 기초가 되는 선구적 자본구조이론을 1958년 발표하였다.[06] 이 이론은 추후 대부분의 자본구조이론의 출발점이 되고 있다. 아래에서는 모디글리아니와 밀러의 자본구조이론을 법인세가 없는 경우와 법인세가 있는 경우로 나누어서 살펴본다.

06 Modigliani, F. and Miller, M., "The Cost of Capital, Corporation Finance and the Theory of Investment," *American Economic Review*, June 1958, pp.261-297.

11.3.1 명제 I : 기업가치

완전자본시장(perfect capital markets)의 가정에서 모디글리아니와 밀러(MM)의 첫 번째 명제(MM Proposition I)는 다음과 같다.

명제 I: 기업가치는 자본구조에 의하여 영향을 받지 않는다. 즉 부채를 사용하는 기업(levered firm)의 가치는 부채를 사용하지 않는 기업(unlevered firm)의 가치와 같다.

$$V_L = V_U \qquad (11.14)$$

여기서 V_L은 부채를 사용하는 기업의 가치이고, V_U는 자기자본만으로 구성된 기업의 가치이다.

먼저 MM이 가정한 완전자본시장(perfect capital markets)의 가정은 다음과 같다. 첫째, 투자자와 기업은 증권들을 미래현금흐름의 현재가치와 동일한 시장가격으로 거래한다. 둘째, 자금조달 및 거래와 관련하여 세금, 거래비용 및 발행비용이 없다. 셋째, 투자로부터의 현금흐름은 자금조달방안과는 독립적이다. 즉 기업의 자금조달결정은 투자로부터 발생하는 현금흐름을 변화시키지 않는다. 넷째, 개인과 기업은 동일한 금리로 차입한다.

MM은 세금과 거래비용이 없다면 **기업의 가치**는 자본구조가 상이할지라도 동일하다고 주장하였다. 기업의 주주와 채권자들에게 지급되는 총현금흐름은 기업자산의 총현금흐름과 동일하다. 그러므로 자기자본과 타인자본의 시장가치와 자산의 시장가치는 동일하여야 한다.자기자본과 타인자본의 구성비 변화가 자산의 현금흐름을 변화시키지 않는 한, 자본구조의 변화는 기업가치를 변화시키지 않는다. 즉 기업가치는 자산의 현금흐름을 발생시키는 투자결정에 의하여 결정되는 것이지, 자본구조에 의하여 결정되지 않는다. 그러므로 자기자본과 부채의 구성비가 변하더라도 기업가치는 영향을 받지 않고 일정하다.

그림 11-3 | MM 명제 I (자본구조와 기업가치: 법인세 없음)

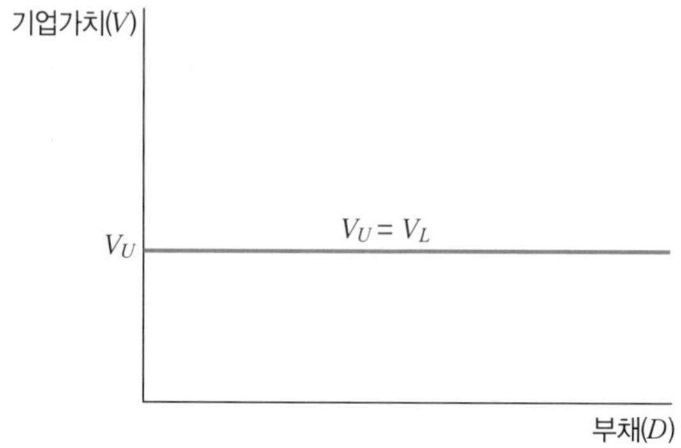

자가레버리지

MM은 기업가치가 자본구조의 선택에 의하여 영향을 받지 않음을 **자가레버리지(homemade leverage)**로 설명하고 있다. 투자자가 기업이 선택한 자본구조와 다른 자본구조를 원한다면 투자자는 자신의 이름으로 차입 또는 대출(채권매입)함으로써 자신이 원하는 자본구조의 결과를 얻을 수 있다. 예를 들어 현재의 자본구조보다 더 부채비율이 많은 자본구조를 원한다면 차입을 통해 자신 포트폴리오의 레버리지를 증가시킬 수 있다. 이와 같이 기업의 레버리지 선택을 조정하기 위하여 자신의 포트폴리오에서 레버리지를 사용하는 것을 자가레버리지라고 한다. 투자자가 기업과 동일한 금리로 차입 또는 대출할 수 있다면 자가레버리지는 기업의 레버리지를 대신할 수 있다.

예를 들어 기업이 **무부채기업(unlevered firm)**인데, 투자자는 부채를 사용하는 자본구조를 선호한다면 투자자는 자신의 이름으로 차입하여 **부채기업(levered firm)**의 현금흐름을 복제할 수 있다. [표 11-1]의 예를 살펴보자. 현재 기업의 자본구조는 자기자본이 100%이다. 투자자는 자기자본 50%, 타인자본 50%의 자본구조를 선호한다. 그러면 그는 다음의 거래, 즉 자가레버리지를 통해 부채를 사용하는 기업의 현금흐름을 만들 수 있다.

먼저 자기자본 50%, 타인자본 50% 기업(levered firm)의 각 경기전망에서의 세전 주당순이익(*EPS*)은 다음과 같다. 그리고 투자자금 10만원을 이용하여 주가가 10,000원인 주식 10주를 매입하면 총이익은 다음과 같다.

| 표 11-2 | 자기자본 50%, 타인자본 50% 자본구조[07]

(단위: 원)

	불황	보통	호황
주당순이익(*EPS*)	0	2,000	4,000
10주의 총이익	0	20,000	40,000

이제 투자자가 자가레버리지를 형성하는 경우를 살펴보자. 투자자는 자신이 보유한 10만원 외에 10만원을 이자율 10%로 차입하여 20만원으로 무부채기업(unlevered firm)의 주식 20주를 매입하고, 차입금의 이자를 지급한 후의 이익을 살펴보자.

| 표 11-3 | 자기자본 100% 자본구조

(단위: 원)

	불황	보통	호황
주당순이익(*EPS*)	500	1,500	2,500
20주의 총이익(*A*)	10,000	30,000	50,000
차입금이자(10%)(*B*)	10,000	10,000	10,000
순이익(*A*−*B*)	0	20,000	40,000

따라서 투자자는 100% 자기자본 기업의 주식에 투자하고서도 자가레버리지를 통하여 자기자본 50%, 타인자본 50%의 지본구조 기업과 동일한 현금흐름을 얻을 수 있다.

이제는 반대의 경우를 생각해 보자. 투자자는 무부채기업의 자본구조를 선호하는데, 현재 기업의 자본구조가 자기자본 50%, 타인자본 50%인 경우이다. 앞서 레버리지를 증가시키기 위해서는 차입하였지만, 이번에는 레버리지를 낮추기 위하여 주식을 매도하여 채권을 보유한다. 먼저 투자자가 선호하는 자기자본 100% 자본구조의 주당순이익과 총이익은 다음과 같다.

---

07 경제전망이 보통인 경우 세전이익 2,000만원을 주식수 1만주로 나누면 주당순이익은 2,000원이다.

| 표 11-4 | 자기자본 100% 자본구조

(단위: 원)

	불황	보통	호황
주당순이익(EPS)	500	1,500	2,500
10주의 총이익(A)	5,000	15,000	25,000

이제 자신이 보유한 부채기업(자기자본 50%, 타인자본 50%)의 주식 10주 중 5주를 매도하여 채권에 투자한 후의 순이익을 살펴보자.

| 표 11-5 | 자기자본 50%, 타인자본 50% 자본구조

(단위: 원)

	불황	보통	호황
주당순이익(EPS)	0	2,000	4,000
5주의 총이익(A) 채권이자수입(B)	0 5,000	10,000 5,000	20,000 5,000
순이익($A+B$)	5,000	15,000	25,000

이 경우에도 투자자는 레버리지를 낮추는 거래전략에 의하여 자신이 선호하는 무부채기업의 현금흐름을 복제하였다. 따라서 상이한 자본구조가 투자자들에게 아무런 혜택을 주지 못하기 때문에 상이한 자본구조는 기업가치에 영향을 미치지 못한다는 것이다.

11.3.2 명제 Ⅱ: 자기자본비용

MM 명제 I은 동일한 현금흐름의 기업가치는 기업의 부채 사용 여부와 관계없이 자산가치가 동일하다는 것을 보여준다($V_U = V_L$). 즉 부채를 사용하는 기업의 자기자본과 부채의 시장가치의 합은 무부채기업의 시장가치와 동일하다. 그러므로 우리는 자기자본과 부채의 포트폴리오를 보유함으로써 자기자본만으로 구성된 기업의 현금흐름을 복제할 수 있다. 포트폴리오의 수익률은 구성 증권 수익률의 가중평균이므로 다음의 관계가 성립한다.

$$\frac{E}{D+E}\times r_E+\frac{D}{D+E}\times r_D=r_U \tag{11.15}$$

여기서 r_E는 부채를 사용하는 기업의 자기자본비용, r_U는 자기자본만을 사용하는 기업의 자기자본비용, r_D는 타인자본비용,[08] D는 부채의 시장가치, E는 자기자본의 시장가치이다.

식 (11.15)의 왼쪽은 완전자본시장의 가중평균자본비용(r_{WACC})이다. 동일한 현금흐름의 기업가치가 부채규모와 관계없이 일정하므로 가중평균자본비용도 부채규모와 관계없이 일정하다. 즉 가중평균자본비용은 자본구조와 독립적이고 따라서 자산의 자본비용인 무부채자본비용(r_U)과 같다.

$$r_{WACC}=r_U=r_A \tag{11.16}$$

[표 11-1]의 예를 살펴보면, 자기자본만 사용하는 자본구조에서 경제전망이 보통인 경우 영업이익은 3,000만원이며, 자기자본가치는 자산가치와 동일한 2억원이다. 그러므로 자기자본만 사용하는 기업의 자기자본비용(r_U)은 15%(=3,000만/2억)이다. 그리고 자기자본과 부채를 사용하는 자본구조에서 경제전망이 보통인 경우 이자지급 후 이익은 2,000만원이며, 자기자본가치는 1억원이다. 그러므로 부채사용기업의 자기자본비용(r_E)은 20%(=2,000만/1억)이다. 타인자본비용(r_D)은 10%였다. 따라서 부채사용기업의 가중평균자본비용은 다음과 같이 계산된다.

$$\frac{E}{D+E}\times r_E+\frac{D}{D+E}\times r_D=\frac{1억}{2억}\times(0.2)+\frac{1억}{2억}\times(0.1)=0.15$$

이는 자기자본만을 사용하는 기업의 자기자본비용(r_U) 15%와 일치한다.

식 (11.15)를 r_E에 관하여 정리하면 다음과 같다.[09]

$$r_E=r_U+(r_U-r_D)\frac{D}{E}$$

---

08 타인자본비용(r_D)은 부채자본비용이라고도 한다. 본서에서는 양자를 혼용한다.

09 [표 11-1]의 예를 다시 적용하면 $0.2=0.15+(0.15-0.1)\frac{1억}{1억}$ 이다.

즉 **부채사용기업의 자기자본비용**(r_E)은 자기자본만 사용하는 기업의 자기자본비용(r_U)과 부채사용으로 인한 위험프리미엄의 합으로 구성된다. 보통 r_U는 r_D보다 크기 때문에 r_E는 부채비율(D/E)의 증가함수가 된다. 이를 명제Ⅱ로 표시하면 다음과 같다.

명제 Ⅱ: 부채를 사용하는 기업(levered firm)의 자기자본비용은 기업의 부채비율(D/E)에 비례하여 증가한다.

$$r_E = r_U + (r_U - r_D)\frac{D}{E} \tag{11.17}$$

이를 그림으로 표시하면 [그림 11-4]와 같다. **타인자본비용**(r_D)은 부채비율(D/E)과 관계없이 일정한 수평선이다. 자기자본만을 사용하는 **무부채기업의 자기자본비용**(r_U)는 y축의 절편으로 표시된다. **부채를 사용하는 기업의 자기자본비용**(r_E)는 부채비율의 증가와 함께 증가한다. **가중평균자본비용**은 무부채기업의 자본비용과 동일하며 부채비율과 관계없이 수평선으로 표시된다.

요약하면 MM은 완전자본시장에서 경영자는 자본구조의 변화를 통해 기업가치를 변화시킬 수 없다는 것을 보여준다. 그리고 가중평균자본비용은 부채가 증가하더라도 일정하다. 왜냐하면 동일한 현금흐름의 기업가치가 일정하다는 것은 할인율인 가중평균자본비용도 일정하다는 것을 의미하기 때문이다. 재무레버리지의 증가로 재무위험이 증가하여 자기자본의 위험도는 증가하고, 그에 따라 자기자본비용도 부채비율(D/E)에 비례하여 증가한다. 그러나 자기자본비용의 증가는 낮은 타인자본비용의 효과에 의하여 완전히 상쇄된다. 그러므로 기업가치와 기업의 가중평균자본비용은 부채의 변화에 관계없이 변화하지 않고 일정하다.

그림 11-4 | MM 명제 Ⅱ(자본구조와 자기자본비용: 법인세 없음)

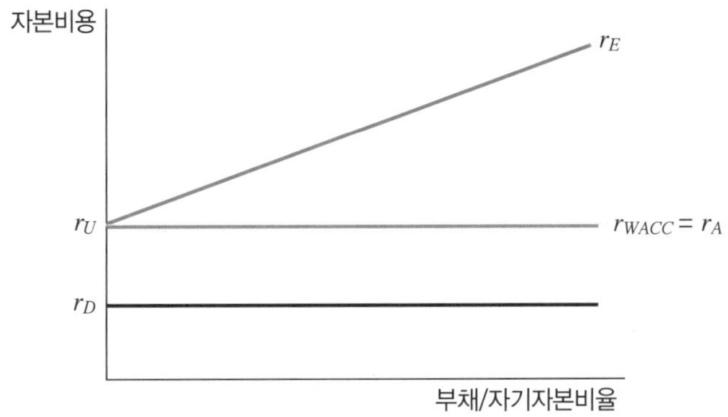

자본비용과 마찬가지로 기업의 무부채 베타(unlevered beta), 즉 자산베타(asset beta)는 자기자본베타와 부채베타의 가중평균이다.

$$\beta_U = \frac{E}{D+E}\beta_E + \frac{D}{D+E}\beta_D \tag{11.18}$$

자본구조를 변화시키면 무부채베타는 변하지 않지만, 자기자본베타는 다음과 같이 변화한다.

$$\beta_E = \beta_U + (\beta_U - \beta_D)\frac{D}{E} \tag{11.19}$$

예제 11-1 ⟫ **MM 자본구조이론 명제 Ⅱ(법인세 없음)**

성실기업의 자본구조는 자기자본 25%, 타인자본 75%이다. 현재 타인자본비용은 5%, 자기자본비용은 10%이다. 향후 신주를 발행하여 부채를 상환하는 구조조정(1안)을 통해 자기자본 50%, 타인자본 50%로 조정하고 타인자본비용을 4%로 낮출 계획이다. 완전자본시장 가정에서 구조조정 후 자기자본비용과 기업의 가중평균자본비용을 구하시오. 또 다른 구조조정(2안)은 부채를 완전히 상환하는 방안을 고려하고 있다. 1안과 2안의 구조조정계획에서 각각 기업가치는 어떻게 변화하는가?

▮ 풀이 ▮

식 (11.15)를 이용하여 현재의 *WACC* 및 자기자본만 사용하는 기업의 자기자본비용(r_U)을 계산한다.

$$r_{WACC} = r_U = \frac{E}{D+E} \times r_E + \frac{D}{D+E} \times r_D = (0.25)(0.1) + (0.75)(0.05) = 0.0625$$

무부채기업의 자기자본비용 6.25%와 새로운 타인자본비용 4%를 식 (11.17)에 대입하여 구조조정(1안) 후의 자기자본비용을 계산한다.

$$r_E = r_U + (r_U - r_D)\frac{D}{E} = 0.0625 + (0.0625 - 0.04)\frac{0.5}{0.5} = 0.085$$

그러므로 부채비율의 감소로 부채를 사용하는 기업의 자기자본비용은 8.5%로 감소한다. 그러나 완전자본시장에서 가중평균자본비용은 6.25%(=(0.5)(0.04)+(0.5)(0.085))로 동일하다.

제2안의 구조조정으로 모두 자기자본만으로 구성되면 $r_E = r_U$ 그리고 $r_E = r_{WACC}$로 6.25%이다. 구조조정 후에도 기업의 현금흐름은 변화가 없고, *WACC*도 동일하다. 그러므로 기업가치도 변화가 없다.

11.4 MM의 자본구조이론(법인세 존재)

이제 가정을 완화하여 법인세가 있는 경우 MM 명제들이 어떻게 변화하는지 살펴본다.

11.4.1 수정 명제 Ⅰ: 기업가치

앞서 세금이 없는 경우에 기업가치는 부채의 사용과 관련이 없었다. 이제 세금이 존재하는 경우에는 기업가치는 어떻게 되는지 살펴보자. 자기자본만 사용하는 기업의 영업이익(*EBIT*)은 주주의 현금흐름과 세금으로 나누어진다. 반면에 자기자본과 타인자본을 사용하는 기업의 영업이익은 주주와 채권자의 현금흐름과, 세금으로 나누어진다. 이제 자기자본만으로 구성된 자본구조와 자기자본과 타인자본으로 구성된 자본구조에서 주주, 채권자 및 정부(세금)의 현금흐름을 살펴본다.

| 표 11-6 | 주주, 채권자 및 정부(세금)의 현금흐름

(단위: 원)

		부채 미사용	부채 사용
영업이익(*EBIT*)		10,000,000	10,000,000
이자(이자율 10%)		0	4,000,000
세전이익(*EBT*)		10,000,000	6,000,000
법인세(20%)		2,000,000	1,200,000
당기순이익		8,000,000	4,800,000
현금흐름	주주	8,000,000	4,800,000
	채권자	0	4,000,000
	합계	8,000,000	8,800,000

부채를 사용하지 않는 자본구조와 부채를 4,000만원 사용하는 자본구조를 고려한다. 영업이익은 매년 1,000만원이 기대되고 세후 모두 배당금으로 지급된다. 부채의 이자율은 10%이고 법인세는 20%이다. 부채를 사용하지 않는 자본구조에서는 주주는 800만원, 정부는 세금으로 200만원을 배분받는다. 반면에 부채를 사용하는 자본구조에서는 주주 480만원, 채권자 400만원 그리고 정부는 120만원을 배분받는다. 이자를 세전에 공제하였기 때문에 400만원×20%만큼 세금이 적어졌다. 따라서 부채가 없는 기업의 주주의 현금흐름은 800만원이고, 재무레버리지를 사용한 자본구조에서는 주주와 채권자의 현금흐름은 880만원이다. 결국 타인자본을 사용하는 자본구조의 투자자 현금흐름이 (이자지급액)×(법인세율)인 80만원만큼 증가한다.

조세절약의 현재가치

이자지급액은 (부채(D))×(이자율(r_D))이다. 위의 예에서 400만원(=4,000만원×10%)이다. 이자를 세금계산 전에 공제하기 때문에 이자지급액에 법인세율을 곱한 만큼 조세가 적어진다. 위의 예에서 80만원(=400만원×0.2)이다. **부채의 조세절약액(tax shield from debt)**은 다음과 같다.

$$조세절약액 = T \times r_D \times D \tag{11.20}$$

매년의 조세절약액을 영구연금(perpetuity)으로 가정하고, 현금흐름의 자본비용이 r_D라고 가정하면 조세절약액의 현재가치는 다음과 같다.

$$PV(\text{조세절약액}) = \frac{T\times r_D D}{r_D} = T\times D \tag{11.21}$$

따라서 부채사용기업의 가치는 무부채기업의 가치에 조세절약액의 현가를 합친 것과 같다.

수정 명제 I : 부채사용기업(levered firm)의 가치는 무부채기업(unlevered firm)의 가치에 조세절약액의 현재가치를 합한 것과 같다.

$$V_L = V_U + TD \tag{11.22}$$

따라서 재무레버리지는 기업가치를 조세절약액의 현가만큼 증가시킨다. 부채(D)가 증가할수록 부채사용기업의 가치는 증가한다. [그림 11-5]는 수정 명제 Ⅱ의 내용을 그림표로 표시한 것이다. 부채가 없을 때의 기업가치는 V_U이고, 부채를 사용하는 기업가치는 부채의 조세절약효과인 TD만큼 기업가치가 증가한 $V_U + TD$이다.

그림 11-5 | MM 수정 명제 I(자본구조와 기업가치: 법인세 존재)

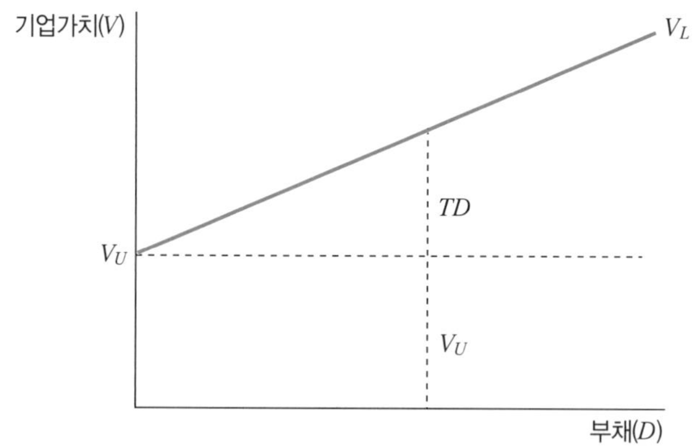

11.4.2 수정 명제 Ⅱ: 자기자본비용

법인세가 없는 경우의 MM 명제 Ⅱ는 자기자본비용과 재무레버리지 간에는 양의 관계가 성립함을 보여주었다. 이는 부채사용이 증가함에 따라 자기자본의 위험이 증가하기 때문이다. 법인세가 존재할 경우에도 동일한 관계가 성립하나 부채의 조세절약효과로 인해 부채비율이 증가할 때 자기자본비용의 증가세는 다소 작아진다.

수정 명제 Ⅱ: 부채를 사용하는 기업(levered firm)의 자기자본비용은 기업의 부채비율(D/E)에 비례하여 증가한다.

$$r_E = r_U + (r_U - r_D)\frac{D}{E}(1 - T) \qquad (11.23)$$

위 식을 세금이 없는 경우와 비교하면 레버리지에 따른 프리미엄을 나타내는 식 (11.23)의 오른쪽 두 번째 항의 값이 조세절약효과에 의하여 상대적으로 작아짐을 알 수 있다. 따라서 법인세를 고려한 부채사용기업의 자기자본비용(r_E)의 기울기는 법인세가 없을 때와 비교하여 작아진다.

예제 11-2 ⟫ MM 자본구조이론 수정명제 Ⅱ(법인세 존재)

위식 (11.23)을 유도하시오.

▮ 풀이 ▮

MM 수정 명제 I에 의하여 부채사용기업의 시장가치 기준 대차대조표의 왼쪽과 오른쪽의 가치는 같다.

$$V_U + TD = D + E$$

배당금은 모두 주주들에게 배당되고, 대차대조표의 각 항목의 기대현금흐름이 무성장 영구연금(zero growth perpetuity)이라고 가정한다. 양변의 기대현금흐름의 합은 동일하여야 한다.

$$(V_U \times r_U) + (TD \times r_D) = (D \times r_D) + (E \times r_E)$$

위식을 r_E에 관하여 정리하면 다음과 같다.

$$r_E = \frac{V_U}{E} \times r_U - (1-T)\frac{D}{E} \times r_D$$

그런데 $V_U = D + E - TD = E + (1-T)D$이므로 이를 위식에 대입하여 정리하면 식 (11.23)이 구해진다.

$$r_E = r_U + (r_U - r_D)\frac{D}{E}(1-T)$$

이제 법인세를 고려한 가중평균자본비용($WACC$)을 살펴보자. 부채의 조세절약효과로 인하여 세후 타인자본의 자본비용(r_D)은 $r_D(1-T)$가 된다. 따라서 **세후 가중평균자본비용**은 다음과 같다.

$$r_{WACC} = \frac{E}{D+E} \times r_E + \frac{D}{D+E} \times r_D(1-T) \tag{11.24}$$

이 식은 다음과 같이 표현할 수 있다.

$$r_{WACC} = \left(\frac{E}{D+E} \times r_E + \frac{D}{D+E} \times r_D\right) - \frac{D}{D+E} \times r_D T \tag{11.25}$$

따라서 법인세를 고려한 $WACC$는 법인세를 고려하지 않은 $WACC$보다 $\frac{D}{D+E} \times r_D T$만큼 작아진다. 그리고 재무레버리지가 클수록 부채의 조세절약효과가 증가하여 $WACC$는 더 작아진다.

식 (11.24)에 식 (11.23)을 대입하여 가중평균자본비용을 구하면 다음과 같다.

$$\begin{aligned} r_{WACC} &= \frac{E}{D+E} \times r_E + \frac{D}{D+E} \times r_D(1-T) \\ &= \frac{E}{D+E}\left[r_U + (r_U - r_D)\frac{D}{E}(1-T)\right] + \frac{D}{D+E} \times r_D(1-T) \\ &= \frac{E}{D+E} \times r_U + \frac{D}{D+E}(1-T)\,r_U \\ &= r_U\left(1 - \frac{D}{D+E} \times T\right) \end{aligned} \tag{11.26}$$

그러므로 부채비율이 증가함에 따라 $WACC$는 $r_U(1-T)$로 수렴한다.

그림 11-6 | MM 수정 명제 Ⅱ(자본구조와 자기자본비용: 법인세 존재)

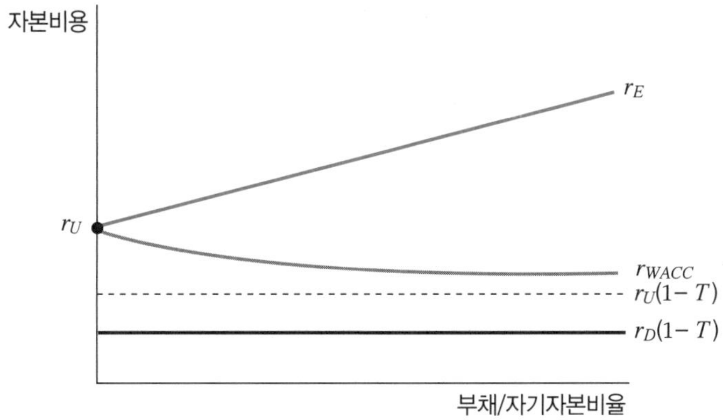

이를 그림으로 표시하면 [그림 11-6]과 같다. 세후(after tax) 타인자본비용($r_D(1-T)$)은 부채비율(D/E)과 관계없이 일정한 수평선이다. 자기자본만을 사용하는 무부채기업의 자기자본비용(r_U)는 y축의 절편으로 표시된다. 부채를 사용하는 기업의 자기자본비용(r_E)는 부채비율의 증가와 함께 증가한다. 그러나 세금이 없을 때보다는 기울기가 완만하다. 가중평균자본비용은 부채비율이 증가함에 따라 감소하며, 부채가 많아질수록 $r_U(1-T)$로 접근한다.

11.5 MM 이후의 자본구조이론

MM의 이론은 다소 비현실적인 가정에 바탕을 두고 있다. 그러나 MM이 1958년에 MM이론을 발표한 이후 MM이론을 바탕으로 자본구조에 관한 많은 연구들이 이루어져 왔다.[10] 아래에서는 이자의 조세절약효과와 재무곤경비용을 고려

10 MM도 1963년 논문에서 레버리지에 법인세효과를 포함시켰다. Modigliani, F. and Miller, M., "Corporate Income Taxes and the Cost of Capital: A Correction," *American Economic Review*, June 1963, pp.433-443. 다음 문헌은 자본구조의 여러 이론을 개관하고 있다. Harris, M. and Raviv, A., "The Theory of Capital Structure," *Journal of Finance*, 1991, pp.197-355.

한 상반관계이론을 비롯하여, 신호이론, 대리인비용이론, 잉여현금흐름이론 및 자본조달순위이론을 간략히 살펴본다.

11.5.1 조세절약과 재무곤경비용의 상반관계이론

이 이론은 기업가치를 극대화하는 최적자본구조는 기업가치에 긍정적 영향을 미치는 부채의 **조세절약효과**와 부정적 영향을 미치는 **재무곤경비용**을 고려하여 결정된다는 이론이다. 부채가 가지는 조세절약의 긍정적 효과와 재무곤경비용의 부정적 효과를 동시에 고려하기 때문에 **상반관계이론(trade-off theory)**이라고 불린다.

이 이론에 의하면 기업가치는 부채를 사용하지 않은 기업의 가치에 부채 조세절약액의 현재가치를 더하고 재무곤경비용의 현재가치를 차감하여 결정된다.

$$V_L = V_U + PV\,(\text{부채의 조세절약액}) - PV(\text{재무곤경비용}) \tag{11.27}$$

여기서 V_L은 부채를 사용하는 기업의 가치, V_U는 자기자본만으로 구성된 기업의 가치를 나타낸다.

그림 11-7 | 조세절약과 재무곤경비용의 상반관계이론

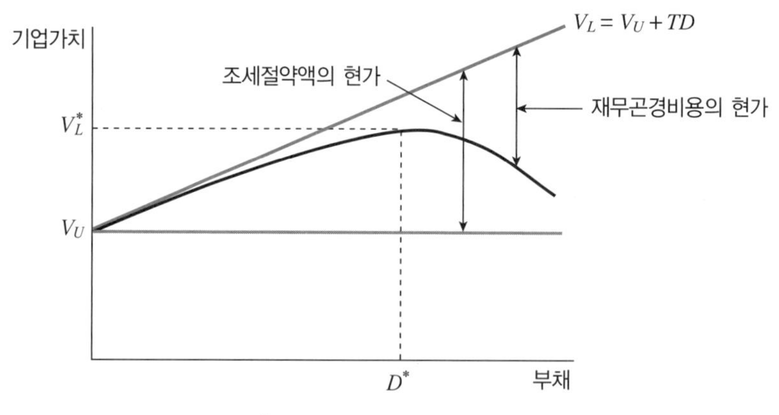

이 이론은 부채의 양면적 성격을 반영한다. 즉 기업은 이자의 세전 공제로 조세절약효과를 극대화하기 위하여 부채를 많이 사용할 유인을 가지고 있고, 다른 한편에서는 재무곤경비용을 최소화하고자 부채를 적게 이용할 유인을 갖는다. 기업은 두 요인을 고려한 기업가치가 극대화되는 부채규모를 선택한다.

세금효과만을 고려한다면 기업은 가능한 많은 부채를 사용하여야 한다. 이 조세절약효과는 [그림 11-7]에서 선형적으로 증가하는 것으로 표시되었다. 그러나 재무곤경비용은 부채가 적을 경우에는 미미하다가 일정수준이 지나면서부터 기하급수적으로 크게 증가한다. 따라서 $V_U + TD$에서 재무곤경비용의 현가를 차감한 것이 V_L이 된다. 기업가치를 극대화하는 부채규모는 부채의 한계(marginal)조세절약액의 현가가 부채의 한계재무곤경비용의 현가와 같아지는 부채규모(D^*)이다. 부채가 D^*보다 작을 때에는 한계조세절약액의 현가가 한계재무곤경비용의 현가보다 크기 때문에 기업가치가 증가한다. 그러나 부채가 D^*를 초과하면 한계조세절약액의 현가보다 한계재무곤경비용의 현가가 더 커져서 기업가치는 감소하게 된다. 그리고 재무곤경비용이 높은 기업일수록 최적 부채규모는 작아진다. 다음에서는 재무곤경비용에 대하여 더 살펴보자.

재무곤경비용

부채를 사용하면 기업은 이자지급이라는 의무를 지게 되고, 이를 불이행하면 재무곤경(financial distress)에 처하게 된다. 주주들에 대한 배당금지급은 법적 의무가 아니지만 채권자들에 대한 이자지급은 기업의 법적 의무이다. 그리고 재무곤경의 종착점은 파산(bankruptcy)으로 기업자산의 소유권이 주주들로부터 채권자들에게 이전되는 일이다.

재무곤경에 처하면 기업은 재무곤경비용(financial distress costs)을 부담한다.[11] 예를 들어 기업이 부채의 원리금 상환에 어려움을 겪게 되면 여러 종류의 재무곤경비용이 발생한다. 따라서 재무곤경비용은 기업가치를 감소시킨다. 소송비용, 변호사, 회계사 비용 등의 직접적 재무곤경비용은 대략 기업가치의 3% 정

11 재무적 곤경비용은 파산비용이라고도 불린다.

도로 추정되고 있다. 최근의 연구에서는 대략 2~10% 범위로도 추정된다.[12] 중소기업의 경우에는 평균적인 직접적 재무곤경비용이 자산가치의 12%에 달하는 것으로 연구되고 있다.[13]

기업은 직접적인 재무곤경비용 외에도 **간접적인 재무곤경비용**을 부담한다. 정확히 추정하기는 어렵지만 직접적인 재무곤경비용보다 종종 더 많은 간접적인 재무곤경비용이 발생한다. 예를 들면 고객은 기업의 지속적인 서비스가 어려울 것으로 기대하면 상품을 더 이상 구입하지 않을 수 있다. 또는 협력업체는 기업의 지급불능을 우려하여 원자재 또는 상품의 제공을 주저할 것이다. 종업원들은 직장의 안정성이 우려되어 기업을 떠나거나 기업은 신입직원 충원에 어려움을 경험할 수 있다. 기업은 신속히 현금을 확보하기 위하여 기존자산을 헐값으로 매각할 수도 있다. 또한 분해되어 팔리는 자산은 더 제값을 받지 못할 수 있다. 기업의 재무곤경으로 기업의 채권자들도 재무곤경에 처하게 될 수 있다. 부채비율이 높은 기업들을 대상으로 한 연구에서 간접적인 재무곤경비용은 기업가치의 10~20%로 추정되었다.[14]

MM은 자산의 현금흐름이 자본구조의 영향을 받지 않는다고 하였지만, 부채를 사용하는 기업은 이러한 재무곤경비용이 발생하여 투자자(주주와 채권자)의 현금흐름이 감소할 가능성에 직면한다. 따라서 기업가치가 감소할 수 있다. 채권자들은 대출금리 또는 회사채 금리의 증가 등을 통해 예상되는 재무곤경비용의 현가를 감안할 것이기 때문에 주주들이 결국 재무곤경비용을 부담하게 된다. 한편 부채비율이 높고 현금흐름의 변동성이 큰 기업일수록 재무곤경확률이 높다. 또한 유형자산이 적고 인적자원에 의존하는 기술기업은 재무곤경비용이 상대적으로 크고, 유형자산이 많은 기업은 상대적으로 재무곤경비용이 작다.

---

12 Ross, S. A., Westerfield, R. W., and Jordan B. D., *Fundamentals of Corporate Finance*, 6th ed., McGraw-Hill/Irwin, 2003, p.524.

13 관련 문헌은 다음 자료를 참고하기 바란다. Berk and DeMarzo(2014), Chapter 16.

14 재무곤경비용에 관한 실증연구의 요약은 다음 자료를 참고하기 바란다. Berk and DeMarzo (2014), Chapter 16.

11.5.2 신호이론

기업의 경영자와 투자자 간에는 **정보비대칭**(asymmetric information)이 존재한다. 즉 내부자 정보를 가진 경영자는 외부 투자자들이 접근할 수 없는 정보를 보유한다. **신호이론**(signaling theory)은 정보비대칭이 자본구조에 미치는 영향을 분석하는 이론을 총칭한다.

정보가 부족한 투자자들은 경영자의 행동으로부터 기업의 미래 전망에 대하여 추정한다. **로스**(Ross, 1977)의 신호이론에 의하면 미래전망이 좋은 기업의 경영자는 부채를 증가시킴으로써 투자자들에게 기업의 미래전망이 좋다는 신호를 보낸다. 부채를 증가시킨 기업의 미래가 좋다면 부채의 원리금 상환에 어려움이 없을 것이다. 반면에 기업의 미래가 좋지 않은데도 부채를 증대시켰다면 그 기업은 재무곤경에 처하게 될 것이고, 경영자는 기업을 떠나게 될 수도 있다. 따라서 부채의 증가는 기업이 미래에 성장할 것이라는 믿음을 투자자에게 신호하는 효과가 있다. 이와 같이 부채의 증가, 즉 재무레버리지의 증가는 기업가치를 증가시킨다는 이론을 **부채의 신호이론**(signaling theory of debt)이라고 부른다.[15]

한편 **리런드와 파일**(Leland and Pyle, 1977)은 소유경영자의 지분(percentage of owner financing)이 기업의 미래 전망에 관한 신호가 된다는 이론을 제시하고 있다.[16] 미래전망이 좋은 기업의 소유경영자는 기업의 좋은 성과를 새로운 주주 또는 채권자들과 나누려고 하기보다는 자신이 성과를 모두 가지려 한다는 것이다. 그들이 많은 양의 보유주식을 매도하려고 한다면 투자자들은 소유경영자들이 기업의 미래전망에 대한 부정적 정보를 보유하고 있어 주가가 하락하기 전에 매도하려한다는 의심을 하게 된다. 따라서 소유경영자의 지분증가는 기업의 미래전망이 양호하다는 신호를 보내고, 반대로 지분감소는 미래 전망이 좋지 않

---

15 Ross, S., "The Determination of Financial Structure: The Incentive-Signaling Approach," *Bell Journal of Economics*, Spring 1977, pp.23-40.

16 Leland, H. and Pyle, D., "Information Asymmetries, Financial Structure and Financial Intermediation," *Journal of Finance*, May 1977, pp.371-388.

다는 신호로 해석한다.

리런드와 파일의 신호이론은 마이어즈와 마즐루프(Myers and Majluf, 1984)에 의하여 발전되었다.[17] 기업의 주주들이 현재 주가가 저평가(underpriced)되었다고 생각하면 신주를 발행하지 않는다. 저평가된 신주의 발행은 향후 주가 상승 시 신주주들에게는 이익이 되지만 기존주주에게는 비용이 된다. 왜냐하면 주가 상승의 이익을 신주주들과 나누어야 하기 때문이다. 즉 구주주로부터 신주주로의 부의 이전이 발생한다. 따라서 기존주주의 대리인인 경영자는 신주를 발행하지 않는다. 반면에 주식이 고평가(overpriced)되었다면 경영자는 신주를 발행하려 할 것이다. 이 경우 기존주주들은 주가 하락의 효과를 신주주들과 공유하게 된다. 그러나 주식의 가치가 고평가되었을 때 기업이 주식을 발행한다는 것을 인지한 투자자들은 신주에 대하여 지금의 높은 가격을 지급하려고 하지 않을 것이다. 따라서 기업이 신주를 발행한다면 주가는 하락한다.

따라서 신호이론에 의하면 미래전망이 양호한 기업은 신주발행을 통한 자금조달을 하지 않을 것이고, 미래전망이 양호하지 않은 기업은 미래 기업가치의 하락을 신주주들과 같이 나누기 위하여 신주발행을 선호한다. 따라서 신주발행 공시는 경영자가 예측한 기업의 미래전망이 양호하지 않다는 신호로 받아들여진다. 한편 경영자는 주가가 저평가되었을 때에는 신주를 발행하지 않고, 주가가 고평가되었을 때 신주를 발행할 것이다. 따라서 신주발행 공시는 현재 주가가 고평가되었다는 신호로 받아들여진다. 그러므로 신호이론에 의하면 신주발행 공시는 주가의 하락으로 이어진다. 결국 정보비대칭에서 신주발행은 부정적 신호로 인식되며 그 결과 주가는 하락한다.

11.5.3 대리인비용이론

기업의 경영자, 주주 및 채권자의 존재로 대리인비용(agency cost)이 발생한

17 Myers, S. and Majluf, N., "Corporate Financing and Investment Decisions When Firms Have Information that Investors Do Not Have," *Journal of Financial Economics*, June 1984, pp.187-221.

다.[18] 먼저 주주와 경영자간의 관계를 살펴보자. 기업이 한 명의 소유경영자에 의하여 경영된다면 소유자와 경영자가 동일인이기 때문에 **대리인문제(agency problem)**는 발생하지 않는다. 여기서 대리인문제는 주인과 대리인 간의 갈등관계를 지칭한다. 기업가치의 증가는 모두 자신의 이익이 될 것이기 때문에 기업가치 극대화를 위해 노력할 것이고, 기업의 비용도 자신이 전부 부담하기 때문에 적절히 관리하여 지출할 것이다.

기업규모가 커짐에 따라 소유경영자는 신주 또는 부채를 통해 자금을 조달할 필요가 발생한다. 그리고 기업규모가 커짐에 따라 주인인 주주는 대리인인 전문경영인에게 권한을 위임한다. 이를 **대리인관계**라 하는데 이 과정에서 주인과 대리인 간의 갈등관계로 인해 대리인비용이 발생한다.

단독 소유경영자는 차량, 사무실 등 경영자에 수반되는 여러 특전(perk)의 혜택을 모두 받을 뿐만 아니라 그에 따른 비용도 모두 자신이 부담한다. 그러나 신주발행으로 경영자의 지분이 작아지면 경영자의 특전을 증가시킬 유인을 갖는다. 왜냐하면 이제 특전의 혜택은 모두 받지만 특전에 수반되는 비용은 다른 주주들과 공유하기 때문에 비용부담은 상대적으로 작아지기 때문이다. 이러한 과도한 특전의 대리인문제가 시장에서 인식되면 주가는 하락한다. 따라서 대리인문제로 인한 주가의 하락은 대리인비용이다. 경영자가 주주의 이익을 위하여 일하도록 모니터링하는 제도를 도입한다면 이도 대리인비용을 발생시킨다. 이 경우에는 기업이 부채가 증가함에 따라 **자기자본의 대리인비용(agency cost of equity)**이 감소한다.

또 다른 대리인문제는 주주와 채권자 간에 발생한다. 주주들은 위험한 투자안에 투자하려는 자산대체(asset substitution)유인이 있으며 이는 채권자의 부를 감소시키고 주주의 부를 증가시키는 효과를 발생시킨다. 채권자들은 이를 방지하기 위하여 약관, 모니터링 제도 등을 시행할 수 있다. 이는 **부채의 대리인비용 (agency cost of debt)**을 발생시킨다. 이 경우에는 부채가 증가함에 따라 부채

---

18 대리인비용에 관한 선구적 이론은 다음의 문헌을 참조하기 바란다. Jensen, M. C. and Meckling, W. H., "Theory of the Firm, Managerial Behavior, Agency Costs, Ownership Structure," *Journal of Financial Economics*, Vol. 3, No. 4, October 1976, pp.305-360.

의 대리인비용이 증가한다.

그림 11-8 | 대리인비용과 자본구조

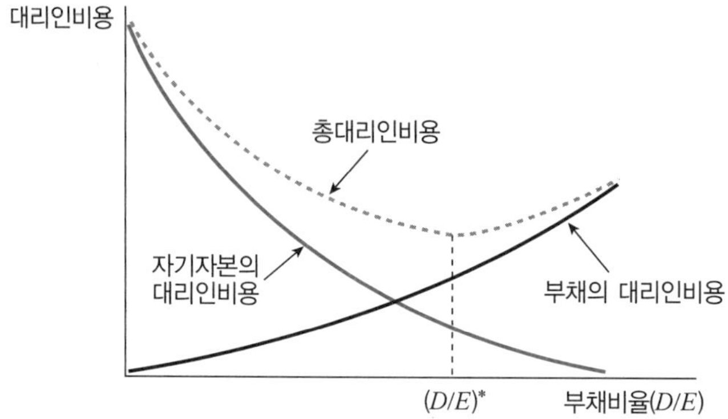

자기자본의 대리인비용과 부채의 대리인비용을 그림으로 표시하면 [그림 11-8]과 같다. 무부채기업(unlevered firm)은 자기자본의 대리인비용만 존재한다. 부채가 증가함에 따라 자기자본의 대리인비용은 감소하고 부채의 대리인비용은 증가한다. 그러므로 총대리인비용이 최소인 $(D/E)^*$일 때 기업가치는 극대화된다.

대리인비용이론은 조세절약효과, 재무곤경비용 외에 대리인비용도 최적자본구조에 영향을 미칠 수 있음을 보여준다. 이 경우 다음의 식이 성립한다.

$$V_L = V_U + PV(\text{부채의 조세절약액}) - PV(\text{재무곤경비용}) - PV(\text{대리인비용}) \tag{11.28}$$

11.5.4 잉여현금흐름이론

앞서 대리인비용이론에서 경영자와 주주 간에는 대리인관계가 존재하고, 주식의 소유지분이 작은 경영자는 경영자의 특전(perk)을 낭비할 유인이 있다고 하였다. 이를 방지하기 위하여 경영자를 모니터링한다면 자기자본의 대리인비용이 발생한다.

젠센(Jensen)의 잉여현금흐름이론(free cash flow theory)에 의하면 기업이 양의 순현가(*NPV*)의 모든 투자안에 투자하고 부채를 지급하고서도 남는 잉여현금흐름이 많을수록 경영자가 특전(perk)을 낭비할 가능성이 증가한다.[19] 또한 경영자는 기업가치의 증대와는 거리가 있는 기업외형의 확대 등을 추구할 가능성도 있다.

이와 같은 대리인비용을 감소시키기 위해서는 경영자가 다루는 잉여현금흐름을 감소시켜야 한다. 먼저 배당금은 기업의 잉여현금흐름을 감소시킨다. 그 결과 자기자본의 대리인비용을 감소시킬 수 있다. 아울러 부채를 증가시키면 원리금 상환의 증가로 잉여현금흐름을 감소시킬 수 있다. 배당금과의 차이점은 부채의 원리금상환이 이루어지지 않으면 파산으로 이어지기 때문에 상환이 반드시 이루어져야 하지만, 배당금의 지급은 반드시 강제사항은 아니라는 점이다. 따라서 잉여현금흐름가설은 부채를 많이 사용하면 대리인비용을 감소시켜 기업가치가 증가한다고 주장한다. 이 경우에도 단기부채가 시장의 기업에 대한 모니터링을 증가시키기 때문에 대리인비용 감소에 더 효과적이다.

결론적으로 잉여현금흐름이론은 대리인비용을 감소시키기 위하여 배당정책 측면에서는 배당금을 증가시키고, 자본구조 측면에서는 부채를 증가시켜야 한다는 시사점을 제공한다.

11.5.5 자본조달순위이론

신호이론에 의하면 주가가 저평가되었을 때의 신주발행은 구주주들이 부담하는 비용이 크기 때문에 경영자들은 신주발행을 기피한다. 그리고 고평가되었을 때에는 경영자들은 신주발행을 선호한다. 그러나 주가가 고평가되었을 때 경영자가 신주를 발행할 것이라고 예상하는 투자자로 인하여 주가는 하락한다. 즉 신주발행은 부정적 신호로 주가가 하락한다는 것이었다.

마이어즈(Myers)는 먼저 유보이익으로 투자자금을 조달하고, 그 다음에는 부채, 그리고 마지막으로 주식을 통한 자금조달을 하여야 한다는 **자본조달순위이론**

---

19 Jensen, M., "Agency Costs of Free Cash Flow, Corporate Finance and Takeovers," *American Economic Review*, May 1986, pp.323-329.

(pecking order theory)을 제시하고 있다.[20] 투자자들은 주식발행 뿐만 아니라 부채도 고평가되었다고 의심할 수 있다. 이런 경우 경영자는 우선순위로 유보이익으로 투자자금을 조달하는 내부금융(internal financing)을 함으로써 투자자의 의심을 회피할 수 있다. 그리고 투자자들은 부채는 상대적으로 주식보다 정보비대칭이 적기 때문에 시장가치를 잘 반영한다고 생각한다. 따라서 외부금융(external financing)이 필요하다면, 경영자는 안전한 증권인 부채로 자금을 조달하고, 마지막으로 주식을 발행하여 자금을 조달하여야 한다는 것이다.

미국 자료를 보면 미국기업은 자본적지출의 75% 이상을 유보이익으로 충당하고 있으며, 주식과 부채를 통한 순외부조달은 25% 이내에 머물고 있다.[21]

20 Myers, S., "The Capital Structure Puzzle," *Journal of Finance*, July 1984, pp.575-592.
21 Berk and DeMarzo(2014), p.570.

요 약

01 자본구조(capital structure)는 기업의 타인자본(부채)과 자기자본의 자본조달 구성비를 나타낸다. 자본구조 측면에서 기업가치(V)는 다음과 같이 표시할 수 있다.

$$V = D + E \tag{11.1}$$

02 재무레버리지(financial leverage)는 자본구조에서 타인자본, 즉 부채가 사용되는 정도를 말한다. 그리고 재무레버리지로 인하여 주주들이 경영위험에 더하여 부담하는 위험을 재무위험(financial risk)이라고 한다. 재무레버리지에서는 부채에 대한 이자가 영업이익의 변화와 관계없이 일정하게 발생하기 때문에 동일한 영업이익의 변동성에 대하여 주당순이익의 변동성을 더 크게 확대시키는 효과가 있다.

03 재무레버리지도(degree of financial leverage: DFL)는 다음과 같이 정의한다. 타인자본이 많이 사용될수록 재무레버리지도는 증가한다.

$$DFL = \frac{\frac{\Delta EPS}{EPS}}{\frac{\Delta EBIT}{EBIT}} = \frac{EBIT}{EBIT - I} = \frac{\text{주당순이익}(EPS)\text{의 변화율}}{\text{영업이익}(EBIT)\text{의 변화율}} \tag{11.3}$$

04 영업레버리지(operating leverage)는 고정비의 사용 정도를 말한다. 영업레버리지가 클수록 손실과 이익의 확대효과가 나타난다. 영업레버리지는 경영위험(business risk)의 주요 요인이다.

05 영업레버리지도(degree of operating leverage: DOL)는 다음과 같이 정의한다. 고정비와 감가상각비가 증가할수록 영업레버리지도(DOL)는 증가한다.

$$DOL = \frac{\frac{\Delta EBIT}{EBIT}}{\frac{\Delta Q}{Q}} = \frac{Q(P-v)}{Q(P-v) - F - Dep} = \frac{\text{영업이익}(EBIT)\text{의 변화율}}{\text{판매량}(Q)\text{의 변화율}} \tag{11.8}$$

06 결합레버리지(degree of combined(total) leverage: DTL)는 영업레버리지와 재무레버리지의 결합효과로 판매량의 변화가 주당순이익에 미치는 효과를 측정한다.

$$DTL = \frac{\frac{\Delta EPS}{EPS}}{\frac{\Delta Q}{Q}} = \frac{Q(P-v)}{Q(P-v) - F - Dep - I} = \frac{\text{주당순이익}(EPS)\text{의 변화율}}{\text{판매량}(Q)\text{의 변화율}} \tag{11.11}$$

07 MM의 명제 I(법인세 없음): 기업가치는 자본구조에 의하여 영향을 받지 않는다. 즉 부채를 사용하는 기업(levered firm)의 가치는 부채를 사용하지 않는 기업(unlevered firm)의 가치와 같다.

$$V_L = V_U \tag{11.14}$$

08 MM의 명제 Ⅱ(법인세 없음): 부채를 사용하는 기업(levered firm)의 자기자본비용은

기업의 부채비율(D/E)에 비례하여 증가한다.

$$r_E = r_U + (r_U - r_D)\frac{D}{E} \tag{11.17}$$

09 MM의 수정 명제 I(법인세 존재): 부채사용기업(levered firm)의 가치는 무부채기업(unlevered firm)의 가치에 조세절약액의 현재가치를 합한 것과 같다.

$$V_L = V_U + TD \tag{11.22}$$

10 MM의 수정명제 Ⅱ(법인세 존재): 부채를 사용하는 기업(levered firm)의 자기자본비용은 기업의 부채비율(D/E)에 비례하여 증가한다.

$$r_E = r_U + (r_U - r_D)\frac{D}{E}(1 - T) \tag{11.23}$$

11 조세절약과 재무곤경비용의 상반관계이론은 부채가 가지는 조세절약의 긍정적 효과와 재무곤경비용의 부정적 효과를 동시에 고려한다.

$$V_L = V_U + PV(\text{부채의 조세절약액}) - PV(\text{재무곤경비용}) \tag{11.27}$$

12 신호이론에 의하면 신주발행 공시는 경영자가 예측한 기업의 미래전망이 양호하지 않다는 신호로 받아들여진다. 또한 신주발행 공시는 현재 주가가 고평가되었다는 신호로 받아들여진다. 그러므로 신호이론에 의하면 신주발행 공시는 주가의 하락으로 이어진다.

13 대리인비용이론에 의하면 부채가 증가함에 따라 자기자본의 대리인비용은 감소하고 부채의 대리인비용은 증가한다. 그러므로 총대리인비용이 최소일 때 기업가치는 극대화된다. 대리인비용이론은 조세절약효과, 재무곤경비용 외에 대리인비용도 최적자본구조에 영향을 미칠 수 있음을 보여준다. 이 경우 다음의 식이 성립한다.

$$V_L = V_U + PV(\text{부채의 조세절약액}) - PV(\text{재무곤경비용}) - PV(\text{대리인비용}) \tag{11.28}$$

14 기업이 양의 순현가(NPV)의 모든 투자안에 투자하고 부채를 지급하고서도 남는 잉여현금흐름이 많을수록 경영자가 특전(perk)을 낭비할 가능성이 증가한다. 이와 같은 대리인비용을 감소시키기 위해서는 배당금 지급이나 부채를 증가시켜 원리금 상환을 증가시켜야 한다. 경영자의 잉여현금흐름이 감소하면 대리인비용을 감소시킬 수 있고 기업가치를 증가시킬 수 있다.

15 자본조달순위이론(pecking order theory)은 자금조달이 필요할 때 먼저 유보이익으로 투자자금을 조달하고, 그 다음에는 부채, 그리고 마지막으로 주식을 통한 자금조달을 하여야 한다는 의견을 제시하고 있다.

EXERCISE

| 연 | 습 | 문 | 제 |

11-1 재무레버리지와 자본조달분기점을 설명하시오.

11-2 영업레버리지와 손익분기점을 설명하시오.

11-3 재무레버리지도, 영업레버리지도 및 결합레버리지도를 설명하시오.

11-4 법인세가 없는 경우의 MM의 명제 Ⅰ, Ⅱ를 설명하시오.

11-5 법인세가 존재하는 경우의 MM 명제 Ⅰ, Ⅱ를 설명하시오.

11-6 조세절약과 재무곤경비용의 상반관계이론을 설명하시오.

11-7 신호이론을 설명하시오. 신주발행이 주가에 미치는 영향을 설명하시오.

11-8 대리인비용이론을 설명하시오. 관련하여 잉여현금흐름이론도 설명하시오.

11-9 자본조달순위이론을 설명하시오.

11-10 부채가 없고 자기자본만으로 구성된 행복기업의 시장가치는 1억원이다. 영업이익(*EBIT*)은 1,000만원으로 예상된다. 주식수는 20,000주이다. 앞으로 4,000만원의 부채(이자율 5%)를 조달하여 자사주매입을 진행할 계획이다. 법인세율은 20%이다.

(1) 부채를 조달하기 전의 주당순이익(*EPS*)을 계산하시오.

(2) 부채 조달 후의 주당순이익(*EPS*)을 계산하시오.

11-11 두 종류의 자본구조를 검토하고 있다. 제1안은 주식 100,000주의 자기자본만으로 구성된 자본구조이고, 제2안은 주식 50,000주의 자기자본과 1억원의 부채로 구성된 자본구조이다. 부채의 이자율은 5%이다. 세금은 없다고 가정한다.

(1) 영업이익(*EBIT*)이 8,000,000원일 때, 두 자본구조의 주당순이익(*EPS*)을 계산하시오.

(2) 영업이익이 15,000,000원일 때, 두 자본구조의 주당순이익을 계산하시오.

(3) 자본조달분기점(break-even point)이 되는 영업이익(*EBIT*)을 구하시오.

(4) 각각의 주가와 기업가치를 구하시오.

EXERCISE

11-12 미래기업은 현재 100% 자기자본 기업을 40%는 부채인 기업으로 전환하는 것을 고려중이다. 현재 주식수는 10,000주이고, 주가는 5,000원이다. 영업이익(*EBIT*)은 앞으로 영원히 연간 7,000,000원으로 예상된다. 부채에 대한 이자율은 5%이고, 세금은 없다고 가정한다.

(1) 현재 자본구조에서 100주를 보유한 투자자의 현금흐름을 구하시오. 배당성향은 100%이다.

(2) 새로운 자본구조하에서 투자자의 현금흐름을 구하시오. 단 100주를 계속 보유한다고 가정한다.

(3) 미래기업은 계획대로 부채를 사용하는 자본구조로 전환하였다고 가정하자. 그러나 100주를 보유한 투자자는 원래의 자본구조를 선호한다. 투자자가 자가레버리지(homemade leverage)를 이용하여 원래의 자본구조의 현금흐름을 수취하는 과정을 설명하시오.

11-13 자기자본 대비 부채비율(D/E)이 2이다. 가중평균자본비용(*WACC*)은 15%이고, 세전 타인자본비용은 10%이다. 법인세율은 20%이다.

(1) 자기자본비용을 계산하시오.

(2) 무부채자본비용(r_U)을 계산하시오.

(3) $D/E = 0$, $D/E = 1$ 및 $D/E = 3$일 때 각각 자기자본비용을 계산하시오.

11-14 영업이익(*EBIT*)은 앞으로 매년 10,000,000원이다. 부채의 이자율은 10%이다. 현재 타인자본이 없는 이 기업의 자기자본비용은 20%이다. 그리고 법인세율은 20%이다.

(1) 이 기업의 가치(V_U)를 구하시오.

(2) 5,000,000원을 차입하여 자사주를 매입하면 기업가치(V_L)는 얼마인가?

(3) 부채를 사용한 후, 자기자본가치는 얼마인가? 그리고 가중평균자본비용(*WACC*)과 자기자본비용(r_E)을 계산하시오.

Chapter 12

배당정책

본 장에서는 배당을 비롯한 기업의 지급정책을 살펴본다. 먼저 배당과 자사주매입에 대하여 개관한다. 그 다음에는 완전자본시장에서의 모디글리아니와 밀러(MM)의 배당무관련이론을 예를 들어 공부한다. 그 다음에는 배당에 영향을 미치는 여러 요인들을 살펴본다. 세금효과와 발행비용으로 배당이 불리함에도 불구하고 배당이 이루어지는 이유를 현재소득의 선호, 미래 불확실성의 감소 및 대리인비용의 감소 등의 측면에서 살펴본다. 그리고 배당의 신호이론과 고객효과를 살펴보고, 잔여배당정책과 배당의 안정성을 알아본다. 마지막으로 주식배당, 주식분할 및 주식병합에 대하여 간략히 살펴본다.

12.1 지급방법의 분류

기업의 투자결정의 결과로 현금흐름이 발생하면 기업은 현금흐름을 어떻게 사용할 것인지 결정하여야 한다. 만약 양의 순현가를 가지는 투자안을 보유하고 있다면, 기업은 투자를 하여 기업가치를 증가시키는 방안을 채택한다. 신생기업이나 고성장기업은 현금흐름의 대부분을 재투자할 확률이 높다.

그러나 성숙한 기업은 양의 순현가를 가지는 모든 투자안에 투자하고서도 현금보유고가 높을 수 있다. 그 경우 초과현금(excess cash)을 보유한 기업은 현금을 자산으로 보유하거나 또는 주주들에게 지급하는 방안을 고려할 수 있다. 주주들에 대한 지급은 배당 또는 자사주매입을 통해 이루어진다. 이와 같은 초과현금의 사용에 관한 의사결정을 기업의 **배당정책**(dividend policy) 또는 포괄적으로 기업의 **지급정책**(payout policy)이라고 한다.

12.1.1 배당

우리나라의 배당금 지급과정은 미국의 경우와 다르다. 먼저 미국의 경우를 간략히 살펴보고 우리나라와의 차이를 알아보자.

미국의 경우 이사회가 주당 배당금, 배당기준일 및 배당지급일을 결정한다. 이 날을 **배당공시일**(declaration date)이라고 한다. **배당기준일**(record date)은 주주가 배당을 받기 위하여 주주명부에 등재되어야 하는 마지막 날이다. **배당락일**(ex-dividend date)은 배당을 받을 권리가 상실되는 첫째날을 말한다. 배당락일 이후에 주식을 매입하는 투자자는 배당을 받지 못한다. 주식거래일과 결제일 사이에 시차가 있기 때문에 배당기준일에 주주명부에 등재되기 위해서는 주식을 배당락일 전에 매입하여야 한다. 미국의 경우 배당락일은 배당기준일 2일 전이다. 배당락일부터는 배당을 받을 수 없기 때문에 주가는 이를 반영하여 하락한다. 마지막으로 **배당지급일**(payment date)은 배당금이 지급되는 날로 보통분기마다 배당금이 지급된다. 따라서 시계열로 보아 배당공시일, 배당락일, 배당기준일 및 배당지급일의 순서로 이루어진다.

우리나라의 경우를 살펴보자. 배당기준일은 12월 결산법인의 경우 12월 31일이다. 주식매매는 거래체결일을 포함하여 결제가 이루어지기까지 3일이 소요된다. 12월 31일에는 주식시장이 휴장으로 결제가 이루어지기 않기 때문에 28일에는 매입을 해야 배당을 받을 수 있다.[01] 따라서 12월 29일에 주식을 매입한 투자자는 배당을 받지 못하므로 12월 29일이 배당락일이 된다. 즉 우리나라는 배당기준일로부터 1영업일 전이 배당락일이 된다. 배당금은 결산기말 이후 3개월 이내에 주주총회의 결의로 정하며, 중간배당의 경우에는 이사회의 결의로 지급할 수 있다.[02] 배당금은 주주총회 또는 이사회의 결의를 한 날로부터 1개월 이내에 지급하여야 한다.[03] 따라서 우리나라는 시계열로 보아 배당락일, 배당기준일, 배당공시일 및 배당지급일의 순서로 발생한다.

우리나라와 미국의 차이점은 우리나라는 결산기 이후에 주주총회에서 배당에 관한 결의가 이루어지기 때문에 배당의 공시 이전에 배당락이 발생한다는 점이다. 따라서 배당이 확정되지 않은 상태에서 배당락이 발생하는 문제점이 있다. 우리나라와 미국의 배당금 지급일정을 시간선으로 요약하면 [그림 12-1]과 같다.

그림 12-1 | 배당금 지급일정의 비교

미국	**배당공시일**	배당락일	배당기준일	배당지급일
한국	배당락일	배당기준일	**배당공시일**	배당지급일

현금배당과는 다른 형태의 배당으로는 주식배당(stock dividend)과 주식분할(stock split)이 있다. 양자 모두 주주에게 현금이 아닌 주식을 배당하여 발행주식수를 증가시키는 공통점이 있다. 그러나 자기자본가치는 변화가 없어 주당가

01 28일 이후 휴일이 없다고 가정한다.
02 중간배당의 경우 영업연도중 연 1회로 한정된다.
03 상법 제464조의2.

치 즉 주가를 하락시킨다.[04]

12.1.2 자사주매입

자사주매입(stock repurchase)은 현금배당 대신에 자사주를 매입하는 것을 말한다. 매입된 자사주는 미래에 자금조달이 필요할 때 재매각될 수도 있다. 미국의 경우 현금배당과 자사주매입을 비교하면, 금액기준으로 현금배당이 1980년초까지는 80%이상이었으나, 자사주매입이 꾸준히 증가하여 1990년대 후반에는 자사주매입이 현금배당규모를 앞지르고 있다.[05] 자사주매입이 현금배당을 대체하는 것은 아니고 많은 기업들이 현금배당과 자사주매입을 동시에 실시하고 있다. 자사주 매입의 방법과 혜택을 살펴본다.

자사주매입의 방법

공개시장매입(open market repurchase)은 자사주매입의 가장 일반적인 방법이다. 기업은 공개시장에서 자사주매입 의도를 공시하고 다른 투자자들과 같이 장기간에 걸쳐 시장에서 매입한다. 그러나 반드시 공시한 만큼 매입할 의무는 없으며, 주가조작의 의혹이 있는 거래를 하여서는 안 된다. 한 연구에 의하면 자사주매입의 95%가 공개시장매입으로 이루어진다고 밝히고 있다.[06]

공개매수(tender offer)는 일반적으로 20일 이내의 단기간에 걸쳐 미리 정한 가격으로 주식을 매수하는 방법이다. 매입가는 보통 시가의 10–20%의 프리미엄이 추가되어 결정된다. 주주들이 충분히 매수에 응하지 않을 경우 기업은 취소할 수도 있다.

---

04 추가적인 설명은 12.7에서 공부한다.

05 Grullon, G. and Michaely, R., "Dividends, Share Repurchases and Substitution Hypothesis," *Journal of Finance*, August 2002, pp.1649-1684. 추가적인 관련 문헌은 다음 자료에서 참고하기 바랍니다. Berk and DeMarzo(2014), pp.595-596.

06 Grullon, G. and Ikenberry, D., "What Do We Know About Stock Repurchases?" *Journal of Applied Finance*, 2000, pp.31-51. 다음 자료에서 재인용. Berk and DeMarzo(2014), p.587.

마지막으로 주요 주주를 겨냥한 자사주매입(targeted purchase)이 이루어지기도 한다. 매수가는 협의에 의하여 결정된다. 이 방법은 대규모의 주식을 매도하기를 원하지만 시장의 유동성이 적은 경우에 이루어진다.

자사주매입의 장점

기업들이 현금배당보다 자사주매입을 선택하는 이유는 다음과 같다.[07]

(1) 융통성(flexibility)

배당은 주주에 대한 약속(commitment)의 성격이 크지만, 자사주매입은 그렇지 않다. 따라서 현금흐름이 앞으로도 계속 증가할 것으로 기대되면 배당금을 증가시키지만, 일시적인 현금흐름의 증가는 자사주매입이 더 적합하다.

(2) 경영자 보상(executive compensation)

경영자들이 종종 주식옵션을 수여받는다. 그 경우에 경영자의 옵션행사는 주가가 높을수록 유리하다. 그런데 배당 후 주가는 배당만큼 하락하지만, 자사주매입 후의 주가는 변동이 없다.[08] 따라서 경영자의 주식옵션은 현금배당 대신에 자사주매입을 하는 경우에 가치가 더 크다.

(3) 주식희석의 상쇄(offset to dilution)

경영자의 주식옵션이 행사되어 주식수가 증가하면 주가가 하락한다. 이 경우 자사주매입은 주식의 희석을 상쇄시키는 효과가 있다.

(4) 저평가(undervaluation)

경영자가 자사주가 저평가되었다고 판단할 때 자사주매입을 실시한다. 실증적으로 자사주매입의 공시에 대한 시장의 주가반응은 호의적이다.

(5) 세금(taxes)

완전자본시장에서는 투자자들은 현금배당과 자사주매입에 무차별하다. 그러

---

07 Ross, Westerfield and Jaffe(2010), p.585.
08 12.2 MM의 배당무관련이론에서 다루게 된다.

나 세금이 존재하면 투자자들은 배당금보다 자사주매입을 더 선호한다. 예를 들어 주주가 100원을 배당 받으면 배당소득세 14%와 배당소득세의 10%인 주민세 1.4%를 합쳐 총 15.4%의 세금을 납부한다. 그러나 기업이 자사주매입을 택하여 배당을 하지 않는다면 주주는 자가배당을 하기 위하여 주식을 매각하여 100원을 수취한다고 가정하자. 이 경우 원래 주식 취득가격이 60원이라면 매각차익 40원에 대하여 자본이득세가 과세되기 때문에 세금이 배당세보다 적어진다. 우리나라는 개인투자자의 경우 상장주식에 대한 자본이득세가 없다. 배당금에 대한 세율과 자본이득에 대한 세율이 동일한 미국의 경우에도 세금 측면에서 자사주매입은 배당금보다 유리하다.

12.2 MM의 배당무관련이론

기업은 현금배당 또는 자사주매입을 통하여 주주들에 대한 배당정책, 즉 지급정책을 수행한다. 모디글리아니와 밀러(Modigliani and Miller)는 세금, 거래비용 및 발행비용이 없는 완전자본시장에서 지급방법은 중요하지 않다는 것을 보여주고 있다.[09] 이하에서는 MM의 배당무관련이론(MM Dividend Irrelevance)을 살펴본다.[10]

미래기업은 부채가 없고 자기자본만으로 구성된 기업이다. 현재 10억원의 초과현금을 보유하고 있고, 향후 매년 20억원의 추가적인 현금흐름을 기대한다. 미래기업의 자기자본비용은 10%이고, 발행주식수는 10만주이다.

기준 시나리오: 무배당

1년말 이후의 현금흐름은 영구연금이므로 미래기업의 가치는 다음과 같다.

---

09 Modigliani, F. and Miller, M., "Dividend Policy, Growth and the Valuation of Shares," *Journal of Business*, October 1961, pp.411-433.

10 여러 설명방법이 있으나 본서에서는 다음 자료의 설명방법을 이용하여 설명한다. Berk and DeMarzo(2014), pp.588-593.

$$V = 10억 + \frac{20억}{0.1} = 210억원$$

기업가치를 주식수 10만주로 나누면 주당가치, 즉 주가는 210,000원이다. 또는 다음과 같이 주당 현금흐름으로부터 주가를 계산할 수도 있다.

$$P_0 = 10{,}000원 + \frac{20{,}000}{0.1} = 210{,}000원$$

그러므로 무배당의 경우 주가는 210,000원이다. 대안으로 현금배당, 자사주매입 및 현금배당 증가를 순서대로 살펴본다. 그리고 완전자본시장 가정에서 각 대안들이 주주가치에 어떤 영향을 미치는지 살펴본다.

대안 1: 현금배당

첫 번째 대안은 모든 초과현금과 미래 현금흐름을 현금배당하는 방법이다. 주식수가 10만주이고 현재 초과현금이 10억원이므로 즉시 주당 10,000원을 배당하고, 1년말부터는 매년 20억원이 배당 가능하므로 주당 20,000원을 배당할 수 있다.

배당금 10,000원을 받은 주주는 배당락일 이후에는 1년말 이후의 배당금에 대한 청구권을 가진다. 배당락일 이후의 주가는 다음과 같다.[11]

$$P_{EX} = \frac{20{,}000}{0.1} = 200{,}000원$$

따라서 주가는 배당금 10,000원만큼 하락한다. 그러나 1주를 보유한 주주의 현금배당 전후의 가치는 변화가 없다. 즉 배당 전에는 주가가 210,000원이었고, 배당 후에는 10,000원의 배당금과 200,000원의 주식을 보유하기 때문이다.[12]

완전자본시장에서 배당락일에 주가는 배당금만큼 하락한다.[13]

2,000주를 보유한 투자자를 가정하자. 그의 배당 전 주식포트폴리오의 가치

11 또는 주가 = 기업가치/주식수 = 200억원/10만주 = 200,000원이다.
12 편의상 배당락일과 배당지급일의 시차를 무시하고 배당락일이 배당지급일이라고 가정한다.
13 배당금보다 적거나 많게 하락하면 차익거래에 의하여 주가는 배당금만큼 하락하도록 조정된다.

는 4억 2,000만원이다(=210,000원×2,000주). 현금배당을 받으면 그의 배당금은 2,000만원(=10,000원×2,000주)이고, 주식가치는 4억원(=200,000원×2,000주)이 된다. 그런데 이 투자자가 현금배당을 원하지 않는다면 주식 매입(buying)을 통해 배당금을 받지 않는 효과를 실현할 수 있다. 현금배당 2,000만원으로 주식 100주(=2,000만원/200,000원)를 매입할 수 있다. 이 경우 매입가는 배당락으로 주당 200,000원이다. 그 결과 총보유주식수는 2,100주가 된다. 투자자의 총포트폴리오가치는 4억 2,000만원(=200,000원×2,100주)으로 현금배당 시와 동일하다. 즉 투자자는 배당금으로 주식에 투자(buy)하여 자신이 원하는 무배당을 실현하였다.

대안 2: 자사주매입

이번에는 10억원의 초과현금으로 배당 대신에 공개시장에서 **자사주매입**을 하는 경우의 주가를 고려하자. 배당 전 주가가 210,000원이므로 미래기업은 4,762주(=10억원/주당 21만원)를 매입할 수 있다. 따라서 발행주식수는 95,238주(=10만주 − 4,762주)로 감소한다. 기업가치는 자사주매입 후 200억원으로 감소한다. 그러므로 주당가치는 다음과 같다.

$$P = \frac{200\text{억}}{95{,}238\text{주}} = 210{,}000\text{원}$$

자사주매입으로 자산가치가 10억원 감소하였지만, 동시에 주식수도 4,762주가 감소하여 주가는 여전히 210,000원으로 변화가 없다. 개별 주식으로 살펴보면 연말 이후 20억원의 현금흐름이 95,238주로 분배되므로 주당 현금흐름은 21,000원이다. 그러므로 주가는 210,000원(=21,000/0.1)이다. 현금배당과 비교하면 자사주매입으로 현재의 배당을 받지 않은 대신에 연말부터 수령하는 배당금은 20,000원에서 21,000원으로 증가한다. 그리고 주가는 210,000원으로 변화가 없다. 현금배당 시에는 배당금 10,000원과 주가 200,000원으로 총가치는 210,000원이고, 자사주매입 시에는 주가가 210,000원으로 현금배당과 동일하다.

완전자본시장에서 자사주매입은 주가에 아무 영향이 없다.

이제 자가배당금(homemade dividend)을 살펴보자. 기업은 자사주매입을 하였지만 투자자는 현금배당을 선호한다면 투자자는 주식 매각(selling)을 통해 현금배당의 효과를 실현할 수 있다. 2,000주를 보유한 투자자를 다시 가정하자. 그의 주식포트폴리오의 가치는 4억 2,000만원이다(=210,000×2,000주). 주당 10,000원의 현금배당을 받기를 원하면 2,000주의 총배당금은 2,000만원(=10,000원×2,000주)이다. 매각할 주식수는 약 95주(=2,000만원/210,000원)이다. 그러므로 투자자의 잔존 주식수는 1,905주(=2,000주 − 95주)이고, 잔존 주식의 가치는 4억원(=210,000원×1,905주)이다.[14] 따라서 현금배당 시와 같이 배당금 2,000만원과 주식가치 4억원을 보유한다. 이와 같이 기업의 배당정책과 관계없이 투자자가 자신이 원하는 배당정책을 실현할 수 있는 것을 자가배당금이라고 한다.

대안 3: 배당금의 증가

이번에는 기업이 즉시 지급할 배당금으로 20억원을 지급(주당 20,000원)할 계획이다. 추가배당금 10억원은 신주발행으로 조달할 예정이다. 현재의 주가는 210,000원이므로 신규발행할 주식수는 4,762주(=10억원/210,000원)이다. 그러므로 총발행주식수는 104,762주(=100,000주 + 4,762주)이다. 따라서 현재시점과 향후에 모두 20억원의 배당금을 104,762주에게 배당하므로 주당 배당금은 19,090.91원(=20억원/104,762주)이다.[15] 그러므로 주가는 다음과 같다.

$$P = 19{,}090.91 + \frac{19{,}090.91}{0.1} = 210{,}000\text{원}$$

그러므로 배당 전 주가와 동일하다. 배당금의 증가는 주가에 아무 영향이 없다.

2,000주를 보유한 투자자를 다시 가정하자. 그의 주식포트폴리오의 가치는 4억 2,000만원이다(=210,000×2,000주). 이 투자자는 즉시 주당 배당금으로 20,000원을 선호하지만, 기업은 대안 1의 현금배당(즉시 배당 주당 10,000원)을

---

14 주식수 계산 시 반올림을 적용하여 정확히 4억원이 되지는 않는다.

15 최종주가를 정확히 맞추기 위하여 주식수를 104,762주 대신에 반올림전의 주식수 104,761.9048로 나눈 값이다.

실시한다고 가정하자. 즉 투자자는 4,000만원의 배당금(=20,000원×2,000주)을 원하지만, 기업은 2,000만원의 배당금(=10,000원×2,000주)을 지급하므로 부족분 2,000만원의 배당금을 실현시키기 위하여 100주의 주식을 매각(=2,000만원/200,000원)하여야 한다. 보유주식 수는 1,900주로 감소한다.

연말부터 수취하는 총배당금은 3,800만원(=20,000원×1,900주)이다. 그러므로 그의 총포트폴리오가치는 현재의 배당금 4,000만원과 연말부터 수취하는 배당금의 현재가치 3억8,000만원(=3,800만원/0.1)의 합인 4억2,000만원으로 변화가 없다.

MM의 배당무관련이론

위에서 살펴본 각 대안의 배당금을 정리하면 다음과 같다.

| 표 12-1 | 각 대안별 주당 배당금 (단위: 원)

	배당 전 주가	주당 배당금			
		현재	1년말	2년말	…
대안 1	210,000	10,000	20,000	20,000	…
대안 2	210,000	0	21,000	21,000	…
대안 3	210,000	19,090.91	19,090.91	19,090.91	…

[표 12-1]을 살펴보면 대안 2처럼 자사주매입으로 주식수가 감소하면 미래 배당금은 증가한다. 반면에 대안 3처럼 신주발행을 통해 현재의 배당금을 증가시키면 미래의 주식수가 증가하여 주당 배당금이 감소한다. 즉 현재의 배당금과 미래의 배당금 간에는 상반관계(trade-off)가 있으며 결과적으로 모든 현금흐름의 현재가치, 즉 주가는 변화가 없다.

기업이 보유한 현금규모와 관계없이 기업은 자사주매입으로 배당금을 감소시키거나, 신주발행으로 배당금을 증가시킬 수 있다. 이러한 배당금의 변화는 주가에 영향을 미치지 않으며, 주주들은 스스로 주식의 매입 또는 매각을 통하여 배당금의 규모를 변화시켜 **자가배당금(homemade dividend)**을 실현할 수 있다.

MM 배당무관련이론: 완전자본시장에서 기업의 투자정책이 변하지 않는다면 배당정책의 선택은 무관하고 주식의 가치에 영향을 미치지 않는다.

12.3 고배당 선호요인

기업이 고배당(high dividend)을 선호하는 요인을 살펴본다.

12.3.1 현재소득 선호

많은 투자자들은 현재의 소득을 선호한다. 예를 들면 은퇴자 또는 고정된 소득으로 생활하는 사람들은 높은 배당성향의 기업을 선호한다. 따라서 배당이 증가하면 이들의 선호 증가로 주가가 상승하고, 반대로 배당금이 감소하면 주가는 하락한다.

세금과 거래비용이 없는 MM의 완전자본시장에서는 주주들은 저배당 주식을 보유할지라도 주식의 매각을 통해 자가배당으로 고배당을 실현할 수 있다. 그러므로 고배당주식이 반드시 선호될 이유는 없다. 그러나 현실에서는 주식매각에는 거래비용이 발생하고 현금화되기까지 어느 정도 시간도 소요된다. 따라서 투자자들은 고배당 주식을 보유함으로써 현금화에 따른 시차 및 거래비용을 회피할 수 있다.

12.3.2 미래 불확실성 감소

미래의 배당금은 불확실하기 때문에 투자자들은 확실한 현재의 배당금을 선호하는 경향이 있다. 배당 대신에 사내에 유보되면 미래의 배당금 또는 자본이득이 발생하지만 미래의 불확실성이 수반되기 때문에 확실한 현재의 높은 배당을 선호한다. 그러므로 높은 배당성향이 투자자의 불확실성을 감소시키면 그에 따른 주식의 요구수익률이 감소하여 주가는 상승한다.[16]

12.3.3 대리인비용 감소

주주와 경영자 간에는 대리인관계가 성립하고 갈등관계인 대리인문제가 발생할 수 있다. 즉 주주의 이익을 위하지 않고 경영자 자신의 사익을 추구하고자 특전(perk)의 사용을 증가시킬 수 있다. 그리고 음의 순현가를 가지는 투자안에 투자하여 기업의 외형을 크게 하려는 유인도 존재한다. 그리고 이러한 유인에 기인한 **대리인비용**은 기업의 잉여현금흐름이 많을수록 증가한다. 그러므로 경영자가 사용할 수 있는 현금흐름을 감소시키는 것이 이러한 대리인비용을 감소시키는 방법이다.

제11장에서 부채사용으로 인한 레버리지의 증가가 대리인비용을 감소시킬 수 있다고 살펴보았다.[17] 마찬가지로 현금흐름 감소의 방법으로 배당금을 증가시키면 경영자의 자의적 잉여현금 사용에 따른 대리인비용을 감소시킬 수 있다. 또한 배당금의 증가로 인해 추후 자금이 필요할 때 자본시장에서 자금을 조달하여야 하는데, 그때 더 자주 시장의 모니터링, 즉 **시장규율**에 노출되기 때문에 대리인비용이 감소된다.[18] 동일한 논리가 자사주매입에도 적용된다. 자사주매입으로 경영자가 사용할 수 있는 현금흐름이 감소하면 마찬가지로 대리인비용을 감소시킬 수 있다. 그러므로 배당정책 관점에서 배당금과 자사주매입에 의한 잉여현

16 Gordon, M. J., "Optimal Investment and Financing Policy," *Journal of Finance*, May 1963, pp.264-272. Lintner, J., "Dividends, Earnings, Leverage, Stock Prices and the Supply of Capital to Corporations," *Reviews of Economics and Statistics*, August 1962, pp.243-269.

17 Jensen, M., "Agency Costs of Free Cash Flow, Corporate Finance and Takeovers," *American Economic Review*, May 1986, pp.323-329.

18 Rozeff, M. S., "Growth, Beta and Agency Costs as Determinants of Dividend Payout Ratios," *Journal of Financial Research*, Fall 1982, pp.249-259. Easterbrook, F. H., "Two Agency-Cost Explanations of Dividends," *American Economic Review*, September 1984, pp.650-659.

금흐름의 감소는 대리인비용을 감소시켜 주가를 상승시킨다.

12.3.4 거래비용 감소

거래비용이 없는 완전자본시장에서는 주주들은 주식의 매입 또는 매각을 통해서 자가배당(homemade dividend)을 만들 수 있기 때문에 고배당 또는 저배당 주식의 선호는 발생하지 않는다. 그러나 현재의 높은 소득을 위해 주식을 매각하여야 하는 경우 거래비용이 존재한다면 주주들은 거래비용만큼 현금수령액이 감소한다. 따라서 주식의 매각에 따른 거래비용을 감소시키기 위하여 고배당의 주식을 선호한다.

12.4 저배당 선호요인

기업이 저배당(low dividend)을 선호하는 요인을 살펴본다.

12.4.1 세금

일반적으로 주주는 배당금에 대하여 배당세를 납부하고, 주식을 매각할 때에는 자본이득세를 납부하여야 한다. 미국의 경우 과거 배당에 대한 세율이 자본이득에 대한 세율보다 높았을 때 주주들은 배당보다 자본이득을 선호하였다. 2003년 세법개정으로 배당세와 자본이득세가 15%로 같아졌지만, 자본이득세는 주식이 매각될 때까지 세금납부가 지연되기 때문에 여전히 배당보다는 자본이득이 세금 측면에서는 유리하다. 따라서 세금을 고려한다면 투자자들은 저배당을 선호하게 될 것이다.

우리나라는 배당소득세율이 14%이고 소액주주들의 상장주식 자본이득에 대해서는 비과세한다. 따라서 주주들은 세금측면에서는 저배당을 선호할 것이다. 배당세율이 자본이득세율을 초과하는 경우의 최적배당정책은 배당을 지급하지 않는 것이 될 것이다.

12.4.2 발행비용

신주발행 시에는 **발행비용**(flotation costs)이 발생한다. 이 발행비용으로 제8장에서 살펴보았듯이 유보이익의 자본비용은 신주발행의 자본비용보다 낮다. 향후 자금조달 시 신주발행의 발행비용을 부담하지 않기 위하여 기업들은 저배당정책으로 더 많은 자금을 유보시키기를 원할 것이다. 그 결과 자본비용도 낮출 수 있다.

12.4.3 거래비용 감소

현재의 소비에 필요한 소득보다 더 많은 배당을 받는 주주들은 배당금을 재투자하기 위하여 주식을 매입하여야 한다. 그 과정에서 거래비용이 발생한다. 따라서 이들은 기업이 배당을 지급하지 말고 유보이익으로 재투자해주는 것을 선호하게 될 것이다. 그러면 주주들은 재투자에 따른 거래비용을 감소시킬 수 있다. 앞서 현재의 현금수요가 많은 주주들은 저배당 시 주식을 매각하여 현금화하여야 하기 때문에 거래비용을 부담하지 않기 위하여 고배당주식을 선호한다고 하였다. 여기에서는 현재의 현금수요가 적은 주주들은 고배당 시 주식을 매입하여 재투자하여야 하기 때문에 거래비용을 부담하지 않기 위하여 저배당주식을 선호한다.

12.5 신호이론과 고객효과

12.5.1 신호이론

배당의 신호이론(dividend signaling theory)은 현금배당이 기업의 미래현금흐름에 대한 정보, 즉 신호를 제공한다는 이론이다. 일반적으로 기업은 안정적인 배당정책을 실시하는데 이와 달리 배당금의 변화는 기업의 미래전망에 관한 경영자의 기대를 반영한다는 것이다. 즉 배당의 증가는 경영진이 향후에도 증가된 배당금을 지속할 능력이 있을 때 배당을 증가시키기 때문에 기업의 미래현금흐름의 증가로 인식되어 주가의 상승을 가져온다. 반면에 배당의 감소는 현금흐름이 가까운 미래에 회복될 수 없기 때문에 배당금을 감소시킨다고 인식되어 주가의 하락을 가져온다. 실증적 연구도 배당 증가의 공시는 주가의 상승을 가져오고,[19] 배당 감소의 공시는 주가의 하락을 발생시키는 것으로 보고하고 있다.[20]

배당의 신호이론은 자본구조의 신호이론과 유사하다. 부채의 증가는 경영진이 향후에도 증가된 이자의 부담을 감당할 수 있다는 신호로 해석되었듯이, 배당의 증가는 기업이 향후에도 증가된 배당을 지속할 수 있다는 신호로 받아들여진다. 그러나 배당금 지급의 불이행은 이자지급의 불이행만큼 심각한 것이 아니기 때문에 배당 변화의 신호는 재무레버리지 변화의 신호보다는 약하다고 할 수 있다.

한편 배당의 증가는 기업이 투자기회가 부족하다는 신호로 해석될 수도 있다. 반대로 배당의 삭감은 양의 순현가를 가지는 투자안에 투자할 기회를 보유하고 있다는 신호로 받아들여질 수도 있다.

자사주매입은 배당지급에 비해 경영자가 미래에도 자사주매입을 지속한다는 신호가 약하다고 볼 수 있다. 공개시장 매수의 경우에도 기업이 반드시 매입하

19 Asquith, P. and Mullins, D. Jr., "The Impact of Initiating Dividend Payments on Shareholder Wealth," *Journal of Business*, January 1983, pp.77-96.

20 Michaely, R., Thaler, R. and Womack, K., "Price Reactions to Dividend Initiations and Omissions: Overreaction or Drift?" *Journal of Finance*, 1995, pp.573-608.

지 않는 경우도 있기 때문이다. 또한 배당의 안정성 측면과 비교해도 자사주매입은 안정성이 약하다. 따라서 자사주매입의 신호효과는 배당에 비하여 약하다고 볼 수 있다.[21] 한편 경영자는 주가가 고평가되었을 때는 자사주매입을 하지 않을 것이다. 반대로 주가가 저평가되었을 때 자사주매입을 실행할 것이다. 따라서 자사주매입은 주가가 저평가되었다는 신호로 해석된다. 그 결과 자사주매입 공시에 주가가 상승할 것으로 기대된다. 자사주매입 중에서는 공개매수(tender offer)의 경우에 주가반응이 가장 큰 것으로 나타났다.[22]

12.5.2 고객효과

고객효과(clientele effects)란 기업이 자신의 배당정책을 선호하는 투자자들을 모으는 경향을 말한다. 예를 들어 은퇴자들은 현금소득을 선호하고, 따라서 기업이 고배당을 하기를 바란다. 만약에 기업이 저배당을 하면 은퇴자 주주들은 보유주식을 매각하여 현금화하여야 하는 번거로움을 겪게 된다. 반면에 소득이 많은 주주들은 현재 소득에 대한 선호도가 낮아 배당보다는 기업이 유보하여 재투자하여 주기를 선호한다. 만약 기업이 고배당을 하면 지급받은 배당금의 세금을 납부하고 다시 재투자하여야 하는 불편을 겪게 된다.

따라서 현재의 소득을 원하는 주주들은 고배당성향의 주식을 보유하고, 현재 소득이 필요하지 않은 주주들은 저배당성향의 주식을 보유하려고 한다. 따라서 기업들은 자신의 배당성향에 맞는 투자자들을 주주로 보유하게 된다. 그러므로 배당정책의 변화는 고객에게 어려움을 가져올 수 있고 주가에 부정적 영향을 미칠 수 있다. 따라서 기업은 안정적인 배당정책을 실시하여야 한다는 시사점을 제시한다.

---

21 다음 자료에 언급된 관련 자료들을 참고하기 바랍니다. Berk and DeMarzo(2014), pp.610.

22 Comment, R., Jarrell, G., "The Relative Signaling Power of Dutch-Auction and Fixed-Price Self-tender Offers and Open-Market Share Repurchases," *Journal of Finance*, 1991, pp.1243-1271.

12.6 잔여배당정책과 배당의 안정성

12.6.1 잔여배당정책

잔여배당정책(residual dividend policy)은 기업은 순이익 중에서 기업의 최적자본예산에 필요한 자금을 차감한 금액을 배당하여야 한다는 정책이다. 잔여배당정책에 의하면 투자자들은 배당과 자본이득에 무차별하다는 가정하에 다음의 네 단계로 기업의 목표배당성향을 확립한다.[23]

① 최적자본예산를 결정한다.

② 목표자본구조 하에서 자본예산에 소요되는 자기자본의 규모를 결정한다.

③ 가능하면 자기자본소요액을 충당하기 위하여 유보이익을 사용한다.

④ 투자소요액 충당 후에도 남는 유보이익을 배당금으로 지급한다.

예를 들어 기업의 당기순이익이 10억원이라고 가정하자. 기업의 목표자본구조는 자기자본 60%, 부채 40%이다. 최적자본예산의 투자규모는 5억원이다. 이 경우 자기자본 소요액은 3억원(=5억원×0.6)이다. 그러므로 배당가능현금은 7억원(=10억원 − 3억원)이다. 배당성향으로 표시하면 70%(=7억원/10억원)이다.

12.6.2 배당의 안정성

기업들은 실제로 배당금의 규모를 상대적으로 거의 변화시키지 않는다. 즉 순이익의 변화가 시계열적으로 크더라도 주당 배당금은 상대적으로 변동성이 작다. 이와 같이 상대적으로 안정된 배당금의 지급 관례를 유지하는 것을 **배당의 안정화(dividend smoothing)**라고 한다. 투자자들은 상대적으로 안정적이고 예측가능한 배당금을 선호한다. 따라서 기업들은 배당금의 증가가 향후에도 지속

23 Brigham and Houston(2013), p.554.

가능할 때 증가시킨다. 반면에 마지막으로 불가피할 때 배당금을 삭감한다. 따라서 기업은 지속가능한 배당금을 결정하고 유지하여야 한다.

12.7 주식배당, 주식분할 및 주식병합

주식배당(stock dividend)은 현금이 아니라 주식으로 배당을 하는 것이다. 예를 들어 10% 주식배당은 주식 10주를 보유한 주주에게 주식 1주를 지급하는 방식으로 배당이 이루어진다. 주식분할(stock split)도 본질적으로는 주식배당과 동일하다. 50% 이상의 주식배당은 주식분할로 불린다. 예를 들어 50% 주식배당은 주주가 보유주식 두 주식에 대하여 한 주를 받는 것을 의미한다. 두 주식을 소유한 주주가 세 주식을 보유하는 셈이 되기 때문에 3 : 2 주식분할이라고 한다. 100% 주식배당은 한 주가 두 주로 되기 때문에 2 : 1 주식분할이다. 주식분할은 액면분할이라고도 한다.

주식배당은 현금을 지급하는 것이 아니기 때문에 기업가치는 변화하지 않는다. 마찬가지로 자기자본가치도 변화가 없는데 발행주식수가 증가하였기 때문에 주식의 가치는 하락한다. 예를 들어 100% 자기자본으로 구성된 기업의 시장가치가 12억원이라고 가정하자. 발행주식수가 10만주라면 주가는 12,000원이다. 만약 50% 주식배당(또는 3 : 2 주식분할)을 실시하면 주식수는 15만주로 증가하고 주가는 8,000원(=12억원/15만주)으로 하락한다. 현금배당과 달리 세금은 없다. 기업가치의 변화는 없고 단지 주식수가 증가하고 주가는 감소한다.

주식배당 또는 주식분할은 주가를 거래가 편리한 적정주가 수준을 유지하도록 해주는 효과가 있다. 주식 가격이 지나치게 높으면 투자자들의 거래가 용이하지 않다. 그러므로 주식배당 또는 주식분할로 주가를 거래가 편리한 수준으로 유지함으로써 주식에 대한 수요 및 주식의 유동성을 제고하여 궁극적으로 주가의 상승에 기여할 수 있다. 실증적 연구는 주식분할은 주가의 2% 상승을 보고하고 있다.[24]

반면에 주가가 크게 하락하여 너무 낮아지면 **주식병합(reverse split)**을 실시한다. 주식병합의 결과 주식수는 감소한다. 예를 들어 1:10 주식병합은 10주의 주식이 한 주로 합쳐지는 것을 말한다. 따라서 주가는 10배로 증가한다. 주식배당, 주식분할 또는 주식병합을 통해 기업들은 주가를 적정수준에서 유지할 수 있다.

24 Nayak, S. and Prabhala, N., "Disentangling, the Dividend Information in Splits: A Decomposition Using Conditional Event-Study Methods," *Review of Financial Studies*, 2001, pp.1083-1116.

요 약

01 주주들에 대한 지급은 배당 또는 자사주매입을 통해 이루어진다. 이와 같은 초과현금의 사용에 관한 의사결정을 기업의 배당정책(dividend policy) 또는 포괄적으로 기업의 지급정책(payout policy)이라고 한다.

02 우리나라의 배당금 지급일정을 시간선에 표시하면 배당락일, 배당기준일, 배당공시일, 및 배당지급일의 순서로 진행한다. 배당락일(ex-dividend date)은 배당을 받을 권리가 상실되는 첫째날을 말한다. 그리고 배당락일에 주가는 배당금만큼 하락한다.

03 자사주매입(stock repurchase)은 현금배당 대신에 자사주를 매입하는 것을 말한다. 자사주매입은 공개시장매입(open market repurchase), 공개매수(tender offer) 그리고 주요 주주를 겨냥한 자사주매입(targeted purchase)의 방법으로 이루어진다.

04 MM 배당무관련이론에 의하면 완전자본시장에서 기업의 투자정책이 변하지 않는다면 배당정책의 선택은 무관하고 주식의 가치에 영향을 미치지 않는다. 기업의 배당정책과 관계없이 투자자가 자신이 원하는 배당정책을 실현할 수 있는 것을 자가배당금(homemade dividend)이라고 한다.

05 고배당 선호요인으로는 현재소득 선호, 미래불확실성 감소, 대리인비용 감소, 거래비용 감소 등이 있다. 특히 배당금과 자사주매입의 증가는 경영자의 자의적 잉여현금 사용을 억제하고 자본시장의 시장규율을 증가시켜 대리인비용을 감소시키는 효과가 있다.

06 저배당 선호 요인으로는 세금, 발행비용, 거래비용 감소 등이 있다.

07 배당의 신호이론(dividend signaling theory)에 의하면 배당의 증가는 기업의 미래현금흐름의 증가의 신호로 주가의 상승을 가져오며, 반면에 배당의 감소는 미래현금흐름의 감소 신호로 주가의 하락을 가져온다.

08 고객효과이론에 의하면 기업들은 자신의 배당성향에 맞는 투자자들을 주주로 보유하게 된다. 따라서 기업은 안정적인 배당정책을 실시하여야 한다는 시사점을 제시한다.

09 잔여배당정책(residual dividend policy)은 기업은 순이익 중에서 기업의 최적자본예산에 필요한 자금을 차감한 금액을 배당하여야 한다는 정책이다. 한편 기업들은 안정적인 배당정책을 유지하는 경향이 크다.

10 주식배당 또는 주식분할은 자기자본가치는 변화가 없는데 발행주식수를 증가시켜 주가는 하락한다. 주가를 낮추어 주식에 대한 수요 및 주식의 유동성을 제고하여 궁극적으로 주가의 상승에 기여할 수 있다. 반면에 주가가 크게 하락하여 너무 낮아지면 주식병합(reverse split)을 실시한다.

EXERCISE

| 연 | 습 | 문 | 제 |

12-1 우리나라 주식의 배당지급절차와 배당락일에 대하여 설명하시오.

12-2 자사주매입의 방법과 효과를 설명하시오.

12-3 MM의 배당무관련이론을 설명하시오. 관련하여 자가배당금(homemade dividend)을 설명하시오.

12-4 고배당 및 저배당 선호 요인을 각각 설명하시오.

12-5 부채와 배당금(자사주매입)이 대리인비용의 감소에 미치는 효과를 설명하시오.

12-6 배당의 신호이론과 자본구조의 신호이론을 비교 · 설명하시오.

12-7 주식배당, 주식분할이 기업가치, 주식수 및 주가에 미치는 영향을 설명하시오.

12-8 목표자본구조가 타인자본 60%, 자기자본 40%이다. 향후 3억원의 자본예산을 계획하고 있다. 당기순이익은 2억원이다. 잔여배당정책을 따른다면 이 기업의 배당성향은 얼마인가?

12-9 주가가 210,000원이다. 3:2 주식분할을 고려하고 있다. 주식분할이 자기자본가치에 영향을 미치지 않는다고 가정한다. 주식분할 후 주가는 얼마인가?

12-10 당기순이익은 2억원, 주식수는 100,000주, 그리고 현재주가는 10,000원이다. 가용 현금을 이용하여 주식수의 20%를 공개시장에서 매입하려고 한다. 자사주매입은 당기순이익과 주가이익비율(*P/E* ratio)에 영향을 미치지 않는다고 가정한다. 자사주매입 후의 주가를 계산하시오.

12-11 3:1 주식분할 후 신주(new stock)당 배당금 500원을 지급하였다. 이는 주식분할 전인 작년 배당금에 비해 10% 증가된 금액이다. 작년의 주당 배당금은 얼마인가?

12-12 다음과 같은 독립적 투자안을 검토하고 있다. 각 투자안의 규모는 5억원이다.

투자안 *H*(고위험)	자본비용 15%	*IRR* = 20%
투자안 *M*(중위험)	자본비용 12%	*IRR* = 10%
투자안 *L*(저위험)	자본비용 7%	*IRR* = 9%

EXERCISE

목표자본구조는 부채 50%, 자기자본 50%이다. 금년도 당기순이익은 8억원으로 예측되고 있다. 이 기업이 잔여배당정책을 따른다면 배당성향은 얼마인가?

12-13 당기순이익이 8억원, 배당성향은 40%, 주식수는 1,000,000주, 주가는 10,000원이다. 주당 배당금과 배당수익률을 각각 계산하시오.

12-14 재무상태표가 다음과 같다. 주식수는 10,000주이다.

현금	40,000,000	자기자본	200,000,000
고정자산	160,000,000		

(1) (현금배당) 주당 1,000원의 현금배당을 실시할 예정이고, 내일이 배당락일이다. 세금은 없다고 가정하고 오늘의 주가와 내일의 주가를 계산하시오, 배당 후 재무상태표를 표시하시오.

(2) (자사주매입) 자사주를 10,000,000원 매입하기로 공시하였다. 자사주매입으로 자기자본가치은 어떻게 변화하는가? 자사주매입 후 잔존주식수는 얼마인가? 자사주매입 후 주가는 얼마인가? 세금은 없다고 가정한다.

(3) (자사주매입) 자사주를 20,000,000원 매입하는 경우에 (2)번을 다시 계산하시오.

12-15 여러분이 투자자로서 주식 1,000주를 보유하고 있다고 가정한다. 기업은 1년 후에 주당 550원, 2년 후에는 청산배당금으로 주당 4,235원을 지급할 예정이다. 기업의 자본비용은 10%이다. 세금은 없다고 가정한다.

(1) 현재 주가는 얼마인가?

(2) 1년 후와 2년 후에 균등한 배당금을 받고자 한다. 자가배당금을 어떻게 만들 수 있는지 설명하시오.

(3) 1년 후에 200,000원의 배당금을 받으려고 한다. 자가배당금을 만드는 과정을 설명하시오.

(4) 2번과 3번의 자가배당금의 현재가치를 기업의 원래 배당금의 현재가치와 비교하시오.

Part **06**

운전자본관리

제13장 운전자본관리

미래 CEO를 위한 재무관리

Chapter 13

운전자본관리

본 장에서는 운전자본관리에 대하여 공부한다. 먼저 운전자본의 개념을 살펴보고, 현금전환주기를 공부한다. 다음에 단기재무정책으로 유동자산 투자정책과 유동자산 자금조달정책을 살펴본다. 그리고 매출채권과 매입채무에 공통적으로 적용되는 거래신용에 대하여 알아본다. 유동자산관리에서는 주요 항목인 매출채권, 재고자산 및 현금의 관리방안을 공부한다. 유동부채관리에서는 매입채무의 관리방안을 공부하고 단기자금 조달방안으로 은행대출과 기업어음을 살펴본다.

13.1 운전자본관리 개관

13.1.1 운전자본의 개념

운전자본(working capital)은 과거 미국의 행상인(peddler)들이 마차에 상품을 싣고 물건을 팔러 다니던 데에서 유래했다고 한다.[01] 그들이 상품을 팔면 이익이 발생하기 때문에 그들이 팔러 다니던 상품을 운전자본(working capital)이라고 불렀다고 한다. 즉 마차는 그들의 자기자본으로 조달한 고정자산이고, 상품은 공급업자로부터 외상으로 받거나 은행에서 대출을 받아 매입한 운전자본이었던 것이다. 이 경우 은행대출을 운전자본대출(working capital loans)이라고 불렀다.

지금까지 우리는 자본예산, 자본구조 등에서 장기고정자산과 그에 따른 장기자본조달을 다루었다. 이에 반해 단기투자와 단기자금조달을 다루는 영역을 **운전자본관리(working capital management)**라고 부른다. 만기가 1년 이내인 자산을 **유동자산(current assets)**이라 하고, 만기가 1년 이내인 부채를 **유동부채(current liabilities)**라고 한다. 그 중 유동자산을 종종 **운전자본(working capital)**이라고 부른다.

그리고 유동자산과 유동부채의 차이를 **순운전자본(net working capital)**이라고 한다. 순운전자본은 기업경영에 단기적으로 필요한 자본이다. 따라서 운전자본관리는 매출채권, 재고자산, 현금과 같은 유동자산과 매입채무와 같은 유동부채를 관리하는 것을 말한다.

유동자산은 기업과 산업에 따라 상이하다. 예를 들면 대형 소매점이나 백화점은 기업 성격상 재고자산을 상대적으로 많이 보유하겠지만, 고속버스회사는 재고자산이 적고 대신 버스와 같은 고정자산을 많이 보유한다. 이와 같은 유동자산과 유동부채의 관리, 즉 운전자본관리는 기업가치 극대화 측면에서 효율적으

01 Brigham and Houston(2013), p.580.

로 이루어져야 한다.

13.1.2 현금전환주기

순운전자본의 핵심구성요소는 현금, 재고자산, 매출채권 및 매입채무이다. 특히 현금은 기업의 일일경영에 필요한 현금만을 지칭하며, 기업경영에 필요하지 않은 초과현금, 즉 잉여현금은 포함하지 않는다.

기업의 운영과정을 살펴보면 기업은 먼저 협력업체(suppliers)로부터 원자재 또는 완제품의 형태로 재고자산을 매입한다. 기업은 보통 재고자산 매입 시 현금으로 즉시 지급하지 않고 신용으로 매입한다. 그 후 제품을 신용으로 매출하고 후에 현금을 수취한다. 이와 같은 일련의 과정을 다음과 같이 [그림 13-1]로 표시할 수 있다.

그림 13-1 | 현금전환주기

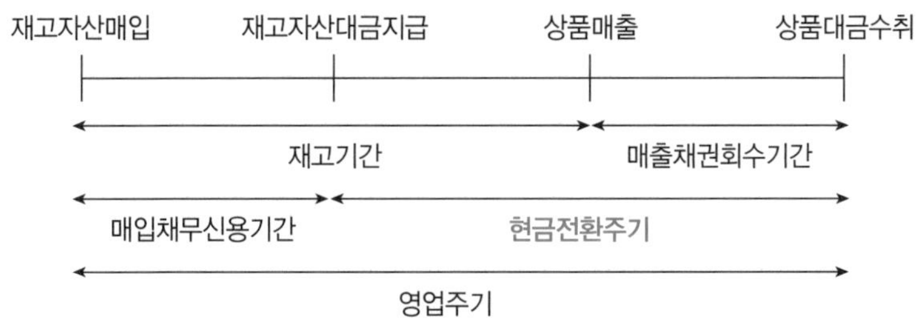

기업의 현금주기(cash cycle)는 기업이 재고자산대금을 지급하는 시기로부터 상품대금을 수취하는 시기까지의 기간을 말한다. 이는 현금전환주기(cash conversion cycle: CCC)라고도 한다. 현금전환주기는 다음과 같이 계산한다.

현금전환주기 = 재고기간 + 매출채권회수기간 − 매입채무신용기간 (13.1)

여기서

$$\text{매출채권회수기간} = \frac{\text{매출채권}}{\text{평균 일일매출액}}$$

$$\text{재고기간} = \frac{\text{재고자산}}{\text{평균 일일매출원가}}$$

$$\text{매입채무신용기간} = \frac{\text{매입채무}}{\text{평균 일일매출원가}}$$

예를 들어 기업의 재고기간이 50일, 매출채권회수기간이 50일, 매입채무신용기간이 30일이라면 현금주기 또는 현금전환주기는 70일(=50 + 50 − 30)이다. 현금전환주기가 길면 길수록 더 많은 현금을 보유하여야 함을 의미한다.

기업의 영업주기(operating cycle)는 기업의 재고자산 매입시기로부터 상품대금 수취시기까지의 평균기간을 말한다.

현금전환주기의 예를 보면 다음 [표 13-1]과 같다.

| 표 13-1 | 현금전환주기의 예

기업명	산업	매출채권 회수기간	재고기간	매입채무 신용기간	현금전환주기
아마존	인터넷소매업	7	34	62	−21
사우스웨스트항공	항공	8	8	31	−15
맥도널드	식당	15	3	13	5
크로거	식품소매	4	29	25	8
시어즈	백화점	7	111	41	77
나이키	신발	55	83	37	101

자료: Berk, J. and DeMarzo P., *Corporate Finance*, Pearson, 2nd ed., 2011, p.850.

아마존 또는 사우스웨스트항공의 현금전환주기는 음이다. 이는 재고자산대금을 지급하기 이전에 매출채권이 회수됨을 의미한다.

다음의 가상의 자료를 바탕으로 현금전환주기를 계산해 보자.

연간 매출액	50,000,000원
매출원가	40,000,000원
재고자산	10,000,000원
매출채권	12,000,000원
매입채무	6,000,000원

재고기간, 매출채권회수기간 및 매입채무신용기간은 다음과 같다.

$$\text{재고기간} = \frac{10,000,000}{40,000,000/365} = 91.25 \quad \text{그러므로 약 91일}$$

$$\text{매출채권회수기간} = \frac{12,000,000}{50,000,000/365} = 87.6 \quad \text{그러므로 약 88일}$$

$$\text{매입채무신용기간} = \frac{6,000,000}{40,000,000/365} = 54.75 \quad \text{그러므로 약 55일}$$

따라서 현금전환주기는 다음과 같이 계산된다.

$$CCC = 91\text{일} + 88\text{일} - 55\text{일} = 124\text{일}$$

만약 기업이 목표로 하는 현금전환주기가 예를 들어 100일이라면 기업은 재고기간과 매출채권회수기간을 단축하고 매입채무신용기간을 늘리는 정책을 추진하여 *CCC*를 단축하여야 할 것이다. 현금전환주기의 단축은 이익의 증가와 주가의 상승으로 이어진다는 연구결과가 보고되고 있다.[02]

13.1.3 단기재무정책

유동자산 투자정책

유동자산의 투자정책(current asset investment policy)은 매출액 대비 유동자산의 비율이 높은 탄력적 유동자산 투자정책과 매출액 대비 유동자산의 비율

02 Shin, H. and Soenen, L., "Efficiency of Working Capital Management and Corporate Profitability," *Financial Practice and Education*, Fall/Winter 1998, pp.37-45.

이 낮은 제한적 유동자산 투자정책으로 구분된다. 탄력적(flexible) 정책은 현금보유량 및 재고자산투자를 증가시키고, 완화된 신용정책으로 매출채권의 규모를 크게 유지하는 정책이다. 이에 반해 제한적(restrictive) 정책은 현금보유량 및 재고자산투자를 줄이고 신용판매를 허용하지 않아 매출채권을 보유하지 않는 정책이다. 따라서 탄력적 정책하에서 유동자산 보유가 극대화되고, 제한적 정책하에서 유동자산 보유가 가장 낮아진다. 미래현금흐름은 탄력적 정책에서 가장 많다. 완화된 신용정책으로 매출이 증가하고 재고가 충분하여 신속한 배송으로 판매가 증가하기 때문이다.

최적 유동자산 투자정책은 유지비용과 부족비용의 상반관계에서 결정된다. 유동자산의 증가와 함께 증가하는 비용을 유지비용(carrying costs)이라고 하고, 유동자산의 증가와 함께 감소하는 비용을 부족비용(shortage costs)이라고 한다. 유지비용의 예로는 첫째, 유동자산의 수익률은 상대적으로 낮기 때문에 유동자산이 많을수록 기회비용이 증가한다. 둘째, 재고자산 유지비용도 유동자산이 많을수록 증가한다. 반면에 부족비용은 유동자산이 적을 때 발생한다. 부족비용의 예로는 첫째, 주문비용이다. 유동자산이 많을수록 주문비용은 감소한다. 둘째, 재고부족에 따른 고객상실, 매출감소 등의 비용이다. 따라서 이런 비용은 유동자산이 증가할수록 감소한다. 따라서 최적 유동자산보유량은 유지비용과 부족비용의 합이 최소가 되는 유동자산규모이다. 그림으로 표시하면 [그림 13-2]와 같다.

그림 13-2 | 최적 유동자산 투자정책

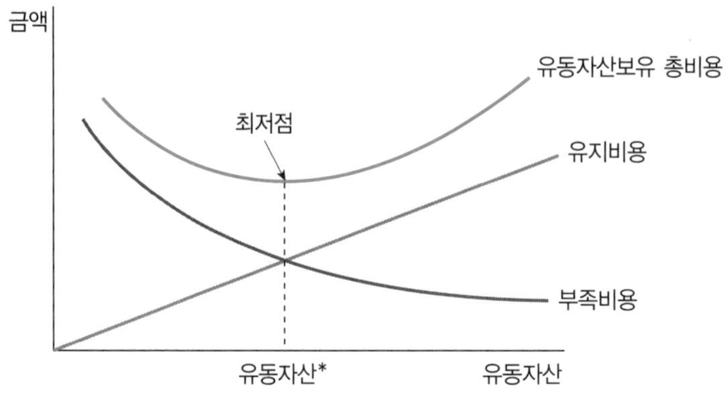

유동자산 자금조달정책

유동자산 자금조달정책(current asset financing policy)은 유동자산의 자금조달에 관한 정책이다. 유동자산 중에서 기업이 어떤 경기변동하에서도 항상 유지하여야 하는 유동자산의 규모를 **영구유동자산(permanent current assets)**이라고 한다. 이에 반해 계절적 또는 경기변동에 따라 변동하는 유동자산의 규모를 **일시적 유동자산(temporary current assets)**이라고 한다. 일시적 유동자산은 총유동자산에서 영구유동자산을 차감한 금액이다. 크게 세 종류의 유동자산 자금조달정책을 살펴보자.

만기일치(maturity matching) **정책**은 다음과 같다. 영구유동자산은 기업의 운영이 지속되는 한 필요하므로 장기투자의 자금으로 조달하고 계절적 변동 등에 기인한 일시적인 유동자산은 단기적인 자금수요이므로 단기자금으로 조달한다는 것이다. 다시 말하여 고정자산과 영구유동자산은 장기자금으로 조달하고, 일시적인 유동자산은 단기자금으로 조달한다.

이에 반해 **공격적**(aggressive) **자금조달정책**은 영구유동자산의 일부 또는 전부를 단기자금으로 조달하는 정책이다. 다시 말하여 영구유동자산의 일부 또는 전부와 일시적인 유동자산을 단기자금으로 조달한다. 이 정책의 기업은 향후 은행의 단기대출 갱신이 이루어지지 않을 위험과 이자율이 상승할 위험에 노출된다. 그러나 수익률곡선이 우상향이라면 단기금리가 장기금리보다 낮으므로 이익을 제고하기 위하여 이와 같은 공격적인 정책을 구사하기도 한다.

마지막으로 **보수적**(conservative) **자금조달정책**은 고정자산, 영구유동자산 및 일부 일시적인 유동자산을 장기자금으로 조달하는 정책이다. 이 정책에서는 기업은 유동자산규모가 아주 클 때만 일시적 유동자산의 일부를 단기자금으로 조달한다. 이 정책에서는 일부 기간에는 장기자금이 고정자산과 유동자산을 초과하여 초과현금이 발생할 수도 있다. 공격적 정책이 자금조달위험(funding risk)에 노출되는 데 반해, 보수적 정책은 자금조달위험을 감소시킨다. 그러나 초과현금이 시장수익률 이하로 운용된다면 기업가치를 감소시키는 요인이 될 수 있으며, 초과현금은 경영자의 대리인비용을 증가시킬 수도 있다.

그림 13-3 | 유동자산 자금조달정책

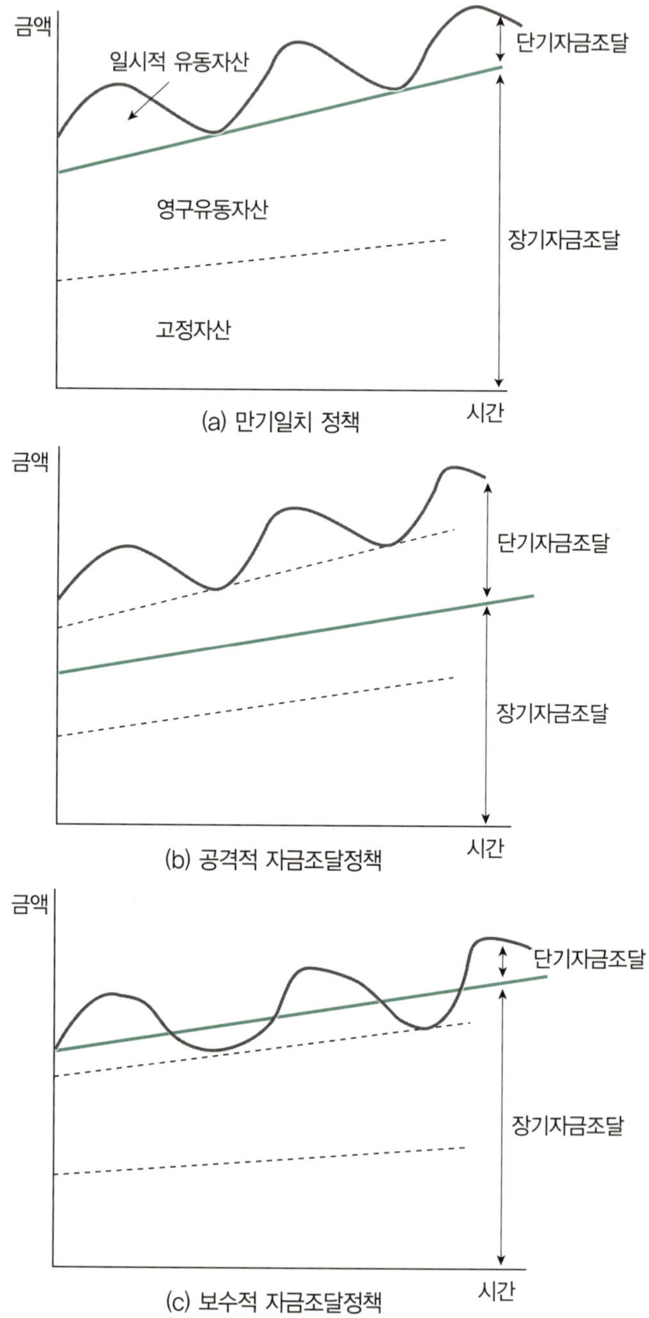

자료: Brigham and Houston(2013), p.584.

13.1.4 거래신용

거래신용(trade credit)은 기업이 고객에게 제공하는 신용이다.[03] 기업이 고객에게 제품 구매일보다 늦게 대금을 결제하도록 허용한다면, 기업에게는 매출채권(account receivable)이 발생하고, 고객에게는 매입채무(account payable)가 발생한다. 반대로 기업이 협력업체로부터 재고자산 또는 완제품을 매입하고 후에 대금을 결제하기로 하였다면, 기업에는 매입채무가 발생한다.

거래신용의 조건은 다음과 같다. 예를 들어 "2/10, Net 30"은 구매기업이 10일 이내에 결제하면 2%의 할인을 제공하며, 할인(discount)을 이용하지 않으면 30일 이내에 지급하여야 한다는 것을 의미한다. 즉 할인을 이용하지 않으면 이자비용이 20일 동안 2%가 발생한다. 여기서 할인은 고객에게 조기에 결제하도록 하는 유인을 제공한다.

고객에게 거래신용을 제공하는 이유는 장기거래관계로 고객의 신용상태를 잘 알 수 있고, 미결제 시에는 향후 거래관계가 단절될 수 있음을 인지시켜 지급확률을 제고할 수 있고, 지급불이행이 발생하면 기업은 재고자산을 담보로 취득할 수 있기 때문이다.

기업은 고객의 대금 지급시점과 지급된 현금 도착시점 간의 시차를 단축하는 방향으로 노력하여야 한다. 고객의 은행계좌로부터 기업의 은행계좌로 직접 이체하는 방법은 이런 시차를 단축하는 한 방법이다.

거래신용의 비용

거래신용은 상품의 매출기업이 고객에게 제공하는 대출이다. 이제 거래신용의 비용을 계산해 보자. 기업이 100만원 어치의 상품을 "2/10, Net 30"의 조건으로 판매하였다고 하자. 기업이 할인을 이용한다면 10일 이내에 98만원을 갚으면 된다. 할인을 이용하지 않으면 추가적인 20일 동안 98만원을 더 이용하고 2만원을 합쳐서 100만원을 갚으면 된다. 여기서 2만원은 98만원을 20일 사용하

03 기업 간 신용이라고도 한다.

는 이자가 된다. 그러므로 20일 기간의 이자율은 2.04%(=2만/98만)이다. 1년을 365일로 가정하면 연중 복리구간은 365/20이다. 따라서 **연간실효이자율**(effective annual rate: EAR)은 다음과 같다.

$$EAR = (1 + 0.0204)^{365/20} - 1 = 0.4456$$

할인을 이용하지 않는다면 기업은 20일 동안 자금을 사용하는 대가로 2.04%의 이자를 지급하는 것이며, 이는 연간실효이자율로 44.56%에 해당한다. 그러므로 매출채권을 보유한 기업은 연 44.56%로 신용을 제공하는 셈이며, 매입채무를 보유한 고객(기업)은 연 44.56%로 신용을 제공받은 셈이다. 매입채무를 보유한 기업이 은행으로부터 보다 더 저렴한 이자율로 자금을 이용할 수 있다면 은행으로부터 차입하여 할인을 이용하는 것이 더 좋은 자금관리방안이다.

거래신용의 장점

거래신용의 장점은 다음과 같다. 은행대출과 달리 서류작업이 필요하지 않아 간단하고 사용하기에 편하다. 또한 필요할 때만 사용하는 융통성이 있다. 마지막으로 유일한 신용원천이 될 수도 있다는 점이다.

13.2 유동자산관리

13.2.1 매출채권관리

거래신용의 결과 **매출채권**(accounts receivable)이 발생하는 경우의 유동자산관리를 알아본다. 매출채권을 발생시키는 신용정책과 매출채권 모니터링을 간략히 살펴보자.

신용정책

(1) 신용기준의 설정

먼저 누구에게 신용을 제공할 것인지 기준(standards)을 설정하여야 한다. 제한적 유동자산 투자정책에서는 엄격한 신용기준으로 매출액이 적어서 매출채권이 적게 발생할 것이고, 탄력적 유동자산 투자정책에서는 완화된 신용기준으로 판매액이 증가하여 매출채권도 증가할 것이다.

(2) 신용조건의 설정

신용기간을 결정한다. 조기지급을 촉진하고자 할인을 제공한다면 할인율과 할인기간의 신용조건을 결정하여야 한다.

(3) 회수정책의 수립

지급일 경과 후에도 지급이 이루어지지 않을 경우에는 지급을 촉구하는 서한을 발송하든지, 또는 지급일 이후에는 이자를 부과하는 방법 등으로 회수를 촉진하는 방안을 고려하여야 한다.

매출채권의 모니터링

매출채권은 매출채권회수기간과 매출채권경과일수표에 의하여 모니터링한다.

(1) 매출채권회수기간

매출채권회수기간(account receivable days)은 매출대금을 회수하는데 소요되는 평균 일수를 말한다. 예를 들어 신용정책 상의 회수기간보다 실제 회수기간이 길다면 이를 시정하기 위한 방안을 강구하여야 할 것이다. 또한 분기별 또는 연도별 회수기간을 비교하여 회수기간의 추세를 분석할 수 있다. 회수기간이 증가하고 있다면 원인을 파악하고 신용정책을 다시 검토하여야 할 것이다.

(2) 매출채권경과일수표

매출채권경과일수표(aging schedule)는 매출채권이 발생한 이후의 경과일수별로 매출채권을 구분한 표를 말한다. 기업의 신용정책이 "2/15, Net 30"이라고 하고, 매출채권경과일수표가 [표 13-2]와 같다고 가정하자.

| 표 13-2 | 매출채권경과일수표

경과일수	계좌수	계좌 구성비(%)	금액(만원)	금액 구성비(%)
1~15	40	40	5,500	39.3
16~30	30	30	4,000	28.6
31~45	15	15	3,000	21.4
46~60	10	10	1,000	7.1
61 이상	5	5	500	3.6
계	100	100	14,000	100

만약 평균 일일 매출액이 560만원이라면 매출채권회수기간은 25일(=14,000만/560만)이다. 계좌수 기준으로 30%의 고객이 신용조건 30일보다 늦게 지급하고 있으며, 금액기준으로는 32.1%가 늦게 납부하고 있음을 모니터링할 수 있다.

13.2.2 재고관리

최적재고량은 매출규모에 따라 다르기 때문에 목표재고량 산정을 위해서는 매출액이 예측되어야 한다. 과다한 재고는 창고비용을 증가시키고 과소한 재고는 주문비용을 증가시키기 때문에 적절한 재고관리는 매우 중요하다.

재고자산 보유의 장점

기업이 재고자산을 보유하여야 하는 이유는 다음과 같다. 첫째, 재고는 생산에 필요한 원자재를 필요한 시기에 조달하지 못할 위험을 최소화해 준다. 재고부족으로 생산이 차질을 빚으면 판매량이 감소하고 제품을 구하지 못한 고객이 경쟁사로 거래선을 바꿀 수도 있기 때문이다. 둘째, 계절적 수요의 변동으로 고객수요가 생산계획과 일치하지 않을 수도 있다. 이 경우 재고는 수요의 변동에 대응하도록 해준다. 예를 들어 연말 크리스마스에 집중적으로 매출이 이루어지는 상품을 생산하는 기업이 연중 균일한 생산계획을 가진다면 연말 이전에는 재고가 누적되었다가 연말에 소진될 것이다.

재고자산 보유의 비용

재고자산 관련 비용은 취득비용(acquisition costs), 주문비용(order costs) 및 유지비용(carrying costs)로 구분할 수 있다. 유지비용은 창고비용, 보험, 세금, 제품손상, 진부화, 그리고 재고자산에 묶인 자금의 기회비용을 포함한다.

만약 재고자산을 적게 보유하면 유지비용은 적게 발생하나 여러 번 주문하여야 하기 때문에 주문비용은 증가한다. 반대로 많은 재고자산을 보유하면 주문비용은 감소하나 창고비용을 비롯한 유지비용은 증가한다. 따라서 총비용이 최소가 되도록 재고관리를 할 필요가 있다. 재고가 거의 없도록 재고가 필요할 시기에 주문하는 재고정책으로 유지비용을 절감하기도 한다.[04]

13.2.3 현금관리

기업은 영업현금흐름의 변동에 대응하기 위하여 현금을 보유하여야 한다. 고성장기업은 자산 대비 현금을 비교적 많이 보유하며, 자본시장에 대한 접근성이 좋은 기업은 현금을 상대적으로 적게 보유한다. 현금보유의 동기와 현금관리 방법을 살펴본다.

현금보유동기

(1) 거래동기

지급기일이 도래하는 금액을 상환하기 위하여 거래에 필요한 현금을 보유한다. 현금의 규모는 거래규모와 현금주기에 의하여 결정된다. 단기채무를 상환할 충분한 유동성을 보유하여야 한다.

(2) 예비동기

미래 현금수요의 불확실성에 대응하기 위하여 현금을 보유한다. 미래의 불확실성이 클수록 거래수요를 정확히 예측하기가 어려우므로 예비 목적의 현금보

---

04 이를 just-in-time(JIT) 재고관리라고 한다.

유가 더 필요하다.

(3) 보상예금(compensating balance)

은행으로부터 대출 시 대출금의 일정액을 이자율이 매우 낮거나 이자가 없는 예금에 예치하여야 하는 경우이다.

현금관리 방법

재무담당자는 단기금융수요를 확인하기 위하여 현금예산(cash budget)을 사용할 수 있다. 예를 들어 매출이 신용으로 이루어졌다면 매출이 바로 현금의 유입으로 이어지지는 않는다. 현금예산은 현금의 수입(receip)과 지출(disbursement)의 추정치를 통해 현금흐름의 차이를 관리한다. 즉 현금예산으로 단기적인 차입차금 또는 운용자금의 규모를 확인할 수 있다.

기업은 기본적으로 현금의 회수(collection)는 신속하게 하고 현금의 지급(payment)은 늦추는 방법으로 현금관리를 하여야 한다. 현금회수기간은 보통 고객이 우편으로 보낸 자금이 기업에 도착하기까지의 우편시간(mailing time), 기업에서 처리하는 데에 소요되는 시간(processing delay) 및 은행에 예치하여 인출이 가능하기까지의 시간(availability delay)으로 구성된다. 신속한 수표의 수취를 위해 우체국에 록박스(lockbox)와 같은 사서함을 설치하기도 한다. 록박스는 은행이 관리하며 하루에도 여러 번 수집하여 기업의 계좌로 입금해줌으로써 회수기간을 단축한다. 또는 기업은 지정된 기일에 고객의 계좌에서 직접 자신의 계좌로 이체가 이루어지도록 함으로써 회수기간을 단축할 수 있다.

한편 기업이 일시적으로 적정현금 이상을 보유할 경우에는 단기금융시장의 금융상품에 투자하여 수익성을 제고하여야 한다. 이 경우에는 이자율위험과 지급불이행위험이 적고 유동성이 좋은 금융상품 또는 펀드에 투자하여야 한다. 대표적인 금융상품은 양도성예금증서, 기업어음 및 단기국채 등을 들 수 있다.

13.3 유동부채관리

13.3.1 매입채무관리

매입채무(accounts payable)는 거래신용의 결과로 발생한다.[05] 기업은 거래신용이 가장 저렴한 자금조달방법일 경우에 매입채무를 이용하여야 한다. 매입채무의 비용은 제공되는 신용조건, 즉 할인율과 기간 등에 의하여 결정된다. 기업은 여러 거래신용 중에서 가장 비용이 적게 드는 매입채무를 선택하여야 한다.

동시에 기업은 신용조건을 충족시키면서 가장 늦게 지급하여야 한다. 예를 들면 "2/10, Net 30"의 경우, 할인을 이용한다면 10일째에 지급하고, 할인을 이용하지 않는다면 30일째에 지급하여야 한다.

매입채무의 모니터링

매입채무 관리방안의 하나는 매입채무신용기간을 모니터링하여 신용조건과 비교하는 것이다. 신용조건이 "2/10, Net 30"인데 매입채무신용기간이 40일이라면 신용조건보다 늦게 지급하고 있는 것이며, 신용조건을 충족시키지 못해 협력업체(suppliers)와의 관계가 악화될 위험이 있다. 반면에 매입채무신용기간이 25일이라면 신용기간을 충분히 활용하지 못하고 조기에 지급하고 있다는 것을 시사한다. 이 경우에는 5일간의 자금운용 후 지급하면 이자수입을 얻을 수 있을 것이다.

13.3.2 은행대출과 기업어음

기업은 거래신용 외에도 단기자금조달 방법으로 은행대출(bank loan)과 기업어음(commercial paper: CP)을 이용할 수 있다. 은행대출은 중소기업이 주로

05 매입채무만을 거래신용이라고도 한다.

이용하는 단기자금으로 고정금리대출 또는 기준금리에 가산금리가 추가되는 변동금리대출로 구분된다. 또한 은행대출은 만기 이전에는 이자만을 납부하다가 만기에 원금을 일시에 상환하거나, 원리금을 분할상환(amortized loan)하는 방법으로 상환한다. 한편 기업은 매출채권이나 재고자산과 같은 단기자산을 담보로 하는 담보부대출을 이용하여 단기자금을 조달할 수도 있다.

기업어음은 주로 대기업에 의하여 이용되는 무담보 단기자금 조달수단이다. 일반적으로 신속하게 자금을 조달할 수 있으며 금리도 은행대출보다 저렴하다. 또한 기업어음은 할인방식으로 발행되어 만기에 액면금액이 상환된다.[06]

06 우리나라 CP시장에 대해서는 다음의 자료를 참조하기 바란다. 한국은행, 한국의 금융시장, 2012.

요 약

01 단기자산과 단기부채를 다루는 영역을 운전자본관리(working capital management)라고 부른다. 유동자산을 종종 운전자본(working capital)이라고 하며, 유동자산과 유동부채의 차이를 순운전자본(net working capital)이라고 한다.

02 기업의 현금전환주기(cash conversion cycle)는 기업이 재고자산대금을 지급하는 시기로부터 상품대금을 수취하는 시기까지의 기간을 말한다. 기업의 영업주기(operating cycle)는 기업의 재고자산 매입시기로부터 상품대금 수취시기까지의 평균기간을 말한다.

$$\text{현금전환주기} = \text{재고기간} + \text{매출채권회수기간} - \text{매입채무신용기간} \tag{13.1}$$

03 유동자산 투자정책에는 현금보유량, 재고자산투자 및 매출채권을 증가시키는 탄력적 정책과, 현금보유량 및 재고자산투자를 줄이고 신용판매를 허용하지 않아 매출채권을 보유하지 않는 제한적 정책으로 구분된다. 최적 유동자산 투자정책은 유지비용과 부족비용의 상반관계에서 결정된다.

04 유동자산 자금조달정책은 만기일치 정책, 공격적 정책 및 보수적 정책으로 구분된다. 만기일치 정책은 고정자산과 영구유동자산은 장기자본으로 조달하고, 일시적인 유동자산은 단기자본으로 조달한다.

05 거래신용(trade credit)은 기업이 고객에게 제공하는 신용이다. 기업이 고객에게 제품 구매일보다 늦게 대금을 결제하도록 허용한다면, 기업에게는 매출채권(account receivable)이 발생하고, 고객에게는 매입채무(account payable)가 발생한다. 할인을 이용하지 않으면 이자비용이 발생한다는 것을 시사한다.

06 매출채권관리의 신용정책은 신용기준 설정, 신용조건 설정 및 회수정책 수립의 3단계로 구성된다. 매출채권은 매출채권회수기간과 매출채권경과일수표에 의하여 모니터링을 실시한다.

07 기업은 거래동기, 예비동기 및 보상예금 등으로 현금을 보유한다.

08 기업은 여러 거래신용 중에서 가장 비용이 적게 드는 매입채무를 선택하여야 한다. 매입채무는 매입채무신용기간에 의하여 모니터링을 실시한다.

09 단기자금조달방안으로 은행대출과 기업어음을 이용할 수 있다. 기업어음은 신용도가 양호한 대기업이 주로 할인방식으로 발행한다.

E X E R C I S E

| 연 | 습 | 문 | 제 |

13-1 운전자본, 순운전자본 및 운전자본관리를 설명하시오.

13-2 현금전환주기(*CCC*)를 설명하시오. *CCC*의 단축이 기업가치에 미치는 영향은 무엇인가?

13-3 유동자산 자금조달정책으로 만기일치 정책, 공격적 정책 및 보수적 정책을 설명하시오.

13-4 거래신용은 무엇인가? 거래신용으로부터 연간실효이자율을 계산하는 방법을 설명하시오.

13-5 매출채권관리에서 신용정책의 3단계를 설명하시오.

13-6 유지비용과 주문비용의 관점에서 최적 재고자산관리를 설명하시오.

13-7 매출채권과 매입채무의 모니터링 방법을 설명하시오.

13-8 단기자금조달방안으로 은행대출과 기업어음의 특징을 설명하시오.

13-9 매출액은 20억원, 재고자산은 3억원, 매출채권은 2억원, 매입채무는 1억원, 그리고 매출원가는 매출액의 80%이다. 현금전환주기를 계산하시오.

13-10 매입채무의 신용조건이 3/10, net 60이다. 할인을 이용하지 않는다면 매입채무의 신용에 대한 명목이자율과 연간실효이자율은 각각 얼마인가?

13-11 위 문제 13-10번의 거래신용과 함께 은행으로부터 명목이자율 10%, 그리고 이자는 매월 지급하는 조건의 대출을 제시받았다. 은행의 연간실효이자율은 얼마인가? 그리고 문제 13-10번의 거래신용과 은행대출 중 어느 자금조달방안을 채택하여야 하는가?

13-12 재고기간이 40일, 매출채권회수기간이 30일, 매입채무신용기간이 15일이다. 그리고 연간 매출액은 365,000,000원이다. 현금전환주기와 매출채권을 계산하시오.

13-13 신용정책이 2/10, Net 30이다. 연간 총매출액은 730,000,000원이다. 그런데 40%의 고객은 10일에 지급하고 나머지 60%의 고객은 매출 후 평균 40일 후에 지급하였다. 매출채권의 금액을 계산하시오.

EXERCISE

13-14 플랜트 건설에 소요되는 자본적지출 외에 1억원의 순운전자본이 소요될 예정이다. 그리고 이 순운전자본은 플랜트가 폐쇄되는 10년 후에 회수될 예정이다. 순운전자본의 순현가는 얼마인가? 만약 재고관리의 변경으로 순운전자본소요액을 50%로 절감한다면 기업가치는 어떻게 변화하겠는가? 단 할인율은 10%이다.

13-15 "1/20, Net 40"조건으로 상품을 매입하였다. 할인을 이용하지 않는다면 연간실효이자율은 얼마인가?

13-16 은행으로부터 1,000만원을 만기 3개월 연 6%의 이자율로 대출을 받았다. 은행은 대출금의 10%를 이자가 붙지 않는 보상예금에 예치할 것을 요구하고 있다. 보상예금을 고려한 이 대출의 연간실효이자율은 얼마인가?

부록

연습문제 | 풀이

제2장 금융환경과 이자율

2-8 6.0145%

풀이 $(1+{}_0i^4)^4=(1+{}_0i^3)^3(1+{}_3i^1)$ $\therefore (1.045)^4=(1.04)^3(1+{}_3i^1)$ 풀면 ${}_3i^1=6.0145\%$

2-9 6.5181%

풀이 $(1+{}_0i^5)^5=(1+{}_0i^3)^3(1+{}_3i^2)^2$ $\therefore (1.05)^5=(1.04)^3(1+{}_3i^2)^2$ 풀면 ${}_3i^2=6.5181\%$

제3장 화폐의 시간가치

3-7 8.16%

풀이 $EAR=\left(1+\frac{0.08}{2}\right)^2-1=0.0816$ 그러므로 8.16%

3-8 12년 후

풀이 $100{,}000(1+0.1)^n=300{,}000$ $(1.1)^n=3$ $n\log 1.1=\log 3$ $n=11.5267$ 년

3-9 126,532원

풀이 $FV=100{,}000\left(1+\frac{0.08}{2}\right)^{2\times3}=126{,}531.9$ 그러므로 126,532원

3-10 393,361원

풀이 기간이자율 = 0.06/12 = 0.005 기간 = 36

$$FV=10{,}000\left[\frac{(1.005)^{36}-1}{0.005}\right]=393{,}361.05$$

3-11 732,548원

풀이 기간이자율 = 0.08/4 = 0.02 기간 = 8

$$PV = 100{,}000\left[\frac{1-\frac{1}{(1.02)^8}}{0.02}\right] = 732{,}548.14$$

3-12 10,000,000원

▮ 풀이 ▮ 기간이자율 = 0.12/12 = 0.01 $PV = \frac{100{,}000}{0.01} = 10{,}000{,}000$

3-13 70,120원

▮ 풀이 ▮ $100{,}000\left[\frac{(1.04)^3-1}{0.04}\right] = x\left[\frac{1-\frac{1}{(1.04)^5}}{0.04}\right]$ $x = 70{,}119.6$

3-14 월상환액 44,321원 원금잔액 960,679원

▮ 풀이 ▮ 기간이자율 = 0.06/12 = 0.005 기간 = 24 $1{,}000{,}000 = x\left[\frac{1-\frac{1}{(1.005)^{24}}}{0.005}\right]$

월상환액 $x = 44{,}321$ 이자는 1,000,000 × 0.005 = 5,000

1달 후 원금상환액: 44,321 − 5,000 = 39,321

원금잔액: 1,000,000 − 39,321 = 960,679

3-15 5.96%

▮ 풀이 ▮ $\left(1+\frac{0.06}{2}\right)^2 - 1 = \left(1+\frac{x}{4}\right)^4 - 1$ $x = \left[(1.0609)^{\frac{1}{4}} - 1\right] \times 4 = 0.059557$

3-16 487,709원

▮ 풀이 ▮ 기간이자율 = 0.04/4 = 0.01

$x\left[\frac{(1.01)^2-1}{0.01}\right](1.01)^2 = 1{,}000{,}000$ $x = 487{,}709$

3-17 376,670원

▮ 풀이 ▮ 기간이자율(effective one year rate) = $(1.05)^2 - 1 = 0.1025$

$$PV = 100{,}000\left[\frac{1-\frac{1}{(1.1025)^5}}{0.1025}\right] = 376{,}670$$

3-18 1,202,840원

▮ 풀이 ▮ 기간이자율(effective 6 month rate) = $(1.02)^2 - 1 = 0.0404$

$$FV = 100{,}000\left[\frac{(1.0404)^{10} - 1}{0.0404}\right] = 1{,}202{,}840$$

3-19 876,772,404원

▮ 풀이 ▮ 성장연금 $C = 40{,}000{,}000$원 $n = 30$년 $g = 3\%$ $r = 5\%$

$$PV = 40{,}000{,}000\left[\frac{1 - \left(\frac{1.03}{1.05}\right)^{30}}{0.05 - 0.03}\right] = 876{,}772{,}404$$

제4장 채권의 가치평가

4-11 9,279원

▮ 풀이 ▮ $$V = 1{,}000\left[\frac{1 - \frac{1}{(1.12)^5}}{0.12}\right] + \frac{10{,}000}{(1.12)^5} = 9{,}279$$

4-12 9,264원

▮ 풀이 ▮ 기간이자율 = 0.12/2 = 0.06 기간 = 10

$$V = 500\left[\frac{1 - \frac{1}{(1.06)^{10}}}{0.06}\right] + \frac{10{,}000}{(1.06)^{10}} = 9{,}264$$

4-13 15.96%

▮ 풀이 ▮ 기간이자율 = $r/2$ $\quad 8{,}000 = 500\left[\frac{1 - \frac{1}{(1 + r/2)^{10}}}{r/2}\right] + \frac{10{,}000}{(1 + r/2)^{10}} \quad r/2 = 7.9776$

4-14 6.88%

▮ 풀이 ▮ $$12{,}000 = 1{,}000\left[\frac{1 - \frac{1}{(1 + r)^5}}{r}\right] + \frac{11{,}000}{(1 + r)^5}$$ 풀면 $r = 6.88\%$

4-15 ① 9,732.70원 ② 2.86년

▮ 풀이 ▮ $V = 500\left[\frac{1-\frac{1}{(1.06)^3}}{0.06}\right] + \frac{10,000}{(1.06)^3} = 9,732.70$

$$D = \frac{1}{9,732.70}\left[\frac{500}{(1.06)}(1) + \frac{500}{(1.06)^2}(2) + \frac{10,500}{(1.06)^3}(3)\right] = 2.857$$

4-16 88,530원

▮ 풀이 ▮ 시장금리를 x라 하면 $EAR = \left(1+\frac{x}{2}\right)^2 - 1 = 0.1236$ 그러므로 $x = 12\%$

기간이자율 $= 0.12/2 = 0.06$ $V = 5,000\left[\frac{1-\frac{1}{(1.06)^{20}}}{0.06}\right] + \frac{100,000}{(1.06)^{20}} = 88,530.08$

4-17 94,549원

▮ 풀이 ▮ 5년 후 채권의 가치 $V = 8,000\left[\frac{1-\frac{1}{(1.075)^{10}}}{0.075}\right] + \frac{100,000}{(1.075)^{10}} = 103,432.04$

현재 매입가 $V = 8,000\left[\frac{1-\frac{1}{(1.1)^5}}{0.1}\right] + \frac{103,432.04}{(1.1)^5} = 94,549.45$

4-18 (1) 높다 (2) 낮다 (3) 투자적격채권 (4) 짧아진다 (5) 크다

4-19 ④

제5장 주식의 가치평가

5-9 683원

▮ 풀이 ▮ $D_0 = 500$ $D_6 = 500(1.06)^4(1.04)^2 = 682.7$

5-10 12,000원

▮ 풀이 ▮ $P_0 = \frac{D_1}{r_E - g} = \frac{600}{0.1-0.05} = 12,000$

5-11 13.75%

풀이 $r_E = \frac{D_0(1+g)}{P_0} + g = \frac{1,000(1.05)}{12,000} + 0.05 = 0.1375$

5-12 36,658원

풀이 $P_3 = \frac{D_4}{r_E - g} = \frac{1,000(1.2)^3(1.08)}{0.12 - 0.08} = 46,656$

$$P_0 = \frac{1,000(1.2)}{1.12} + \frac{1,000(1.2)^2}{(1.12)^2} + \frac{1,000(1.2)^3}{(1.12)^3} + \frac{P_3}{(1.12)^3} = 36,658.16$$

5-13 13,632원

풀이

연도	1	2	3	4	5
*EPS*성장률	20%	20%	20%	5%	5%
EPS	1,200	1,440	1,728	1,814.4	1,905.12
배당성향	0	0	0	50%	50%
배당금	0	0	0	907.2	952.56

$$P_3 = \frac{D_4}{r_E - g} = \frac{907.2}{0.1 - 0.05} = 18,144$$

$$P_0 = \frac{P_3}{(1.1)^3} = \frac{18,144}{(1.1)^3} = 13,631.86$$

5-14 4.8%

풀이 $g = (retention\ ratio) \times ROE = (0.6)(0.08) = 0.048$

5-15 21억원 21,000원

풀이 자사주매입의 현재가치 $= \frac{105,000,000}{0.1 - 0.05} = 2,100,000,000$

$$P_0 = \frac{2,100,000,000}{100,000} = 21,000$$

5-16 12,500원

풀이 $V_0 = \frac{100,000,000}{0.15 - 0.07} = 1,250,000,000$ $\quad P_0 = \frac{1,250,000,000}{100,000} = 12,500$

5-17 30,000원

| 풀이 | $FCF = EBIT(1-T)$ + 감가상각비 − 자본적지출 − 순운전자본의 변화

$= 600,000,000 + 100,000,000 - 200,000,000 - 0 = 500,000,000$

$V_0 = \dfrac{FCF}{WACC - g} = \dfrac{500,000,000}{0.1 - 0.05} = 100$억 $\quad P_0 = \dfrac{100억 - 40억}{200,000} = 30,000$

제6장 포트폴리오이론

6-11 $9\sigma_X^2 + 16\sigma_Y^2 + 24\sigma_{XY}$

| 풀이 | $Var(3X+4Y) = Cov(3X+4Y, 3X+4Y)$

$= 9Cov(X,X) + 16Cov(Y,Y) + 24Cov(X,Y)$

6-12 0.6

| 풀이 | $\rho_{AB} = \dfrac{\sigma_{AB}}{\sigma_A \sigma_B} = \dfrac{0.012}{(0.1)(0.2)} = 0.6$

6-13 0.01576 (또는 1.576%)

| 풀이 | $\sigma_P^2 = \omega_A^2\sigma_A^2 + \omega_B^2\sigma_B^2 + 2\omega_A\omega_B\sigma_{AB}$

$= (0.6)^2(0.1)^2 + (0.4)^2(0.2)^2 + 2(0.6)(0.4)(0.012) = 0.01576$

6-14 (1) $\omega_A = -0.5 \quad \omega_B = 0.6 \quad \omega_C = 0.9$ (2) 11.3%

| 풀이 | $\omega_A = -500/1,000 \quad \omega_B = 600/1,000 \quad \omega_C = 900/1,000$

$E(R_P) = (-0.5)(0.05) + (0.6)(0.08) + (0.9)(0.1) = 0.113$

6-15 $\omega_A = \dfrac{\sigma_B}{\sigma_A + \sigma_B},\ \omega_B = \dfrac{\sigma_A}{\sigma_A + \sigma_B}$ [예제 6-13] 참조

6-16 $\omega_A = \dfrac{-\sigma_B}{\sigma_A - \sigma_B},\ \omega_B = \dfrac{\sigma_A}{\sigma_A - \sigma_B}$ [예제 6-12] 참조

6-17 ⑤

6-18 ⑤

6-19 ②

제7장 자본자산가격결정모형

7-8 0.3

풀이 $\beta_A = \dfrac{\rho_{AM}\sigma_A\sigma_M}{\sigma_M^2} = \dfrac{(0.6)(0.1)(0.2)}{(0.2)^2} = 0.3$

7-9 0.6

풀이 $\beta_A = \dfrac{\rho_{AM}\sigma_A\sigma_M}{\sigma_M^2} = \dfrac{(0)(0.1)(0.1)}{(0.1)^2} = 0 \quad \beta_B = \dfrac{\rho_{BM}\sigma_B\sigma_M}{\sigma_M^2} = \dfrac{(0.5)(0.2)(0.1)}{(0.1)^2} = 1$

$\beta_P = \omega_A\beta_A + \omega_B\beta_B = (0.4)(0) + (0.6)(1) = 0.6$

7-10 1.15

풀이 $\dfrac{1}{20}(\beta_1 + \beta_2 + \cdots + \beta_{19} + \beta_{20}) = 1.12$

$\beta_{20} = 1$을 대입하면 $\beta_1 + \beta_2 + \cdots + \beta_{19} = 21.4$

∴ 새로운 $\beta_P = \dfrac{1}{20}(21.4 + 1.6) = 1.15$

다른 풀이 방법 : $1.12 - (0.05)(1) + (0.05)(1.6) = 1.15$

7-11 9.2%

풀이 $\beta_A = \dfrac{\rho_{AM}\sigma_A\sigma_M}{\sigma_M^2} = \dfrac{(0.6)(0.2)(0.1)}{(0.1)^2} = 1.2$

$E(R_A) = R_F + [E(R_M) - R_F]\beta_A = 0.02 + (0.08 - 0.02)(1.2) = 0.092$

7-12 과대평가(고평가)

풀이 요구수익률 $0.03 + (0.09 - 0.03)(1.5) = 0.12$

요구수익률(12%) > 기대수익률(11%)　　증권시장선 아래 → 과대평가

7-13 7.1%

▮ 풀이 ▮ $\omega_A = 8\%$　$\omega_B = 12\%$　$\omega_C = 30\%$　$\omega_D = 50\%$

$\beta_P = (0.08)(1.5) + (0.12)(-0.5) + (0.3)(1.2) + (0.5)(0.8) = 0.82$

$E(R_P) = 0.03 + (0.08 - 0.03)(0.82) = 0.071$

7-14 (1) B가 우수 (2) 시장포트폴리오가 가장 우수

▮ 풀이 ▮ $S_A = \dfrac{R_A - R_F}{\sigma_A} = \dfrac{0.08 - 0.05}{0.1} = 0.3$　　$S_B = \dfrac{R_B - R_F}{\sigma_B} = \dfrac{0.12 - 0.05}{0.08} = 0.875$

$S_M = \dfrac{R_M - R_F}{\sigma_M} = \dfrac{0.1 - 0.05}{0.05} = 1$

7-15 (1) D가 우수 (2) D가 가장 우수 (3) D가 우수

▮ 풀이 ▮ $T_C = \dfrac{R_C - R_F}{\beta_C} = \dfrac{0.15 - 0.05}{1.5} = 0.067$　　$T_D = \dfrac{R_D - R_F}{\beta_D} = \dfrac{0.1 - 0.05}{0.5} = 0.1$

$T_M = \dfrac{R_M - R_F}{\beta_M} = \dfrac{0.12 - 0.05}{1} = 0.07$

$J_C = 0.15 - [0.05 + (0.12 - 0.05)(1.50)] = -0.005$

$J_D = 0.1 - [0.05 + (0.12 - 0.05)(0.50)] = 0.015$

7-16 ③

7-17 ③

7-18 ①

7-19 ⑤

7-20 ②

제8장 자본비용

8-9 4.8%

❙ 풀이 ❙ $r_D(1-T) = (0.06)(1-0.2) = 0.048$

8-10 5%

❙ 풀이 ❙ $r_P = D_P / P_P = 300/6{,}000 = 0.05$

8-11 12%

❙ 풀이 ❙ $WACC = \omega_D r_D(1-T) + \omega_E r_E \quad 0.0864 = (0.6)(0.08)(1-0.2) + (0.4)\, r_E$

8-12 9.5%, 10%

❙ 풀이 ❙ $r_E = \dfrac{D_1}{P_0} + g = \dfrac{450}{10{,}000} + 0.05 = 0.095$

$$r_E = \frac{D_1}{P_0(1-F)} + g = \frac{450}{10{,}000\,(1-0.1)} + 0.05 = 0.1$$

8-13 8.08%, A, B 채택

❙ 풀이 ❙ $r_E = \dfrac{D_1}{P_0} + g = \dfrac{400\,(1.05)}{10{,}000} + 0.05 = 0.092$

$$WACC = \omega_D r_D(1-T) + \omega_E r_E = (0.4)(0.08)(1-0.2) + (0.6)(0.092) = 0.0808$$

8-14 9.76%

❙ 풀이 ❙ 투자안 6억의 구성: E(60%) = 3.6억원, D(40%) = 2.4억원, $r_E = 12\%$ $r_D = 8\%$

$$WACC = \omega_D r_D(1-T) + \omega_E r_E = (0.4)(0.08)(1-0.2) + (0.6)(0.12) = 0.0976$$

8-15 3억원, 7.52%

❙ 풀이 ❙ 유보이익 = 당기순이익(1−배당성향) = 1억 (1 − 0.4) = 6,000만원

그러므로 (0.2) X = 6,000만원 X = 3억원

$$WACC = \omega_D r_D(1-T) + \omega_E r_E = (0.8)(0.08)(1-0.2) + (0.2)(0.12) = 0.0752$$

8-16 200,000원, 8%

| 풀이 | 세금절약액 = 1,000,000(0.2) = 200,000원

$r_D(1-T) = (0.1)(1-0.2) = 0.08$

8-17 (1) 행복기업 1.54 미래기업 2.86 (2) 행복기업 13.24% 미래기업 21.16%

| 풀이 | (1) 행복기업 $\beta_L = \left[1 + (1-0.2)\frac{10}{20}\right](1.1) = 1.54$

미래기업 $\beta_L = \left[1 + (1-0.2)\frac{20}{10}\right](1.1) = 2.86$

(2) 행복기업 $E(R) = 0.04 + (0.1 - 0.04)(1.54) = 0.1324$

미래기업 $E(R) = 0.04 + (0.1 - 0.04)(2.86) = 0.2116$

8-18 (1) 1.2 (2) $\beta_L = 1.44$ 8.76%

| 풀이 | (1) $0.078 = 0.03 + (0.07 - 0.03)\beta_U$ 풀면 $\beta_U = 1.2$

(2) $\beta_L = \left[1 + (1-0.2)\frac{20}{80}\right](1.2) = 1.44$

$E(R_i) = 0.03 + (0.07 - 0.03)(1.44) = 0.0876$

제9장 자본예산의 기초

9-9 4,156,537원 채택

| 풀이 | $NPV = -45,000,000 + 8,000,000\left[\frac{1 - \frac{1}{(1.1)^{10}}}{0.1}\right] = 4,156,537$

재무계산기: (CF), (2ND), (CE/C), 45,000,000, (+/−), (ENTER), (↓), 8,000,000, (ENTER), (↓), 10, (ENTER), (↓), (NPV), 10, (ENTER), (↓), (CPT).

9-10 12.109% 채택

▮ 풀이 ▮ $NPV = -45{,}000{,}000 + 8{,}000{,}000\left[\dfrac{1-\dfrac{1}{(1+r)^{10}}}{r}\right] = 0$

재무계산기: 10, (N), 45,000,000, (+/−), (PV), 8,000,000, (PMT), 0, (FV), (CPT), (I/Y). 또는 (CF), (2ND), (CE/C), 45,000,000, (+/−), (ENTER), (↓), 8,000,000, (ENTER), (↓), 10, (ENTER), (↓), (IRR), (CPT).

9-11 10.976% 채택

▮ 풀이 ▮ $45{,}000{,}000 = \dfrac{8{,}000{,}000\left[\dfrac{(1.1)^{10}-1}{0.1}\right]}{(1+MIRR)^{10}}$

9-12 5.625년 채택

▮ 풀이 ▮ 45,000,000/8,000,000 = 5.625 년

9-13 3,517,439원, 2,870,100원

▮ 풀이 ▮ $NPV(A) = -25 + \dfrac{5}{(1.05)} + \dfrac{10}{(1.05)^2} + \dfrac{17}{(1.05)^3} = 3.517439$ 백만원

재무계산기: (CF), (2ND), (CE/C), 25, (+/−), (ENTER), (↓), 5, (ENTER), (↓), (↓), 10, (ENTER), (↓), (↓), 17, (ENTER), (↓), (NPV), 5, (ENTER), (↓), (CPT).

$NPV(B) = -20 + \dfrac{10}{(1.05)} + \dfrac{9}{(1.05)^2} + \dfrac{6}{(1.05)^3} = 2.870100$ 백만원

9-14 11.098%, 13.180%

▮ 풀이 ▮ $NPV(A) = -25 + \dfrac{5}{(1+r)} + \dfrac{10}{(1+r)^2} + \dfrac{17}{(1+r)^3} = 0$

재무계산기: (CF), (2ND), (CE/C), 25, (+/−), (ENTER), (↓), 5, (ENTER), (↓), (↓), 10, (ENTER), (↓), (↓), 17, (ENTER), (↓), (IRR), (CPT).

$NPV(B) = -20 + \dfrac{10}{(1+r)} + \dfrac{9}{(1+r)^2} + \dfrac{6}{(1+r)^3} = 0$

9-15 투자안 *A* 선택

▮ 풀이 ▮ $NPV(A) > NPV(B)$

9-16 7.815% *A*를 선택

▮ 풀이 ▮ 7.815% > 자본비용(5%)

	현금흐름(백만원)			
	0	1	2	3
A−*B*	−5	−5	1	11

9-17 647,338원 양의 순현가 *A* 선택

▮ 풀이 ▮ $NPV(A-B) = -5 - \frac{5}{(1.05)} + \frac{1}{(1.05)^2} + \frac{11}{(1.05)^3} = 0.647338$ 백만원

9-18 11.793% 대형투자안 선택

▮ 풀이 ▮ 11.793% > 자본비용(10%)

	현금흐름(만원)			
	0	1	…	20
대형(*A*)	−4,000	640	…	640
소형(*B*)	−1,200	270	…	270
A−*B*	−2,800	370	…	370

9-19 330,784,063원

▮ 풀이 ▮ $500 + \frac{X}{(1.1)^2} = \frac{600 + 400(1.1) + 200(1.1)^3}{(1.14)^4}$

9-20 ④

9-21 ③

9-22 ③

9-23 ①

제10장 자본예산의 실제

10-9 순현가 4,749,482원, 채택

▮풀이▮ 조세절약법 OCF= (수익 − 비용) × (1 − 법인세율) + (감가상각비 × 법인세율)

$$= [(2\text{만}\times 500) - (1\text{만}\times 500)](1-0.2) + (200\text{만})(0.2) = 440\text{만}$$

$$NPV = -1{,}000\text{만} + 440\text{만}\left[\frac{1-\frac{1}{1.15^5}}{0.15}\right] = 4{,}749{,}482\text{원}$$

10-10 순현가 11,833,333원, 채택

▮풀이▮ 영업현금흐름 = (수익 − 비용 − 감가상각비)(1 − 법인세율) + 감가상각비

$$= (7{,}000\text{만} - 2{,}100\text{만} - 2{,}500\text{만})(1-0.2) + 2{,}500\text{만} = 4{,}420\text{만원}$$

기초투자소요액=설비투자액 + 순운전자본의 증가 = 1억 + 500만

4년말 순운전자본 회수액 = 500만원

총현금흐름 = −자본적지출 + 영업현금흐름 − 순운전자본의 변화

$$NPV = -(1\text{억} + 500\text{만}) + 4{,}420\text{만}\left[\frac{1-\frac{1}{(1.2)^4}}{0.2}\right] + \frac{500\text{만}}{1.2^4} = 11{,}833{,}333\text{원}$$

10-11 $EAA(A)$ = 761,119원, $EAA(B)$ = 562,757원, A 선택

▮풀이▮ 투자안 A: $NPV = -1{,}000\text{만} + \frac{400\text{만}}{1.12} + \frac{500\text{만}}{(1.12)^2} + \frac{600\text{만}}{(1.12)^3} = 1{,}828{,}079.45\text{원}$

$$1{,}828{,}079.45 = EAA\left[\frac{1-\frac{1}{(1.12)^3}}{0.12}\right] \quad EAA(A) = 761{,}119\text{원}$$

투자안 B:

$$NPV = -700만 + \frac{100만}{1.12} + \frac{1}{1.12}300만\left[\frac{1-\frac{1}{(1.12)^4}}{0.12}\right] = 2,028,614.32원$$

$$2,028,614.32 = EAA\left[\frac{1-\frac{1}{(1.12)^5}}{0.12}\right] \quad EAA(B) = 562,757원$$

10-12 $EAC(A) = -9,851,944$ 원, $EAC(B) = -9,171,488$ 원, B 선택

| 풀이 | 세후 잔존가치: 150만(1 − 0.2) = 120만원

기계 A: $OCF = (-300만 - 700만)(1-0.2) + 700만 = -100만$

$$NPV = -2,100만 - 100만\left[\frac{1-\frac{1}{(1.15)^3}}{0.15}\right] + \frac{120만}{(1.15)^3} = -22,494,205.64원$$

$$-22,494,205.64 = EAC\left[\frac{1-\frac{1}{(1.15)^3}}{0.15}\right] \quad EAC(A) = -9,851,944원$$

기계 B: $OCF = (-200만 - 600만)(1-0.2) + 600만 = -40만$

$$NPV = -3,000만 - 40만\left[\frac{1-\frac{1}{(1.15)^5}}{0.15}\right] + \frac{120만}{(1.15)^5} = -30,744,249.96원$$

$$-30,744,249.96 = EAC\left[\frac{1-\frac{1}{(1.15)^5}}{0.15}\right] \quad EAC(B) = -9,171,488원$$

10-13 8,125개, 72,568,931원

| 풀이 | $Q = \frac{FC + Dep}{P - v} = \frac{1.2억 + 1,000만}{40,000 - 24,000} = 8,125개$

$OCF = [(4만 \times 10,000) - (2.4만 \times 10,000) - 1.2억 - 1,000만](1-0.2) + 1,000만$

$= 34,000,000원$

$$NPV = -8,000만 + 3,400만\left[\frac{1-\frac{1}{(1.15)^8}}{0.15}\right] = 72,568,931원$$

10-14 3,119세트

▮ 풀이 ▮ $NPV = -1억 + OCF\left[\frac{1-\frac{1}{(1.1)^5}}{0.1}\right] = 0$ 그러므로 $OCF^* = 26{,}379{,}748.08$원

$OCF = [(P-v)Q - FC - Dep](1-T) + Dep$

그러므로 $Q = \frac{OCF^* + FC(1-T) - Dep(T)}{(P-v)(1-T)}$

$= \frac{26{,}379{,}748.08 + 5{,}000만(1-0.2) - 2{,}000만(0.2)}{(30{,}000-5{,}000)(1-0.2)} = 3{,}119$세트

10-15 1,000개, 1,154개

▮ 풀이 ▮ 회계손익분기점 $Q = \frac{FC + Dep}{P-v} = \frac{3{,}000만 + 1{,}000만}{50{,}000 - 10{,}000} = 1{,}000$개

재무손익분기점 $NPV = -5{,}000만 + OCF\left[\frac{1-\frac{1}{(1.15)^5}}{0.15}\right] = 0$

$OCF = 14{,}915{,}777.62$원

$Q = \frac{OCF^* + FC(1-T) - Dep(T)}{(P-v)(1-T)}$

$= \frac{14{,}915{,}777.62 + 3{,}000만(1-0.2) - 1{,}000만(0.2)}{(50{,}000-10{,}000)(1-0.2)}$

$= 1{,}153.62$개

10-16 ①

제11장 자본구조와 레버리지

11-10 (1) 400원 (2) 533.33원

▮ 풀이 ▮ (1) $EPS = \frac{(EBIT - I)(1-T)}{주식수} = \frac{(10{,}000{,}000 - 0)(1-0.2)}{20{,}000} = 400$원

(2) 자사주매입에 필요한 주식수 계산

주가 = 자기자본/주식수 = 100,000,000원/20,000주 = 5,000원

자사주매입의 주식수량 = 40,000,000원/5,000원 = 8,000주

그러므로 자사주매입 후 주식수 = 20,000주 − 8,000주 = 12,000주

부채이자비용 = 40,000,000원×0.05 = 2,000,000원

$EPS = \frac{(10{,}000{,}000 - 2{,}000{,}000)(1 - 0.2)}{12{,}000}$ = 533.33원

11-11 (1) 80원, 60원 (2) 150원, 200원 (3) 10,000,000원 (4) 2,000원, 2억원

▮ 풀이 ▮ (1) 제1안 $EPS = \frac{8{,}000{,}000\text{원}}{100{,}000\text{주}}$ = 80원

제2안 이자 = 100,000,000원 × 0.05 = 5,000,000원

$EPS = \frac{(8{,}000{,}000 - 5{,}000{,}000)}{50{,}000\text{주}}$ = 60원

(2) 제1안 $EPS = \frac{15{,}000{,}000\text{원}}{100{,}000\text{주}}$ = 150원

제2안 $EPS = \frac{(15{,}000{,}000 - 5{,}000{,}000)}{50{,}000\text{주}}$ = 200원

(3) 두 안의 *EPS*가 같아지는 점이다.

$\frac{EBIT}{100{,}000} = \frac{EBIT - 5{,}000{,}000}{50{,}000}$ 그러므로 $EBIT$ = 10,000,000원

(4) 1억원의 부채로 50,000주의 자사주매입을 실시하였다. 주가는 다음과 같다.

주가 = 100,000,000원/50,000주 = 2,000원

제1안의 기업가치 = 100,000주 × 2,000원 = 2억원

제2안의 기업가치 = $E + D$ = (50,000주 × 2,000원) + 100,000,000원 = 2억원

11-12 (1) 70,000원 (2) 100,000원 (3) 풀이 참조

▮ 풀이 ▮ (1) $EPS = \frac{7{,}000{,}000}{10{,}000}$ = 700원

100주 투자자의 현금흐름 = 700원 × 100주 = 70,000원

(2) 현재 기업의 시장가치 = 5,000원 × 10,000주 = 50,000,000원

부채 = 50,000,000원 × 0.4 = 20,000,000원

자사주매입의 주식수량 = 20,000,000원/5,000원 = 4,000주

새로운 자본구조의 주식수 = 10,000주 − 4,000주 = 6,000주

부채의 이자 = 20,000,000원 × 0.05 = 1,000,000원

새로운 자본구조: $EPS = \dfrac{7{,}000{,}000 - 1{,}000{,}000}{6{,}000\text{주}} = 1{,}000$원

100주 투자자의 현금흐름 = 1,000원 × 100주 = 100,000원

(3) 100주에서 40주를 매각하여 채권에 투자(또는 대출) 이자율은 5%.

수입이자 = 매도주식수×주가×이자율 = 40주 × 5,000원 × 0.05 = 10,000원

60주의 배당금 = 1,000원 × 60주 = 60,000원

투자자의 총현금흐름 = 이자 + 배당금 = 10,000 + 60,000 = 70,000원

따라서 기존 100% 자기자본구조의 배당금과 동일하다.

11-13 (1) 29% (2) 17.31% (3) 17.31%, 23.16%, 34.85%

풀이 (1) $r_{WACC} = \dfrac{E}{D+E} \times r_E + \dfrac{D}{D+E} \times r_D(1-T)$

$0.15 = (1/3)\, r_E + (2/3)(0.1)(1-0.2)$ 풀면 $r_E = 0.29$

(2) $r_E = r_U + (r_U - r_D)\dfrac{D}{E}(1-T)$

$0.29 = r_U + (r_U - 0.1)\dfrac{2}{1}(1-0.2)$ 풀면 $r_U = 0.1731$

(3) $D/E = 0$ $\quad r_E = 0.1731$

$D/E = 1$ $\quad r_E = 0.1731 + (0.1731 - 0.1)(1)(1-0.2) = 0.2316$

$D/E = 2$ $\quad r_E = 0.1731 + (0.1731 - 0.1)(2)(1-0.2) = 0.3485$

MM 수정명제 Ⅱ와 같이 자기자본비용은 부채비율 증가에 비례하여 증가한다.

11-14 (1) 40,000,000원 (2) 41,000,000원 (3) 36,000,000원, 21.11%, 19.51%

풀이 (1) 부채가 없으므로 $r_E = r_U$이다.

$V_U = \dfrac{EBIT(1-T)}{r_U} = \dfrac{10{,}000{,}000\,(1-0.2)}{0.2} = 40{,}000{,}000$원

(2) $V_L = V_U + TD = 40{,}000{,}000 + (0.2)(5{,}000{,}000) = 41{,}000{,}000$

(3) $V = E + D \quad E = V - D = 41{,}000{,}000 - 5{,}000{,}000 = 36{,}000{,}000$

$$r_E = r_U + (r_U - r_D)\frac{D}{E}(1 - T)$$

$$= 0.2 + (0.2 - 0.1)\frac{5,000,000}{36,000,000}(1 - 0.2)$$

$$= 0.2111$$

$$r_{WACC} = \frac{E}{D+E} \times r_E + \frac{D}{D+E} \times r_D(1 - T)$$

$$= \frac{36}{41} \times 0.2111 + \frac{5}{41}(0.1)(1 - 0.2)$$

$$= 0.1951$$

r_E는 r_U보다 커지고, $WACC$는 r_U보다 작아졌다.

제12장 배당정책

12-8 40%

ı 풀이 ı 자본예산 중 자기자본 소요액: (300,000,000원)×(0.4) = 120,000,000원

배당금: 200,000,000원 − 120,000,000원 = 80,000,000원

배당성향: 80,000,000/200,000,000 = 0.4

12-9 140,000원

ı 풀이 ı 2주식가치 210,000원×2주 = 420,000원

420,000원을 3주식으로 분할: 420,000원/3주 = 140,000원

(별해) 210,000/(3/2) = 140,000원

12-10 12,500원

ı 풀이 ı EPS = 순이익/주식수 = 200,000,000원/100,000주 = 2,000원

주가이익비율(P/E) = 주가/EPS = 10,000/2,000 = 5

자사주매입 주식의 수량 100,000×0.2 = 20,000주

EPS(신) = 200,000,000원/(100,000주 − 20,000주) = 2,500원

주가 = (EPS) × (주가이익비율) = 2,500원 × 5 = 12,500원

12-11 1,364원

| 풀이 | 분할 후 주당배당금: 500원

분할 전 등가 배당금: 500원 × 3 = 1,500원

1,500원 = (작년배당금) × (1.1) 그러므로 작년배당금은 1,364원

12-12 37.5%

| 풀이 | 투자안 H와 L을 선택, 총소요자금은 10억원

자기자본소요액은 5억원(= 10억원 × 0.5)

배당금: 8억원 − 5억원 = 3억원 배당성향은 3억/8억 = 0.375

12-13 320원, 3.2%

| 풀이 | 배당금 = (순이익) × (배당성향) = (8억원) × (0.4) = 3.2억원

주당배당금 = 3.2억원/1,000,000주 = 320원

배당수익률 = 배당금/주가 = 320원/10,000원 = 0.032

12-14 (1) 20,000원, 19,000원 (2) 10,000,000원 감소, 9,500주, 20,000원

(3) 20,000,000원 감소, 9,000주, 20,000원

| 풀이 | (1) P_0 = (자기자본)/(주식수) = 200,000,000원/10,000주 = 20,000원

P_{EX} = 20,000원 − 1,000원 = 19,000원

재무상태표: 차변(왼쪽) 현금 30,000,000원, 고정자산 160,000,000원

대변(오른쪽) 자기자본 190,000,000원

(2) 자기자본은 10,000,000원 감소한 190,000,000원

자사주매입 주식수량 = 10,000,000원/20,000원 = 500주

잔존 주식수 = 10,000주 − 500주 = 9,500주

자사주매입 후 주가 = 190,000,000원/9,500주 = 20,000원

(3) 자기자본은 20,000,000원 감소한 180,000,000원

자사주매입 주식수량 = 20,000,000원/20,000원 = 1,000주

잔존 주식수 = 10,000주 − 1,000주 = 9,000주

자사주매입 후 주가 = 180,000,000원/9,000주 = 20,000원

12-15 (1) 4,000원 (2) 주당 3,850원에 약 456주 매각

(3) 주당 3,850원에 약 91주 매입 (4) 모두 동일하다.

▮ 풀이 ▮ (1)

$$P_0 = \frac{550}{1.1} + \frac{4,235}{(1.1)^2} = 4,000\text{원}$$

(2)

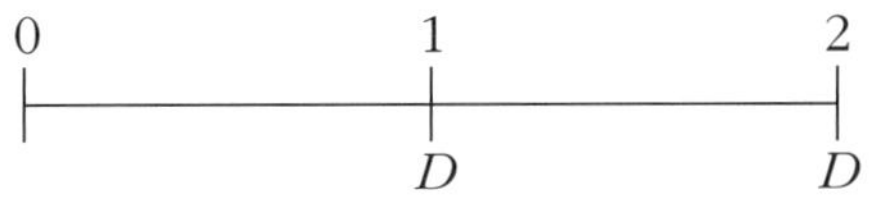

$$P_0 = \frac{D}{1.1} + \frac{D}{(1.1)^2} \quad 4,000 = D\left[\frac{1 - \frac{1}{(1.1)^2}}{0.1}\right]$$

풀면 D = 2,304.762원(약 2,305원)

그러므로 주당 2,304.762원×1,000주 = 2,304,762원을 받아야 한다.

1년 후 배당금으로 550,000원 수취(=550원×1,000주).

부족한 배당금은 주식의 매각대금으로 보충한다.

그런데 $P_1 = \frac{4,235}{1.1} = 3,850$원

$$\text{매각할 주식수} = \frac{2,304,762 - 550,000}{3,850} = 455.7823\text{주 (약 456주)}$$

2년 후 수취 배당금 = 4,235원 × (1,000주 − 455.7823주) = 2,304,762원

(3) 1년 후 550,000원을 수취하나 그 중 200,000원만 배당금으로 원함.

따라서 (550,000 − 200,000)원으로 주식 매입. 주가는 3,850원

$$\text{매입할 주식수} = \frac{550,000 - 200,000}{3,850} = 90.9091\text{주(약 91주)}$$

2년 후에 수취할 배당금 = 4,235원 × (1,000주 + 90.9091주) = 4,620,000원

(4) $1번의\ 현재가치 = \frac{1{,}000 \times 550}{1.1} + \frac{1{,}000 \times 4{,}235}{(1.1)^2} = 4{,}000{,}000원$

$2번의\ 현재가치 = \frac{2{,}304{,}762}{1.1} + \frac{2{,}304{,}762}{(1.1)^2} = 4{,}000{,}000원$

$3번의\ 현재가치 = \frac{200{,}000}{1.1} + \frac{4{,}620{,}000}{(1.1)^2} = 4{,}000{,}000원$

제13장 운전자본관리

13-9 82.1일

풀이 매출원가는 16억원이다(=20억원×0.8).

$$CCC = \frac{3억}{16억/365} + \frac{2억}{20억/365} - \frac{1억}{16억/365} = 68.4 + 36.5 + 22.8 = 82.1일$$

13-10 22.58%, 24.90%

풀이 명목이자율 $\left(\frac{3}{97}\right) \times \left(\frac{365}{50}\right) = 0.2258$

연간실효이자율 $\left(1 + \frac{3}{97}\right)^{365/50} - 1 = 0.2490$

13-11 10.47%, 은행대출을 선택

풀이 은행대출의 연간실효이자율 $\left(1 + \frac{0.1}{12}\right)^{12} - 1 = 0.1047 \quad 10.47\%$

13-12 55일, 30,000,000원

풀이 $CCC = 40 + 30 - 15 = 55$ 일

매출채권 = (매출채권회수기간) × (평균 일일매출액)

= (30일)(365,000,000/365) = 30,000,000원

13-13 56,000,000원

▮ 풀이 ▮ 평균매출채권회수기간 = (0.4)(10) + (0.6)(40) = 28일

매출채권 = (28일) × (730,000,000/365) = 56,000,000원

13-14 −61,445,671원 기업가치는 약 30,722,836원 증가

▮ 풀이 ▮ $NPV = -1\text{억원} + \frac{1\text{억원}}{(1.1)^{10}} = -61,445,671\text{원}$

$NPV = -5,000\text{만원} + \frac{5,000\text{만원}}{(1.1)^{10}} = -30,722,835.5\text{원}$

그러므로 기업가치는 30,722,835.5원 증가

13-15 20.13%

▮ 풀이 ▮ $\left(1+\frac{1}{99}\right)^{365/20} - 1 = 0.2013$

13-16 6.84%

▮ 풀이 ▮ 보상예금은 100만원. 3개월 후의 원리금은 1,000만 (1 + 0.06/4) = 1,015만원

그러므로 실제로는 900만원 대출, 3개월 후 915만원 상환.

3개월간 금리: (915만/900만) − 1 = 0.0167

$EAR = (1 + 0.0167)^4 - 1 = 0.0684$ 약 6.84%

■ 참고문헌 ■

국내문헌

권재중 외, 금융기관론, 3판, 도서출판 청람, 2016.

한국은행, 한국의 금융제도, 2011.

한국은행, 한국의 금융시장, 2012.

한국거래소, 알기쉬운 증권 · 파생상품시장 지표 해설, 2010.

한국신용평가 홈페이지(www.kisrating.com).

외국문헌

Asquith, P. and Mullins, D. Jr., "The Impact of Initiating Dividend Payments on Shareholder Wealth," *Journal of Business*, January 1983, pp.77-96.

Berk, J., DeMarzo, P. and Harford, J., *Fundamentals of Corporate Finance*, Pearson, 2009.

Berk, J. and DeMarzo P., *Corporate Finance*, Pearson, 3rd ed., 2014.

Bernstein, P. L., *Capital Ideas: The Improbable Origins of Modern Wall Street*, John Wiley & Sons, Inc., 2005.

Bodie, Z., Kane, A. and Marcus, A. J., *Investments*, McGraw-Hill, 2005.

Brigham, E. F. and Houston, J. F., *Essentials of Financial Management*, Cengage Learning, 3rd ed., 2013.

Comment, R. and Jarrell, G., "The Relative Signaling Power of Dutch-Auction and Fixed-Price Self-tender Offers and Open-Market Share Repurchases," *Journal of Finance*, 1991, pp.1243-1271.

Damodaran, A., *Investment Valuation: Tools and Techniques for Determining the Value of Any Asset*, 2nd ed., 2002, John Wiley & Sons, Inc.

Easterbrook, F. H., "Two Agency-Cost Explanations of Dividends," *American Economic Review*, September 1984, pp.650-659.

Elton, E. J. and Gruber, M. J., *Modern Portfolio Theory and Investment Analysis*, John Wiley & Sons, Inc., 5th ed., 1995.

Fama, E. F., "Efficient Capital Markets: A Review of Theory and Empirical Work," *Journal of Finance*, 1970, pp.383-417.

Fama, E. F., "Efficient Capital Markets: II," *Journal of Finance*, 1991, pp.1575-1617.

Gordon, M. J., "Optimal Investment and Financing Policy," *Journal of Finance*, May 1963, pp.264-272.

Graham, J. R. and Harvey, C. R., "The Theory and Practice of Corporate Finance: Evidence from the Field," *Journal of Financial Economics*, Vol. 60, Nos. 2-3 (May-June 2001), pp.187-243.

Greenbaum, S. I., Thakor, A. V. and Boot, A. W. A., *Contemporary Financial Intermediation*, Elsevier, 3rd ed., 2016.

Grullon, G. and Michaely, R., "Dividends, Share Repurchases and Substitution Hypothesis," *Journal of Finance*, August 2002, pp.1649-1684.

Grullon, G. and Ikenberry, D., "What Do We Know About Stock Repurchases?" *Journal of Applied Finance*, 2000, pp.31-51.

Hamada, R. S., "Portfolio Analysis, Market Equilibrium and Corporate Finance," *Journal of Finance*, March 1969, pp.13-31.

Hamada, R. S., "The Effect of the Firm's Capital Structure on the Systematic Risk of Common Stocks," *Journal of Finance*, May 1972, pp.435-452.

Harris, M. and Raviv, A., "The Theory of Capital Structure," *Journal of Finance*, 1991, pp.197-355.

Haugen, R. A., *Modern Investment Theory*, Prentice-Hall, 5th ed., 2001.

Hull, J. C., *Options, Futures, and Other Derivatives*, Pearson Prentice-Hall, 7th ed., 2009.

Jensen, M. C., "The Performance of Mutual Funds in the Period 1945-1964," *Journal of Finance*, May 1968, pp.389-416.

Jensen, M. C., "Risk, the Pricing of Capital Assets, and the Evaluation of Investment Portfolios," *Journal of Business*, April 1969, pp.167-247.

Jensen, M., "Agency Costs of Free Cash Flow, Corporate Finance and Takeovers," *American Economic Review*, May 1986, pp.323-329.

Jensen, M. C. and Meckling, W. H., "Theory of the Firm, Managerial Behavior, Agency Costs, Ownership Structure," *Journal of Financial Economics*, Vol. 3, No. 4, October 1976, pp.305-360.

Leland, H. and Pyle, D., "Information Asymmetries, Financial Structure and

Financial Intermediation," *Journal of Finance*, May 1977, pp.371-388.

Levine, R., Bank-Based or Market-Based Financial Systems: Which is Better?, *Journal of Financial Intermediation*, Vol. 11, Issue 4, October 2002, pp.398-428.

Lintner, J., "Dividends, Earnings, Leverage, Stock Prices and the Supply of Capital to Corporations," *Reviews of Economics and Statistics*, August 1962, pp.243-269.

Lintner, J., "The Valuation of Risk Assets and the Selection of Risky Investments in Stock Portfolios and Capital Budgets," *Review of Economics and Statistics*, February 1965, pp.13-37.

Markowitz, H. M., "Portfolio Selection," *Journal of Finance*, March 1952, pp.77-91.

Michaely, R., Thaler, R. and Womack, K., "Price Reactions to Dividend Initiations and Omissions: Overreaction or Drift?" *Journal of Finance*, 1995, pp.573-608.

Modigliani, F. and Miller, M., "The Cost of Capital, Corporation Finance and the Theory of Investment," *American Economic Review*, June 1958, pp.261-297.

Modigliani, F. and Miller, M., "Dividend Policy, Growth and the Valuation of Shares," *Journal of Business*, October 1961, pp.411-433.

Modigliani, F. and Miller, M., "Corporate Income Taxes and the Cost of Capital: A Correction," *American Economic Review*, June 1963, pp.433-443.

Mossin, J., "Equilibrium in a Capital Asset Market," *Econometrica*, October 1966, pp.768-783.

Myers, S., "The Capital Structure Puzzle," *Journal of Finance*, July 1984, pp.575-592.

Myers, S. and Majluf, N., "Corporate Financing and Investment Decisions When Firms Have Information that Investors Do Not Have," *Journal of Financial Economics*, June 1984, pp.187-221.

Nayak, S. and Prabhala, N., "Disentangling, the Dividend Information in Splits: A Decomposition Using Conditional Event-Study Methods," *Review of Financial Studies*, 2001, pp.1083-1116.

Pinches, G. E., *Essentials of Financial Management*, HarperCollins, 5th ed., 1996.

Ross, S., "The Determination of Financial Structure: The Incentive-Signaling Approach," *Bell Journal of Economics*, Spring 1977, pp.23-40.

Ross, S. A., Westerfield, R. W. and Jaffe, J., *Corporate Finance*, 9th ed., McGraw-Hill, 2010.

Ross, S. A., Westerfield, R. W., and Jordan B. D., *Fundamentals of Corporate Finance*, 6th ed., McGraw-Hill/Irwin, 2003.

Rozeff, M. S., "Growth, Beta and Agency Costs as Determinants of Dividend Payout Ratios," *Journal of Financial Research*, Fall 1982, pp.249-259.

Sharpe, W. F., "Capital Asset Prices: A Theory of Market Equilibrium under Conditions of Risk," *Journal of Finance*, September 1964, pp.425-442.

Sharpe, W. F., "Mutual Fund Performance," *Journal of Business*, January 1966, pp.119-138.

Shin, H. and Soenen, L., "Efficiency of Working Capital Management and Corporate Profitability," *Financial Practice and Education*, Fall/Winter 1998, pp.37-45.

Treynor, J. L., "How to Rate Management Investment Funds," *Harvard Business Review*, January-February 1965, pp.63-75.

Tuckman, B. and Serrat, A., Fixed Income Securities: *Tools for Today's Markets*, John Wiley & Sons, Inc., 3rd ed., 2012.

■ 찾아보기 ■

ㅇ

ㅊ

ㅋ

D

E

O

P

Q

R

S

저자약력

김덕영 findykim@sm.ac.kr

서울대 경영학과를 졸업하고 미국 일리노이대학(University of Illinois at Urbana-Champaign)에서 재무학 석사 및 박사 학위를 받았다. 군복무 전후 현대종합상사에서 잠시 근무하였고, 유학 전까지 한국수출입은행 조사부와 자금부에 재직하였다. 박사학위 취득 후 숙명여자대학교에 부임하여 경제경영연구소 소장과 경상대학 학장을 역임하였다. 한국재무학회, 한국금융학회 및 한국경영학회 이사로 활동하였고, 투자신탁협회 자문위원회 위원, 기획재정부 기금운용평가단 평가위원 등으로 일하였다. 현재 방송통신발전기금 및 정보통신진흥기금 자산운용성과평가위원회 위원장을 맡고 있으며, 숙명여대 경영학부 교수로 재직 중이다. 주요 연구실적로는 "은행에 대한 묵시적 예금보호의 가치," "자본규제와 은행의 자본 및 위험에 관한 유인," "투자신탁 감독의 효율성 제고방안: 자율규제를 중심으로," "우리나라 금융시스템의 발전방향"(공저) 등이 있고, 저서로는 "금융기관론"(공저)과 "금융기관경영론"(공역)이 있다.

미래 CEO를 위한 재무관리(제2판)

2014년 2월 25일 1판 1쇄 발행
2020년 2월 25일 2판 2쇄 발행

저　　자 | 김덕영
발 행 인 | 이수영
발 행 처 | 도서출판 청람
서울시 마포구 독막로 288(대흥동, 세양상가 109호)
전　　화 | 02)3272-2601~2
팩　　스 | 02)3272-2603
이 메 일 | crbooks@daum.net
홈페이지 | www.crbooks.co.kr
등　　록 | 2000년 8월 26일 제6-0509호

ISBN 978-89-5972-621-9 93320 [정가 28,000원]